CB124351

Jan Huss

O produto da venda desta obra é destinado à manutenção
das atividades assistenciais da Sociedade Espírita "Boa Nova",
de Catanduva, SP, que possui como um de seus departamentos a

boa nova

editora e distribuidora de livros espíritas.

Os Luminares Tchecos

J. W. Rochester

Wera Krijanowskaia

Tradução

Victor Selin

boa nova

editora e distribuidora de livros espíritas

Departamento da Sociedade Espírita Boa Nova

PABX (17) 521-2400 – Fax: (17) 521-2191

Av. Porto Ferreira, 1.031 – Caixa Postal 143

e-mail: boanova@boanovaonline.com.br

site: www.boanovaonline.com.br

Catanduva – SP – CEP 15809-020

3ª edição
Maio/2002
3.000 exemplares

Os Luminares Thecos

Copyright by ©
boa nova
editora e distribuidora de livros espíritas

Capa:
Direção de arte: Francisco do Espírito Santo Neto
Designer: Cristina Fanhani Meira
Revisão: Lúcia Helena Lahoz Morelli
Tradução: Victor Selim
Prefácio: Orphila Conte Rodrigues - S. Vaz - M. Brandão
Introdução Histórica: Maurício A. Brandão
Editoração eletrônica: Cristina Fanhani Meira
Fotolitos: ArtScan
Impressão: Lis Gráfica e Editora Ltda. (São Paulo- SP)

Dados Internacionais de Catalogação na Publicação (CIP)
(Câmara Brasileira do Livro, SP, Brasil)

Rochester, John Wilmot, Conde de (Espírito).
Os luminares tchecos / J. W. Rochester ; [psicografia da médium mecânica] Wera Krijanowsky ; tradução Victor Selim ; prefácio e introdução histórica Solange Vaz, Maurício Brandão. -- 3. ed. -- Catanduva, SP : Boa Nova Editora, 2000.

Título original: Svetotchi tchehy.

ISBN 85-86470-17-1

1. Espiritismo 2. Ficção espírita 3. Obras psicografadas I. Krijanowsky, Wera. II. Vaz, Solange. III. Brandão, Maurício. IV. Título.

00-3741 CDD-133.93

Índices para catálogo sistemático:
1. Ficção mediúnica : Espiritismo 133.93

Impresso no Brasil/*Presita en Brazilo*

Outras obras do espírito

John Wilmot Rochester

A flor do pântano

A ira divina

A morte do planeta

A noite de São Bartolomeu

As duas esfinges

Bem-aventurados os pobres de espírito

Feitiço infernal

Na fronteira

Narrativas ocultas

O elixir da longa vida

Os Reckenstein

Sumário

Primeira Parte

Segunda Parte

Terceira Parte

Tradução da folha de rosto do original russo

W. I. Kryjanovskaia
(ROCHESTER)

OS LUMINARES TCHECOS

Romance histórico da época do despertar
da consciência nacional tcheca

A obra recebeu MENÇÃO HONROSA da
Academia Imperial de Ciências da Rússia

Texto em tcheco:
"Exaltemos solenemente a fama dos gloriosos Eslavos"
da obra "Slavy Dcery" de Jan Kolar

Texto em alemão:
"Você se acha inatingível?
Neste caso, lá embaixo existem as florestas da Boêmia
Que agitam a sua folhagem em sonolenta e silenciosa paz.
Aquele é o mundo do povo Eslavo!
Quando este mundo acordar será um adeus à velha Europa!"
Max Haushofer

Editora Cooperativista
PETROGRADO
1915

Folha de rosto do original russo

В. И. КРЫЖАНОВСКАЯ
(Рочестеръ)

СВѢТОЧИ ЧЕХІИ.

Историческій романъ изъ эпохи пробужденія
чешского національного самопознанія

Сочиненіе удостоено ИМПЕРАТОРСКОЙ Академией Наукъ
ПОЧЕТНАГО ОТЗЫВА

"Slavme slavne slavu Slau lavnych"
Hn Slavy Dcery,
Hn Jan Kolar

Hörst du?
"Da drunten rauscht der Böherwald
Noch liegt in stillverschlafner Ruh'
Die Welt des Slavenvolks! Wenn sie erwacht,
Dann alterodes Europa - gute Nacht!"
Max Haushofer

Книгоиздательское Товарищество
Петроградъ
1915

Prefácio

A questão Kardec - Huss

Quando recebemos a tradução deste novo romance de J.W. Rochester, *Os Luminares Tchecos*, originalmente editado em russo no ano de 1915, interessou-nos profundamente saber que Jan Huss[1] era um dos personagens.

Vários autores, desde a afirmação do Espiritismo como Ciência, Filosofia e Religião, têm citado o fato de haver sido Jan Huss, uma das encarnações de Kardec.

O próprio Rochester, em outro livro seu, *Herculanum*,[2] editado em 1888, escreve sobre isso. Na segunda parte do livro citado, de nome *Júpiter e Jesus*, no primeiro capítulo, "O Eremita",[3] encontramos o relato do encontro do patrício Caius Lucilius com um eremita, pai João.

O patrício Caius fora ferido na fuga da cidade de Herculanum – atingida pela erupção do Vesúvio –, tendo sido encontrado e salvo

---

[1] *Jan Huss: sacerdote tcheco, reformador religioso, mártir e precursor da Reforma Protestante.*

[2] Herculanum *foi editado no Brasil pela Federação Espírita Brasileira (FEB), em 1937. Consulta feita em exemplar da 10ª edição de 1995.*

[3] *Obra citada, p. 173.*

pelo velho e solitário cristão. Durante sua convalescença, interessara-se pelo cristianismo, acabando por se converter ao ouvir pai João falar sobre Jesus.

O eremita pai João contara ao rapaz sobre o tempo em que, servindo como soldado na Galiléia, tivera ocasião de conhecer Jesus. Como centurião Quirilius, recebera a tarefa de penetrar nas assembléias dos seguidores do Nazareno e, estando lá, comovera-se com a figura e a palavra do Cristo.[4] Mais tarde, quando Jesus estivera preso, sendo o responsável pela sua guarda, oferecera-lhe fuga, propondo-se a ficar em seu lugar.[5] Ao agradecer, Jesus relatara-lhe que ainda iria morrer por ele, mas isso seria em um futuro mais distante. É quando pai João conta ao patrício que tivera um sonho profético, assegurando-lhe essa glória para uma existência futura.

Nesse momento Rochester coloca uma nota de rodapé explicando que esse evento se deu vários séculos depois, quando Pai João, reencarnado como Jan Huss, morreu queimado em Constança em 1415.[6]

No epílogo do mesmo livro – "As sombras da cidade morta" –, Rochester relata o encontro, séculos depois, de Caius, isto é, ele mesmo, Rochester, com Allan Kardec.[7] Caius-Rochester dirige-se a Kardec: "Tu mesmo, tu, valoroso centurião que não há muito foste Allan Kardec; tu que na última encarnação te devotaste à fundação de uma doutrina que esclarece e consola a humanidade, quantos dissabores que não amargaste".

Na afirmação de Caius-Rochester, fica claro, pela maneira que o texto se coloca, que o centurião Quirilius (pai João), Jan Huss e

---

[4] *Obra citada, pp. 187-188.*

[5] *Obra citada, p. 191.*

[6] *Obra citada, p. 192.*

[7] *Obra citada, pp. 350-353. Referimo-nos aqui quando nomeamos Allan Kardec a Hippolyte Léon Denizard Rivail, codificador do Espiritismo, desencarnado em 1869.*

Allan Kardec teriam sido a reencarnação de um mesmo espírito.

Em nossa pesquisa encontramos outras afirmações sobre essas encarnações.

Em um dos números do jornal *Mundo Espírita*,[8] há uma reportagem, de autoria não especificada, que afirma: "Segundo os anais espíritas fidedignos, Allan Kardec (1804-1869), o Codificador do Espiritismo, foi a reencarnação de Jan Huss (1369-1415)". O autor infelizmente não esclarece quais seriam esses "anais espíritas fidedignos", mas nos remete ao livro *A Missão de Allan Kardec*, de autoria de Carlos Imbassahy.[9]

Nesse livro, em sua primeira parte, há um capítulo sobre Jan Huss. É lá que as fontes da afirmação acima são especificadas. Citando o Dr. Canuto Abreu, Carlos Imbassahy relata que a informação de que Allan Kardec fora Jan Huss data de 1857. Acrescenta que a informação veio por via medianímica pela psicografia de Ermance Dufaux.[10]

Segundo o Dr. Canuto Abreu, as fontes estavam, em 1921, na Livraria de Leymarie; ali, ele as copiara na sua quase totalidade. Em 1925 passaram para o arquivo da Maison des Spirites. Durante a invasão de Paris, em 1940, os alemães as destruíram.[11]

Endossando as informações do Dr. Canuto Abreu encontramos na literatura espírita mais algumas assertivas a respeito. No livro de Victor Hugo, pela psicografia de Zilda Gama, *O Solar de Apolo*,[12]

---

[8] *Jornal* Mundo Espírita, *edição nº 1.374, Curitiba, janeiro de 1999, p. 6.*

[9] A Missão de Allan Kardec, *de Carlos Imbassahy, edição da Federação Espírita do Paraná, Curitiba, 2ª edição de 1988, sendo a primeira edição de 1957.*

[10] *Uma das médiuns que participaram de* O Livro dos Espíritos.

[11] *Obra citada na nota nº 8, p. 43.*

[12] O Solar de Apolo, *romance mediúnico pelo espírito de Victor Hugo, psicografia de Zilda Gama, 6ª edição, São Paulo, Lake, 1992.*

encontramos confirmação do famoso escritor de que Allan Kardec foi a reencarnação de Jan Huss.[13]

Ainda mais interessante foi a leitura do livro *Léon Denis na intimidade*, mais especificadamente o prefácio de Wallace Leal Rodrigues.[14] Destacamos desse prefácio um trecho do artigo de Léon Denis para a *Revue Spírite* de janeiro de 1923, sob o título de "L'Spiritisme: la Theorie et les Facts": "Há uma misteriosa ligação entre o discípulo e o Mestre? Reparemos em que meu nome está incrustado no de Allan Kardec que, na realidade, se chamava: Hippolyte LÉON DENISard Rivail".

Analisando a ligação supracitada entre o discípulo (Denis) e o Mestre (Kardec), Wallace Leal Rodrigues informa que: "Eruditos e estudiosos que tiveram acesso aos documentos particulares da Sociedade Espírita de Paris afirmam que os espíritos teriam revelado a Allan Kardec, além de sua encarnação como druida, sua vida na Boêmia, sob a personalidade de Jan Huss. Nesse caso encontramos uma valiosa pista para a compreensão dessas 'vidas quase de todo apagadas e dessa misteriosa ligação' através de Jerônimo de Praga, guia espiritual de Léon Denis e que foi, igualmente, o maior amigo e o mais eminente discípulo de Jan Huss".[15]

Além desses dois, uma terceira pessoa é fundamental nessa articulação histórica: o reformador inglês John Wyclif. Quando moço, Jerônimo estudara na Inglaterra e fora bastante influenciado pelas idéias de Wyclif,[16] as quais mais tarde iria levar ao conheci-

---

[13] *Obra citada acima, p. 98.*

[14] Léon Denis na intimidade, *de Claire Baumard (1872-1961), tradução e prefácio de Wallace Leal Rodrigues, datado de 1981. Edição da Casa Editora O Clarim, de Matão (SP).*

[15] *Obra citada, pp. 28-30.*

[16] *A relação histórica entre J. Huss, J. Wyclif e Jerônimo de Praga já foi abortada na introdução e será mais esmiuçada no decorrer do livro pelo próprio Rochester.*

mento de Jan Huss.

O que mais nos interessa retirar desse interessante prefácio é a hipótese levantada pelo autor: Allan Kardec seria Jan Huss reencarnado e Léon Denis seria John Wyclif reencarnado, tendo como guia espiritual o espírito de Jerônimo de Praga. Mais provas sobre Denis ter sido reencarnação de J. Wyclif não são apresentadas, mas a argumentação do autor tem forte embasamento.[17]

Finalizando nossa pesquisa de fontes complementares para a assertiva de que Kardec foi Huss remetemo-nos a um artigo de Hermínio Miranda no *Jornal Espírita da Feesp*.[18]

Nesse artigo, o consagrado estudioso espírita analisa duas comunicações na *Revista Espírita* de 1869,[19] datada a primeira de 14 de agosto de 1869, assinada por Jan Huss, e outra comunicação de 17 agosto de 1869, assinada por Allan Kardec.

Segundo Hermínio Miranda, na segunda comunicação Kardec *sutilmente* confirma que foi Jan Huss.

Confiando nas assertivas expostas até aqui, só podemos aceitar a veracidade da afirmação de que o espírito de Allan Kardec foi o mesmo espírito que animou o corpo carnal de Jan Huss.

É com a aceitação dessa verdade que voltamos ao livro *Herculanum* com que iniciamos este prefácio.

Vimos que Rochester conta que o eremita pai João, que ajudou e converteu o patrício Caius, foi posteriormente Jan Huss. Ora, sendo isso válido, o centurião Quirilius, nome e cargo de pai João quando mais moço, que se oferece para ficar em lugar de Jesus, tinha em si o mesmo espírito que 19 séculos depois habitaria o corpo de Allan

---

[17] *Para essa questão indicamos o livro* Allan Kardec, o druida reencarnado, *de Eduardo C. Monteiro, 3ª ed., 1998, São Paulo, Editora Espírita Eldorado-EME.*

[18] Jornal Espírita da Federação Espírita do Estado de São Paulo, *nº 90, ano VIII, dezembro de 1982.*

[19] Revista Espírita *de 1869, pp. 270-272, conforme citação do autor do artigo.*

Kardec, o codificador do Espiritismo.[20]

É desta forma que encerramos este prefácio iniciado com a intenção de expor algumas fontes da afirmação de que Allan Kardec foi a reencarnação de Jan Huss, com a frase em que o futuro professor Hippolyte Léon Denisard Rivail (Kardec), então como o centurião Quirilius, pede a Jesus que o deixe morrer em seu lugar:

> "Deixa-me morrer em teu lugar, porque a vida de um soldado obscuro não vale a de quem, como tu, é providencial e benéfica aos enfermos e desgraçados..."

Orphila Conte Rodrigues
Solange Vaz
Maurício Brandão

[20] *Sobre o encontro do centurião com Jesus, ver* Herculanum, *p. 191, e a nota de rodapé em que Rochester esclarece que futuramente ele será Jan Huss na página seguinte, 192.*

Bibliografia

AUTOR NÃO ESPECIFICADO. *Jornal Mundo Espírita* nº 1.374. Curitiba: Federação Espírita do Paraná, janeiro de 1999.

HUGO, Victor (espírito) e GAMA, Zilda (médium). *O Solar de Apolo*. 6ª ed. São Paulo: Lake, 1922.

IMBASSAHY, Carlos. *A Missão de Allan Kardec*. 2ª ed. Curitiba: Federação Espírita do Paraná, 1998.

MIRANDA, Hermínio. *Jornal Espírita*, ano VIII, nº 90, São Paulo: Federação Espírita do Estado de São Paulo, dezembro de 1982.

MONTEIRO, Eduardo C. *Allan Kardec, o Druida Reencarnado*. 3ª ed. Capivari: Editora Espírita Eldorado de São Paulo/Sociedade Espírita Anália Franco, EME, 1998.

ROCHESTER, J.W. (espírito) e KRIJANOWSKY, Wera (médium). *Herculanum*. 10ª ed. Rio de Janeiro: Federação Brasileira, 1995.

RODRIGUES, Wallace Leal. "Prefácio" de: BAUMARD, Claire. *Léon Denis na intimidade*. Matão: O Clarim, 1981.

A EXPANSÃO ALEMÃ PARA O LESTE
(SÉCULOS XI e XV)

A Europa no século XV

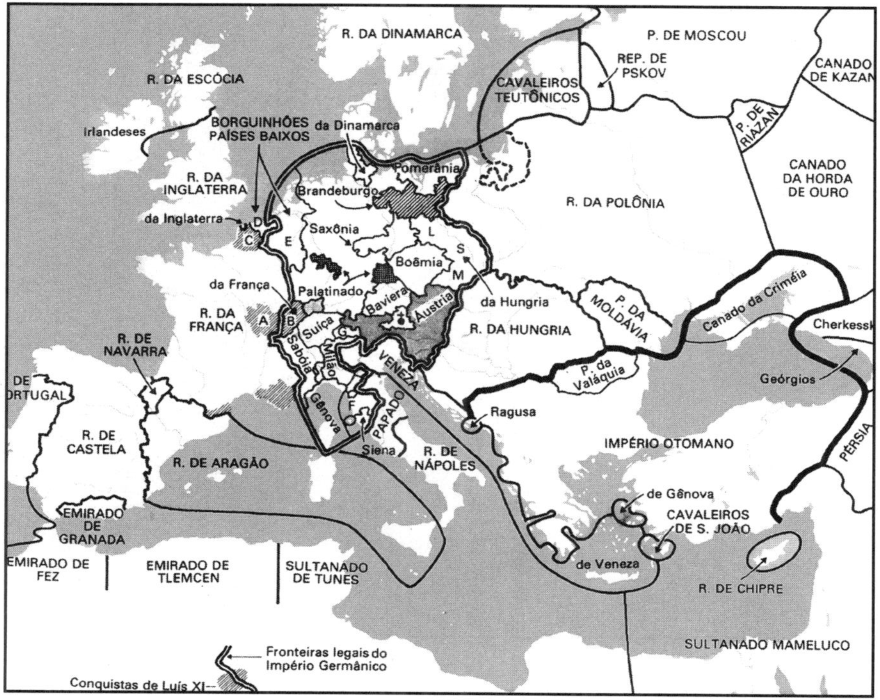

Praga, a bela cidade em que Huss viveu e pregou

...Um Pouco de História

O Tempo das Reformas

Somos todos hussitas.
Lutero

Em que contexto histórico podemos situar a vida e a obra de Jan Huss,* sacerdote, mártir e reformador tcheco, personagem principal do livro? Qual era o panorama político-religioso europeu nos séculos XIV e XV, época em que Huss viveu?

Em termos de história das religiões e da Igreja, com todo o seu significado espiritual e político, Jan Huss, seu amigo e principal discípulo, Jerônimo de Praga, bem como o reformador e pensador inglês John Wyclif, que muito os influenciou, pertencem ao período que a historiografia mais tradicional denominava como "a época da pré-reforma da Igreja". Seguindo o ponto de vista do historiador francês Pierre Chaunu, em magnífica obra – *O Tempo das Reformas* – que indicamos a todos, situamo-lo dentro do contexto do que ele chama de Primeira Fase da Reforma.

Cronologicamente, o processo de transformação da cristandade

* *Em outros livros editados no Brasil que se referem a ele também é chamado de John ou João Huss; adotaremos aqui a denominação Jan por considerarmos mais adequada.*

latina inicia-se nos séculos XIV e XV. Essa chamada "pré-reforma" e as reformas protestantes do século XVI são perfeitamente solidárias. São tipicamente reformas da Igreja, questionam simultaneamente a relação com Deus – que desejam mais pessoal – e os fundamentos da dogmática, não para modificá-la mas para melhor fundamentá-la, para defendê-la, para preservar a sua identidade. Os reformadores da Igreja querem estar na Igreja, não aceitam ser afastados, não se consideram heréticos. É nesse sentido que existe toda uma linha de continuidade entre Wyclif, Huss, Lutero e Calvino.

- As origens - Igreja e Estado política e religião

Desde o Edito de Milão do Imperador Constantino no começo do século IV e da oficialização do cristianismo como religião oficial do Império Romano pelo Imperador Teodósio, que a utilização da Igreja e da religião como instrumento político por parte de imperadores, reis, príncipes e duques foi uma constante. Paralelamente, por parte da Igreja Católica era hábito comum e corriqueiro a sua participação e ingerência em todos os assuntos da vida política e econômica do mundo secular.

Se hoje já podemos exercer em muitos países uma prática religiosa como manifestação de crença do indivíduo, manifestação de uma convicção íntima, isso não foi o que ocorreu na maior parte da história do cristianismo. Em muitos casos a relação das entidades institucionais religiosas com os estados, com a política, foi embaraçosa e vergonhosa.

A partir do século XI, com o fim das invasões dos chamados "povos bárbaros", a Europa entrou em fase de expansão. O revivescimento do comércio que se seguiu teve um efeito perturbador sobre a sociedade feudal. A uma civilização exclusivamente rural sucedeu uma civilização cada vez mais de cidades e de mercadores.

Concomitantemente a isso, a disputa entre o papado e os estados pelos poderes temporal e espiritual acirrou-se ainda mais. O Papa passou a envolver-se em diversos conflitos políticos com as monarquias medievais. Exemplo marcante desse conflito foi a questão das investiduras, quando o Papa chocou-se com o imperador alemão a respeito de quem teria o direito de nomear sacerdotes para cargos eclesiásticos.

No século XI, o papado iniciou uma série de reformas internas na Igreja. Os costumes do clero eram vergonhosos, sombrios; os dois principais "vícios" do momento eram constantemente denunciados: a simonia – ação de obter por meio de influência ou em troca de uma soma em dinheiro um ofício divino – e o nicolaísmo – na linguagem corrente, recusa do celibato dos sacerdotes. Ao mesmo tempo em que realiza a reforma interna, o papado afirma a intenção de retomar a independência da Igreja. Proclama o primado absoluto de Roma sobre a Igreja e o conjunto da cristandade, e proíbe o imperador de "investir" sacerdotes em cargos eclesiásticos.

No século XIII, o poder papal atingira o apogeu. O Império germânico, aparentemente o estado mais forte da cristandade de então, tinha sido forçado a ceder, se não a todas, pelo menos a muitas das exigências papais. A excomunhão, instrumento brandido por uma diplomacia oportunista e brilhante, conseguira muitas vitórias. Na época do Concílio de Latrão, em 1215, o papa Inocêncio III sonhava em instaurar uma espécie de teocracia, por meio da qual todos os príncipes temporais submeter-se-iam ao patronato do Papa, vigário do Cristo.

- As heresias -

Esse longo período de liberalização do culto, oficialização do cristianismo, conversão dos povos "pagãos", expansão e fortalecimento do poder da Igreja estende-se basicamente do século III ao século XIII. Foi o período em que o cristianismo deixou de ser uma religião considerada herética e perseguida e passou a ser a religião dominante em toda a Europa.

Infelizmente, a mesma intolerância que os cristãos dos primeiros séculos sofreram, a Igreja cristã – assim que se viu oficial – passou a praticar, datando desde o século IV as primeiras perseguições e acusações de heresia a todos os que divergissem da ortodoxia oficial. Na mesma medida em que sofreu, perseguiu.

Durante os séculos que se seguiram, afirmou-se uma série de seitas ou heresias; por sua atitude decididamente anti-hierárquica, hostil a Roma, essas seitas passaram a ameaçar seriamente a unidade espiritual do mundo cristão do Ocidente.

A exaltação religiosa, as aspirações apocalípticas, as esperanças milenaristas, os questionamentos sociais, os sentimentos nacionais – tudo isso multiplicava a força desses movimentos "heréticos". Rejeitavam a autoridade dos bispos e do Papa, e mesmo por vezes a dos soberanos. Proclamavam insistentemente a necessidade de uma renovação moral.

Isso traduzia-se freqüentemente pela nostalgia de uma Igreja primitiva, evangélica, considerada como um modelo de pureza, pela vontade de retornar a uma ordem moral antiga – a dos primeiros tempos do cristianismo. De qualquer maneira, essas heresias rejeitavam a Igreja constituída, recusando a missa e a comunhão, todo o clero romano, o culto da Virgem e o dos santos. Esses movimentos apoiavam-se estritamente numa determinada interpretação do Novo Testamento. Dentre esses movimentos destacamos o dos patarinos, o dos cátaros, o dos albigenses e o dos valdenses.

- As correntes de pensamento -

As novas condições de vida, sociais, econômicas, urbanas principalmente, a partir do final do século XI, vão gerar, de forma mais marcante em meados do século XII, um certo "renascimento cultural", embora de proporções e conseqüências bem mais modestas que o afamado renascimento seiscentista.

As maiores cidades têm universidades, intelectuais e um maior consumo de livros. O estudo volta a ser valorizado. Mas, importante não sairmos da realidade do mundo medieval. Tudo isso é muito circunscrito, passa ao longe dos camponeses, dos artesãos urbanos, mesmo da grande parte dos comerciantes e nobres. Ainda são poucos os que sabem ler, se tomarmos a sociedade medieval como um todo; o livro é ainda artesanal, ainda vive dos copistas, embora a quantidade de livros já fosse bem maior.

O que não podemos perder de vista é que, na Idade Média, os destinos da sociedade civil e da sociedade eclesiástica estão estreitamente ligados. O intelectual, o filósofo, o teólogo, em sua maioria, são clérigos, ou aprenderam com estes. Em todas as épocas, a vida religiosa e as manifestações de pensamento no domínio literário são diretamente influenciadas pelas estruturas sociais, pela evolução da economia e da sociedade, e as influenciam por sua vez. Era o clero quem dominava as escolas dos mosteiros, as escolas paroquiais e as universidades.

A escolástica é a forma de pensamento que se impõe nesse período. Entre muitos outros, nos séculos XII e XIII destacam-se os nomes de São Tomás de Aquino e Alberto Magno, influenciados profundamente tanto pela herança de Santo Agostinho e São Jerônimo, entre os principais autores dos primeiros tempos do cristianismo, como pela influência grego-árabe.

Basicamente, a escolástica é um método de estudo e de exposição. É fruto de um momento específico, de uma confluência histórica, e digere o passado da civilização ocidental. A Bíblia, os padres da Igreja, Platão, Aristóteles, os árabes – esses foram os dados de seu saber, os materiais de sua obra.

Em meados do século XII e no século XIII, assistiu-se à propagação de um sentimento novo. A partir do momento em que a cristandade tomou consciência de sua força, passou a ser tentador fundamentar a fé numa base racional mais vasta do que a de uma revelação. Esta foi, fundamentalmente, a grande tentação desse período: privilegiar a filosofia na leitura da palavra de Deus.

É nesse contexto que se dá o trabalho dos grandes doutores do século XIII, destacando-se São Tomás de Aquino. A escolástica realista desse pequeno renascimento aceitou a leitura aristotélica do universo e cristianizou-a.

São Tomás de Aquino não diminuiu a parte da revelação, mas a colocou no topo, como complemento e não em oposição ao sentimento racional. Pretendeu conciliar a filosofia de Aristóteles com o cristianismo. Os escolásticos chamavam a isso de *razão teológica*, isto é, razão iluminada pela fé.

Apesar disso, o pensamento escolástico no seu próprio desenvolvimento, no final do século XIII, com a morte de São Tomás e em virtude de seu próprio aprofundamento, descobriu seus limites e suas fraquezas. No domínio do pensamento manifesta-se desde então uma viva reação contra as teorias "tomistas", criticadas por uma fidelidade excessiva a Aristóteles. Os maiores críticos pautavam que a dogmática não se fundamenta na razão, cujo manuseamento Aristóteles ensina na sua "Lógica", mas sim na palavra de Deus confiada à Igreja. Segundo esses adversários, a filosofia dos "tomistas" atentava contra o essencial da revelação: a soberana liberdade e o poder absoluto do Deus cristão. A grande síntese reconciliadora pela qual São Tomás lutara encontrava-se combatida no final de sua vida. O pensamento do século XIV tornara-se mais cético, mais pessimista.

É na morte de São Tomás de Aquino, na viragem da escolástica, que se situa a origem, o ponto de partida do que chamamos de Primeira Reforma. Se é válido periodizar por meio de datas, de rupturas, destacaríamos esse período de crise da cristandade entre 1274

– morte de São Tomás de Aquino – e 1517 – data em que Lutero fixa suas 95 teses na porta da igreja de Witenberg, como o período da Primeira Reforma.

A viragem da escolástica inicia-se com Duns Escoto (1266-1308). Ele propõe outra concepção de fé, um Deus mais livre, acessível não pelo raciocínio, mas por um impulso do homem, um ato de caridade, espiritual e não intelectual. Segundo ele, a religião não pode explicar-se pela razão, como pretendiam até então os filósofos: é artigo de fé e de crença direta.

Duns Escoto já é um homem do tempo da Reforma da Igreja. Mas é na primeira metade do século XIV, com Guilherme de Ockham, que muito influenciou John Wyclif e Jan Huss, que se deu a verdadeira viragem.

O século XIV é um tempo de crise. Tempo de guerra, peste, fome, normalmente retratado como de uma atmosfera cinzenta, em que o divórcio entre a filosofia e a religião acabou levando ao misticismo. O pensamento escolástico tradicional do escol pensante da Igreja não respondia mais à necessidade daqueles novos tempos.

Guilherme de Ockham, por sua vez, restringiu mais do que o seu predecessor o domínio da demonstração filosófica, acentuando a separação "iniciada" entre a filosofia e a teologia. Para Ockham, nada devia existir entre o conhecido e o conhecedor. Não havia mediador entre Deus e a criação. Sua filosofia deixava o caminho livre a uma teologia limitada ao conteúdo objetivo da revelação. Ockham elaborou a personalidade do Deus do século XIV, ou seja, a personalidade do Deus do primeiro tempo da Reforma.

O Deus de Ockham – Deus da tradição mais antiga e mais segura da Igreja – não é decididamente o Deus dos filósofos. O seu Deus é o Deus da Sagrada Escritura. Para ele, toda a revelação de Deus sobre si próprio – tudo o que a Igreja ensina sobre a salvação – está contida na Sagrada Escritura.

Apesar da afirmação da autoridade da Escritura, para que a

Escritura confiada à Igreja funcionasse como juiz prático da verdadeira Igreja, seria ainda necessário que à destruição da teologia natural se acrescentasse a diminuição do magistério, do poderio, da Igreja visível.

A corrente que tende a reatar com o recurso direto à Escritura, como fonte de pensamento e de crítica, nasce mesmo com o Grande Cisma e com Wyclif. Culminará no século XVI, quando os teólogos da Reforma esforçam-se por estabelecer a autoridade global da Sagrada Escritura.

- O tempo das Reformas - Os séculos XIV e XV

O final da Idade Média é um período de transformações. Período obscuro, do qual a história guardou principalmente as catástrofes, os grandes conflitos políticos e espirituais.

A interrupção do desenvolvimento demográfico – seguida de um grande refluxo agravado pelas fomes e pestes, entre as quais foi catastrófica a de 1348 – e as perturbações no suprimento de metais preciosos na economia ocidental – produzindo uma carência de prata e depois de ouro, tornada mais aguda pelas guerras (Guerra dos Cem Anos, Guerra das Duas Rosas, guerras ibéricas, guerras italianas) – aceleraram a transformação das estruturas políticas e socioeconômicas do Ocidente.

O século XIV, especialmente, é conhecido pela união simultânea dos três grandes flagelos da humanidade: fome, epidemia e guerra.

No que diz respeito às mentalidades, apesar das fortes diferenças regionais, é uma época assolada pela psicose do medo. Nas cidades e nos campos, tanto os ataques da peste negra como as crises frumentárias eram encarados como *castigos de Deus*. O sentimento religioso evolui, e é freqüentemente angustiante em virtude da morte e dos infortúnios que rodeiam a todos. Surge uma fé diferente, mais complexa que a dos séculos anteriores, mais pessoal, chegando ao misticismo. É a época em que as angústias e os males do tempo levam o homem a procurar uma religião mais humana, mais familiar, um Deus mais próximo.

A sociedade religiosa do final da Idade Média – somos tentados a dizer: *a sociedade da primeira fase informal do longo tempo solidário das Reformas* – está profundamente desarticulada. Tanto no aspecto da religiosidade popular, do sentimento, quanto no aspecto político.

As crises que sacudiram o topo da sociedade eclesiástica, no final do século XIV, também tiveram grandes repercussões no plano da sensibilidade e do pensamento. Isso porque, apesar de uma profunda dissociação aparente entre as diferentes camadas da piedade popular e a religião da elite, a religião popular aceitava, sem hesitação, a mediação eclesiástica da Igreja em relação a Deus. Era uma intermediação completamente aceita nas camadas populares, que representavam a grande maioria da população – quase 90% de analfabetos.

O fervor do batismo, o temor reverencial dos outros sacramentos, os gestos de imitação eucarística, tudo isso traduz uma forte impregnação de formas de pensar e agir próprias da cristandade. Apesar da sua relativa autonomia, a religião popular é cada vez mais dependente da religião elaborada dos clérigos.

Nessa situação, tudo o que pudesse afetar a Igreja como instituição era particularmente grave. Se era posta em dúvida, a alternativa era avançar para o elo seguinte da cadeia das autoridades: o recurso direto à Sagrada Escritura.

- A crise da cristandade - O Grande Cisma

A Igreja Católica como instituição político-religiosa também entrara em crise a partir dos anos finais do século XIII. As disputas e os conflitos entre o papado e os estados acirravam-se. Ora um, ora outro grupo político ligado a determinado estado exercia um domínio sobre os rumos da Igreja. Jogar um adversário contra o outro de forma a buscar a melhor aliança era um hábito político corriqueiro dos papas.

Logo no começo do século XIV, tivemos o episódio que foi batizado como “Cativeiro da Babilônia”, em que o papado ficou sediado em Avignon, na França, não mais em Roma – daí o termo “cativeiro” inventado pelos romanos.

A eleição do papa Clemente V, arcebispo francês, e a instalação do papado em Avignon por 69 anos (1309-1378) iniciaram um período de sérias dificuldades e discórdias. Esse papado de Avignon era aliado e submisso aos reis franceses, o que tornou os papas muito impopulares. Eles eram odiados pelos italianos, mais particularmente pelos romanos. Toda a cristandade condenava violentamente a submissão papal aos franceses.

Em 1377, o papa Gregório XI voltou a Roma, mas a situação acabou se complicando ainda mais. O Papa morreu seis meses depois e o povo romano aproveitou a oportunidade para forçar o colégio dos cardeais a eleger um papa italiano, o que acreditavam restabeleceria definitivamente o papado em Roma. Os cardeais elegeram o arcebispo de Bari, que recebeu o nome de Urbano VI, e fugiram assim que puderam, renegando a escolha forçada que haviam feito.

Enquanto o Papa eleito permanecia em Roma amparado por um colégio de cardeais totalmente novo e escolhido por ele, os outros cardeais dissidentes reuniram-se e escolheram um novo Papa, mais do seu agrado. Com a eleição de Clemente VII como o Papa dos dissidentes iniciou-se o Grande Cisma do Ocidente (1378-1417), que separou toda a cristandade romana em duas obediências – papado de Avignon e papado romano – e arruinou o prestígio pontifical.

De início, a crise no topo da estrutura eclesiástica desenvolveu-se num clima até favorável, reflexo das disputas políticas e econômicas que assolavam a Europa de então. De um lado, o imperador alemão Carlos IV, a Inglaterra e uma parte da Itália urbanista opõem-se a Avignon, à França, à Escócia, à Espanha e a alguns outros aliados menores. As associações refletem as alianças políticas do momento.

A Igreja como instituição estava doente; o impasse continuaria. Urbano VI morre e seus cardeais elegem Bonifácio IX (1389). Sobrevém a morte de Clemente VII (1394), e os cardeais deste último, reunidos na França, elegem, por sua vez, Benedito XIII. A triste verdade é que nenhum papa desse período, de ambas as facções, foi digno do cargo.

Serão necessários vários anos para que, neste mundo lento, surjam condições para um retorno à unidade. As idéias para romper o impasse surgiram primeiramente fora das estruturas centralizadoras da Igreja. Justificando-se por meio de referências a princípios teológicos, passaram a circular propostas da convocação de um concílio-geral. Os partidários dessas idéias defendiam a tese de que a verdadeira autoridade da Igreja estava com o episcopado, como um organismo, e que os concílios-gerais estavam acima do Papa.

Respondendo a instâncias feitas pela Universidade de Paris, em 1409, um concílio foi convocado em Pisa. Uma parte dos cardeais de ambos os papas compareceu a esse concílio de Pisa, além de numerosos bispos e doutores em teologia. Os dois papas foram citados para que comparecessem e, como deixassem de fazê-lo, foram, à revelia, condenados por heresia. Os cardeais elegeram então um novo Papa, que recebeu o nome de Alexandre V.

Entretanto, o apoio externo para o concílio não fora bem-estruturado. Seus partidários haviam-se apressado e convocaram-no demasiado cedo. Nem o Papa de Roma nem o de Avignon haviam sido privados de obediência, enquanto se esboçava a obediência a um terceiro Papa. Essa primeira tentativa de um concílio "conciliatório" acabou resultando num retumbante fracasso. A Igreja passa a ter três cabeças.

De 1409-1414 a Igreja passa do cisma ao caos. Toda a instituição parece desfazer-se no seu topo. O papa Alexandre V durou apenas dez meses e o partido de Pisa elege para seu sucessor Baldassare Cossa, que recebeu o nome de João XXIII. Homem indigno de ocupar qualquer cargo eclesiástico, buscava recursos negociando indulgências pela Europa.

Apesar do fracasso da via conciliatória em Pisa, será por meio de outro concílio que a Igreja sairá do impasse. Com a intervenção dos laicos e o apoio político e policial do imperador Sigismundo, outro concílio foi preparado com bastante antecedência e, dessa vez, com a articulação política necessária.

O concílio de Constança – 1415-1417 –, convocado pelos laicos, organiza-se em nações. As decisões eram tomadas pelas nações que os compunham. Os cardeais não tinham nenhuma autoridade além da que possuía qualquer outro membro individual de seu país. Simultaneamente, afirma-se, na prática, superior ao Papa, depondo os três papas.

A cristandade vive um pouco mais de dois anos sem Papa, com um singular governo de assembléia. O lugar estava livre para a designação de um papa, mas o partido imperial pretendia retirar vantagens da situação. Finalmente, após uma série de disputas internas, é indicado em 1417 o cardeal Colonna, proclamado Martinho V. Os últimos refratários fizeram voto de obediência e o cisma, aparentemente, resolveu-se. Contudo, esse mesmo concílio, que havia dado paradeiro ao cisma, tinha lançado as sementes da futura dissensão, a Reforma Luterana, que começaria exatos cem anos mais tarde, em 1517.

-John Wyclif -
Profeta de uma nova era

A crise institucional da Igreja levantou uma série de interrogações sobre sua estrutura e seus fundamentos dogmáticos.

Vistos dentro de uma perspectiva verdadeiramente vasta e integrante da história da Igreja, wyclifismo e hussismo são movimentos indissociáveis da crise que se revela no Grande Cisma do Ocidente. Devem ser compreendidos como expoentes principais da primeira fase da Reforma, dentro da linha de continuidade que os une a Lutero e Calvino.

Com Wyclif e Jan Huss é ultrapassado um limiar na cadeia histórica da transmissão da revelação: o limiar do recurso direto, do recurso à autoridade da Sagrada Escritura, palavra de Deus.

O pensamento de Wyclif não é fruto direto do cisma, mas este proporcionou um terreno favorável ao seu desenvolvimento. Nascido por volta de 1324, em pleno "Cativeiro da Babilônia", afirmara-se na Universidade de Oxford como um dos mais brilhantes canonistas do seu tempo.

Wyclif foi um teólogo da Igreja – o primeiro teólogo da Igreja "protestante" seiscentista. Em poucos anos, grandes tratados. Em seu tratado *De civili dominio* – 1377 – afirma veementemente que a Igreja não tem qualquer poder delegado – apenas verifica e proclama a ação de Deus. A ação da providência é sempre direta, ignorando a Igreja como instituição. A Igreja já não é encarada como a instituição, o canal de todas as mediações. O *De civili dominio* contém, potencialmente, toda a eclesiologia hussita e toda a eclesiologia protestante.

O pensamento de Wyclif expressa-se também em outros dois brilhantes tratados: o *De veritate Scripturae sancta* e o *De Ecclesia*, os dois em 1378. À primeira vista, não havia nada mais tradicional e menos contestável do que a afirmação da verdade e da autoridade da Sagrada Escritura, palavra de Deus. Se isso, mesmo assim, surpreendeu, é porque foi expresso de forma mais autônoma, mais clara. Melhor ainda, ele descobre que a autoridade da Escritura pode combater a da Igreja.

A Escritura foi, durante séculos, o postulado nunca desmentido de toda e qualquer construção teológica. A Igreja baseia sua autoridade e seu ensino na Sagrada Escritura, encarando-a como um ditado de Deus. Wyclif propõe: Deus, a Escritura e só depois a Igreja. É o primeiro a propor, como alternativa, a autoridade da Escritura, juiz da Igreja. No espírito de Wyclif o cisma que se desenrolava era a maior manifestação da impossibilidade radical do poder divino delegado.

Seus tratados propõem a Escritura em abordagem direta. As Escrituras são suficientes, são bastante claras; o comentário da Igreja e sua intermediação não são necessários. É por essa radical simplificação que, sem ter a clara consciência da inovação, Wyclif é revolucionário. É também nesse sentido – da Escritura oferecida a todos – que se compreende seu esforço na tradução da Bíblia para o inglês.

John Wyclif é o primeiro artesão da sangrenta e profética ruptura da Igreja despedaçada, do século XIV. Ao contestar a transubstanciação, a missa, e toda e qualquer forma de expressar a presença real do corpo de Cristo na hóstia, traçou uma via anunciadora de perturbações e de rupturas. Foi ele quem inspirou a Jan Huss a sua eclesiologia, e a eclesiologia de Lutero é hussita. Morreu tristemente abandonado, em 1384, sendo enterrado em terras da Igreja até sua condenação como herege pelo concílio de Constança, o que provocou a exumação e a dispersão das suas cinzas. Sua descendência deve ser procurada na Boêmia.

A Boêmia e o Império

Atualmente, a Boêmia corresponde, junto com a Morávia, ao que é, geograficamente, a República Tcheca, embora os limites fronteiriços tenham variado muito com o correr da história. Os tchecos têm sua origem nos povos eslavos que migraram para essa região entre o século V e o século VII da Era Cristã, tendo sido cristianizados no século X.

No século XIV, a Boêmia era um dos mais importantes centros comerciais e culturais da Europa. Por muito tempo, a prata tcheca forneceu a base da moeda corrente do continente.

A Boêmia sempre girou na órbita política e econômica do Sacro Império Romano-Germano. O Império, naquela época medieval, não era um Estado material, mas correspondia sim à idéia de um Império formado por uma confederação de Estados. O imperador era o senhor de um dos Estados que o compunham, sendo eleito pelos seus pares. O Reino da Boêmia era um dos eleitores do imperador.

Além de ser eletivo, o cargo de imperador não implicava necessariamente muito poder, sendo relativo à força do próprio imperador eleito. Os Estados do Império agiam, de fato, como reinos independentes. Na maior parte do tempo, os príncipes alemães criavam intrigas e disputas em torno do título de imperador e de seu reconhecimento pelo Papa. Eleições eram impugnadas, compradas, anuladas.

Do século X ao XIII houve um longo processo de expansão alemã para o leste europeu. Incentivados por questões econômicas e ambições políticas, os esforços do Império para anexar ou submeter as regiões eslavas vizinhas foram constantes.

Na Boêmia, durante o século XIII, o rei Otakar II estimulara a imigração de colonos alemães, na esperança de que estes o ajudassem a fortalecer seu próprio poder em relação à nobreza da Boêmia. Os alemães receberam vantagens especiais para se desenvolverem como mercadores e artesãos, mas os seus privilégios acabaram por indispor os tchecos contra eles. Os conflitos e as disputas entre esses dois grupos étnicos foram uma constante em toda a história, tendo-se concentrado principalmente em Praga.

Praga, capital da Boêmia, às margens do rio Vltava, pouco acima de sua confluência com o Elba, nascera do interesse dos mercadores pela sua localização. Em 1232, Venceslau I outorgou uma carta régia a essa "Velha Cidade" (Staré Mesto). Otakar II fundou nova aglomeração, a "Pequena Cidade" (Malá Strana), para os colonos alemães, e Carlos IV, no século XIV, fundou um terceiro agrupamento, a "Cidade Nova" (Nové Mesto), que viria a ser habitado principalmente por tchecos, ao contrário da "Cidade Velha", que era povoada mais por alemães. Praga ainda possuía as regiões – os bairros – denominadas "Cidade Alta", "Cidade Baixa" e "Margem Pequena".

Carlos IV, rei da Boêmia e imperador do Sacro Império Romano-Germano no século XIII, tem sua memória particularmente reverenciada em Praga. Quando eleito, fez de Praga sua capital, atraindo para a cidade artistas e humanistas italianos. Daquela época, datam a nova ponte, a universidade, o castelo real e sobretudo as igrejas. Dentro da política alemã de expansão em direção ao Leste, Carlos IV conseguiu fazer seu filho Sigismundo rei da Hungria, e fazer seu outro filho, Venceslau, rei da Boêmia.

A Universidade de Praga, fundada por Carlos IV, foi a primeira universidade de língua alemã. Fundada em um ambiente conturbado, internacional como todas as universidades, logo se tornou controlada pelos mestres e estudantes alemães, cada vez mais numerosos à medida que refluíam de Paris no momento do Grande Cisma.

Os alemães chocavam-se com os tchecos, gradativamente conscientes de sua originalidade e de suas aspirações. Essa oposição étnica duplicava-se em uma oposição corporativa: tratava-se de definir se as nações – grupos em que se dividia a faculdade – dominadas pelos alemães prevaleceriam sobre a nação tcheca.

Como se verá no decorrer do livro esses conflitos étnicos entre os tchecos e os alemães foram muito importantes no desenrolar da vida de Jan Huss.

- Jan Huss -

O pensamento de Wyclif fora bloqueado na Inglaterra pelo próprio sucesso do Estado. A reforma da Igreja não consegue impor-se nos locais em que a construção do Estado está avançada. O sucesso de Jan Huss na Boêmia explica-se por uma diferença de evolução. O Império não é a Inglaterra. O protesto hussita confunde-se com a revolta de quase toda uma sociedade no âmbito territorial de um conjunto de Estados. Além do mais, Huss é nacionalista – o "Pai-Nosso em tcheco" é uma demonstração inequívoca, tanto quanto seu trabalho de fixar a ortografia e reformar a língua literária tcheca.

Mais tardio, o protesto hussita situa-se num momento propício. Nascido em 1369, na pequena cidade de Husinec, Jan Huss viveu, durante 37 anos de sua vida, o drama do cisma. Huss é fruto desse mesmo cisma. Mas é também fruto de uma Boêmia muito específica.

Nesse país marginal, cristianizado meio milênio mais tarde que a Itália, a Espanha ou Gália, o clero é demasiado numeroso, excepcionalmente deficiente, sem formação e com maus costumes, vivendo de prevaricações simoníacas. Quando Praga se tornou a capital do Império isso se tornou intolerável.

Foi nessa situação que Jan Huss se destacou. De um temperamento mais de sábio e moralista do que de profeta, sua firmeza de caráter e posição elevou-o a uma posição de destaque tanto em termos religiosos como nacionais.

Uma corrente reformista moderada formara-se em Praga, e um grupo – ligado aos universitários tchecos e aos nacionalistas – aparece: "Capela de Belém". Nessa igreja, reúnem-se milhares de pessoas ávidas por receber, em tcheco, a pregação da palavra de Deus.

Fixam-se então alguns objetivos, que caracterizam a tradição boêmia: a preocupação de uma linguagem inteligível; um moralismo atento aos casos de consciência que o clero encontrava nas suas confissões; uma devoção à eucaristia – que está nas origens do desejo de beber pelo cálice –; uma crítica virulenta às insuficiências morais do clero. Huss torna-se, além de membro do grupo de Belém, seu expoente máximo.

Pregador apaixonado, rapidamente tornou-se muito popular,

exortando o povo às virtudes dos apóstolos e a procurar Cristo nas palavras do Evangelho. Denuncia os abusos da Igreja. Desejava uma piedade um pouco menos exterior, mais de relação pessoal, de tempos de oração. Sua pregação é basicamente neotestamental, voltada principalmente ao moralismo dos sinópticos e à espiritualidade do Sermão da Montanha.

A influência de Wyclif em seus pensamentos é considerável. Toda a obra de Wyclif é conhecida em Praga no começo do século XV. Jerônimo de Praga tinha estudado em Oxford, de onde trouxera numerosas cópias das obras do teólogo inglês.

Quando Huss tomou conhecimento das obras do inglês, a situação na Boêmia era muito delicada. O conflito entre os tchecos e os alemães crescia. O povo escandalizava-se cada vez mais tanto com a vida luxuosa dos bispos quanto com o nível que atingira a contrapropaganda dos papas rivais.

É nessa situação que o papel de líder religioso – e, de certa forma, até nacionalista – de Huss é realçado. É nesse tempo que Rochester nos brindará com a descrição da saga desse grande homem, de uma moral exemplar.

- As heranças de Huss -

Num momento mais imediato, a repressão a Huss e Jerônimo de Praga provocou uma explosão ao mesmo tempo religiosa e nacionalista, de ambas as formas radical.

Uma enorme agitação político-religiosa dos Estados da Boêmia desafiou a autoridade do Império. Calistinos nacionalistas e taboritas radicais lutaram pela sua terra e por sua liberdade religiosa durante mais de 20 anos.

Ainda decorreriam vários anos até que, numa manhã de vento de 1517, um padre alemão atravessou a praça e afixou duas folhas na porta da igreja do Castelo de Wittenberg. Era um violento ataque à venda das indulgências, à simonia. Poucos anos mais tarde, esse mesmo padre – Martinho Lutero – diria: "Éramos todos hussitas, mas não sabíamos disso".

Quando os protestantes, no século XVI, minimizam o papel institucional da Igreja como dispensadora da graça divina e afirmam que o indivíduo está em relação direta com Deus e depende exclusivamente de sua onipotência, eram as idéias destes homens, Wyclif e Huss, que estavam renascendo. Os livros de Huss seriam republicados. Cem anos mais tarde, a cavalaria de Cromwell leria Wyclif e Huss às vésperas das batalhas, e os puritanos que partiam para a América levariam seus escritos através do Atlântico...

* * *

Em decorrência do caráter introdutório do texto, renunciamos ao dever de colocar notas de rodapé indicando a origem de cada citação feita, bem como o autor das idéias e frases mencionadas. As informações históricas foram retiradas da bibliografia que segue abaixo, a qual indicamos aos interessados.

Maurício A. Brandão

Bibliografia

ANTONETTI, Guy. *A Economia Medieval*. São Paulo: Atlas, 1977.

CHAUNU, Pierre. *O Tempo das Reformas*, 2 vols. Lisboa: Edições 70, 1975. [Vol.1: *A Crise da Cristandade.*]

CHORLTON, Windsor *et al. Nações do mundo: Europa Oriental*. São Paulo: Time-Life Books/Abril, 1992.

EQUIPE DA EDITORA. *Grandes personagens da história universal*. São Paulo: Abril Cultural, 1971.

GANSHOF, F.L. *Que é o feudalismo?* Lisboa: Publicações Europa-América, 1976.

GUENÉE, Bernard. *O Ocidente nos Séculos XIV e XV: Os Estados*. São Paulo: Pioneira/Edusp, 1981.

HEERS, Jacques. *O Ocidente nos Séculos XIV e XV: Aspectos Econômicos e Sociais*. São Paulo: Pioneira/Edusp,1981.

História Medieval. São Paulo: Difel, 1985.

HUGHES, Philip. *História da Igreja Católica*. São Paulo: Companhia Editora Nacional, 1954.

LE GOFF, Jacques. *Os Intelectuais na Idade Média*. São Paulo: Brasiliense, 1988.

MCEVEDY, Colin. *Atlas da História Moderna*. São Paulo: Verbo/Edusp, 1979.

MONTEIRO, Eduardo Carvalho. *Allan Kardec, o Druida Reencarnado*. 3ª ed. Capivari: Editora Espírita Eldorado de São Paulo/Sociedade Espírita Anália Franco,EME, 1996.

RODRIGUES, Wallace Leal. “Prefácio” de: BAUMARD, Claire. *Léon Denis na Intimidade.* Matão: O Clarim, 1981.

THOMAS, Henry e THOMAS, Dana Lee. *Vidas de Grandes Capitães da Fé*. Rio de Janeiro: Globo, 1948.

Retrato de São Jerônimo de Praga (1521)
Óleo sobre madeira do pintor Albrecht Dürer.

No fim do século XV na Alemanha e na Europa Central a arte Gótica marcou a pintura, exprimindo uma concepção voltada acima de tudo para a religião.

Quando o relógio da prefeitura na Cidade Velha em Praga toca as horas, as estátuas dos apóstolos aparecem em duas janelinhas.

Construído em 1410, o relógio mostra os signos zodiacais,os movimentos do sol e da lua, a data e a hora.

Primeira Parte

Capítulo I

Na confluência dos rios Miesy e Radbuzy localiza-se a velha cidade de Pilsen, atualmente um grande centro industrial, com muitas usinas produzindo a mundialmente famosa cerveja de mesmo nome.

No fim do século XIV, a população dessa cidade, assim como a da maioria das cidades tchecas, era composta predominantemente de cidadãos alemães, fartos e enriquecidos, em prejuízo direto dos filhos do povo, graças às inúmeras concessões com que os reis da Boêmia os atraíam para o país. Entretanto, nos últimos anos daquele século aconteceram mudanças que não favoreceram os alemães; a população urbana tcheca cresceu significativamente e muitos senhores feudais compravam ou construíam para si casas na cidade, aumentando assim a rivalidade entre as duas nacionalidades.

Num lindo dia de verão do ano de 1401, um numeroso séquito de cavaleiros passava pelas estreitas e sinuosas ruas de Pilsen. Era encabeçado por um homem de uns 35 anos, um tipo claramente italiano: moreno, esbelto, mas bem-formado e forte. O rosto indubitavelmente bonito era estragado por um permanente, beatifico e afetado sorriso; os olhos negros e espertos também deixavam má impressão, ocultando uma certa crueldade. Vestia um belo traje de veludo negro; uma leve couraça de aço cobria seu peito e sobre os negros cabelos havia um chapéu enfeitado de penas, colocado de modo faceiro.

Trazia no cinto um punhal de cabo incrustado e uma espada de respeitáveis dimensões.

Esse traje mundano-militar contrastava sobremaneira com a grande cruz pendurada numa corrente de ouro que trazia no peito e um anel episcopal colocado sobre a luva de couro de cervo. O bispo montava garbosamente um cavalo murzelo[1] e distribuía bênçãos aos passantes. Atrás dele, quatro pajens carregavam seu elmo, seu escudo, sua lança e outros armamentos; mais atrás seguia um considerável cortejo e, fechando a procissão, viam-se algumas mulas carregadas de bagagem.

O bispo parou diante de uma casa ao lado dos muros da cidade. A casa era grande, toda de madeira trabalhada, com um alto e pontiagudo telhado. Outrora ela fora construída por algum rico *botchar*,[2] em nada diferindo das outras casas da cidade; mas o conde Hinek Valdstein, que a comprara recentemente, acrescentara-lhe algumas torres dentadas e cercara-a com um grande muro, dando àquela casa modesta e pacífica um aspecto de castelo fortificado.

Via-se que o prelado já era esperado, pois o cavalariço nem teve tempo de bater e já os portões se abriram. Um velho criado correu ao encontro do clérigo, ajudou-o a desmontar do cavalo e informou: "O conde está ausente, mas a condessa aguarda o bispo Brancassis e ordenou que conduzíssemos o reverendíssimo até ela".

No alto da escada, a própria condessa recebeu o grande convidado com amabilidade e respeito e perguntou sobre sua saúde.

– Sinto-me bem, graças a Deus; mas, mesmo assim, minha cara prima, vou pedir-lhe pousada por alguns dias. Depois da longa viagem a cavalo, uma velha ferida da época da juventude passou a me incomodar e gostaria de descansar.

– A minha casa inteira está à disposição de Vossa Reverência.

---

[1] *Que, ou o que tem cor de amora (falando de cavalo) – Nota da editora.*

[2] *Fabricante de tonéis e barris – Nota do tradutor.*

Perdoe se não encontrar aqui o conforto desejado.

– Um pobre monge como eu não precisa de muito! Vou pedir-lhe somente que o meu pajem Riciotto seja instalado perto de mim: preciso dele com freqüência e, por isso, ele deve estar sempre à mão.

Uma hora depois, reforçado por um bom jantar, o bispo estava sentado a sós com a dona da casa, em seu quarto, longe de ouvidos indiscretos.

A condessa Valdstein era uma mulher de uns 40 anos, alta, loura e magra. Seu rosto, de nariz aquilino e boca larga de lábios finos, era pouco atraente. Nem mesmo seus grandes e bonitos olhos enfeitavam-no em virtude de sua expressão esperta e má. Sua pose humilde não combinava com a soberba que dela emanava e que claramente repousava na base do seu caráter. A condessa Iana era parente do bispo Brancassis pelo lado feminino da família, e o sangue italiano que herdara manifestara-se nela numa fanática hipocrisia.

Com indisfarçada impaciência, ela não tirava os olhos do convidado, mas este parecia não notar sua ansiedade, brincando distraidamente com a corrente da cruz pendurada em seu peito e com as esporas que não tivera tempo de tirar. Finalmente, ela não agüentou e, inclinando-se para o prelado, perguntou baixinho, em italiano:

– E, então, primo Tomasso, que novidades trouxe para mim?

Brancassis endireitou-se.

– Péssimas, dona Giovanna! Definitivamente, minha missão não deu certo!

– O barão recusou tudo? – Murmurou a condessa, empalidecendo.

– Quase. É melhor contar-lhe detalhadamente a minha conversa com o barão Rabstein. Primeiro, expus-lhe a proposta de casamento de seu filho com a filha dele, Rugena. Isso ele recusou terminantemente, acrescentando que a menina já está prometida ao filho de Henrique von-Rosemberg e o noivado deverá acontecer em alguns dias. Além disso, conforme opinião dele, o jovem conde não serviria para ser seu genro por ser frívolo e arrogante. Em suma, vosso filho

Vok é tão pouco simpático ao barão quanto vosso marido, de cujas convicções religiosas e políticas Rabstein não partilha. Disse-me ele: "Em vez de apoiar o partido dos grandes barões, que defendem seus direitos, Hinek nos prejudica onde pode, agarrando-se ao rei Venceslau, o que quase atrapalhou a sua captura em Beroun".

Brancassis parou, percebendo o nervosismo da condessa e as manchas vermelhas que apareceram em seu rosto.

– Desculpe, prima – continuou ele –, por transmitir tão desrespeitosas referências, mas me parece necessário esclarecer a situação em definitivo.

– Mas, claro, claro, prossiga! – Sussurrou ela, dedilhando nervosamente com longos e ossudos dedos o cordão negro e dourado que a cingia.

– Portanto, descartando a questão do casamento, informei ao barão os vossos problemas monetários, provocados por estes tempos inquietos e, em nome do parentesco próximo, pedi-lhe que viesse ajudá-los. Nessa parte ele foi mais condescendente. Dizendo que já salvou o primo por diversas vezes e que esta seria a última, ele concordou em pagar a vossa dívida com o insolente burguês de Praga que vos pressiona. Tal concessão tem, obv iamente, o seu preço, mas... a senhora percebe que isso não será suficiente para reerguê-los?

– Nesse caso, o que fazer? – Sussurrou, indecisa, a condessa, olhando-o com ar suplicante.

Por baixo das pálpebras semicerradas do prelado brilhou um olhar esperto e escrutador.

– Parece-me que a única saída é voltar àquele projeto que discutimos juntos antes da minha visita ao barão. – Respondeu ele, surdamente.

A condessa começou a respirar pesadamente, como se lhe faltasse o ar. Suas mãos tremiam tanto que o lenço com que ela rispidamente enxugava a testa quase escapou por entre os dedos.

– Essa saída que o senhor chama de *única* é terrível! – Murmurou ela, com voz entrecortada. – Mas devo me sacrificar para garantir o futuro de meu filho. – Concluiu a condessa, contendo com esforço o próprio nervosismo.

– Entendo a sua indecisão e valorizo o temor beato que atormenta seu coração cristão, apesar de a senhora estar sendo dirigida somente pelo amor materno. – Observou o bispo. Em seguida, levantando os olhos para o céu, prosseguiu: – Mas para todo pecado existe o perdão. Será que a senhora se esqueceu de que a nossa Santa Madre Igreja aceita o pecador como o pai aceita o filho pródigo e, por meio dos representantes terrenos de Cristo, devolve-lhe novamente a pureza?

Um forte rubor cobriu o rosto pálido da condessa e uma luz de alegria acendeu-se em seus olhos.

– Será isso possível? – Exclamou ela, juntando as mãos como se fosse rezar. – O senhor conseguiria do Santo Padre a absolvição do pecado que sou obrigada a cometer por amor à minha família?

– Sim, minha filha espiritual e irmã! Depende da senhora obter ainda hoje essa altíssima bênção. Meu tio, o cardeal Cossa, concedeu-me algumas indulgências e permitiu dispor delas a meu critério. Mas saiba que o perdão do pecado que a senhora se prepara para cometer custa caro; o céu exige uma generosa recompensa pela sua misericórdia...

– Eu sei, eu entendo, não há dúvidas! Esse benefício não tem preço. – Respondeu ela, alegremente. – Então, quero pedir-lhe uma indulgência completa para meu marido, meu filho e para mim e pagarei o que pedir. Além disso, imploro ao reverendíssimo conceder-me um perdão especial e permitir que eu coloque à sua disposição uma certa quantia aos pobres.

O rosto de Brancassis abriu-se num agradável sorriso.

– Concordo com tudo, prima Giovanna, e se o céu for tão magnânimo consigo quanto a senhora é com ele, então já garantiu para si um lugar no Paraíso. Mas voltemos aos negócios. Não temos tempo a perder! Eu já falei que cheguei aqui em companhia do barão von-Rabstein, que viaja a negócios para Praga. Nós nos separamos na saída da cidade; enquanto eu vinha para cá, ele foi para a hospedaria "Bezerro de Ouro". Precisamos nos apressar, pois Rabstein parte amanhã cedo.

– Agora que a minha consciência está tranqüila, o caso não vai parar por falta de ação. Pelo jeito, o próprio céu nos ajuda fazendo o barão hospedar-se no "Bezerro de Ouro". Por coincidência, a servente dessa hospedaria é uma grande amiga do meu confessor, o padre Hilário, e obedece-lhe cegamente. Ela é que irá servir ao barão o aperitivo que ele merece. Mas o senhor tem certeza de que a poção que prometeu funcionará do modo que queremos?

– Quanto a isso, fique sossegada. Minha poção é de confiança! Enquanto isso, avise ao padre Hilário para ele não se ausentar e aguardar o meu tesoureiro, o padre Bonaventura. Ele lhe entregará a poção e as instruções necessárias.

Inclinando-se para a condessa, ele sussurrou:

– Não se preocupe. Se, depois disso, o barão ainda partir ao amanhecer, então adoecerá no caminho. Isso será ainda melhor, pois correrão para pedir ajuda médica à senhora e, então, o barão ficará sob a minha guarda. E tudo se arranjará da melhor forma!

A condessa levantou-se apressadamente, mas Brancassis deteve-a.

– Um momento! A senhora contou sobre os nossos planos ao conde?

– Não! Hinek poderia se opor à idéia, ou simplesmente nos entregar durante uma festinha qualquer com o rei, onde sempre bebem e falam demais. – Respondeu a condessa, meio embaraçada.

– Perfeito! Nem sempre se extrai sabedoria da culpa! O seu cuidado faz-lhe as honras, condessa. – Observou o prelado, com um leve riso. Em seguida perguntou: – E quando volta o seu marido?

– Ele viajou a negócios inadiáveis e deverá voltar somente depois de amanhã.

– Melhor ainda. Deixemo-lo de lado, por enquanto, e depois lhe ofereceremos o uso pacífico da tutela da linda Rugena.

Abençoando a condessa, que beijou respeitosamente sua mão, o bispo retirou-se para os aposentos que lhe haviam sido reservados e ordenou que chamassem imediatamente o padre tesoureiro.

Após um curto diálogo, Bonaventura, um monge italiano, de pequena estatura e cara de raposa, saiu apressadamente do quarto e foi falar com o confessor da condessa, padre Hilário.

Ficando sozinho, Brancassis andou pensativo pelo quarto, depois sentou-se à mesa e começou a fazer contas. Satisfeito com os resultados, fechou o livro de anotações, guardou-o numa caixa e chamou:

– Riciotto!

Entrou um pajem elegantemente vestido num traje de veludo violeta, com o brasão do bispo bordado no peito. Era um jovem bonito: rosto pálido, longas e negras mechas de cabelos sobre os ombros e olhos negros e ardentes; sua figura esbelta era flexível e graciosa como a de uma mulher.

– Vá dizer ao meu pessoal que hoje não serão mais necessários e que podem ir descansar. Depois volte aqui para me ajudar a trocar de roupa.

Riciotto saiu e voltou rapidamente. Despiu o seu senhor, trouxe-lhe uma larga capa de seda, depois saiu e retornou com uma jarra de vinho e duas taças que colocou sobre a mesa. Em seguida, fechando cuidadosamente a porta no trinco, parou diante de Brancassis e, com as mãos na cintura, perguntou:

– Então, o serviço oficial terminou, não é, Tomasso?

– Sim, meu diabinho, e agora começa o meu... – Respondeu Brancassis, puxando Riciotto para o seu colo e beijando-o carinhosamente.

Enchendo a taça de vinho, começou a dar de beber ao pajem, servindo-lhe também doces que havia na bandeja de prata. O belo "rapaz" começou a embriagar-se, tornando-se cada vez mais alegre e desembaraçado; piadas e palavras obscenas próprias de soldado raso saíam de sua boca e o bispo também não ficava atrás. Aquela orgia a dois e de portas trancadas parecia agradar-lhe muito e sua alegria chegou ao auge quando o pseudo-Riciotto dançou à sua frente uma ousada *tarantella* vestido como uma antiga deusa. Somente um fio de precaução conteve Brancassis de acompanhar a dança com uma alegre canção napolitana...

Já era tarde quando o reverendíssimo bispo e seu "fiel pajem" foram finalmente cada um para o seu quarto – e mesmo assim por terem discutido. O vinho e o amor haviam tornado o pajem mais ousado.

– O que você está tramando com Bonaventura? Aposto que estão outra vez abrindo as portas do céu para alguém.

– Minha filha – rosnou raivosamente Brancassis, ficando imediatamente sóbrio –, eu lhe aconselharia a ver, ouvir e discutir somente o que diz respeito aos seus serviços, o oficial e o secreto. Cuidado, pois para você também podem abrir-se, de repente, as portas do céu, ou pelo menos, *in pace*! A monja fugida, Margarida de Angeli, poderá ser de repente acolhida por qualquer mosteiro que encontrarmos no caminho...

Margarida-Riciotto ficou brava e, brindando o seu confessor com um soco nas costas, fugiu para o seu quarto.

No dia seguinte, a condessa e o bispo ainda estavam à mesa do almoço, servido como de costume ao meio-dia, quando vieram informar a Brancassis que um de seus criados trouxera o escudeiro do barão Rabstein. Este tinha sido enviado a fim de buscar um médico para seu amo, que adoecera seriamente durante a viagem e estava deitado no estábulo de uma hospedaria a algumas horas de distância da cidade.

O escudeiro, infelizmente, não achara o médico da cidade, que naquela hora atendia alguém num castelo da vizinhança. Sem saber o que fazer, e tendo encontrado de repente um dos criados do bispo, este, ao saber do que se tratava, aconselhara-o a pedir ajuda ao reverendíssimo, que passava alguns dias em Pilsen e que naturalmente mandaria o seu médico, padre Bonaventura, para ajudar.

Ao ouvir a notícia da doença do barão Rabstein, o bispo ficou surpreso e triste. Chamando o escudeiro, inquiriu-o e disse que não só enviaria imediatamente o seu médico, como ele próprio iria examinar o paciente e providenciar o seu transporte para a cidade.

A condessa, presente àquela hora, também parecia participar ardentemente. Não poupou elogios à grandeza da alma e à misericórdia cristã de Brancassis que, conforme ela, esquecendo o próprio cansaço e os sofrimentos do seu antigo ferimento, corria ao leito do paciente, levando-lhe a ajuda da fé e da ciência.

– Possuo uma confortável liteira que ponho à disposição do paciente. – Acrescentou ela após o comovido discurso. – Trazendo-o para cá, estou agindo em nome de meu marido, que certamente faria o mesmo. Na ala direita da casa existem aposentos separados de três quartos e, se a doença do barão Svetomir von-Rabstein for grave e longa, ele estará aqui muito mais confortável do que num ruidoso hospital. Eu e meus servos cuidaremos dele.

– Essa proposta mostra o seu coração de ouro, cara prima. Certamente, o barão irá aceitar com gratidão o seu convite. – Disse o bispo, despedindo-se apressadamente e pondo-se a caminho.

Capítulo II

Era um claro e silencioso entardecer de verão. O sol avermelhado estava se pondo, dourando com seus raios tudo ao redor. Dois cavaleiros seguiam pela estrada em direção a Pilsen.

Um era religioso e trajava uma batina negra de mangas largas e um pequeno chapéu de tecido. Seu rosto fino e pálido era extremamente atraente e terminava embaixo com uma barbicha pontiaguda. A testa era alta e a boca, bem delineada; os grandes olhos, claros e pensativos, olhavam com brandura, como se contivessem uma silenciosa tristeza. Notava-se nele um pensador idealista, de alma aberta e sincera, que não admite negociações com a consciência, mas que possui uma tendência a paixões no caminho da fé, do amor e da verdade. Uma inconsciente e grandiosa simplicidade transparecia em seus movimentos.

Seu companheiro de viagem era um jovem de rara beleza, alto, esbelto e surpreendentemente bem-formado, de cabelos negros como asa de corvo. Seus grandes olhos escuros brilhavam com inteligência e poderosa vontade. Vestia roupas civis – um traje de fino tecido marrom, com uma grande capa preta sobre os ombros. Trazia na cintura uma espada com empunhadura de aço e um punhal. Puxava atrás de si um cavalo de carga e, na parte posterior da sela de cada um dos viajantes, também havia uma mala. Conversavam animadamente.

– Esses são, em resumo, os principais acontecimentos da minha estada em Oxford. – Encerrou seu discurso o jovem. – Quando estivermos em Pilsen, vou contar-lhe nas horas vagas muitas coisas interessantes, mestre Jan; por enquanto, não consigo me acalmar com a feliz coincidência de encontrar você no caminho. Na realidade, ainda não me disse de onde vem e para onde está indo.

– Fui a Hussinec[1] por motivos familiares: acertar a herança de minha prima Catarina; a partir de lá visitei alguns amigos e preguei a palavra do Senhor aos pobres, cujos párocos os ignoram completamente. Meu Deus, quanta indecência encontrei! Tanto, que me pergunto, involuntariamente, se não chegou a época do Anticristo![2] Todavia, vendo a profunda fé daquelas pessoas humildes e a alegria entusiasmada com que eles ouvem o sermão na língua pátria, no meu coração nascia a esperança de tempos melhores. Eu, então, com lágrimas nos olhos, implorava ao Senhor para devolver a paz à Igreja e fazê-la renascer.

– Naturalmente, todos os corações realmente cristãos irão responder às suas preces. Esperemos que o Deus misericordioso não esqueça o Seu fiel povo tcheco e livre-o da praga alemã que o assalta, maltrata e corrompe. De onde mais viriam tanto mal, tantas desgraças e desavenças?

– Não se exalte, Jerônimo! É claro que os estrangeiros nos prejudicam, mas nós também pecamos bastante e merecemos ser castigados!

– Então existe um castigo maior do que esses patifes? – Exaltou-se Jerônimo. – Será que há limites para sua insolência e sua avidez? Depois que foram derrotados no campo de batalha, eles retornaram como colonos, apropriando-se de terras, cargos e privilé-

---

[1] *A cidade onde Jan Huss nasceu em 1369 – Nota da editora.*

[2] *Os dois papas, de Roma e de Avignon, acusavam-se mutuamente de "Anticristo" – Nota da editora.*

gios. Não são eles os donos das cidades? Fazem o que bem entendem nas universidades e, algum dia, irão nos expulsar de lá se não dermos um basta nisso a tempo! O tcheco tornou-se um estrangeiro na própria pátria; ele trabalha e o alemão comanda, um planta e o outro colhe! Eles até gostariam de nos tirar o nosso idioma!

Ao ouvir essas palavras, o rosto do padre ruborizou-se, seu cenho franziu-se e os claros olhos brilharam com desaprovação.

– Tem razão, Jerônimo, tudo isso é de se indignar! Mesmo sendo pecado, fico constantemente indignado ao presenciar as patifarias praticadas contra os tchecos nas universidades. Os desacordos entre professores e os confrontos entre estudantes alemães e tchecos já viraram rotina e o reitor fica sempre do lado dos alemães.

Eles se calaram, imersos nos próprios pensamentos. O belo cavaleiro a quem o companheiro chamava de Jerônimo foi o primeiro a quebrar o silêncio.

– Será que vamos encontrar alguma hospedaria pelo caminho, mestre Jan? Já viajamos um bom pedaço e começo a sentir necessidade de alimento e descanso. Lembro-me de que aqui por perto existia uma.

– Soldados bêbados a incendiaram no ano passado, destruindo-a completamente, e a próxima hospedaria ainda está longe. Entretanto, logo passaremos por uma aldeia e encontraremos abrigo na casa do padre local que, de acordo com a mulher que toma conta da casa, está ausente há um ano. Lá poderemos descansar tranqüilamente.

– E por onde anda o reverendo pastor da igreja? – Perguntou Jerônimo, rindo.

– Bem, ele possui mais duas paróquias[3] e, quando não está numa, dizem que está na outra, o que é difícil de conferir. Apesar

---

[3] Tomek *Dejepís mesta Prahy (Estudo histórico de Praga), III, pp. 140-145 – Nota do autor. Obs.: Em todo o livro Rochester colocou muitas notas de historiadores apoiando suas afirmações; foram transcritas da forma que aparecem no original.*

disso, dizem também que ele cobra o dízimo[4] com surpreendente pontualidade.

– E, provavelmente, deve ser muito exigente nessa colheita, principalmente se for alemão.

– Não o conheço. Parece-me que era o caçula da família e foi consagrado quase que aos sete anos de idade.

– Foi muito previdente da parte dos seus pais e deve ter saído caro. Todos os bispos cobram bem pelas paróquias: eles próprios precisam pagar os seus postos. Aliás, todos os padres colaboram com Roma, isto é, com o Papa, ou melhor, os *Papas*, e isso serve de desculpa aos párocos.

– Sim, a simonia está consumindo a Igreja como uma lepra. Vejo com repugnância o luxo tresloucado, a avidez e a degradação com que vivem as pessoas que têm coragem de chamar-se seguidores de Cristo, o Rei Celestial, que andava descalço, desprezava a cobiça e que proferiu a terrível frase: "É mais fácil um camelo passar pelo buraco da agulha do que um rico entrar no Céu".

– O arcebispo de Praga, por exemplo, que tem o seu próprio castelão, sua corte, chanceler, marechal, tesoureiro etc., e que possui um ganho de três mil marcos, sem contar tributos *in natura*, corvéias,[5] venda de benefícios, indulgências e outros ganhos semelhantes, quão pouco ele parece com o seu Mestre Divino... – observou Jerônimo e, de repente, desandou a rir.

– De que está rindo? Será que o assunto da nossa conversa pode motivar isso?

– Desculpe o riso involuntário, querido mestre Jan. Mas lembrei

---

[4] *Originariamente, tributo em espécie, equivalente à décima parte do rendimento de cada um. No século VI, além do dízimo profano (que já existia na Antiguidade), introduziu-se, segundo o modelo do Antigo Testamento, o dízimo eclesiástico, pago regularmente à Igreja – Nota da editora.*

[5] *Trabalho obrigatório e gratuito do camponês para o seu senhor – Nota do tradutor.*

do caso engraçado do Nikolai Pukhnik,[6] o meritório canônico das cidades de Praga, Tcherninsk e Olomutsk, pároco das igrejas de São Nicolau e de "Iernitsa" da Morávia, sujeito famoso por sua avareza.

No rosto de Huss apareceu também um sorriso.

– É mesmo! Foi quando o rei, só de brincadeira, permitiu que ele levasse consigo tanto ouro quanto pudesse carregar. Nikolai encheu tanto os bolsos e as botas que não conseguia se mover. É um caso engraçado e triste!

– Mas o melhor foi a apoteose, quando o rei Venceslau, não agüentando de tanto rir, mandou que lhe tirassem tudo e o expulsassem. Às vezes, o rei tem grandes idéias e eu, francamente, gosto dele. Apesar de suas fraquezas, ele não é indiferente à Boêmia! Bem, parece que finalmente chegamos. Veja, Huss, aqueles pobres casebres lá à direita. Deve ser a aldeia a que você se referiu. E lá, perto da estrada, ao lado da igreja, aquele prédio de pedra deve ser a casa do padre.

– É ela mesma! – Respondeu Huss, virando o cavalo para a estrada que conduzia à aldeia.

Um alto e forte muro de pedra cercava a casa; os portões estavam escancarados e, no quintal, junto às gamelas com feno, estavam amarrados uns 20 cavalos selados. Havia alguns cães por perto e, sob a cobertura, havia uma carroça carregada com carcaças de dois cervos e um javali.

– Parece que um grupo de caça ocupou a casa antes de nós. Veja que as janelas estão iluminadas e, pelo barulho, a festa deve estar no auge. Temos de voltar. – Observou Huss, desapontado.

– Nada disso! Onde comem 20, comem mais dois e estou morrendo de fome. Apeie, irmão Jan, e vamos pedir aos caçadores que aceitem a nossa companhia. Eles devem ser os senhores da vizinhança. – Respondeu Jerônimo descendo rapidamente do cavalo.

Huss seguiu o seu exemplo e, após amarrarem os cavalos, diri-

---

[6] Tomek *Dejepís mesta Prahy, p. 175 – Nota do autor.*

giram-se à casa de onde provinha o desordenado ruído de vozes, risos e cantos.

No instante em que galgavam os degraus de pedra da entrada, a porta abriu-se de repente. No alpendre apareceu, com uma lâmpada na mão, um monge gordo de rosto vermelho e sebento e olhos piscantes e míopes. Por debaixo da batina escura, levantada e presa na corda que lhe servia de cinto, viam-se pernas grossas, calçando sandálias às quais estavam amarradas grandes esporas.

Ele estava visivelmente bêbado e balançava, apoiando-se no batente da porta para não cair. A lâmpada em sua mão balançava para os lados; a batina estava manchada de vinho e brilhava com manchas de gordura.

– Então, o Senhor nos envia mais convidados, e um deles é um irmão... – Balbuciou ele enrolando a língua e explodindo num riso bêbado. – Salve, salve! Entrem, meu padre e também o digníssimo senhor. Temos lugar para todos e também algo para comer.

Dizendo isso, afastou-se para deixá-los passar. Huss, com indisfarçável repugnância, seguiu atrás de Jerônimo pela porta que conduzia ao saguão e depois a um grande salão.

Lá dentro, pararam, estupefatos. No meio da sala havia uma grande mesa coberta por diversos pratos e vinho. Restos de pastelões, carne de caça e as garrafas e copos vazios jogados no chão testemunhavam ostensivamente que a bebedeira já corria há muito tempo e os rostos vermelhos dos presentes demonstravam o farto consumo. Naquela hora a comilança já havia terminado e, afastados os pratos para um canto da mesa, os presentes jogavam dados em meio a montes de ouro, prata e cobre.

O grupo era surpreendente: monges e padres, a julgar pela tonsura,[7] quando esta revelava o seu cargo clerical, alguns militares

---

[7] *Consiste no corte de cabelo, na parte superior e posterior da cabeça, em forma de pequeno círculo; alguns regulares costumavam raspar a cabeça deixando uma espécie de coroa de cabelo. Era distintivo do clero católico – Nota da editora.*

e mulheres, entre as quais três monjas, cujos trajes desarrumados e cujas poses indecentes atestavam o grau de sua decadência. O centro da mesa estava ocupado por um homem ainda jovem, de uns 35 anos, mas totalmente calvo; seu rosto obeso e amassado testemunhava sua vida agitada. Em seu colo estava sentada uma cigana de saia multicolorida, braços e pescoço desnudos e cabelos soltos que caíam como crina negra pelos seus ombros.

No momento em que Huss e Jerônimo entraram, ela levantou o copo de dados e, rindo alto, jogou os dados sobre a mesa. Com o aparecimento de estranhos o barulho da sala silenciou repentinamente.

– Vejam, o Bertoldo nos trouxe reforços: um militar e um irmão – velhacos, assim como nós! – Exclamou o homem sentado no centro da mesa. – Entrem, prezados viajantes! Dietrich von-Stern, dono do lugar e reverendo pároco desta pobre paróquia, convida-vos para partilhar deste humilde jantar. Você, guerreiro, fique à vontade, enquanto você, irmão de batina, sente ali perto do Zdenka, que logo desabará para debaixo da mesa e deixará para você, de herança, a maravilhosa irmã Berta.

Jerônimo permaneceu calado, alisando nervosamente sua barba negra. O rosto pálido de Huss ficou rubro, os olhos chamejaram de ira e, aproximando-se, ele deu um murro na mesa com tal força que a louça tilintou.

– Seu patife! Envergonhando o paramento que veste! – Gritou ele, ameaçador. – Não tem vergonha das próprias blasfêmias? Não se envergonha de segurar no colo essa moça e cercar-se desses animais? Recupere a razão, seu renegado de votos sacerdotais! Afogando-se na bebida, como o último dos soldados, e transformando sua casa num cabaré, numa espelunca...

Surpreso, boquiaberto e com olhar imbecil, Dietrich von-Stern ouvia aquele severo e inesperado sermão. Mas esse torpor transformou-se, de repente, num ataque de ira.

– O quê? Como ousa falar assim comigo, seu infeliz fofoqueiro de rua? Vou ensiná-lo a não me ofender na minha própria casa! – Rugiu Dietrich em resposta, tentando levantar e empurrando para longe de si a cigana, que caiu no chão com um grito.

Ele finalmente conseguiu pôr-se de pé com dificuldade e começou a puxar da bainha a faca de caça que trazia na cintura.

– Vou cortar-lhe a língua para que se lembre de que não estava passando um sermão a um sapateiro qualquer mas a Dietrich von-Stern! – Prosseguiu ele, com a faca na mão e aproximando-se cambaleante de Huss.

Naquele instante, um dos monges bêbados agarrou um copo de barro e arremessou-o contra Huss. Errou o alvo e o copo arrebentou-se em mil pedaços contra o batente da porta a dois dedos da cabeça de Jerônimo. Este então sacou da espada e, num pulo, postou-se à frente de Huss, protegendo-o com o seu corpo; a lâmina brilhante da espada agitou-se diante do rosto distorcido pela raiva de Dietrich, que recuou involuntariamente e desabou pesadamente na cadeira.

– Acalme a sua bebedeira, reverendo padre Dietrich, e pense na verdade que lhe foi dita! Uma luta comigo pode terminar mal para os seus digníssimos amigos! – Gritou ele com desprezo. – Vamos, Jan! Vamos sair rápido deste covil!

– Vamos, e limpemos dos nossos pés esta carniça! Um pedaço de pão sob este teto é pior que qualquer veneno! – Respondeu Huss com voz trêmula de emoção.

Sem prestar atenção aos gritos e ofensas que desabavam sobre eles, ambos saíram da sala. No saguão, Jerônimo quase tropeçou no padre Bertoldo, caído no chão, em prantos, batendo no próprio peito e repetindo: "Mea culpa! Mea culpa! Pequei contra Ti, meu Deus e Senhor!".

Enojados, eles passaram por cima do bêbado, montaram os cavalos e dirigiram-se rapidamente para a saída. Da casa ouvia-se um barulho infernal entremeado de gritos femininos.

Por alguns minutos eles andaram em silêncio.

– Eis um bom exemplo do que acontece com a Igreja. – Disse Jerônimo, refreando um pouco o cavalo. – Mas, partindo de Dietrich, isso não é de admirar. Três anos atrás, em Praga, presenciei um escândalo que mostrava claramente do que ele é capaz. Você lembra que na época eu morava na casa da minha tia, na "Cidade Baixa"? Um dia, o mestre Iakubek e eu voltávamos à tarde para casa quando, de repente, ouvimos à frente gritos, risos e assobios de uma multidão de pessoas, artesãos, garotos etc. Aumentamos o passo para ver do que se tratava e vimos um homem com tonsura na cabeça – na época ele ainda tinha cabelos – completamente nu, andando em ziguezague pela rua. O povo caçoava dele e jogava-lhe lama e ele respondia com palavrões e cuspia na turba. O patife teria apanhado se não sumisse a tempo no portão de uma casa de onde não mais apareceu. Iakubek, não cabendo em si de raiva, levantou imediatamente informações sobre isso e ficamos sabendo que esse desordeiro chamava-se Dietrich von-Stern, que fora a Praga para conseguir um lugar de canônico, vagando por cabarés e covis e jogando demais. Naquele dia não tivera sorte e, perdendo no jogo até a roupa do corpo, voltava para a "Cidade Alta" onde residia a sua amante.[8]

Na ocasião, Iakubek proferiu um discurso trovejante sobre o assunto, mas o arcebispo esfriou o caso e ordenou a Dietrich que saísse da cidade. Apesar disso, ele acabou conseguindo o lugar de canônico do capítulo de Praga.

– Você viu um padre bêbado e nu em plena rua. Eu vi um que se negava a realizar os funerais de pobres, porque seus familiares não tinham como pagar.[9] Não sei qual deles é melhor. – Respondeu Huss, com amargura na voz.

– Bem, graças a esse maldito Dietrich estamos novamente na

---

[8] Ernest Denis, *Huss e a guerra hussita, p. 13 – Nota do autor.*

[9] Tomek, *Dejepís mesta Prahy – Nota do autor.*

estrada e por toda a noite. Os cavalos precisam de alimento e descanso mais do que nós.

– Mas acho que logo encontraremos um abrigo. Lembrei-me de que aqui por perto está o castelo do barão Rabstein, que conheço de Praga. – Tranqüilizou-o Huss. – O barão sempre me recebe com grande amabilidade e até tornei-me amigo da sua pequena filha, Rugena. Sob esse teto seremos recebidos com todas as honras.

Capítulo III

Já estava completamente escuro, quando os viajantes finalmente conseguiram chegar ao castelo Rabstein – uma respeitável fortaleza feudal – e bateram à porta. Ao ouvir os nomes dos visitantes, o velho castelão deixou-os entrar sem delongas, apesar da ausência do dono e da hora.

Foram conduzidos ao refeitório e, enquanto os quartos para seu pernoite estavam sendo arrumados, foi servido o jantar. O castelão contou que, dez dias atrás, o barão viajara a Praga, mas adoecera no caminho e fora levado a Pilsen por um bispo, seu conhecido.

– Pode ser que isso nem seja verdade, mas mesmo assim, a notícia da doença do barão nos deixa muito preocupados. – Encerrou o fiel servo, com lágrimas nos olhos.

De repente, a porta se abriu e na sala entrou correndo uma menina seguida por uma senhora de touca branca. A criança era encantadora. Alta, para os seus nove anos, esbelta, graciosa e vaporosa, ela dava a impressão de ser algo etérea. O rostinho fino, agradável e pálido estava iluminado por grandes olhos azuis e escuros, quase negros, que olhavam pensativos por debaixo de espessos e luminosos cílios. A menina trajava um longo vestido branco de lã, que se usava na época, e tinha na cabeça uma touca de veludo azul, por debaixo da qual saíam pequenas mechas de cabelos como uma cascata de ondas douradas. Seus olhos estavam inchados e vermelhos e o rosto pálido refletia a infelicidade que sentia.

Escapando dos braços da aia que tentava segurá-la e, sem prestar atenção a Jerônimo, a menina correu para Huss.

– Trouxe notícias de meu pai, mestre Jan? Ele está melhor? – Perguntou ela, com preocupação na voz. – Um mascate disse-nos que ele estava muito doente e que foi levado numa liteira[1].

Huss segurou solidariamente as mãos frias da criança.

– Querida Rugena, não estou vindo de Pilsen, mas indo para lá, e nada sei sobre a doença de teu pai. Confie na misericórdia divina e acalme-se.

Rugena levantou os encantadores olhos, cheios de lágrimas.

– Você acha que Deus não irá permitir que meu pai morra, deixando-me sozinha?

E os soluços cortaram suas palavras.

– Ela chora sem parar, desde que recebeu a triste notícia. Já nem sei o que fazer! Assim que ouviu o som da trombeta no portão, tive de vesti-la imediatamente e trazê-la para cá. É como se qualquer pessoa soubesse o que aconteceu com o amo. – Observou tristemente a aia.

Sentindo a infelicidade da garota, Huss trouxe-a para perto de si e começou a consolá-la falando sobre a sabedoria e a bondade divinas e sobre os insondáveis caminhos de Deus, que o homem, em sua cegueira, muitas vezes não reconhece, mas que sempre conduzem ao bem, principalmente àquele que, com uma sólida fé, entrega sua vida e seu destino ao Criador.

A voz profunda e branda e a espiritualidade que emanava do jovem pregador agiram de forma benfazeja sobre a criança. O rostinho desfigurado de Rugena clareou; ela juntou humildemente as

[1] Liteira: *Veículo que consiste em uma espécie de cadeira fechada, suspensa por dois varais e carregada por dois homens ou atrelada a dois animais, um à frente e outro atrás. – Nota da editora.*

mãos e repousou com confiança a cabecinha no ombro do seu consolador. Naquele momento ela também notou a presença de Jerônimo e cumprimentou-o amigavelmente.

Satisfeito com a ação calmante das próprias palavras, Huss convenceu Rugena a ir dormir e a menina já se preparava para sair obediente quando, de repente, um ruído surdo veio do corredor vizinho.

Ouviram-se passos, gritos e lamentos. Por fim, a porta se abriu e apareceu o velho escudeiro todo empoeirado e pálido; atrás dele vinha o velho castelão, emocionado e com o rosto cheio de lágrimas.

– Oh, reverendo mestre Jan! – Disse o castelão, com voz trêmula. – Que desgraça, que terrível desgraça! O nosso querido amo faleceu!

Vendo o escudeiro do pai, Rugena quis correr para ele, mas seu ar sombrio e abatido assustou-a e fê-la estancar. Ao ouvir a notícia da morte do pai, Rugena fez um gesto indefeso com as mãos e emitiu um grito surdo, sua cabecinha caiu para trás e ela cairia no chão se a aia não a segurasse a tempo.

Os presentes correram para ajudá-la, mas Rugena havia desmaiado e foi levada assim para seu quarto.

Huss, profundamente comovido pelo trágico acontecimento, ordenou ao escudeiro Matias que lhe contasse todos os detalhes da inesperada morte do barão, que – pela idade e pela boa saúde – deveria ter ainda muitos anos de vida.

Matias descreveu detalhadamente as circunstâncias que haviam acompanhado o falecimento do seu senhor, contendo com dificuldade as lágrimas que o sufocavam.

Ao ouvir o nome de Brancassis, Jerônimo sobressaltou-se.

– Mas como? Então, Brancassis, o sobrinho de Baltazar Cossa, está metido nessa história? Isso quer dizer então que... – O olhar desaprovador de Huss fê-lo calar-se. – Conheço o bispo, mas sua presença aqui me surpreende. Imaginei que ele estivesse na Itália. – Conteve-se Jerônimo, mudando de tom.

Um sorriso amargo passou momentaneamente pelos lábios do escudeiro. Ele continuou sua história e, ao terminá-la, pediu licença para sair.

– O que você quis dizer com sua descuidada observação sobre Brancassis? – Perguntou Huss, quando eles ficaram a sós.

– Não pude me conter! De repente, veio-me a idéia de que a repentina doença do barão seguida de morte não foi natural, e os intensivos cuidados dispensados pelo bispo ao paciente são muito suspeitos! Durante a viagem à Itália eu soube sobre o Cossa, que na época era arcebispo, coisas incríveis, de arrepiar os cabelos. Como, por exemplo, que ele era um pirata e abandonou a carreira para se tornar *condotieri*. Não sei o que o obrigou a desertar e a tomar as vestes sacerdotais, mas se sabe que também nessas vestes ele continua na sua antiga atividade, ou seja, de roubo e devassidão. Dizem que o sobrinho desse bandido é a sua mão direita. Portanto, ele não visitaria nobres tchecos se não fosse para obter ali lucros vantajosos. É mais estranho ainda que o Valdstein seja nomeado tutor, pois todos sabem que ele e o finado barão eram inimigos políticos. Rabstein, como você sabe, era fervoroso partidário da "união dos senhores" e incitava Rosenberg a prender o rei em Beroun, enquanto seu irmão, Hinek Valdstein, é membro influente da corte de Venceslau. Isso tudo só confirma as minhas suspeitas!

– Misericordioso Senhor, proteja a inocente órfã de todas essas infâmias... – Sussurrou Huss, persignando-se com devoção.

Em seguida, ajoelhando-se, recitou a prece noturna e foi dormir, pois estava caindo de cansaço.

Ao chegar nas dependências da criadagem, Matias foi obrigado a repetir mais uma vez a história detalhada da morte do barão e, depois, conversou por longo tempo com o castelão. Livrando-se disso, ele finalmente dirigiu-se aos aposentos de Rugena e, apesar da alta hora, bateu levemente na porta do quarto contíguo ao da menina.

A porta abriu-se imediatamente.

– Logo imaginei que viria aqui, Matias, e já o esperava. – Disse a aia, sussurrando.

– Queria falar-lhe sobre a desgraça que nos atingiu. Como está a nossa pobre senhorita?

– Dorme como um anjo! O desespero e as lágrimas deixaram-na totalmente exausta. No princípio, quando a trouxeram aqui para cima, pensei que ela tivesse perdido a razão, mas depois ela silenciou e acabou adormecendo no meu colo.

O escudeiro entrou e sentou-se junto à mesa, sobre a qual havia uma lamparina a óleo.

Iitka e Matias eram primos e amigos desde a infância. Ambos haviam nascido e crescido no castelo, passando toda a vida a serviço da família Rabstein, à qual eram totalmente leais e devotados. O finado barão Svetomir von-Rabstein percebera e valorizara aquela comprovada fidelidade; a confiança mútua que sentiam parecera sempre uma grande amizade.

O quarto ficou em silêncio. Iitka chorava baixinho e Matias, encostando-se na mesa, ficou sentado, sombrio.

– Vamos, conte-me afinal como morreu o nosso querido amo. Não consigo entender de onde apareceu essa doença, pois quando saiu daqui ele estava tão bem quanto um peixe dentro d'água.

– É por isso que estou convencido de que o barão foi vítima de uma torpe maldade... – Sussurrou Matias, inclinando-se para Iitka, que ficou pasmada com aquelas palavras.

– Maldade... que maldade?... – Sussurrou ela, com os lábios trêmulos. – Quem mataria nosso bondoso senhor? Quem lucraria com isso?

– Ah! Quem lucraria está óbvio! Ouça, vou contar-lhe tudo, pois sei que guardará silêncio. Depois, julgue por si mesma se as minhas suspeitas têm fundamento ou não. Lembra-se quando não gostei nada da visita inesperada do bispo italiano? Não confio nesses falsos, espertos e hipócritas estrangeiros: parecem cães que rastejam até você para depois lhe darem uma mordida! Então, às vésperas da viagem, ao ajudar o barão a despir-se, tentei sutilmente saber dele o que queria o italiano. Nosso amo era bem esperto e imediatamente percebeu isso e riu. Bateu-me no ombro e disse: "Fique sabendo, velha raposa, que o bispo veio como enviado de meu irmão Hinek, para me tomar dinheiro e com a proposta de casar Rugena com seu filho, Vok. Mas não pretendo me arruinar pelos Valdstein nem entregar minha filha ao seu filho pândego, o que acabei lhe dizendo. Ele assumiu essas negociações por ser parente da própria condessa. Agora vá, e durma tranqüilo". Durante a viagem, o barão estava absolutamente são até Pilsen. A doença acometeu-o depois do jantar na estalagem "Bezerro de Ouro". Já de manhã, quando nós nos pusemos a caminho, notei que o barão não estava bem e mal se segurava na sela. Chegando na próxima estalagem, ele perdeu os sentidos. Mandei imediatamente um de nossos homens de volta à cidade para buscar o médico; nesse ínterim, o barão já não reconhecia ninguém e ardia em febre. No lugar do médico apareceram o próprio bispo e o seu tesoureiro. O amo foi colocado numa liteira e levado à cidade, para a casa do conde Valdstein. Tudo isso foi muito suspeito. Não confio naquele bispo desde o dia em que descobri que um de seus pajens é uma mulher travestida.

– Que baixeza!

– Pois é! Você pode imaginar o quanto essa descoberta não aumentou em nada o meu respeito por ele... Por isso, quando aquele safado mandou que todos nós saíssemos, dizendo que iria cuidar sozinho do paciente, senti uma tristeza tão grande que não consegui cerrar os olhos. Ao ouvir passos e vozes no quarto do barão, eu, por via das dúvidas, esgueirei-me para o depósito que havia ao lado do quarto, e fiquei ouvindo. Eles falavam baixo, mas consegui entender que o nosso amo ditava o testamento, que o bispo depois releu. Não ouvi tudo, mas me lembro claramente de que Rosenberg era nomeado o tutor de Rugena e de que ela deveria ser educada na casa dele até se casar. Imagine como me senti quando ontem, após colocarem o finado no caixão e levarem-no para a igreja, o conde Valdstein reuniu-nos e leu o testamento que o nomeava tutor e administrador da herança de Rugena até o casamento dela com seu filho Vok e que dizia que, por vontade do falecido, o noivado deles deveria ser realizado o mais brevemente possível.

– Mas isso é uma descarada trama! O testamento é falso e é preciso dar queixa e desmascará-los! – Exclamou Iitka, fora de si.

– Queixar-se? – Ele sorriu, amargamente. – A quem? Quem acreditará nas acusações de um pobretão qualquer, como eu? Qualquer pessoa diria que é uma calúnia! O testamento foi assinado pelo barão à vista de todos; mas o texto lido pelo bispo não era o que ele escreveu. E como prová-lo? Não, Iitka, pode ser que, algum dia, nós revelemos toda a verdade à criança, mas por enquanto temos que nos calar. O que me entristece é que logo começarão a roubar os bens do nosso amo. O barão guarda no baú muito dinheiro e só as jóias da falecida baronesa já valem uma fortuna.

– Não poderíamos guardá-los em algum esconderijo na torre? Valdstein nunca esteve aqui e não vai achá-los.

– Boa idéia! A chave do baú está comigo; eu a escondi quando vi chegando o bispo com a liteira. Amanhã à noite faremos isso!

Depois de acertar os detalhes do plano, eles se separaram.

No dia seguinte, antes de sair do castelo, Huss e Jerônimo quiseram ver Rugena, para expressar os pêsames e despedirem-se.

A aparência pálida e emagrecida da menina, decorrente da noite agitada, consternou-os profundamente. Com lágrimas nos olhos, Huss trouxe Rugena para perto de si, beijou-a na testa, abençoou-a e conversou longamente com ela, tentando despertar em seu pobre coraçãozinho a submissão à vontade divina, convencê-la de que aquela separação do pai não seria para sempre e de que, na vida futura, ela voltaria a encontrá-lo se merecesse isso com sua devoção e suas boas ações. Assim, seu pai, lá no céu, cuidaria dela e seria seu representante diante do altar de Deus.

A fé fervorosa que inspirava Huss e que nunca o abandonou até a morte agiu beneficamente sobre a pura e sugestionável alma da menina. O desespero de Rugena alterou-se gradativamente para uma profunda e calma tristeza e lágrimas que a aliviaram. Ela olhou com confiança e amor nos olhos claros e tristes do seu consolador e, abraçando o pescoço dele com suas mãozinhas, sussurrou:

– Você é bom, mestre Jan. Gosto muito de você! Fique aqui comigo.

– Gostaria muito, minha criança, mas tenho coisas a resolver em Praga. Mas todo dia rezarei por você e pelo seu pai. E, se Deus quiser, nos veremos muito em breve!

– Eu também, como você mandou, vou rezar a Deus de manhã e de noite, pensando no papai e olhando o céu para onde ele foi. Assim, ele vai perceber que penso sempre nele!

– Pobre e infeliz criança, vítima inocente da maldade e da avidez humana... – Observou Huss, balançando tristemente a cabeça, quando ele e seu companheiro já estavam na estrada.

– Pois é! Ela precisará de muita proteção. Rugena vai se transformar numa linda mulher. Com sua grande herança, será uma caça cobiçada e à sua volta fervilharão todas as más paixões! – Confirmou Jerônimo, suspirando solidariamente.

À noite, Iitka e Matias entraram no quarto do falecido e o escudeiro abriu o grande baú de ferro, chumbado na parede. De lá eles tiraram apressadamente duas grandes e pesadas caixas e alguns sacos de ouro; fecharam o baú e levaram os objetos retirados para a biblioteca, onde estavam guardados muitos pergaminhos antigos e documentos da família. Numa parte da parede, coberta por uma prateleira, o apertar de um botão abria uma passagem para um quarto bastante amplo, que tinha uma saída disfarçada para a floresta. O barão mostrara aquela passagem e o quarto secreto ao fiel Matias para que ele, em caso de assalto ao castelo, pudesse usá-la e salvar as jóias, como também fugir com a criança se fosse necessário. Lá, os fiéis criados guardaram sacos com dinheiro, caixas com diversos objetos de ouro e a caríssima prataria.

– Aqui tudo irá ficar guardado a salvo até a emancipação de Rugena. As jóias de sua mãe não irão parar nos bolsos de farsantes italianos! – Disse Matias, satisfeito. – Iitka, você deve contar à menina onde estão escondidos os seus bens para o caso de nossa morte. É preciso que ela mesma entregue ao conde a chave do baú. Valdstein não deve nem suspeitar de que ele passou por nossas mãos.

No dia seguinte, Iitka teve uma conversa com Rugena sobre os seus futuros tutores e falou sobre a suspeita de sua avidez, convencendo habilmente a menina da necessidade de esconder parte dos bens se ela não quisesse que outros os roubassem.

Rugena não estava apenas mais crescida para a idade. Também possuía aquela mente observadora que cedo se desenvolve em crianças que crescem sozinhas entre adultos. Ela entendeu imediatamente que seus tutores eram inimigos em quem não devia confiar e, sem hesitar, disse:

– Vamos guardar o que for mais valioso!

Então, Iitka mostrou-lhe o quarto secreto e tudo o que ela e Matias haviam guardado lá. Depois, entregou-lhe a chave do baú.

– Não se preocupe. – Disse-lhe a menina com firmeza na voz. – Não vou traí-los, nem entregar os objetos da mamãe; e vou entregar a chave do baú de forma que nenhuma suspeita recairá em Matias.

O lindo rostinho da criança mostrou naquele momento tanta esperteza e decisão que deixou a aia desconcertada.

Na grande sala da casa dos Valdstein, o corpo do falecido barão Rabstein estava exposto num alto catafalco cercado de velas e o próprio Brancassis, acompanhado pelos padres Bonaventura e Hilário, executava a cerimônia fúnebre. Naquela ocasião o conde Hinek já tinha retornado de viagem e havia sido terrivelmente surpreendido pelo defunto na própria casa e pelas notícias inesperadas.

O conde já passava dos 40 anos: era um homem alto, bem eslavo, bonito e esbelto. Despreocupado por natureza e amante da boa vida, ele havia gastado grande parte da sua fortuna, apesar de as guerras e divergências daqueles tempos difíceis terem colaborado nisso. Ele, entretanto, nunca apelaria para o crime para se livrar de situações difíceis. A inesperada morte do primo em sua própria casa e de forma tão conveniente despertou nele sentimentos desagradáveis.

Ao final da cerimônia ele ouviu, em silêncio e com o cenho franzido, a história da esposa, olhando-a fixamente.

– Espero que você e seus "padrecos", eternamente sentados debaixo da sua saia, nada tenham a ver com a morte de Svetomir exatamente quando nós mais precisávamos! Não quero nada com assassinatos, você me entende?

O rosto pálido e maldoso da condessa ficou verde.

– Imagino que você perdeu o juízo ousando atirar tal acusação na própria esposa! Ordene as investigações sobre a morte do barão já que quer tanto a vergonha. Pelo jeito, as suas terras e os seus castelos estão lhe pesando demais e você prefere ser um pequeno senhor! Por que rejeitar a felicidade enviada pela Providência, ao menos por amor ao seu filho que não tem culpa de viver na miséria e na vergonha que o aguardam?

Ela virou as costas para ele e saiu irritada, enquanto o conde, sentando-se na poltrona, ficou pensativo.

Aos poucos, sua despreocupação natural vingou: Svetomir provavelmente morrera de morte natural e seria irracional rejeitar o bem-estar que caíra do céu. Tal pensamento acalmou-o.

Após alguns dias, o conde chegou com o corpo do barão ao castelo do falecido para sepultá-lo no jazigo familiar.

Rugena recebeu o féretro nos portões do castelo, acompanhada de Iitka e toda a criadagem. O vestido negro e o chapeuzinho com longo véu destacavam ainda mais seu rosto pálido e seus cabelos dourados. Ao ver o caixão, ela foi tomada por tal desespero que quiseram retirá-la de lá, mas isso pareceu lhe dar forças. Ela se recompôs e, mesmo chorando copiosamente, ficou até o fim do enterro. Entretanto, quando a porta do jazigo fechou-se atrás do corpo do pai, ela não agüentou mais e sofreu um terrível ataque de nervos.

A rara beleza da menina espantou o conde, e o seu desespero e as incontidas lágrimas causaram-lhe terrível impressão; algo como pena ou remorso mexia-se em seu fútil coração. Com esses sentimentos, ele pegou a criança no colo e, beijando-a carinhosamente, disse que seria para ela um segundo pai. Rugena recebeu friamente suas palavras e seus carinhos, olhou-o com hostilidade e desconfiança e recusou-se terminantemente a participar do banquete em memória do falecido, retirando-se para os seus aposentos, acompanhada por Iitka.

No dia seguinte, por ordem do conde, toda a criadagem reuniu-se no grande salão e ele próprio leu diante deles o testamento do falecido barão, que o nomeava tutor de Rugena e entregava aos seus cuidados toda a herança da menina até o seu casamento com Vok von-Valdstein, declarado seu noivo. Depois, o conde disse que, assim que concluísse o espólio dos bens e se inteirasse de todos os negócios, levaria a tutelada ao seu castelo onde prosseguiria a sua educação.

Naquele mesmo dia, Valdstein começou a trabalhar energicamente e logo deu pela falta da chave do baú chumbado na parede. Debalde inquiriu toda a criadagem que, naturalmente, nada sabia sobre isso. Intrigado, o conde resolveu perguntar a Rugena se ela sabia onde estava a chave.

– Sim, sei onde está, mas meu pai disse para não contar isso a ninguém. – Respondeu a menina, decisivamente.

Valdstein precisou de muito tempo para convencê-la de que ele agora estava substituindo seu pai e de que, para defesa dos próprios interesses dela, precisava tomar conhecimento dos documentos que o baú continha.

Rugena finalmente cedeu, exigindo que todos, inclusive Iitka, saíssem dos aposentos. Depois, levou o tutor para os aposentos do pai, onde retirou a chave de um lugar secreto.

Quando, dois dias depois, o conde perguntou a Rugena se ela sabia onde estavam as jóias de sua mãe, ela respondeu que não sabia de nada com tanta convicção, que ele finalmente acreditou. Isso inspirou a Iitka e Matias um respeito que chegava quase à veneração pela inteligência da criança.

A viagem deles ao castelo dos Valdstein foi marcada para dali a uma semana. O conde, querendo manter boas relações com a futura nora, perguntou o que ela gostaria de levar consigo.

– Vai permitir levar tudo o que eu quiser? – Perguntou Rugena.

– É claro, minha criança, a não ser que queira levar consigo todo o castelo, ou uma de suas torres, o que seria bem difícil... – Riu ele.

– Nesse caso, quero levar a minha aia e o Matias para me servirem e também Perun, o cão de caça predileto do meu pai.

– Autorizo e com muito prazer, porque já havia pensado nisso também.

No dia marcado, sentada na liteira junto com Iitka e tendo Perun a seus pés, Rugena deixou o castelo de seus ancestrais, viajando sob a guarda de Matias, que cavalgava a seu lado. Com olhos marejados de lágrimas e uma expressão séria no rosto, nada condizente com a idade, ela se despedia do seu ninho. Quando o castelo desapareceu definitivamente de vista na curva da estrada, ela desandou a chorar, escondendo o rosto no ombro da fiel aia.

Capítulo IV

Poucas são as cidades da Europa que possuem uma localização tão surpreendente quanto Praga[1] – antiga capital da Boêmia. Aquele que teve a oportunidade de apreciá-la das alturas de Petrin, Vyshegrad ou Gradtchan certamente jamais esquecerá esse maravilhoso quadro.

Sobre a verde planície, cercada por altas colinas e cortada pelo rio Vltava, estende-se uma majestosa cidade. Sobre o azul-claro do céu, esguios templos e torres destacam-se da massa geral de belas casas de formas simples. Existe algo inexplicavelmente grandioso nessa espantosa harmonia de lindos contornos e cores. Tudo é claro e atraente, transpirando aquela envolvente e pura tranqüilidade que a natureza, às vezes, espalha sobre seus lugares preferidos, presenteando-os generosamente com seus dons.

Como por ironia, esse recanto de paraíso terrestre foi escolhido pelo destino para servir de palco a guerras sangrentas, como arena de uma luta sem tréguas entre duas raças pela hegemonia da Boêmia. O destino também reservou um lugar entre os muros dessa mesma Praga para acender uma chama de pensamento livre, que

[1] No decorrer dos séculos, Praga foi celebrada por sua beleza. Referindo-se à beleza da cidade, Goethe chamou-a de "uma pedra preciosa na coroa de pedra da Boêmia" – Nota da editora.

com sua luz iluminou as trevas da Idade Média e desferiu sobre a poderosa Roma o primeiro mas *decisivo* golpe.

Por longos séculos, o povo tcheco ocupa um lugar à frente de toda a raça eslava e fica encravado como um forcado num dos lados do germanismo, o que faz da Boêmia um lugar de permanente opressão do inimigo. Com a teimosia própria da raça teutônica, os alemães tentaram todos os meios de coação e perfídia – sem qualquer sucesso – para superar esse obstáculo ou, pelo menos, anulá-lo. O ataque começou com a mais perigosa das armas – a fé.

A Boêmia foi cristianizada pelos santos eslavos Cirillo e Metódio, na segunda metade do século IX. O rito oriental lançou raízes muito profundas no espírito e no coração do povo tcheco. As tradições dessa fé ancestral, mesmo enfraquecendo aos poucos, mantiveram-se por séculos e, apesar dos esforços dos papas, não desapareceram até o século XIV, quando a eles se juntou o movimento hussita, ou de "Huss". Talvez o hussismo até fizesse os tchecos retornarem à igreja ortodoxa, pois uma delegação do povo tcheco levou esse pedido a Constantino Paleólogo e ao patriarca Gennady. Contudo, Muhamed II tomou Constantinopla em 1453, as relações com Bizâncio foram interrompidas e a batalha junto ao monte Branco eclodiu como um raio sobre o país, abafando por longo tempo a vida religiosa e o desenvolvimento nacional.

A partir dos séculos X e XI, atrás dos missionários católicos (alemães), vieram os colonos alemães, e a Boêmia perdeu alguns dos seus postos avançados como, por exemplo, a região de Cheb, que permaneceu germanizada até hoje. No fim do século XII, a invasão teutônica ameaçou com um perigo sério: por todos os lugares fundaram-se mosteiros e neles, assim como nas cidades, instalaram-se monges e clero alemães, trazendo consigo milhares de camponeses, cidadãos e artesãos.

A política antipopular dos últimos reis da casa dos Pchemyslovitsy favorecia essa colonização, concedendo aos estrangeiros privilégios tão amplos que estes fizeram surgir e desenvolver-se uma nova classe social – a burguesia, que não reconhecia outro direito além do alemão, tornando-se um cego motor do germanismo.

As razões que obrigaram Venceslau I, Otakar II e Venceslau II a conceder tantos direitos e tantas liberdades aos estrangeiros alemães objetivavam elevar o poder real sobre as pretensões feudais da aristocracia, criando regiões burguesas dependentes diretamente do rei.

O espírito de igualdade de direitos, próprio dos costumes dos antigos eslavos, não servia ao desenvolvimento do regime feudal, que era estranho ao povo. Por isso, as classes altas facilmente se encantaram com o modo de vida germânico – seus privilégios especiais – e acostumaram-se aos modos estrangeiros – direitos, costumes e língua –, transformando-se paulatinamente de senhores tchecos em algo semelhante aos senhores feudais alemães.

Nas cidades, os alemães apropriaram-se de todos os cargos públicos. Expulsos do controle regional, os tchecos eram explorados pelo clero amoral cada vez mais rico e perdiam até as suas terras, apesar de serem a maioria no país.

Quando Henrique, duque de Korutan, subiu ao trono da Boêmia, a vitória do germanismo parecia garantida: todas as cidades pareciam ilhas alemãs no meio do mar da população tcheca, sendo completamente controladas por uma burguesia insolente que já não entendia a língua tcheca. Essa língua estava sendo relegada gradativamente à condição de ser falada somente por camponeses. Na massa popular existia a convicção de que os reis planejavam eliminar todos os eslavos para reforçar o poderio alemão.

Entretanto, em seus cálculos, os vencedores esqueceram-se de uma coisa: o ódio popular aos alemães, que passa como um filete de sangue por toda a história do povo tcheco. Esse ódio era revivido e fomentado pela surda e cotidiana luta – sem descanso nem trégua – do camponês tcheco contra o invasor que lhe tomara a terra, a liberdade e a língua. O espírito popular vivo ardia por debaixo das cinzas e, finalmente, levantou-se poderoso no momento que menos se esperava.

As explosões de energia e indignação popular ainda não tinham um sistema nem uma consciência necessários para a luta contra a enorme e rigidamente organizada força da germanização. De repente, eis que a famosa crônica de Dalimil[2] dá o primeiro sinal de despertar do amor à pátria, ressuscitando a gloriosa história do povo tcheco e reavivando para a luta as forças e o espírito dos conterrâneos.

A partir daí, a luta prossegue sob todas as formas com coragem crescente e, dessa vez, obtém sucesso. As cidades enchem-se de população autóctone, a língua tcheca é restabelecida com honras e até a corte, percebendo o ameaçador perigo da germanização, torna-se defensora do povo e inimiga das pretensões de estrangeiros que inundaram a Boêmia.

Um inusitado trabalho intelectual começa a fervilhar no país, atacando e minando instituições que serviam de esteio ao poder estrangeiro. Contudo, os motivos básicos para o início da luta foram a desordem da Igreja e o descalabro moral do clero.

A aristocracia dos princípios hierárquicos romanos – assim como o sistema feudal alemão – era estranha à Boêmia, amante da liberdade, que ainda recordava as bases populares do rito oriental que tornavam possível o oferecimento de escritos em língua nacional e, conseqüentemente, um desenvolvimento puramente nacional. A Igreja romana – sempre estranha aos povos subordinados a ela – com seu jugo matava neles a vida espiritual autônoma.

Surgiram pessoas de destaque, talentosas e patriotas fervorosas – que por vezes sequer tinham consciência da grandeza e da importância do papel político que desempenhavam – que se dedicaram ao trabalho de transformação da Igreja. Isso levaria inevitavelmente a Huss e às guerras hussitas que libertaram a Boêmia do jugo estrangeiro.

---

[2] *Famoso patriota tcheco dos tempos do rei Jan de Luxemburgo (séc. XIV) que escreveu a história da Boêmia em versos rimados – Nota do autor.*

Entretanto, o primeiro que se decidiu a atacar o poderio de Roma foi um alemão: Conrad de Waldhayusem. Ele pregava contra os monges mendicantes, os vícios do clero e da sociedade, mas na língua alemã.

Seu sucessor e seguidor foi Milic de Kromeriz, que pregava em tcheco e, com isso, despertava no povo a atenção para a desordem na Igreja, abalada pela disputa de dois papas (um em Avignon e outro em Roma) que declaravam pretensões sobre o mundo cristão e duelavam entre si com excomunhões e bulas instantâneas.

Depois de Milic, veio Mathias de Janow.[3] Com uma coragem nunca antes vista, ele acusa o alto escalão do catolicismo – papas, cardeais e bispos – como fontes de todos os descalabros e abusos. Para ele, o chefe da Igreja e intermediário entre Deus e os seres humanos era somente Cristo; a única instrução de fé – as escrituras sagradas; a regra de vida – a pobreza e a falta de cobiça dos primeiros cristãos. As idéias do protestantismo – as bases da Reforma – surgiram dessa maneira.

O último dos que precederam Huss foi o cavaleiro andante Tomás de Stitné, que transferiu o problema para o campo científico-teológico e com seus estudos, notáveis tanto pela força do pensamento como pela palavra, conseguiu incutir em todo o povo o interesse por essas idéias abstratas.

E, agora, estamos no limiar daquela revolução que, cem anos mais tarde, deveria resultar na destruição da unidade do catolicismo. A longa gestação da Reforma estava concluída, todas as instituições medievais estavam minadas na base – restava juntar as questões teológicas à questão nacional e começar a guerra...

Em linhas gerais, esse era o movimento intelectual e essa era a luta do povo tcheco. Vejamos agora como eram os acontecimentos

---

[3] M. Janow, *autor de* Regras do Antigo e do Novo Testamento, *pregava a salvação gratuita em Cristo – Nota da editora.*

políticos externos.

Em 1378, com a morte do rei tcheco e imperador Carlos IV, o mais notável e famoso governante da dinastia de Luxemburgo, o trono da Boêmia e a coroa imperial passaram para o seu filho, Venceslau IV.

A história e, principalmente, os alemães – que não perdoaram seu apoio aos tchecos – condenaram-no severamente. Ele, entretanto, tinha ótimas idéias e considerava realmente como objetivo de sua vida a felicidade do país a ele confiado. Gostava da verdade, era acessível e até andava entre o povo para ouvir os comentários, controlar os comerciantes e castigar os abusos. Era bastante erudito para o seu tempo: falava e escrevia tanto em tcheco como em alemão, estudava latim e tinha noções sobre questões de direito.

Numa outra situação, Venceslau teria sido um ótimo rei, mas a luta que o destino lhe reservou foi demais para suas forças.

As diferenças nacionais e religiosas dilaceravam o reino; seus sobrinhos e irmãos, principalmente Sigismundo, eram seus inimigos, ansiando por tirar-lhe o poder. Atormentado e desanimado, Venceslau caiu na bebedeira e em outros excessos.

Certa vez, em 1393, foi preso por nobres indignados, que depois lhe devolveram a liberdade, mas não a paz. As intrigas de seu irmão e a insatisfação dos altos barões continuaram a agitar o país. A isso veio se juntar a luta com o novo imperador do Sacro Império Romano-Germânico, Ruprecht Palatino, eleito em 1400 no lugar de Venceslau.

Para Huss e Jerônimo, esses acontecimentos eram vivificantes e tema inesgotável de conversas durante sua longa viagem de Pilsen a Praga. Tendo ficado ausente por mais de dois anos, Jerônimo acumulara um bocado de perguntas, pois a correspondência na época era difícil e as novidades locais chegavam a outro país somente por acaso. Por isso, a conversa não cessava e eles tinham acabado de comentar as mudanças ocorridas entre os professores e estudantes da universidade quando seus cavalos estancaram diante dos portões da cidade.

Naquela época, Huss morava na "Cidade Nova" e, apesar de Jerônimo ter uma residência fixa na casa de uma parenta na "Margem Pequena", eles decidiram passar juntos aquela primeira noite.

Quando passavam pelas ruas, a conversa era interrompida a cada minuto: Huss ou respondia a profundas reverências ou trocava cumprimentos amigáveis com passantes das mais diversas classes da população.

– Vejo com satisfação que está muito popular, mestre Jan. Os barões e cavaleiros o recebem com a mesma amabilidade que os artesãos e até o simples povo. – Observou Jerônimo, sorrindo.

– É verdade. Eles me mimam com uma amabilidade e um amor que não mereço. Pregando a palavra de Deus, somente cumpro a minha obrigação e é muito natural que eu ame o nosso pobre povo, insultado, oprimido e odiado pelos estrangeiros! Jamais esqueço que sou filho de camponeses e devo compartilhar o saber que me foi dado com os irmãos, que procuram a luz da verdade nestes tempos agitados. Veja, lá vêm nossos amigos, que você também ficará feliz em ver: Estéfano Paletch e Iakubek!

As pessoas apontadas por Huss aparentemente perceberam os recém-chegados e dirigiram-se ao seu encontro.

Paletch era um homem de meia-idade, de aparência calma e equilibrada. Seus traços faciais eram pouco agradáveis: havia em seus olhos algo cruel e fanático. Seu companheiro, Iakubek de Stribro, era o oposto: pequeno e vivo, nitidamente se tratava de um homem de ação, entusiasta e apaixonado.

Enquanto Paletch cumprimentava amavelmente a Huss, Iakubek apertava amigavelmente a mão de Jerônimo.

– Finalmente você voltou, cheio de ciência estrangeira e muitas novidades políticas e outras que demorariam a chegar aqui por via normal. – Disse ele, alegremente.

– Bem, quanto às novidades, aqui vocês têm de sobra. Mas,

adivinhou. Tenho algo interessante para você e para o prezado mestre Paletch: dois trabalhos inéditos de Wyclif.

– Filosóficos? – Perguntou aquele.

– Não, teológicos: *Dialogus et trialogus*,[4] muito curiosos!

– É preciso antes provar o quanto eles são úteis e o quanto são interessantes. – Observou, azedamente, Paletch. – As convicções religiosas de Wyclif foram condenadas por autoridades religiosas, e o cristão deve andar com extremo cuidado nesse terreno pantanoso.

– Sem dúvida! Mas o senhor mesmo irá julgar quando ler os tratados. Dentro de alguns dias estarei instalado no velho endereço e espero ter a honra de recebê-los.

– Aceito com prazer seu convite. – Respondeu Paletch, sorrindo. E prosseguiu: – Mas vamos indo, Iakubek! O senhor Zmirzlik está nos aguardando para o jantar e os viajantes devem ir descansar.

– Então, até logo! Transmitam minhas recomendações ao Zmirzlik e à sua prezada senhora. – concluiu Huss, despedindo-se.

Alguns dias depois, no amplo e arejado quarto de Jerônimo reuniram-se seus amigos. Eles sentavam junto à janela, em volta de uma mesa, sobre a qual estavam espalhadas folhas manuscritas.

Os rostos vermelhos indicavam que discutiam algo com aquela paixão que caracterizava as discussões religiosas daquele tempo e que aconteciam sempre, mais ou menos, no terreno das questões nacionais.

Paletch dirigia-se a Jerônimo gritando e agitando seus grandes, longos e magros braços.

– Tudo o que você leu para nós do triálogo de Wyclif somente confirma a minha primeira impressão. Essas obras têm muitas coisas boas, suas intenções são puras, mas a sua coragem o leva demasiado longe. Atingir, como ele o faz, todos os conceitos da Igreja, criticar toda a hierarquia episcopal, ousar dizer que toda a história da socie-

[4] Ernest Denis – *Nota do autor.*

dade cristã resume-se na luta do reino de Anticristo com o reino de Cristo, renegar o direito do trono apostólico de unir e perdoar e, finalmente, desejar submeter esse trono ao poder mundano, isso, isso... já passa a ser uma heresia!

– Espere ai! – Interrompeu-o Iakubek, excitado. – A nação também existe por direito divino, e Nosso Senhor Jesus Cristo, com as palavras "dai a César o que é de César", indicou o seu lugar. Mas a manutenção da ordem, tanto entre o clero quanto entre o povo, é um direito incontestável do alto poder mundano, ao qual a Igreja deve se submeter. Os papas, confirmando a independência do clero e suas propriedades do governo, criam uma fonte inesgotável para abusos e desordens. Concordo inteiramente com Wyclif quando ele diz que o poder de unir e perdoar é exclusivo de Deus e que, ao apropriar-se dele por cobiça de poder, o papado comete o sacrilégio e semeia no mundo tentações e mentiras. Não foi isso que gerou a excomunhão da qual os papas tanto abusam?

– Mas o que é isso, mestre Iakubek? Quando você se anima, parece galopar como um cavalo sem freio! – Intrometeu-se na conversa um terceiro interlocutor que ficara em silêncio até então. – Você deve concordar que as malversações não fazem um objeto ser ruim se ele por si mesmo é bom; pode-se malversar com qualquer coisa, tal é a fraqueza humana. Mas, inicialmente, a Igreja precisa tanto de castigos quanto o governo! A excomunhão é um castigo espiritual, como a forca e a fogueira são castigos mundanos. Estes e aqueles têm idêntico direito à existência!

– Certo, mestre Elias, mas ninguém enforca ou queima na fogueira pessoas por elas terem espirrado fora de hora, ou por terem almoçado bem demais. As excomunhões são muitas vezes motivadas por alguns barris de cerveja,[5] ou uma outra ofensa contra a

---

[5] *Caso em Breslau, em 1381* – Grünhagen, *"König Wenzel und er Pfaffenkrieg in Breslau" – Nota do autor.*

personalidade ou o bolso do padre. – Disse Jerônimo, rindo.

– O caso que você lembrou confirma somente as palavras de Wyclif sobre os prazeres terrenos serem a infelicidade e a morte da Igreja. – Observou Huss. – O Senhor proibiu a cobiça aos seus apóstolos, mas Suas santas palavras soam como ironia a partir do momento em que o imperador Constantino, 300 anos após, presenteou o Papa com um reino. Naquele dia ouviu-se uma voz do céu: "Envenenaram a Igreja de Deus". Toda a Igreja cristã foi corrompida pela riqueza. De onde surgiram as guerras, as excomunhões e todas as brigas entre papas, bispos e outros membros do clero? Os cães brigam pelo osso: tire o osso e a paz voltará. De onde provêm a simonia e a cobiça do clero? Tudo provém do mesmo veneno – a riqueza![6]

– Então, você quer dizer que as propriedades da Igreja são inúteis e as doações feitas pelos fiéis para a glória de Deus e para a salvação da alma são um engano? – Perguntou, rispidamente, Paletch.

– Sim, estou profundamente convencido de que o homem engana-se tristemente quando imagina que, construindo uma igreja, obterá mais facilmente o perdão do Senhor. Acredito que é melhor dar esmola aos necessitados quando em vida, do que presentear o clero após a própria morte construindo para si uma escada de ouro para o céu. É melhor suportar humildemente um castigo e perdoar o inimigo do que se autoflagelar e quebrar sobre as próprias costas florestas inteiras de varas de marmelo.[7] – Respondeu Huss, com ardor.

Ele também estava inspirado e seus olhos, normalmente calmos e dóceis, brilhavam de indignação. Assim, continuou:

– Acredite-me, Paletch. Somente fazendo a Igreja voltar à sua pobreza inicial, nós lhe devolveremos a pureza e a faremos a imaculada noiva de Cristo.

– Entendi muito bem, Jan, e no geral concordo com você. Toda-

---

[6] *Sebranè spisy (Coletânea de documentos). II, 305, III, 147 – Nota do autor.*

[7] *Sebranè spisy (Coletânea de documentos). II, 305, III,147 – Nota do autor.*

via, a crítica aos estatutos, criados sob inspiração do Espírito Santo, consagrados pelas tradições e aprovados pelos pais da Igreja, é algo perigoso. – Observou Stanislau de Znoim. – Só posso aconselhar a vocês, meus amigos Jan e Jerônimo, e também a você, impetuoso Iakubek, que sejam precavidos e estudem Wyclif com certas restrições. Não foi à toa que o conselho de Londres e o arcebispo de Canterburry julgaram como hereges 24 trechos escolhidos de suas obras. Qualquer bom católico teria a mesma opinião, ao ler seus tratados sobre a comunhão, a predestinação, a Mãe de Deus e os santos. Não posso acreditar, mestre Jan, que você aprove tais coisas!

– Deus está vendo – e Huss persignou-se, com veneração – que não aprovo nada disso e lamento que uma mente tão elevada como a desse teólogo inglês tenha se deixado levar de modo a cometer tão tristes enganos.[8]

– Vou sempre permanecer um pacato e obediente filho da Igreja Católica. Sou atraído para Wyclif pela fama que goza entre o bom clero na universidade de Oxford e entre o povo em geral, e não entre os maus, cobiçosos, pomposos e depravados prelados. Sou atraído por seu amor à lei de Cristo para a qual ele tenta, com todas as suas forças, atrair as pessoas. Contudo, o que mais atraiu minha atenção a Wyclif foi o fato de seus ensinamentos serem muito parecidos com os de Mathias de Janow, nosso famoso pregador que, como Wyclif, reconhecia Cristo como o único e legítimo chefe da Igreja e as sagradas escrituras como perfeitas instruções para a humanidade. A Igreja perdeu o espírito evangélico e afundou-se na confusão

---

[8] Pierre Chaunu, *em obra citada na bibliografia da introdução histórica, confirma as diferenças entre os dois pensadores. Selecionamos um trecho: "Wyclif é sistemático, Huss é pastoral. Huss mantém uma concepção dos sacramentos em que rejeita a tentação wyclifiana que fazia depender a validade dos sacramentos da dignidade do padre. Sobretudo, Huss permanece fiel à concepção medieval tradicional do sacramento da consagração. Sua piedade eucarística defendia o realismo da presença divina, a ponto de estimular um movimento que acabou por se definir por uma fidelidade ao cálice. Mantinha-se firme na transubstanciação" (Chaunu 1975, p. 237) – Nota da editora.*

das idéias humanas, das formas mortas, dos pequenos detalhes e fórmulas de direito canônico nos quais qualquer teólogo se perderia e dos quais um simples leigo nada iria entender. Mathias de Janow e Wyclif concordam que, para ressuscitar a fé e conduzir a Igreja a uma unificação e à paz, é preciso retornar à iluminada simplicidade da palavra divina e do espírito vivo da sagrada escritura, pregando continuamente em todos os lugares numa língua que todos entendam. Pois, repito, foi essa semelhança de opiniões com o venerado Mathias que me atraiu ao filósofo inglês.

– Bem, já que falamos de Mathias, estou plenamente de acordo com você. – Disse Stanislau, entusiasmado. – Nós, por direito, podemos nos orgulhar de Mathias e de seu mestre Milic – valorosos lutadores não só pela fé de Cristo mas também pelos direitos do nosso povo.

– Eles lutavam pela verdadeira Igreja, contra a alemã com seus indignos representantes, e pela liberdade do povo tcheco contra as pretensões dos estrangeiros! Então, caros amigos, como chegamos agora a um consenso, pedirei para guardarmos as discussões para mais tarde e reforçarmo-nos com uma taça de vinho e um pedaço de caça. – Observou Jerônimo, alegremente, levantando-se.

Todos seguiram seu exemplo e sentaram-se em volta da mesa, sobre a qual havia uma jarra de vinho, uma torta, caça fria e presunto.

Durante a refeição, a conversa prosseguiu com o mesmo entusiasmo, mas sobre um outro tema que girava em torno da vida universitária e dos inúmeros acontecimentos que haviam ocorrido durante a estada de Jerônimo fora do país e desconhecidos para ele.

Naqueles tempos agitados de discórdias políticas e religiosas, a universidade de Praga desempenhava um papel primordial. Fundada pelo imperador Carlos IV, pai de Venceslau, nos moldes da universidade de Paris, ricamente dotada e cercada de amplos privilégios, a universidade de Praga desenvolvia-se rapidamente e contava no período de 1372-1389 com até 12 mil alunos e mestres. Todavia, essa calma e brilhante aparência já ocultava o início da discórdia;

aquele ódio popular, que na época rondava por toda a Boêmia, fartava-se nas próprias instalações universitárias.

Da mesma forma que o protótipo de Paris, a *alma mater* de Praga dividia-se em raças: saxônica, bavária, polonesa e tcheca. Em teoria, essa divisão representava nas eleições universitárias dois votos aos alemães e dois aos eslavos; mas, na prática, a facção polonesa era eslava somente no nome, pois a ela pertenciam algumas províncias alemãs. Por isso, a supremacia estava do lado dos alemães, que tinham três votos contra um tcheco.

Essa situação era insuportável ao orgulho e ao interesse do povo. Em 1384, aconteceram grandes desordens. Os tchecos protestaram contra a apropriação por parte dos alemães de todas as cátedras de professores e de todos os cargos de reitores e decanos, contra a injusta entrega aos estrangeiros de todas as prebendas[9] e de todos os postos bem localizados que davam melhores lucros e grande influência sobre o povo.

A ostensiva discórdia explodiu por motivo das eleições para um dos mais ricos colegiados, mais exatamente o colegiado de Carlos, que os tchecos não suportariam ver como de exclusividade dos alemães. A discussão saiu da universidade e tomou conta de toda a Praga; aconteceram combates sangrentos e o reitor Konrad Soltou – um alemão – foi agarrado e espancado impiedosamente por uma multidão de jovens tchecos mascarados. Quando ele ordenou que fossem suspensos as aulas e os exames, esperando com essa medida extraordinária forçar o inimigo a retroceder, os estudantes tchecos, bem armados, reuniram-se na universidade e seus mestres e bacharéis continuaram as aulas. O rei e o arcebispo de Praga, Jan de Jenstein, ficaram do lado dos tchecos e este último decretou que todas as cadeiras do colegiado de Carlos deveriam ser, doravante, ocupadas por tchecos. Os alemães tentaram reagir, mas depois acabaram cedendo e assi-

---

[9] *Pagamentos ao clero por realização de cultos religiosos – Nota do autor.*

nando esse compromisso. Essa paz, entretanto, foi só aparente e a inimizade continuou, por vezes oculta, por vezes ostensiva.

Esses acontecimentos, ilustrando a eterna luta do povo por sua sobrevivência, foram contados a Jerônimo pelos amigos reunidos naquele dia em sua casa. O orador principal foi o impetuoso Iakubek, que – com sua característica espirituosidade – descrevia o confronto ocorrido no ano anterior, provocado por intrigas de professores alemães do colegiado "Todos os Santos", que haviam tentado impedir um tcheco de ocupar uma vaga aberta.

– Você devia ver como todos ficaram furiosos com o sucesso dessa intriga. Tinham raiva especialmente do mestre Gubner, o mentor da trama. Esse empertigado cão alemão está sempre pronto a dilacerar qualquer tcheco; aquele seu sucesso transbordava como a espuma da caneca de cerveja e ele ironizava abertamente a nossa derrota. Estéfano de Colônia respondeu-lhe do púlpito da capela de Belém, com um discurso tão forte que o sermão agitou a população. Acendeu-se a insatisfação contra os alemães e Gubner, ao voltar para casa à noite, foi ferido na cabeça por uma pedrada, conseguindo escapar só com um arranhão...

– Que pena!... – Observou Jerônimo.

– Pois é! Mas, ao sarar, isso não o impediu de proferir um inflamado discurso na reunião das raças germânicas contra a capela de Belém e contra o "ímpio clero que, criminosamente, ousava pregar no bárbaro jargão tcheco, próprio da plebe e indigno da Igreja, semeando a discórdia e excitando paixões". Como conseqüência do seu discurso, no domingo seguinte, uma multidão de cidadãos, encabeçada pelo rico açougueiro Kunts Leinhardt, reuniu-se diante da capela, começou a ofender os fiéis que lá entravam e tentou ele próprio entrar, para provocar a desordem. Rechaçados à força, os alemães começaram a briga, que terminou muito mal para eles, pois éramos em maior número. Além disso, a guarda da cidade também interferiu. Houve, entretanto, mortos e feridos, inclusive algumas mulheres que não tiveram tempo de se salvar na correria e foram pisoteadas. Os oponentes se separaram, ruminando ódio um contra o outro. À noite, quando Gubner e seu irmão Lutz voltavam para casa, foram atacados por uma turba de mascarados que os surrou impiedosamente. Lutz Gubner recebeu uma facada e, em conseqüência disso, morreu alguns dias depois. Por isso, o bando de Gubner foi se queixar ao rei, que na época vivia no monte Kutná, mas receberam uma bofetada... Ah! Ah! Ah! – E Iakubek desandou a rir. – Naquele momento Venceslau tinha acabado de receber a notícia de que os dignatários imperiais haviam tirado dele o título de imperador, acusando-o de não ajudar a promover a paz na Igreja e com isso reduzir a importância do Império, de não cumprir a paz latifundiária e de executar inúmeros atos de crueldade e violência. Isso, entretanto, deixou o povo substancialmente aliviado dos impostos e agora se pode andar por toda a Boêmia com um saco de dinheiro na cabeça sem nenhum perigo. Bem, o rei estava tão irado por ser substituído por Ruprecht Palatino, que tinha cólicas só de ouvir falar a palavra *alemão*. Imagine quão amavelmente ele recebeu a delegação. O sobrinho do senhor Zmirzlik, presente à recepção, contava que o rei ficou tremendo de raiva e nem quis ouvir os queixosos. Aos gritos, ele disse estar saturado das indignações e das insolentes exigências dos alemães. Disse também que, se eles mais uma vez ousassem discutir com seus fiéis súditos tchecos, provocar agitações e interferir no que acontece na capela de Belém e na língua em que é feita a pregação, ele iria presenteá-los com o mesmo que Jan de Nepomusceno e seus companheiros receberam e ainda lhes proporcionaria um banho no rio Vltava. A delegação voltou assustada e, depois disso, amansou; mas fazem de conta que estão do lado de Ruprecht.

Uma explosão de riso acompanhou as palavras de Iakubek.

– Pois é. A nossa capela de Belém é um cisco em seu olho. – Observou Huss. – Mas para o nosso povo ela é a fonte de luz, fé e força.

– Benditos aqueles que abriram essa fonte! Honra, saúde e longa vida aos magnânimos patriotas: o cavaleiro Hanuch de Mülhein e o mercador Krenz! – Exclamou Jerônimo, levantando a taça.

– Salve a Boêmia e a sua liberdade! – Bradaram todos, levantando as taças e bebendo.

Capítulo V

Eram cerca de sete horas da noite e no castelo Valdstein preparavam-se para jantar. Na grande sala de jantar, toda em madeira de carvalho trabalhada, estava posta uma mesa com rica prataria e cristal veneziano; a condessa, o bispo Brancassis e o padre Bonaventura entraram, sentaram-se à mesa, e os pajens, que estavam em pé atrás deles, começaram a servi-los.

A condessa, aparentando um certo descontentamento, estava distraída e a cada minuto olhava para a porta de entrada ou para o lugar vazio do outro lado da mesa.

– Não entendo essa ausência de Vok! Ele deveria ter voltado há meia hora e isso é uma imperdoável desatenção de sua parte! – Disse ela, severamente.

– Não vale a pena se enervar, cara prima. – Sorriu o bispo, tentando acalmá-la. – Seu filho, provavelmente, atrasou-se na caçada ou com algum amigo. A despreocupação, própria da idade dele, e não a desatenção à senhora, deve ser a causa de sua ausência. O padre Hilário também não veio; ele adoeceu?

– Não! O padre Hilário foi visitar um paciente e provavelmente se atrasou pelo caminho. – Explicou Bonaventura.

Naquele instante, do quarto vizinho ouviram-se passos e na porta apareceu um jovem de 16 anos, cuja presença fez o rosto da condessa desanuviar-se imediatamente.

O jovem conde Valdstein era um rapaz muito bonito; alto para a idade, esbelto e bem-formado. O rosto levemente bronzeado respirava coragem e até ousadia; nos grandes olhos negros herdados da mãe, cintilava uma alma orgulhosa e apaixonada.

Aproximando-se da condessa, beijou-lhe a mão, desculpou-se pelo atraso e, em seguida, cumprimentou o bispo de forma educada mas fria.

A julgar o amor e o orgulho com que a condessa acompanhava cada movimento seu, percebia-se que adorava o filho. O jovem sentou-se e começou a comer, mas repentinamente, olhando em volta, franziu o cenho.

– Onde está Svetomir? – Perguntou.

– Onde estaria aquele glutão bobo, senão na penitência? – Respondeu com desprezo a condessa e, dirigindo-se a Brancassis, acrescentou: – Nem posso expressar o desgosto que esse inútil moleque está me causando! Para o padre Hilário é um verdadeiro castigo ensinar-lhe latim e ciências; ele é tão preguiçoso que nem os salmos consegue saber de cor!

– E qual foi o crime que ele cometeu hoje?

– O padre Hilário pegou-o comendo presunto! Isso, num dia de jejum! Ele ainda mentiu dizendo que a mulher do zelador tinha lhe dado o presunto.

– Percebo que Svetomir é bastante culpado! E onde está o digníssimo padre? Castiga o criminoso oferecendo-lhe sermões em vez do jantar e serve ele próprio de exemplo de abstenção e jejum? – Perguntou, sarcasticamente, Vok.

A condessa corou.

– Vok! – Disse ela, num tom de insatisfação. – Você novamente está se permitindo piadas não condizentes com o ambiente e esquecendo dos presentes! Você tem obrigação de respeitar o meu confessor! Saiba que o bom padre Hilário foi visitar um paciente.

Vok nada respondeu e sorriu, sarcasticamente. Brancassis – que o observava atentamente – tentou evitar o confronto e passou a falar da notícia recebida pela manhã sobre a chegada do conde trazendo Rugena dentro de dois dias. Passaram a falar sobre o falecido barão Rabstein e o seu papel na união dos senhores, juntamente com Rosenberg, Gradetski, Landstein e outros. Por fim, todos saíram da mesa.

Deixando a mãe e o bispo passarem adiante, Vok parou à porta e com um sinal chamou um dos pajens, sussurrando-lhe algo no ouvido. O pajem aquiesceu com a cabeça e correu para cumprir a ordem.

Alguns minutos depois, voltou com uma cesta nas mãos e começou a enchê-la com o resto de comida que havia sobrado nas travessas da mesa: peixe, carne assada, pastéis e frutas.

– Bogomil! Seu moleque sem-vergonha! Como ousa roubar da mesa? Coloque imediatamente tudo no lugar, senão lhe arranco as orelhas! – Gritou com ele o irado mordomo, agarrando-o pelo cangote.

Mas o pajem, feito cobra, escorregou de suas mãos.

– O conde Vok ordenou que levasse para os seus aposentos comida para os cães. O senhor pode perguntar-lhe! – Respondeu o menino, em tom de desafio. Em seguida, desapareceu pela porta levando do bufê um pedaço de queijo.

– Mas que absurdo! Alimentar cães com peixe assado, pastéis e frutas! – Resmungava o mordomo, que contava deliciar-se ele próprio com aqueles restos.

Alegando cansaço do longo passeio a cavalo, Vok foi para seus aposentos, despedindo-se da mãe e do prelado.

Seus dois quartos estavam mobiliados com todo o luxo daquele tempo. Já escurecia, pois pelas estreitas janelas abertas nas grossas paredes passava pouca luz e o criado acendeu as velas nos castiçais de cobre.

Naquele instante, o pequeno pajem Bogomil preparava a mesa e colocava sobre ela a provisão que trouxera. Vok deu-lhe um pastel de prêmio e mandou-o sair, proibindo-o de perturbá-lo sem ser chamado.

Refletindo um pouco, Vok voltou-se e saiu para o corredor, no fim do qual havia uma porta trancada. Tentou abri-la sem sucesso e, finalmente, dando um soco, gritou:

– Svetomir, seu bobão! Você está dormindo ou morreu de fome? Responda!

– Estou trancado aqui desde a manhã, Vok, e não posso nem sair nem abrir para você. – Respondeu do outro lado uma fraca voz infantil, entremeada de lágrimas.

No expressivo rosto do jovem Valdstein apareceu um ar de piedade e compreensão.

– Então me aguarde e abra a janela, que vou buscá-lo. – Respondeu ele e correu de volta pelo corredor.

Pela escada em caracol, ele desceu para o jardim que se estendia em volta do castelo e aproximou-se da torre, em cuja janela aberta via-se uma tênue figura infantil.

– Estou aqui, Vok! Mas como vou descer desta altura? – Soou a vozinha, tristemente.

– O quê? Chama isso de altura? Se estivesse em seu lugar eu já estaria em liberdade há muito tempo, mesmo que fosse somente para apertar o nariz daquele demônio tonsado que o tiraniza! Você é um galinha-morta! Veja, vou mostrar-lhe o caminho.

A torre estava envolvida por uma espessa hera de escura folhagem; Vok, aproveitando os poderosos galhos, subiu corajosamente, com rapidez e facilidade, até a janela que realmente não estava muito alta.

Foi, então, parar num quarto redondo, cujas paredes nuas e cuja pobre mobília contrastavam radicalmente com o luxo e o conforto dos seus aposentos. A luz bruxuleante da lamparina colocada diante da imagem sacra iluminava uma cama simples, uma mesa, alguns bancos de madeira e uma estante num canto. Sobre a mesa, perto de um monte de livros, havia uma caneca de água e alguns pedaços de pão.

– Pronto, cheguei! E descer não é mais difícil do que subir. –

Disse Vok, rindo satisfeito. – Você prefere se enfurnar aqui e esperar a volta do bravo Hilário ou ir ao meu quarto, jantar bem e ganhar um presente? Escolha!

– É claro que prefiro ir jantar! Estou com muita fome. Mas não sei se consigo descer como você.

– Bah! A necessidade gera heróis! Tenha coragem, eu o ajudo a descer da janela. Veja aquele galho grosso que parece um degrau. Segure com as mãos e não solte até que esteja firme em pé.

Ele ajudou Svetomir a sair pela janela e segurou-o até ele dizer que estava firme.

– Coragem e não tenha medo! Você não pesa mais do que um gato esfomeado. Eu desço depois para não quebrar a hera.

A descida foi tranqüila e, cinco minutos depois, eles já estavam no quarto de Vok, que imediatamente trancou a porta.

– Coma bem para recuperar as forças. – Disse, apontando para a mesa posta. – Depois do sagrado jejum de padre Hilário você está com péssima aparência.

– Obrigado, Vok! De toda a casa você é o único que tem pena de mim. – Respondeu o garoto faminto, sentando à mesa e começando a engolir rapidamente o jantar preparado.

Agora, no quarto iluminado, dava para enxergar Svetomir. Era um garoto magrinho, de uns 13 anos, com longos, espessos, louros e crespos cabelos e grandes e claros olhos de cor verde-cinza. Seu rosto fino e atraente era transparente como se fosse de cera; nos lábios pálidos passeava um triste, amargo e dócil sorriso. O traje velho, puído e largo demais não conseguia esconder a esbeltez e a graça natural da sua aparência dócil e infantil.

Quando finalmente a torta foi engolida até a última migalha, e depois da torta desapareceu o pedaço de queijo, Svetomir correu para lavar o rosto e as mãos e sentou-se perto de Vok que todo o tempo ficara observando-o calado.

– Puxa, como comi bem! – Disse ele, com um suspiro de satisfação. – Estou muito grato a você, Vok, por sua bondade para comigo.

– Pobre bobão! – Respondeu Vok, com simpatia, acariciando com ternura a cabecinha cacheada. – Por que fica calado diante daquele patife que lhe judia tanto?

– Mas como quer que eu o enfrente, se ele é mais forte e a tia está do lado dele? Faz quatro dias que ele voltou e já me surrou três vezes e eu nenhuma vez almocei nem jantei sob a alegação de que um futuro padre deve acostumar-se a jejuar e mortificar a carne e não encher o estômago. Ainda hoje, por causa do pedaço de presunto que me deu a bondosa Martina, ele me deu chibatadas até sangrar e decidiu manter-me trancado por uma semana a pão e água.

O garoto calou-se porque as lágrimas começaram a sufocá-lo.

– Patife! – Murmurou Vok por entre os dentes.

– Sim, ele é um homem mau e eu o odeio, assim como a todos os padres! Prefiro afogar-me a vestir uma batina! – Exclamou Svetomir energicamente, cerrando os punhos e com brilho nos olhos por debaixo dos longos cílios.

– Até que enfim! É assim que eu gosto de vê-lo e, como prêmio, vou dar-lhe o presente prometido.

O jovem conde retirou debaixo da camisola um rolo de pergaminho e abriu-o sobre a mesa.

– Veja, Svetomir. Esta é uma indulgência para todos os pecados corporais, assinada verdadeiramente pelo arcebispo de Praga. O nome do possuidor ainda não foi preenchido e eu já o vejo: Svetomir Kryjanov. Depois disso você poderá comer presunto debaixo do nariz do Hilário e ele não ousará lhe dizer nada. Se você, mentalmente, der-lhe um bofetão, mesmo assim os portões do céu estarão abertos para você. – Explicava Vok, rindo.

Svetomir correu para o quarto vizinho e trouxe de lá a pena e o tinteiro.

– Onde conseguiu essa preciosidade? – Perguntou, feliz, enquanto Vok escrevia no pergaminho.

– Comprei-a de um monge mendicante que cambaleava bêbado na estrada. Ele, pelo jeito, roubou-a de alguém, pois me vendeu barato: por um dobrão de ouro. Mas o documento, como uma chave para o céu, nada perde com isso. Bem, parece que o padre Hilário voltou de sua filantrópica viagem.

Realmente, no corredor soavam pesados e rápidos passos. Svetomir estremeceu e ficou pálido.

– O que ele vai dizer quando não me encontrar no meu quarto? – Sussurrou ele, apavorado e com voz abatida.

– Isso nós vamos ver! Eu me entendo com ele aqui e colocarei uns arreios em sua intenção de transformá-lo num santo. – Disse Vok, abrindo de supetão a porta para o corredor, no fundo do qual apareceu Hilário, vermelho de raiva.

– Se o senhor procura o Svetomir, reverendo padre, ele está aqui comigo! – Gritou-lhe Vok, convidando-o a entrar com um gesto.

– Por que o senhor o esconde em seus aposentos? Aguarde-me, miserável, sobre esta molecagem nós conversaremos depois! – Disse ele, dirigindo-se com ar ameaçador ao garotinho, mudo de medo e agarrado à mesa.

– Desculpe, reverendo padre, mas quero que o senhor se explique com Svetomir agora e na minha presença, pois fui eu que o trouxe aqui. O senhor deveria se envergonhar de tratar com tanta desumanidade uma criança que não tem ninguém para protegê-la.

A cor da ira espalhou-se pelo rosto redondo e gordo de Hilário.

– Como ousa, garoto insolente, me ditar sermões? Vou queixar-me à sua mãe por este desrespeito, e ao miserável, colocado aos meus cuidados, vou extenuar à minha maneira por abstenção e jejum, fazendo dele um digno servidor de altar. – Sibilou ele, irado.

Vok empalideceu. Então, agarrando-se ao cabo do punhal e com ar ameaçador, deu um passo na direção do monge.

– Nesse caso, antes de fazer de Svetomir um digno servidor da Igreja, comece por si mesmo e não judie da criança, acostumando-a a mentiras e fingimento. Saiba o senhor, digníssimo Hilário Shwartz, que conheço o motivo de suas viagens filantrópicas: o *paciente* que o senhor visita nada mais é do que a filha do carvoeiro Miguel, que o senhor seduziu ainda na primavera passada e agora obriga a ela e ao pai permanecerem calados sob a ameaça de perder o posto. Se eu contar isso ao meu pai, o senhor terá muitos problemas, pois ele não gosta que os confessores de mamãe se divirtam tão alegremente em suas terras. Fique com a sua boa influência sobre a condessa, que é suficientemente cega para não ver as suas conquistas, mas se prive do mau tratamento dispensado a Svetomir que, além do mais, possui uma indulgência que o libera da necessidade de jejuar! – Finalizou Vok, sarcasticamente, apontando para o pergaminho aberto sobre a mesa.

O monge nem o olhou. Sufocado pela raiva, sem dizer palavra, ele se voltou e saiu rapidamente do quarto, batendo a porta.

– Maldito! Você ainda irá me pagar por isso! – Sibilava ele por entre os dentes, correndo como um furacão pelo corredor.

A ira impotente do confessor da mãe deixou o jovem conde bastante alegre. Ele caiu na poltrona gargalhando, e somente quando passou o primeiro ataque de riso, dirigiu-se a Svetomir, que continuava parado e calado junto à mesa.

– Não tenha medo! Você não vai pagar nada por essa nossa conversa. Se ele ousar lhe bater, venha queixar-se a mim. Saberei amordaçar esse cão alemão. Entretanto, hoje você vai dormir aqui. Deixe que a raiva dele passe antes de encontrá-lo novamente.

Enquanto o criado, por ordem do jovem conde, fazia a cama de Svetomir, Vok subiu pela escada em caracol para o andar superior da torre onde morava o pequeno Kryjanov. O ambiente lá também era muito simples e somente um grande número de espadas, punhais, lanças, maças, bestas e outras armas davam à sala uma aparência militar.

À mesa estava sentado um homem de compleição fortíssima que, sob a luz de uma lamparina a óleo, lia o Evangelho. Esse homem era

Anton Broda – professor de artes marciais do castelo. O velho conde e Vok, principalmente, tinham por ele um respeito especial, pois ele fora o "mestre-de-armas" do garoto, ensinando-o a arte do combate.

Ao ver entrar o jovem Valdstein, ele se levantou; mas Vok fez um gesto para ele sentar-se e, empurrando o banco, sentou-se ao seu lado.

– Broda! – Falou, alegremente, o jovem. – Preciso contar o meu confronto com Hilário. Ele quase estourou de raiva quando soube que conheço a história dele com a filha do velho Miguel. Você aprontou-lhe uma boa, contando-me as suas aventuras.

E relatou-lhe a conversa com Svetomir, a compra da indulgência e o confronto com o monge.

– Está vendo, Anton? Cumpri a minha palavra e tomei Svetomir sob a minha proteção. – Finalizou o jovem, com satisfação.

– Deus lhe pague, senhor conde, pela boa ação! Já não suportava mais o choro e os gritos da infeliz criança quando aquele cão alemão a judiava. O patife, sem-vergonha e depravado ainda ousa portar o título de padre!

– Agora ele está em minhas mãos! Mas devo lembrar-lhe, Broda, que cumpri o que prometi e você ainda não me levou nos encontros secretos sobre os quais me contou. Quero muito participar deles.

Broda encostou-se na mesa e pensou em pouco.

– Eu não me decidia por não saber se seu pai aprovaria isso, senhor Vok. Mas se o quer tanto, por que não? Não é nenhum crime. Nós nos reunimos para rezar como rezavam nossos pais e para conversar sobre as desgraças da pátria, que nenhum tcheco consegue ver sem dor no coração. Então, iremos no próximo sábado. Sei que você não irá me trair...

– Juro por Cristo!

– Acredito, acredito, meu senhor! Tenha paciência, pois de qualquer modo você não poderá se ausentar até a chegada de seu pai.

Depois de conversar mais um pouco, o conde voltou aos seus

aposentos e Anton prosseguiu a sua leitura do Evangelho.

Broda era uma pessoa surpreendente: sombrio, sério e pouco sociável. Toda a criadagem, mesmo temendo-o, gostava dele e respeitava-o por seu senso de justiça, por seu desinteresse e também pelo fato de ele utilizar sua grande influência sobre o jovem conde para salvar pessoas em dificuldade ou para livrá-los da ira do administrador alemão, protegido da condessa.

Sua vida fora agitada e cheia de aventuras.

Naqueles difíceis tempos, a vida fora dura para a família de seu pai, um senhor da baixa nobreza, que tinha uma pequena propriedade perto do mosteiro de Kladbur.

As desavenças do senhor Nikolai com o clero quanto ao cumprimento das obrigações religiosas haviam levantado suspeitas de que a família pertencia à "antiga crença", considerada heresia no país, e de que comungava em ambas as formas (corpo e sangue). Essas acusações infundadas haviam provocado a indisposição do pároco e não era segredo para ninguém que o abade desejava fervorosamente limpar o seu rebanho de ovelhas gafadas[1] que poderiam contaminá-lo.

Apesar das dificuldades, o senhor Nikolai agarrava-se ao seu pedacinho de terra e era respeitado pelos camponeses vizinhos. Mas seu ponto fraco era a pobreza. Num momento difícil, ele acabara sendo obrigado a pegar emprestado dinheiro em condições desfavoráveis, de um cidadão alemão. Dois anos depois, ao viajar para visitar seu credor, ele desaparecera sem deixar pistas.

Mais tarde, aquele alemão exigira da família o ressarcimento da dívida. O montante revelara-se tão grande que toda a pequena propriedade passara a pertencer-lhe. A viúva e os dois filhos, Martin e Anton, haviam ido parar na rua. Ela logo morrera, levando para o túmulo a convicção de que, no dia do desaparecimento, seu marido estava levando o dinheiro para pagar a dívida, cujo valor, conforme

---

[1] *Ovelhas gafadas: doentes, contaminadas – Nota da editora.*

suas palavras, era muito menor. Ele fora morto por incumbência de seu credor, com o objetivo de tomar as terras, onde depois passara a morar um sobrinho do agiota alemão.

Órfãos e sem um tostão, Martin e Anton, um com 18 anos e outro com 16, haviam sido obrigados a levar uma vida errante. Destacando-se pela rara beleza e pelo físico privilegiado, Anton abraçara o ofício de "soldado mercenário", guerreando em muitos lugares, inicialmente na pátria e depois até na Itália, no exército do conde de Mantuá. Todavia, apesar de todas as mudanças de sua vida agitada, dois sentimentos haviam permanecido guardados em sua alma: o amor à pátria e uma fervorosa e insuperável repugnância por tudo o que fosse alemão.

O acaso levara-o ao conde Valdstein, que lhe oferecera o lugar de mestre-de-armas; esse honroso e bem-remunerado cargo agradara a Broda.

Durante a longa estada do conde em Praga, Broda tornara-se um assíduo ouvinte dos sermões de Mathias de Janow. Como, no entender de Broda, o alemão e o catolicismo eram coisas inseparáveis – e por isso odiadas –, ele tornara-se um fervoroso defensor da Reforma. Despertara nele a antiga forma de religião, levando-o de corpo e alma ao rito grego dos seus antepassados, cujos adeptos continuavam a existir em segredo.[2] Alguns anos depois de entrar para o serviço do conde, Broda salvara a vida do pequeno Vok, então com cinco anos, que quase fora morto por um touro enfurecido. Esse acontecimento não somente concedera-lhe as graças dos seus senhores mas também criara uma amizade entre a criança e seu salvador.

O caráter explosivo e corajoso de Vok agradara ao velho guerreiro, enquanto o pequeno conde adorava os contos sobre caçadas e guerras de Broda e as sagas dos antigos heróis tchecos. Todas as crônicas de Dalimil haviam sido transmitidas ao menino: as imagens

---

[2] Stransky, *"República Boêmia", cap. VI, 6 – Nota do autor.*

de Zavich Rosemberg, na auréola do amor que o povo nutria por ele, e o seu martírio pela pátria, ou do barão tcheco Hinek de Dub, cujo nome as mães alemãs usavam para assustar seus filhos e cujo poderoso braço não conhecera outro inimigo senão os alemães, desde cedo haviam impressionado a imaginação da criança.

O velho conde nunca se opusera àquela aproximação: ele sabia que nas veias de Broda corria sangue nobre, que ele amava o seu filho e que faria dele um mestre das artes de cavaleiro, tão valiosas naquele tempo.

Aproveitando a liberdade oferecida, Broda mantinha em seu pupilo o amor à grandeza passada da Boemia e aos príncipes, parentes de sangue e representantes do povo. Ele contava, com belas palavras, as tradições sobre a pregação evangélica de Cirillo e Metódio, nos tempos do príncipe Borzivoi, e sobre a desgraça que repre- sentara a chegada dos colonos estrangeiros, trazidos pelos enviados do Papa. Esses enviados do Papa, narrava Broda, haviam tomado o ouro e as terras, depravando o clero local e deturpando, com suas idéias, os puros ensinamentos evangélicos. Enquanto isso, os colonos haviam inundado o país como uma nuvem de gafanhotos, sugando o sangue e o suor e judiando dos tchecos, oprimindo seus direitos e costumes e, aos poucos, escravizando os legítimos filhos do país.

Anton enchia o coração do jovem conde com todo o fel e o ódio selvagem por tudo o que fosse alemão e com o absoluto desprezo pelo clero depravado e fiel aos estrangeiros. Suas conversas sempre terminavam com a entrada de Vok num relacionamento com os adeptos da velha fé e a promessa de freqüência de suas reuniões secretas.

Capítulo VI

Finalmente, o conde retornou ao castelo trazendo Rugena. Vok recebeu-os no pátio e, fazendo uma reverência à sua pequena noiva, ajudou-a a descer da liteira. Examinando-a com olhar orgulhoso, ele pareceu ficar satisfeito e conduziu-a até a condessa. Mas Rugena olhou para o noivo com um olhar pouco amigável, quase hostil, e até tentou retirar sua mão da dele. A condessa Valdstein desagradou-lhe demais; em resposta aos seus beijos e abraços, Rugena fez somente uma reverência. Parecendo não notar a frieza hostil da futura nora, a condessa conduziu-a amavelmente aos novos e luxuosos aposentos destinados à rica herdeira, e sugeriu que descansasse até a tarde.

Meia hora antes do jantar, a condessa voltou novamente e, ordenando a Iitka que as acompanhasse, conduziu Rugena ao grande salão onde estavam sendo aguardadas pelo bispo, pelos condes – pai e filho –, pelos dois padres e pelos principais criados do castelo, encabeçados por Anton Broda e o castelão.

Quando todos se reuniram, o conde Hinek anunciou solenemente que, no cumprimento da vontade de seu falecido primo, e em total correspondência aos seus próprios desejos, ele realizaria o noivado de Rugena Rabstein com seu filho Vok, conde de Valdstein. A festa de comemoração daquela feliz circunstância estava adiada até o fim do luto pela grande perda na família. O casamento seria realizado quando a noiva completasse 16 anos.

Apesar de ainda ser criança, Rugena sentiu instintivamente a importância daquele momento e empalideceu. Quando o conde-pai quis juntar as mãos dos noivos, ela arrancou-a dele e recuou.

– Eu não quero... – Sussurrou ela.

– Rugena! Não imaginei que estaria contra a vontade de seu falecido pai! – Observou o conde, severamente. – O senhor bispo estava presente nos seus últimos momentos e pode confirmar a sua vontade. O reverendíssimo, em sua bondade, expressou o desejo de abençoar o vosso noivado. Agora você, de repente, comporta-se como uma menina manhosa e mal-educada.

Rugena fora criada sob rígido respeito à Igreja e a seus servidores; além disso, ela havia visto Brancassis em relações amigáveis com o pai durante a última visita deste ao seu castelo. Diante de tal autoridade, sua teimosia infantil desapareceu imediatamente.

Sem mais resistir, ela estendeu a mãozinha ao bispo, que a colocou na mão de Vok e pôs um anel com uma esmeralda em seu dedo. Uma tristeza repentina tomou conta do coração da menina quando, levantando os olhos para o seu noivo, viu seu olhar sombrio brilhando de descontentamento e teve de conter as lágrimas que brotaram em seus olhos.

Durante o jantar, os noivos ocuparam lugares de honra e, quando os presentes levantaram um brinde à sua saúde, Brancassis fez um discurso sobre a importância dos laços de amor e dever que os uniam.

Rugena, observadora e desenvolvida acima da idade, notou que as palavras do bispo provocavam um sorriso de desdém no rosto de Vok. Esse desrespeito à alta autoridade do orador espantou-a e ofendeu-a.

Quando por fim Rugena se viu novamente em seus aposentos e a sós com a aia que a despia, chorou convulsivamente.

– Iitka, por que devo casar com Vok? Nunca o vi antes... Meu pai nunca falou dele... – Balbuciava ela, soluçando, abraçada ao pescoço da aia.

– O jovem conde é muito bonito, rico e um verdadeiro nobre que merece você! Obviamente, o falecido barão tinha seus motivos para escolhê-lo para seu marido. Rugena, você é ainda muito pequena para administrar a sua enorme herança e precisa de um protetor e padrinho. Portanto, não chore. Quando conhecer melhor seu noivo e acostumar-se a ele, irá amá-lo e vocês serão felizes. – Consolava-a Iitka, enxugando as lágrimas que corriam pela face da menina.

Mas Rugena não se conformava.

– Ele tem olhos maus e não quero amá-lo! A mãe dele é má! – Declarou ela, enterrando o rosto nos travesseiros.

No dia seguinte, Rugena acordou mais calma. Uma grande caixa com brinquedos e doces, enviada pelo noivo, abrandou-a um pouco; depois ela se distraiu desempacotando as coisas que trouxera de casa e, finalmente, foi ao jardim brincar com Perun.

Correndo atrás do cão pelas sombrosas alamedas, lembrou-se dos passeios que fazia com o pai. A alegria desapareceu imediatamente; um sentimento de abandono apertou seu coração; lágrimas surgiram em seus olhos e ela, cabisbaixa, foi sentar-se num banco, com Perun deitando-se aos seus pés.

De repente, ela viu, através das lágrimas, um menino sentado debaixo de uma árvore perto dali, com um livro nas mãos e que a olhava com curiosidade. Seu jeito, o rosto pálido com grandes e tristes olhos fizeram Rugena esquecer os maus pensamentos.

– Quem é você? O que faz aqui? – Perguntou ela.

– Sou Svetomir e estou estudando a lição de latim. – Respondeu o menino, indeciso.

– Você se chama Svetomir, como o meu pai? Venha já até aqui e me conte onde mora e quem é você.

Mas o menino não se mexeu.

Então, ela correu até ele, pegou-o pela mão e levou-o até o banco.

– Como você é bonita! É a noiva de Vok? – Perguntou Svetomir, examinando-a com admiração.

– Sim, mas gostaria de não ser sua noiva. Ele é mau! – Disse ela.

– Não é verdade! Vok é bom, amável e me defende! – Retrucou Svetomir com tanta ênfase que Rugena ficou confusa.

– Quem é você que precisa ser defendido e de quem? – Perguntou ela, num misto de surpresa e desdém.

– Sou órfão! O conde Valdstein pegou-me para criar por mera bondade. Chamo-me Svetomir Kryjanov.

– Sigismundo Kryjanov visitava muito meu pai em Praga, mas aquele era um rico senhor. – Interrompeu-o Rugena.

– Ele é meu tio em segundo grau.

– E por que você não vive com ele?

– Ele e seu irmão eram inimigos de meu pai não sei por quê. Quando meu pai foi morto na última guerra dos senhores contra o rei, eles nem quiseram saber de mim. Nós ficamos sem nada: nossa casa queimou e as terras foram arrasadas durante a luta do duque Jan Herlitsky contra a união dos senhores pela libertação do rei da prisão.[1] O conde Valdstein, que era amigo de meu pai, acolheu-me e já faz sete anos que vivo aqui. Quando crescer, vou ser padre, mesmo que não tenha nenhuma vontade. – Disse Svetomir, dando um profundo suspiro.

– Se Vok o protege, ele não permitirá que lhe vistam a batina à força.

– Ele não tem tanto poder. É sua mãe que quer que eu seja padre de qualquer jeito. Quando o confessor da condessa me bate e me faz jejuar até eu não saber mais o que fazer de fome, Vok me alimenta em segredo. Ele até me comprou uma indulgência que me livra dos dias de jejum. Recentemente ele teve até um terrível con-

[1] Essas disputas pelo poder entre o rei e a nobreza eram típicas das monarquias medievais, caracterizadas pela descentralização do poder político – Nota da editora.

fronto com o padre Hilário e este agora já não me judia como antes. – Concluiu o garoto, entusiasmado.

– Agora vou ter uma opinião melhor sobre Vok. Mas você não vai mais passar fome. Vá aos meus aposentos e coma quanto quiser. Eu direi à condessa que você é meu amigo e que o seu professor deverá deixá-lo brincar comigo quando eu quiser.

A conversa tornou-se cada vez mais amigável. A situação de orfandade de ambos atraía-os. Também pela idade e pelo caráter, Svetomir estava muito mais próximo de Rugena do que Vok, um jovem quase adulto. Eles se beijaram na despedida e prometeram um ao outro encontrar-se mais vezes para brincar.

Na manhã de sábado, Vok obteve do pai a autorização para uma caçada que poderia durar até a noite do dia seguinte. O conde também era um inveterado caçador e concordou com isso, considerando que o filho estava bem seguro sob a guarda de Broda.

Reforçados com um bom desjejum e fortemente armados tanto para a caça como também para a autodefesa, em caso de ataque inesperado, eles deixaram o castelo. O conde acompanhou pela janela a sua saída, vendo com orgulho o porte bonito e esbelto do filho e a compleição avantajada e robusta do Broda, montando um enorme cavalo murzelo; ninguém diria que aquele mestre-de-armas tinha 50 anos, tão flexível era seu poderoso corpo e tão ágeis eram seus movimentos. Não havia nenhum fio de cabelo grisalho nos cabelos nem na barba, negros como asa de corvo. No olhar aquilino, severo e pensativo, nos olhos sombreados por espessas sobrancelhas, brilhavam a firmeza e a força.

Como a maioria dos tchecos da pequena nobreza, Broda desprezava trajes ocidentais – a "*libré* alemã" como ele dizia – e usava trajes de corte polonês, seus contemporâneos. Vestia um largo casaco com cordões no peito, fechado com botões metálicos e longas mangas, jogadas nas costas, por cujos vãos via-se a roupa de baixo.

Durante a viagem, Broda contou ao jovem conde como seu pai

sofrera por ser adepto das antigas tradições e como, ainda na juventude, durante o reinado de Jan, ele ouvira os sermões de Jan Moravan.

– Naquela época ainda não perseguiam com tanto rigor as pessoas que quisessem permanecer fiéis aos puros ensinamentos do Evangelho. Os padres, entretanto, já os odiavam como inimigos da vontade dos senhores e não perdiam oportunidades para prejudicá-los. A prova disso é o meu pai. – Concluiu Broda.

À tarde, entraram numa densa floresta. O local era montanhoso, entrecortado por profundos desfiladeiros e rochas, parcialmente cobertas pela floresta e parcialmente desnudas e enegrecidas. Saíram da estrada e foram direto pela charneca, orientando-se pelo sol poente. O vento soprava os cumes das árvores e na floresta havia um indefinido e arrepiante zumbido. Tudo em volta era selvagem, e a escuridão que se aproximava dava aos arredores um aspecto ainda mais sombrio. Finalmente, Broda estancou seu cavalo.

– Desça, senhor! Teremos de deixar os cavalos aqui e fazer o resto do caminho a pé. – Disse ele.

– E como vamos encontrá-los depois, no escuro? – Perguntou Vok, preocupado.

– Não tema. Conheço bem estes lugares. – Acalmou-o Broda, apeando do cavalo.

Tiraram as selas, amarraram os cavalos e Broda, pegando seu pupilo pela mão, conduziu-o para dentro da mata. Mas mal haviam dado alguns passos, quando de trás da árvore surgiu a figura de um homem com espada na mão, obstruindo a passagem.

– Quem vem lá? – Perguntou a figura.

– Irmãos, indo ao templo de Sion. – Respondeu Broda. – Deixe-nos passar, Jost, e fique de olho nos cavalos.

Após alguns minutos, eles saíram da mata. Diante deles havia uma pequena mas profunda depressão de terreno atravancado de rochas e em cujo fundo piscavam luzes aqui e ali.

– Este é o local de nossas reuniões. Chegamos bem a tempo.

– Disse Broda e começou a descer cuidadosamente por uma trilha serpenteante.

Na clareira, reuniam-se umas duzentas pessoas dos mais diferentes tipos, sexo e idade. Eram em sua maioria camponeses, mas também havia senhores, artesãos e até mulheres. Em todos os rostos transparecia a solenidade do momento.

Sobre uma grande pedra que se elevava acima do vale, fora instalado um altar e inúmeras tochas iluminavam uma grande cruz de prata, o Evangelho encadernado em ouro e a alta figura de um velho sacerdote. Seu rosto magro transpirava inspiração e os olhos ardiam de excitação.

Broda e Vok atravessaram a multidão e postaram-se do lado direito do altar.

– Irmãos, chegaram tristes tempos... – Dizia naquela hora o pregador, e sua voz, sonora e profundamente sentida, espalhava-se pelo vale. – Sofremos um terrível jugo, já que os fiéis filhos de Cristo são obrigados a se reunir à noite como se fossem ladrões, para celebrar os mistérios divinos. Mas não se desesperem! Os primeiros cristãos suportaram bem mais do que nós e também se reuniam em subterrâneos e lugares escondidos, fugindo da ira dos impuros pagãos. Fugimos da ira do Anticristo de três coroas e hipócrita que se despedaçou como um fruto podre, cuja metade está em Roma e outra está em Avignon. Essas pessoas orgulhosas, prepotentes e dominadas pelas paixões ainda ousam encobrir as verdades evangélicas com suas próprias idéias! Onde na palavra do Salvador está dito que a Sua leitura deve ser professada na língua que os ouvintes desconhecem? Eles nos impõem a missa em latim e querem nos convencer de que a língua tcheca não é digna de ser proferida diante do altar. Como se os povos e línguas não fossem iguais ante o Senhor! Isso não é nada comparado com a sua insolência sacrílega quanto ao mais santo dos mistérios – a Sagrada Eucaristia –, ousando separar aquilo que o próprio Cristo uniu para sempre. Ao quebrar o pão, Ele disse: "Tomai e comei, pois este é o Meu corpo", e ofereceu o cálice com as palavras: "Tomai e bebei, pois este é o Meu sangue do novo testamento". Essas palavras de Cristo deveriam quebrar como uma rocha todas as vãs filosofias, todas as idéias humanas! Infelizmente, na prática não acontece assim: alguns, por fraqueza e ignorância, e outros, por baixeza e arrogância, permitem-se serem privados de tão precioso bem, como o cálice – esse receptor do sangue divino e inesgotável fonte de bens espirituais, da saúde da alma e do corpo. Nós, contudo, permanecemos fiéis ao testamento do Cristo e nenhuma perseguição conseguirá impedir que nos reunamos e rezemos como o faziam nossos pais!

As palavras do pregador foram recebidas com um sussurro de aprovação. A cerimônia foi celebrada e o sacerdote começou a dar a comunhão de ambas as formas[2] aos presentes, que passavam em fila diante do cálice, tranqüilos, concentrados, cheios de beatífica fé. Iluminado somente pela luz das tochas, o quadro era indescritivelmente solene e tinha algo místico.

Vok foi levado pelo exemplo e pelo êxtase religioso dos presentes, contagiantes principalmente para a sua jovem e impetuosa alma. Tremendo de emoção, entrou na fila e, pela primeira vez na vida, comungou.

A cerimônia religiosa encerrou-se, o altar e os objetos religiosos foram rapidamente retirados, acenderam-se fogueiras e todos se sentaram em grupos, na relva. Tiraram de grandes cestos carne assada, vinho e pão e começaram uma refeição fraternal. Quando a fome inicial foi saciada e as taças começaram a andar em rodízio, Broda levantou-se e todos os olhares dirigiram-se a ele.

– Amigos e irmãos em Cristo! O prezado padre Nikolai acabou

---

[2] Pelzel. *Urkundenbuch zum erstentheile "Leben Kaisere Karl IV" – Carta de Carlos IV, confirmando que no país existem muitos hereges, que não querem ouvir as escrituras em latim – Nota do autor.*

de reforçar a nossa alma com a comunhão e com suas sábias palavras. Permitam a um velho soldado partilhar com vocês alguns pensamentos que a experiência de longa vida e o sermão que acabamos de ouvir fizeram surgir. É verdade que nós nos reunimos às escondidas como ladrões para celebrar a cerimônia religiosa a qual cada cristão tem o direito de realizar à luz do dia. E por quê? Quem é a causa dessa injusta perseguição? Os estrangeiros: os papas italianos e os seus ajudantes infernais – os alemães! Quando o imperador Carlos IV subiu ao trono, o cálice era oferecido sem restrições aos fiéis. Ele próprio e a imperatriz Blanca[3] comungaram de ambos os modos durante a coroação.

E agora? A partir do momento em que abriram a universidade,[4] os estrangeiros adquiriram tal poder que o alemão pôs o seu pé sobre as nossas cabeças e obrigou-nos até a negar os ensinamentos de Cristo! Quem é que insiste e faz enorme esforço a favor da sacrílega novidade – a comunhão somente com pão? Os professores e estudantes alemães estão expulsando os tchecos da universidade, como também os burgueses expulsam-nos das cidades e dos cargos, enquanto os colonos expulsam-nos das terras. Isso não é o auge da insolência? Será que não chegou a hora de dar um basta à humilhação do nosso povo? Sim, meus irmãos e amigos, sinto que se aproxima a hora da luta decisiva e cada um de nós deve estar pronto para uma guerra sem compaixão, pois a paz entre os alemães e nós é a nossa morte! Um inimigo secular é um inimigo terrível; ele usará de todos os meios para nos exterminar. Nem a consciência, nem a honra, nem o humanitarismo irão detê-lo; violência, traição, vileza e mentira – tudo é permitido usar contra os tchecos. Mas eles se esquecem de uma coisa – que somos aqueles mesmos tchecos que

[3] Pelzel, *"Leben Kaisers Karl IV", parte 1, p. 80 – Nota do autor.*

[4] Palmov, *"A questão do cálice no movimento hussita" – Nota do autor.*

geraram heróis como o corajoso Zaboi e o ousado Benikh Hermanovitch. No dia em que o país despertar, ele esmagará com seu calcanhar a cobra alemã! E para esse momento, meus irmãos, vamos preparar soldados e comandantes. Que cada um trabalhe na medida de suas forças, ajudando aqueles que vacilam e estimulando aqueles que lutam pela nossa língua, pelas nossas tradições e pelos nossos costumes! Conquistemos o lugar que nos é devido! O objetivo vale a pena: a Boêmia para os tchecos, a vida feliz e livre dos tempos antigos, sob a guarda das leis tradicionais e a expulsão dos estrangeiros!

Broda inspirara-se; seus olhos brilhavam com coragem e inspiração e sua poderosa mão apertava nervosamente o cabo da arma em sua cintura.

Sob a luz avermelhada da fogueira e das tochas, sua imponente e poderosa figura, de rosto característico, transpirando inteligência e força, parecia a encarnação viva daqueles heróis legendários cujos nomes ele fizera relembrar na memória dos ouvintes. Ele também parecia a personificação do paciente e heróico povo tcheco, que 12 séculos de luta sem tréguas não haviam conseguido quebrar, e que até hoje permanece como valoroso e fiel sentinela, à guarda da *raça eslava*.

Não se sabe se os ouvintes de Broda sentiram instintivamente um forte ímpeto de amor à pátria e fé no futuro que provinha daquele futuro soldado do exército de Zizka, mas de todas as bocas, inclusive de mulheres, saiu em uníssono o grito:

– Viva a Boêmia! Morte aos alemães!

Então, o velho sacerdote levantou-se.

– Nada acontece, meus irmãos, sem a vontade de Deus! Roguemos ao Pai Celestial não a morte dos pecadores, mas a sua expulsão, lembrando as palavras do Senhor: "A Minha vingança Eu próprio darei".

Ajoelhando-se, ele iniciou uma prece, que todos os presentes repetiram em coro:

– Pai Celestial! Ouça o seu povo tcheco! Atenda-nos e envie-nos dias felizes![5]

Depois da prece, e combinando a reunião para a próxima primavera, conversaram por mais algum tempo e, jurando um ao outro lutar incansavelmente com o inimigo, começaram a dispersar-se aos poucos.

Tudo isso causou uma indelével e esmagadora impressão na natureza impressionável de Vok. Na viagem de volta, ele ficou por muito tempo pensativo ao lado de Broda e, de repente, tomou-o pelo braço e, inclinando-se, da sela, até ele, sussurrou apaixonadamente:

– Broda, também vou trabalhar pela libertação da pátria e pela defesa da palavra de Cristo.

– Acredito, senhor conde, e aceito a promessa! Se todas as pessoas nobres e ricas se juntarem a nós, venceremos... Mas, lembre-se: tudo o que você viu e ouviu deve permanecer em segredo absoluto. E depois, de manhã, teremos de caçar para não voltar para casa de mãos vazias e levantar suspeitas. – Respondeu Broda, sorrindo.

E o corajoso caçador cumpriu a palavra. À tarde, ao voltar para o castelo, eles traziam no lombo dos cavalos a cabeça e os pernis de um grande javali.

Rugena aos poucos foi se acostumando ao novo ambiente. O conde e a esposa esforçavam-se para agradar à garota, mimavam-na e submetiam-se a todos os seus caprichos.

Com o seu alegre e bondoso tutor, Rugena entrou rapidamente em acordo; mas a condessa, apesar de todo o seu carinho, permanecia-lhe antipática e nada conseguia vencer a aversão que a menina sentia por ela. Vok também se relacionava amigavelmente e com cortesia com a sua pequena noiva, e até se orgulhava de sua crescente beleza, mas a grande diferença de idade impedia que tivessem um bom relacionamento. Além disso, o caráter vivo e empreendedor do

---

[5] Ernest Denis, *p. 60*

rapaz afastava-o da casa paterna, da vida enfadonha e repetitiva, mantendo-o por semanas e até meses longe deles.

O melhor amigo e inseparável companheiro de Rugena era Svetomir. Sua vida mudara muito a partir da chegada da pequena benfeitora, cuja proteção estava sendo ainda mais substancial e influente do que a do jovem conde.

Com sua inteligência fina e observadora, Rugena entendera imediatamente que estava sendo protegida e cuidada. Além disso, o conde era mais bondoso que a esposa, e ela lhe pedira que deixasse Svetomir sentar-se sempre à mesa com ela durante as refeições; quando seu amiguinho não estava no lugar, ela não comia nada. Com a mesma teimosia, conseguira que ele aparecesse para brincar com ela, assim que as aulas haviam terminado. E mais: na primeira vez em que o padre Hilário ousara surrar o garoto com vara de marmelo, Rugena desandara a chorar e ficara em tal estado de choque que a condessa, assustada, pedira ao seu confessor que fosse mais cuidadoso em relação ao seu pupilo, que reduzisse o rigor e não provocasse conflitos com a sua futura nora por bobagens como a educação daquele "imbecil" Svetomir.

Assim, a vida no castelo Valdstein corria relativamente em paz. Lá fora, entretanto, desencadeavam-se acontecimentos políticos de extrema importância, cobrindo a Boêmia de sangue e horrores da guerra interna.

Alguns meses depois da chegada de Rugena, o conde-pai viajou para a corte do rei, que aguardava a chegada do seu irmão Sigismundo, rei da Hungria.

Sigismundo era um homem falso, sem honra, que por toda a vida cobiçara a herança de Venceslau, e, quando podia, abusava de sua confiança. Dessa vez, esperava aproveitar aquele encontro para assinar um acordo secreto contra o próprio irmão com a união dos

---

[6] Palacky, *"G. v. B.", parte III, p.158 – Nota do autor.*

senhores e duques austríacos.[6] Conseguindo obter o assentimento de Venceslau em nomeá-lo tutor do reino, ele, na primeira oportunidade, prendeu o rei em seu próprio palácio. Os dois anos seguintes foram tempos agitados e de guerra sem fim. Sigismundo pressionava o país com impostos e inundou-o com bandos de hostis magiares, cujas invasões dilapidavam a Boêmia com saques e incêndios, como se fosse terra conquistada.

Tal comportamento de Sigismundo indignou o povo e trouxe a favor de Venceslau grande número de senhores. Mas a ocupação do monte Kutná, do qual foi tomado um impiedoso resgate e de onde o rei da Hungria roubou os tesouros de Venceslau, desencadeou ainda mais a indignação geral.[7]

Em todos esses acontecimentos o conde Valdstein tomou parte ativa, e na maioria das ações militares ele estava acompanhado pelo filho, que se destacava pela coragem em combate; a natureza quente e arisca de Vok parecia criada para aquele tipo de vida. Seu castelo foi abastecido por forte guarnição e gêneros alimentícios e a guarda foi entregue a Broda, cuja experiência e cuja fidelidade estavam acima de qualquer suspeita. Às vezes o próprio conde voltava por uns dias para casa para ver os seus, verificar a guarda e dar as ordens correspondentes.

Numa dessas vindas, ele trouxe consigo uma menina, uns dois anos mais velha que Rugena, deixando-a perto da futura nora para lhe servir de amiga. A menina chamava-se Ana e era irmã de um jovem nobre tcheco, Jan Zizka de Trotsnov, que combatera no partido do rei e era inimigo mortal de Henrique Rosemberg. As grandes propriedades deste último cercavam por três lados a pequena propriedade de Jan e, por isso, ele sofrera muitas pressões do poderoso vizinho. Essa situação conquistara uma especial simpatia para ele do conde Valdstein, que tinha ódio de Rosemberg, não só como inimigo político, mas

[7] Nid, *p. 148 – Nota do autor.*

por causa dos boatos ofensivos que este soltava sobre a morte do barão Rabstein e o casamento de Rugena com Vok, que Rosenberg chamava sem pudor de "roubo de herança".

Durante a guerra fratricida que devastava a Boêmia, o castelo de Trotsnov fora arrasado pelos soldados de Rosemberg.[8] A velha parenta de Jan Zizka que lá vivia fora morta e Ana e seu irmão haviam conseguido escapar com dificuldade. Ao saber disso, Valdstein propusera a Jan tomar sua irmã aos seus cuidados para que esta crescesse junto com sua pupila até que a calma fosse restabelecida em todo o país e permitisse ao jovem rapaz arrumar-se de alguma outra forma.

A Boêmia ansiava pelo retorno de Venceslau ao poder, mas o rei estava preso em Viena e, apesar de todas as homenagens aparentes, era muito bem guardado.

No outono de 1403, alguns senhores, incluindo Valdstein e Jan Liechtenstein, organizaram um plano para libertar o rei.[9] Apesar de sua juventude, Vok desempenhou nesse caso um importante papel. Disfarçado, ele infiltrou-se em Viena e conseguiu o apoio de Bogucha, um sacerdote da ordem maltesa, que tinha acesso a Venceslau. O jovem conde soube por meio dele que naquele período a vigilância sobre o prisioneiro real diminuíra consideravelmente, porque o rei, aparentemente, havia se conformado com sua sina.

Aproveitando a ocasião, e com auxílio do mesmo sacerdote, Vok montou um simples mas ousado plano de fuga, que comunicou ao pai.

Tudo correu da melhor forma: no dia 11 de novembro de 1403, depois do meio-dia, Venceslau, disfarçado, escapou de sua prisão e chegou sem qualquer obstáculo até as margens do rio Danúbio, onde Vok, vestido como se fosse um pescador, aguardava-o de barco.

---

[8] Tomek, *"Jan Gichka" – Nota do autor.*

[9] Palacky, *"G. v. B.", parte III, p. 158 – Nota do autor.*

Atravessando o rio, eles conseguiram chegar a Standau, onde os esperavam Liechstein e Valdstein com amigos e 50 soldados armados de bestas.

Antes de tudo, o rei correu para o palácio de Mikulov, na Morávia, depois para o monte Kutná, e de lá para Praga, onde entrou em triunfo. Em todos os lugares foi recebido com entusiasmo pela população, como seu salvador, e renovou o juramento de fidelidade. Todos estavam cansados das divergências, queriam a ordem e a paz que a volta do legítimo rei ao poder prometia.

Esse feliz acontecimento serviu para que ambos os condes Valdstein caíssem nas graças de Venceslau. O rei gostou de Vok, tornando-o um dos preferidos, e este mudou-se para Praga, onde pretendia fazer um curso universitário de belas artes, que estava em moda na época e que deveria completar a educação do jovem nobre.

Capítulo VII

Era 25 de dezembro e, em Praga, comemorava-se o Natal. Toda a cidade estava em movimento. Nas praças, nas barracas de madeira montadas às pressas, vendiam-se doces, brinquedos, diversos objetos de culto etc.

Os artistas de rua ambulantes mostravam sua força e sua destreza; pela multidão circulavam quiromantes e um curandeiro em cima da carroça anunciava em altos brados diversos remédios de beleza, talismãs que provocavam paixões, pomadas que devolviam aos cabelos grisalhos a cor original, licores que curavam qualquer doença e dinheiro encantado que ajudava no comércio. Rindo alegremente e aos empurrões, o povo consumia as guloseimas, ouvia as predições e comprava os mais diversos talismãs e ervas. Mas um observador atento perceberia que a alegria e a despreocupação da turba eram mais aparentes do que reais e eram sinceras somente em mulheres e crianças.

Os homens, pelo contrário, reuniam-se em grupos e discutiam, em tcheco ou alemão, diversas questões sobre o papa Gregório XII, o rei, o conclave de Bizâncio, Huss e a divisão de línguas por nacionalidades na universidade. Notemos que tchecos e alemães reuniam-se em grupos separados e os olhares hostis e as palavras de provocação que trocavam não prognosticavam nada de bom.

Dois homens em capas escuras passavam em silêncio pela grande praça da "Cidade Nova", sem se juntarem a nenhum dos grupos. Um deles era Broda, professor de artes marciais do conde Valdstein.

O tempo parecia não passar para ele: a alta e poderosa figura ainda era esbelta e esguia; ele continuava a transpirar uma autoconfiante e calma força, bem como uma saúde indestrutível, e seus olhos não haviam perdido o antigo brilho, vigiando severamente por baixo das espessas sobrancelhas. Somente alguns fios grisalhos nos cabelos e as rugas nos cantos dos olhos indicavam que ele também estava sujeito ao ataque do tempo.

Seu companheiro era um jovem de uns 20 anos, alto e magro. O rosto, pálido e delicado como de uma moça, era fino e reto: cabelos loiros e cheios cobriam sua cabeça; os olhos, cinzentos e bondosos, brilhavam com inteligência.

Naquele instante, a tristeza embaçava sua vista e uma expressão de insatisfação parecia ter-se congelado nos seus róseos lábios.

Ocupados pelos próprios pensamentos, eles caminhavam em silêncio até o fundo da praça. Lá havia uma taberna e pela porta escancarada via-se uma grande sala cheia de mesas e bancos, tendo ao fundo uma estante com bilhas e garrafas. Sobre uma enorme lareira, giravam espetos assando caça e carne, e o odor saboroso do ar quente chegava até na rua. Broda parou, sentiu o cheiro de comida e, dirigindo-se ao companheiro, disse:

– Vamos entrar, Svetomir! Vamos comer um pouco de caça e tomar uma caneca de vinho! Você nada comeu desde a manhã e isso é mau; diabos, você ainda não virou monge! Barriga vazia não traz bons pensamentos.

O rapaz olhou para a sala e, depois, como se estivesse tentando se livrar de incômodos pensamentos, passou a mão no rosto:

– Está bem, vamos lá! – Respondeu. – Só que lá estão sentados muitos alemães e, aparentemente, bêbados.

– Deixe-os para lá. Ora essa! Só faltava que nos privássemos de algo com medo de incomodá-los! – Disse Broda, em tom de zombaria, e entrou.

O salão estava lotado e quase todas as mesas estavam ocupadas por alemães – burgueses, estudantes e monges. Somente no fundo, perto da lareira, havia alguns grupos de tchecos, conversando à meia-voz: eram em sua maioria trabalhadores e artesãos. Broda e Svetomir ocuparam lugares vagos à mesa, onde já se sentavam outros dois – um gordo comerciante e um estudante; eles olharam para os recém-chegados com ar de poucos amigos e em seguida continuaram a conversar em voz alta com as pessoas das mesas vizinhas.

Falavam em alemão e discutiam os principais assuntos do dia: a separação dos dois papas –ao que o concílio dos cardeais em Pisa deveria pôr um fim – e a distribuição de votos na universidade. O estudante contava que, alguns dias atrás, na sala do reitor Henrique von-Baltengagem, acontecera uma grande reunião – à qual haviam estado presentes representantes do arcebispo –, ao término da qual, depois de animadas discussões e um maravilhoso discurso de mestre Gubner, a maioria votara que o clero e a universidade deveriam permanecer fiéis ao papa Gregório XII.

– Decisão inteligente e justa! Os cristãos não podem brincar com a consciência de acordo com a hora, e mudar de papas como se estes fossem maçãs e não chefes da Igreja cristã! – Exclamou um burguês bem-vestido e de cara vermelha.

– Você está certo, Gothold! Nós todos permaneceremos fiéis ao papa Gregório XII. O rei, diante de tão respeitável grupo, obviamente não irá ceder aos adeptos de Wyclif e não dará seu consentimento aos cardeais. – Acrescentou o outro alemão.

– Vamos esperar que assim seja. Pois já estava na hora de acabar com as hereges opiniões desses sectários. Por causa deles, toda a Boêmia está suspeita de heresia e envergonhada diante do mundo cristão. – Voltou a falar o primeiro burguês, acrescentando algumas palavras de baixo calão sobre o partido tcheco nacional e suas tentativas de restabelecer os direitos de seu povo.

– Eles nada vão conseguir, pois somos a cabeça e as mãos do país! O que seria desses selvagens bobos sem nós? Ficariam como gado, estagnados na ignorância, se nós, alemães, não tivéssemos introduzido aqui nossa ciência e nossa indústria, nossas leis e nossos costumes, que os transformaram em seres humanos! – Falou o estudante, vangloriando-se.

Olhando de lado para Svetomir, cujo rosto ficava ora pálido ora vermelho com suas insolentes palavras, ele continuou, num tom irônico:

– Repito: eles nada conseguirão, pois nós somos o povo dos senhores, criado para comandar raças inferiores. Mas, para evitar agitações inúteis, e para cortar pela raiz suas exigências ridículas, é necessário cortar a língua de alguns tagarelas perigosos como Jerônimo e Jan Huss, que, em vez de pregar a fé, pregam e incitam o ódio. Atiram-se como cães em cima de altos funcionários do clero e ficam felizes de enlameá-los diante de sapateiros, criadores de porcos e de toda a plebe que os ouve.

Broda parecia não prestar a mínima atenção ao discurso provocador dos vizinhos: deglutia com apetite um pedaço de ganso e bebia vinho; de tempos em tempos, olhava de soslaio para o burguês gordo, cujo rosto redondo, gordo e vermelho iluminava-se de arrogância. Mas, ao ouvir pronunciarem o nome de Huss, ele empurrou o prato e, voltando-se aos alemães, deu um soco na mesa e gritou:

– Chega, senhores! Aconselharia a todos que deixassem o pregador de Belém em paz! Quem mais poderia açoitar os vícios, senão ele – o exemplo de todas as virtudes cristãs?

– O que você tem a ver com isso, imbecil? – Interrompeu-o, irado, o estudante. – Esse seu exemplo de benfeitor é um herege que o rei um dia mandará queimar! Ele prometeu isso há pouco tempo. O canalha, agora, adoeceu de medo, e dizem que está morrendo.

– Não vale a pena se exaltar, Gothold! Não vamos ligar para

um vagabundo tcheco qualquer! – Observou o alemão gordo, com um riso de desprezo. – Ele deve ser um dos criadores de porcos de que você falava há pouco.

– Você está certo, bêbado alemão! – Urrou Broda. – Sou criador de porcos e veja o que eu faço com porcos estrangeiros quando eles ousam atacar o meu rebanho.

Dizendo isso, levantou-se ameaçadoramente em toda a sua altura e, num instante, antes que alguém pudesse entender o que se passava, apareceu diante do burguês. Agarrando-o com uma mão pelo cinto e com a outra pelo cangote, levantou-o no ar como a uma criança e jogou-o para fora do salão. O burguês passou como uma pedra sobre as mesas, derrubando, em sua passagem, alguns pedestres e se esborrachou na calçada.

Lá fora começou um barulho, mas no salão, no primeiro instante, fez-se um silêncio sepulcral. De repente, os alemães todos se levantaram com gritos e blasfêmias; em suas mãos brilhavam armas e sobre as cabeças começaram a voar bilhas e canecas, apesar dos ardentes protestos do proprietário do estabelecimento.

Naquele momento, o burguês que havia sido jogado para fora apareceu na porta, todo cheio de lama, com o rosto ensangüentado e, espumando de raiva, correu para Broda. Mas este, junto com Svetomir, desembainhou a espada e defendeu-se tranqüilamente dos atacantes; todos os tchecos presentes no salão juntaram-se a eles e começou uma briga geral. Gritos horrorosos, barulho e som de pratos, mesas e bancos quebrando – toda essa balbúrdia reuniu uma multidão na porta de entrada e o povo, senão com ações, com palavras, participava da confusão.

Broda e Svetomir conseguiram chegar até a saída, abrindo caminho com as armas; mal atingiram a rua, chegou ao local da batalha um destacamento da guarda policial, chamado por algum cidadão. Mas a maioria dos espectadores estava do lado de Broda, cujo ato heróico passava de boca em boca; a multidão abriu-se e protegeu o mestre-de-armas e Svetomir com uma parede humana. Assim, ambos já haviam desaparecido numa das ruelas antes que o chefe da guarda se desse conta do que tinha acontecido.

– Você ensinou uma boa lição àquele alemão presunçoso! – Disse Svetomir rindo e andando atrás de Broda.

– Por muito tempo ele não vai poder empinar o narigão que arrebentou na calçada! Vamos à casa de Zizka, pois preciso contar-lhe a nossa aventura; ele vai se divertir com isso! –Respondeu Broda, alegremente. E eles atravessaram, com passo animado, a famosa ponte sobre o rio Vltava, construída por Carlos IV, e viraram por uma vazia e serpenteante ruela na "Cidade Antiga".

Já tinha anoitecido quando pararam diante de uma casinha de aparência pobre e tiveram de subir às apalpadelas por uma estreita e íngreme escada. Finalmente, bateram à porta, por cuja fresta via-se uma faixa de luz.

No quarto amplo, mas decorado com simplicidade, havia uma cama larga com cortinas de lã. No centro, em volta da mesa iluminada por uma lamparina, sentavam-se três pessoas: uma velhinha, descascando maçãs e tomando conta da pequena garotinha de cinco anos que brincava ali mesmo com um carneirinho de madeira, e um homem jovem, de uns 30 anos, com um rosto inteligente e ousado. Seus olhos brilhavam severamente debaixo de espessas sobrancelhas; tinha uma boca grande, encimada por bigodes ruivos; os cabelos cortados como escova e uma curta barba emolduravam seu rosto. Sentia-se nele uma misteriosa e enorme força pedindo para sair; transparecia naquele homem uma estranha mistura de natural severidade, nobreza e até magnanimidade.

Zizka usava traje de corte polonês, como Broda. Ele estava sentado escrevendo, mas, com a chegada dos visitantes, levantou-se para cumprimentá-los. Dirigindo-se à velhinha, que trocava apertos de mão com os recém-chegados, disse:

– Querida tia, leve a criança daqui e traga-nos vinho.

– A sua menina está linda e cresceu bem! – Observou Broda, enquanto sentavam-se à mesa.

– Ela parece demais com a minha falecida esposa, e a tia olha-a com se fosse sua própria filha. – Respondeu Zizka, enchendo de vinho as canecas de cobre trazidas pela velhinha.

Broda começou a contar o caso da taberna num tom de satisfação e por vezes de raiva. Zizka, por sua vez, descreveu o audacioso assalto que empreendera alguns meses antes contra Rosemberg, durante o qual, chefiando um grupo de corajosos companheiros, arrasara as propriedades dos seus poderosos inimigos e conseguira um resgate por eles.[1]

Svetomir não participava da conversa e estava novamente perdido em pensamentos sombrios, sem nada ver ou ouvir.

– O que está acontecendo com Svetomir, que hoje está tão estranho? – Perguntou Zizka, sempre observando o jovem.

– Ontem à noite, o pobre coitado recebeu péssimas notícias e nem sei como ajudá-lo. – Respondeu Broda, suspirando. – O caso é o seguinte: você talvez saiba que a condessa Valdstein quer, sabe-se lá por quê, fazer de Svetomir um padre, apesar de ele detestar isso. Eu sempre suspeitei de que o principal culpado disso é o patife Hilário, que odeia o pobre rapaz. Sempre impedi o quanto pude a realização desse plano; para ganhar tempo, com a ajuda de Vok, convenci o conde Valdstein a autorizar Svetomir a fazer um curso de teologia na universidade, antes de receber a tonsura. Como ele tinha ainda dois anos pela frente, estávamos absolutamente tranqüilos. De repente, ontem veio a ordem para que ele se apresente no mosteiro de Brevnov para ser recebido como noviço.

– Não entendo quem deu a ordem ou por incumbência de quem. – Interrompeu-o Zizka. – Você disse que a condessa está no estrangeiro, junto com seu confessor. Então, quem poderia ter dado

---

[1] Tomek, *"Jan Gichka" – Nota do autor.*

tal ordem?

– Realmente, a condessa viajou para a Itália há seis meses para vender as terras que recebeu de herança. Agora a venda foi concluída e ela viajou a Bolonha, a fim de visitar o seu primo, bispo Brancassis, e o cardeal-legado Baltazar Cossa, que também é parente seu. Lá eles encontraram o abade do mosteiro de Brevnov e apressaram-se a entregar Svetomir a ele para iniciação. E o miserável Hilário correu para dar a boa nova ao pobre coitado que odeia a batina. Eu até entenderia se eles decidissem enviá-lo para o clero branco, e poderiam comprar-lhe uma paróquia e, em outras palavras, garantir-lhe o futuro. Mas, fazer dele um monge?!...

– Não quero ser nada disso! Antes de ser tonsado, eu me jogarei no rio Vltava! – Disse Svetomir decididamente e com voz trêmula de emoção.

– Ora, ora! Já que não preza a vida, então pelo menos poderia sacrificá-la por algo mais nobre e útil... – Disse Zizka. – Tive uma idéia. Por estes dias viajo a Cracóvia, onde tenho amigos entre os nobres poloneses. Venha comigo e entre para o serviço do rei Jagellon! Um jovem guerreiro sempre será bem-vindo e penso que poderei ajudá-lo nisso, conseguindo a autorização da alta cúpula dos senhores. Você quer?

O rosto de Svetomir iluminou-se de felicidade.

– É claro que quero! – Exclamou ele, alegremente, estendendo ambas as mãos a Zizka. – Leve-me com você, Jan, e juro que não irei decepcioná-lo! Estou pronto a lutar e morrer honrosamente pelo rei. Em compensação, estarei livre das correntes que querem me pôr em troca de um teto e de um pedaço de pão.

Zizka respondeu calorosamente ao seu aperto de mão.

– Então, está combinado! Por enquanto, finja obedecer, e depois, em vez de Brevnov, você tomará o caminho de Cracóvia. E viva a espada em vez do aspersório!

– Viva! – Svetomir levantou a caneca para brindar e, de repente, empalideceu. – Esqueci de uma coisa... – Disse, com voz cortada. – Não tenho nada, nem dinheiro, nem equipamento. Como vou viajar sem isso?

– Acharemos o necessário; dar-lhe-ei um cavalo e uma espada e o resto você irá receber lá, no serviço. – Tranqüilizou-o Broda.

– Vamos, não fique triste! Vou levá-lo a Cracóvia e instalá-lo lá – isso está decidido! E iremos para lá após o Ano-Novo. Só preciso ir até o castelo Rabstein, despedir-me de minha irmã, Ana. – Disse Zizka.

– Também vou para lá! Também preciso despedir-me de Rugena, antes de viajar ao estrangeiro, talvez para sempre. – Observou o jovem, animado. – E para evitar suspeitas, hoje mesmo vou escrever ao abade do mosteiro, avisando-o de minha breve chegada como o mais dedicado e humilde dos noviços... – Concluiu Svetomir, rindo.

Após acertar mais alguns detalhes daquele inesperado plano, os amigos despediram-se.

Perto do templo de Tyn, do outro lado da rua na "Cidade Antiga", que atualmente tem o nome de Shtupartova, havia uma grande e bonita casa com um alto e pontiagudo telhado, molduras na porta de entrada e vidros coloridos. A casa pertencia ao professor Iohann Gubner, e tudo nela respirava a sutil "alegria" alemã. Numa ampla e ricamente mobiliada sala – que, a julgar pelo número de prateleiras de livros e pergaminhos, servia de gabinete de trabalho –, seu proprietário estava sentado diante da mesa numa poltrona de encosto alto e junto à janela.

Professor Gubner era um homem de uns 50 anos, alto, magro, mas disposto. O rosto magro, de maxilares proeminentes, transpirava presunção; a testa baixa e o queixo pontudo indicavam sua natureza teimosa e de baixos instintos. Naquele momento, seus pequeninos, claros e desbotados olhos brilhavam maldosamente.

Diante dele sentava um homem gordo, vestindo um traje rico de tecido escuro e com uma corrente de ouro no pescoço. Algum acidente estragara tanto sua gorda e arrogante fisionomia que era difícil imaginar sua aparência anterior: um inchaço azul-púrpura descia da testa à bochecha; sob o olho inchado e semifechado via-se uma equimose; seu nariz estava coberto por uma bandagem e no lábio superior havia uma cicatriz com sangue coagulado.

– É simplesmente incrível o que lhe aconteceu, mestre Kunts! Fico surpreso por terem deixado escapar o patife tcheco que ousou atacar um dos mais respeitáveis cidadãos e quase o matou.

– O miserável desapareceu na multidão, mas vou achá-lo e ele não perde por esperar o troco por essa ofensa! – Resmungava o burguês, cerrando os punhos.

– Mas era um verdadeiro Hércules?

– Suponhamos que ele era grande de altura e ombros, mas eu não acreditaria que pudesse existir um homem que conseguisse me levantar e me arremessar como a uma bola. E digo mais: nunca imaginei que um tcheco ousasse atacar publicamente a mim, Leinhardt, o maior mercador de toda a Praga. Esses cães ficaram demasiado ousados! Felizmente, o incitador Huss está nas últimas: ele não conseguiu digerir o doce que o rei lhe ofereceu sobre a questão dos votos. Aliás, caro professor, o senhor ainda não me contou os detalhes da recepção no palácio. A minha ausência e depois esse infeliz acidente – que me deixou dez dias de cama – privaram-me do prazer de visitá-lo. Só fiquei sabendo que suas justas exigências quanto a direitos nacionais foram completamente satisfeitas.

– Perfeitamente! E confesso que nem contava com esse resultado feliz. O senhor sabe, mestre Leinhardt, como o rei protege os tchecos e a influência que Huss exerce sobre ele e a rainha. Então, o reitor, eu e os outros chegamos a Kutemberg[2] com um peso no coração. Na sala para onde fomos conduzidos já estava a delegação de Huss e Jerônimo; eles nos olharam com desprezo, quando para-

---

[2] *Palácio no monte Kutná – Nota do tradutor.*

mos num canto, e sua arrogância deixou-nos ainda mais preocupados. Depois de algum tempo, entrou o rei. Ele visivelmente não estava de bom humor, o que também prometia nos desfavorecer, por isso ficamos pasmados quando, aproximando-se de nós, ele ouviu gentilmente o meu discurso, disse-nos que concordava com tudo e prometeu apoiar todos os nossos direitos. Enquanto o rei falava, eu via, com satisfação, a desilusão e a preocupação dos tchecos; mal Huss começou a expor as suas exigências, o rei ficou vermelho, interrompeu o seu discurso e gritou-lhe: "Cale-se! Você e seu amigo Jerônimo são agitadores! Estou cansado de suas queixas e idéias que envergonham a Boêmia diante de todo o mundo cristão e levantam sobre ela a suspeita de heresia. Se aqueles que têm por obrigação restabelecer a ordem não o fizerem, vou mandar a ambos para a fogueira".[3] Os dois tagarelas, Huss e Jerônimo, ficaram totalmente chocados com as palavras do rei e saíram sem nada dizer. Mas a partir daí todo o covil tcheco se agitou. Durante todo dia na casa de Zmirzlik[4] aconteceram reuniões – vi isso daqui da janela. Olhe lá, mais três estão saindo da casa em frente; eles confabularam durante mais de duas horas.

O burguês inclinou-se curioso para a janela e viu três homens que naquele momento passavam perto da casa de Gubner.

– Um deles é Nikolai Lobkovitz, o outro é Simon Tichkov, mas quem é aquele bonito jovem de capa azul?

– É o jovem conde Vok von-Valdstein. Ele fez uma viagem ao estrangeiro e retornou logo antes da viagem do rei à Silésia. Mas vamos voltar ao nosso assunto. – Respondeu Gubner, voltando a sentar-se na poltrona. – O senhor disse ao entrar, caro mestre Kunts, que o trouxe aqui um assunto importante, mas depois nos distraímos. Agora estou inteiramente à sua disposição e quero muito lhe

[3] Palacky, *"G. v. B.", parte III, p. 230 – Nota do autor.*

[4] Gelfert, *"Huss und Hieronymus", p. 103 – Nota do autor.*

ser útil.

Kunts Leinhardt assumiu uma pose pomposa e, após esvaziar a taça de vinho posta à sua frente, disse:

– Sim, caríssimo mestre Gubner, vim tratar de um assunto importante. Estou aqui como enviado de meu filho Guints para pedir a mão de sua encantadora sobrinha Marga. Meu menino está loucamente apaixonado por ela e, se o senhor não tiver nada contra a união de nossas famílias, então suponho que ficará satisfeito com o que estou preparando ao Guints e à sua jovem esposa. Comprei para eles a usina de cerveja do velho Kloper, e pretendo dar o matadouro ao meu filho caçula, Jacob. E agora, digníssimo mestre, diga-me o que acha disso.

Gubner estendeu-lhe a mão.

– Digo que aceito com alegria a sua proposta, e não tenho dúvidas de que Marga ficará orgulhosa e satisfeita em tornar-se esposa de tão bom e rico rapaz como o seu Guints. Diga a ele que venha amanhã mesmo para o beijo de noivado! E nós, velhos, em homenagem aos noivos, beberemos uma barrica de vinho envelhecido.

Eles se abraçaram e depois de discutir questões relacionadas a dote, dia do casamento, noivado oficial e outros detalhes, despediram-se muito satisfeitos um com o outro.

Assim que Kunts saiu, Gubner ordenou imediatamente ao criado que chamasse ao seu gabinete a cunhada com a filha.

– Não sei se elas já voltaram da cidade. – Respondeu o criado, indo executar a ordem.

Meia hora depois, a cunhada e a sobrinha entravam no gabinete de Gubner.

A cunhada era uma mulher de meia-idade, com um rosto triste e dócil; a sobrinha, uma jovem alemã de uns 18 anos, alta, esbelta e muito bonita. Seu rosto fresco com faces róseas, iluminadas por um par de grandes olhos azuis, respirava saúde e despreocupada alegria. Duas pesadas tranças louras desciam até abaixo dos joelhos.

Ela aproximou-se de Gubner, rindo e mostrando o embrulho que segurava na mão:

– Veja, tio Iohann, que lindo tecido comprei com aquele dinheiro que você me presenteou no Natal.

O professor apalpou o tecido e beliscou carinhosamente a aveludada face da moça.

– Maravilhoso! E tenho motivos para aprovar a sua escolha, Marga, pois você logo precisará vestir-se de modo especial. Tenho uma agradável novidade, minha pequena, e também para você, minha querida Luiza! O seu coraçãozinho não lhe diz nada, sua fingidinha? – E, semicerrando um olho, olhou-a maliciosamente.

O rosto de Marga avermelhou e o tecido caiu de suas mãos.

– Milota esteve aqui? – Sussurrou ela, indecisa.

Gubner recuou um passo para trás, franziu o cenho, e olhou severamente para a sobrinha.

– Que Milota? Do que você está falando? Kunts Leinhardt esteve aqui para pedir a sua mão para o seu filho Guints, ao qual ele comprou a maravilhosa usina de cerveja do Kloper, e eu concordei. Nem poderíamos esperar um partido melhor do que esse jovem e rico rapaz!

Marga empalideceu e encostou-se ao espaldar da cadeira. Um tremor nervoso passou por seu corpo e em seus olhos bem abertos lia-se o horror. A mãe correu para ela e fê-la sentar-se.

– Mas, Iohann, como pôde dar tal notícia a uma moça? – Perguntou ela, com repreensão. – Imagino que antes deveria perguntar a Marga se ela gosta de Guints Leinhardt.

– Verdade? Como não pude prever que na cabeça de sua filha existe um Milota qualquer e que a minha cunhada iria desdenhar um dos mais nobres burgueses de Praga? – Sibilou Gubner, acidamente. – Chega de besteira! – Prosseguiu ele, severamente. – Vou perguntar-lhe com toda a seriedade: que relação tem o casamento da minha sobrinha com esse maldito nome eslavo? Quem é esse Milota, e como você pôde encobrir a ligação amorosa desta imbecil com um tcheco?

Luiza Gubner endireitou-se com dignidade.

– Você deveria perceber que eu nunca encobriria uma ligação amorosa. – Disse ela, sublinhando as palavras. – Mas sei que Marga ama um jovem cavaleiro: Milota Nakhodsky, sobrinho do burgomestre Zmirzlik, e que seu amor é correspondido. Não vejo por que um jovem nobre, bonito e rico não possa ser partido para sua sobrinha ou pelo menos tão aceitável e querido como o filho do açougueiro Leinhardt.

– E eu lhe digo que, para mim, qualquer limpador de chaminés alemão está acima de qualquer cavaleiro tcheco. Eu nunca, ouça bem, *nunca* vou admitir que algum desses miseráveis eslavos entrem para a minha família! Você se esqueceu de que é viúva de Luts Gubner, assassinado por tchecos, e agora está pronta para entregar sua filha a um deles?

– Não me esqueci de nada! Mas não posso odiar um inocente por um crime cometido por algum patife e sacrificar por esse ódio a felicidade de minha filha. – Disse ela, acariciando a cabeça de Marga, que se achegou a ela.

– Chega de falar besteira! Marga irá se casar com Guints Leinhardt a quem já dei a minha palavra; e um noivo rico facilmente a fará esquecer o Milota de bolso furado. Amanhã à tarde, toda a família Leinhardt estará aqui para comemorar o noivado. Portanto, tenha a bondade de providenciar a recepção adequada. E você, Marga, não ouse fazer careta quando Guints for beijá-la como noivo: é o direito dele. Estas são as minhas ordens!

Marga pulou como se tivesse sido mordida.

– Nunca! Nunca na vida vou deixar aquele grosso e repugnante Guints me beijar! Tenho nojo dele! – Exclamou ela, fora de si.

O rosto de Gubner ficou roxo, as veias da testa saltaram e os olhos agitaram-se de raiva. Ele saltou como um gavião sobre Marga, agarrou seu braço e apertou com tanta força que ela gritou.

– Se você não me obedecer – sibilava ele por entre os dentes, agitando seu braço com toda a força – e envergonhar-me diante dos Leinhardt, vou surrá-la diante de todos e você irá morrer de vergonha, garota imprestável! É assim que me paga tudo que fiz por você? Com desonra e aventuras amorosas com o nosso inimigo? Tome cuidado e não me faça chegar a extremos! Se amanhã você não receber bem o Guints e não permitir que ele a beije, então você e sua mãe vão lamentar muito. Agora vá e lembre-se do que eu disse. Deus é testemunha que a minha vontade é inabalável.

Marga nada respondeu, completamente muda de pavor, e a mãe levou-a embora.

Capítulo VIII

Em 1391,[1] o rico parisiense Kryj e o cavaleiro Jan de Malgeim, preferido de Venceslau, fundaram na "Cidade Antiga", perto do colegiado de Lázaro, a capela de Belém, destinada exclusivamente a pregações na língua tcheca. A capela[2] era um grande e arqueado prédio de alvenaria e poderia ser chamada de igreja, por comportar até três mil pessoas, mas isso não era suficiente para a imensa multidão, que ansiava por ouvir os famosos pregadores. Seu primeiro capelão foi Jan Prakhatitsky, o segundo, Estéfano Kolinsky, e, a partir de 1402, esse importante posto foi ocupado por Jan Huss. Seus sermões inflamados, somados à sua grande popularidade, fizeram da capela de Belém o centro do movimento popular e religioso da Boêmia. Os sermões de Huss despertaram o coração e a consciência do povo e moldaram uma ligação moral inquebrantável entre eles. A força dessa união entre Huss e o povo levantou toda a Boêmia para vingar a execução de seu preferido.

O púlpito de onde o famoso orador – que marcou a verdade das suas pregações com o martírio – arrasava os vícios do clero e da sociedade do seu tempo era quadrado, simples, feito de tábuas de

---

[1] *Monument. Univers. Prag. – Nota do autor.*

[2] Ernest Denis, *p. 62 - Nota do autor.*

pinho. Era impossível subir nele pelo lado dos ouvintes, mas somente pelo lado de dentro, passando pela sacristia, onde ficavam guardados os paramentos e um jazigo que, conforme a tradição, continha os restos de uma das crianças inocentes mortas por Herodes.

Atrás da sacristia, havia uma escada que levava ao corredor onde ficava a entrada do púlpito e, do lado esquerdo dessa entrada, havia um banco de madeira onde o pregador costumava sentar antes de aparecer diante dos ouvintes.

No fundo do corredor, uma outra escada, estreita e íngreme, levava ao andar seguinte, a um quarto ou, mais exatamente, à cela de Huss.

Naquela cela absolutamente monástica, iluminada por um par de diminutas janelas, havia poucos móveis, mas as pilhas de livros e manuscritos sobre a mesa indicavam que seu dono era um trabalhador incansável. Naquele momento a pena descansava e Huss estava deitado na cama, gravemente enfermo e com a cabeça enfaixada.

Não fosse a magreza, provocada pela doença, ele pouco mudara nos últimos tempos. Seu rosto fino e pálido, com a costumeira expressão triste, emagrecera em decorrência do trabalho e da vida de asceta; os grandes olhos, sempre pensativos enquanto neles não se acendia o fogo da indignação sagrada e da adoração religiosa, olhavam com docilidade, como de costume.

No mesmo dia de janeiro em que ocorreu a triste cena entre o professor Gubner e sua sobrinha, na cela de Huss, junto à sua cama, reuniram-se três amigos. Um deles, sentado à cabeceira, trocando as compressas de tempos em tempos, era Jerônimo; o outro era Nikolai Lobkovitz, o principal tabelião da diretoria de minas da Boêmia. O terceiro era Vok von-Valdstein.

– Querido mestre Jan – dizia Lobkovitz a Huss, que o ouvia com atenção –, não leve ao coração as severas palavras do rei. Juro que a ira dele passou completamente e a sua causa não está indo mal.

– A rainha está muito triste por perder o seu confessor e até me incumbiu de trazer-lhe alguns potes do melhor vinho. Vou mandar entregar-lhe hoje à tarde. – Confirmou Vok, com um sorriso.

– Senhor conde, agradeça a Sua Alteza sua permanente atenção à minha pessoa e transmita-lhe que me sinto melhor e espero, com a ajuda de Deus, logo voltar ao seu serviço. Respondeu o paciente, com voz fraca.

– Com bons desejos tudo irá bem, mestre Jan! E agora, ouça as novidades que lhe trouxe! – Começou novamente Lobkovitz. – Já lhe contei que a raiva do rei amainou rapidamente e sei, de fonte fidedigna, que o sucesso e o triunfo de que os alemães se gabam insolentemente, bem como a resistência deles no caso de obediência a Gregório XII, provocaram a insatisfação do rei. E a nossa causa, ainda por cima, recebeu fortes e ciosos adeptos vindos da embaixada da França, com cujo chefe conversei ontem. O Prior Solon[3] disse-me que as exigências dos tchecos são absolutamente justas, pois o imperador Carlos IV deu à nossa universidade estatutos idênticos aos parisienses. Lá, os naturais possuem três votos contra um estrangeiro.

– Mas é claro! E não somente os costumes, mas também as leis canônicas e civis concordam que, num reinado tcheco, os tchecos devem estar em primeiro lugar, assim como os franceses na França e os alemães em suas terras. – Animou-se Huss, levantando-se e sentando na cama. – Que utilidade teria um tcheco que não soubesse a língua alemã, como um pároco ou bispo na Alemanha? Na verdade, ele seria tão útil como um cão mudo para um rebanho de ovelhas. E que direito os alemães têm de mandar em nós? Ou eles contam com o nosso eterno silêncio e a nossa eterna submissão? Sei que me culpam pelo ódio a eles. Deus é testemunha de que isso não é verdade e de que prefiro um alemão honesto a um tcheco patife, nem que este seja meu irmão! Mas o meu sentimento de justiça se indigna quando vejo os filhos naturais do país serem

---

[3] *Ernest Denis, p. 84 - Nota do autor.*

obrigados a juntar migalhas que caem da mesma mesa onde eles deveriam estar sentados como senhores. – Ele parou e deixou-se cair sem forças no travesseiro.

– Mas não se exalte dessa maneira! – Tentava convencê-lo Jerônimo, apertando-lhe a mão. – Sabemos que a sua alma odeia o vício. Já aos alemães que se gabam de ser nossos professores e de ter trazido para nós a sua ciência, eu irei um dia relembrar as últimas palavras aos Gálatas: "O herdeiro, enquanto na infância, em nada difere do servo, mesmo sendo senhor de tudo. Ele se submete aos tutores e curadores até o prazo estabelecido pelo pai". Isso significa que, quando chegar a hora, todos devem se submeter a ele por ser o filho e herdeiro pela lei divina. E o prazo estabelecido chegou: os tchecos deixaram de ser crianças irracionais. Fora, tutores que procuram somente o próprio lucro! Dêem lugar aos "filhos desta casa"!

– Você poderia acrescentar também o que disse Cristo: "Não se deve tomar o pão de crianças e jogá-lo aos cães". – Observou Valdstein, com ímpeto. – Odeio esses alemães insolentes e sem honra que, para atingir seus objetivos, abusam da liberdade dada aos estudantes. Todos eles que vêm a Praga a negócios, comerciantes ou clientes, inscrevem-se na universidade somente para aproveitar as isenções que facilitam sua estada aqui!

– Penso que é hora de irmos embora. O nosso prezado mestre precisa descansar. – Disse Lobkovitz, levantando-se e apertando a mão do paciente. – Estejam tranqüilos e não percam as esperanças! Não esquecerei as indicações que o senhor me passou e, se conseguirmos obter do rei os três votos dos tchecos, irei comunicar-lhes imediatamente.

Huss agradeceu-lhe calorosamente e, em seguida, os visitantes se despediram, saindo acompanhados por Jerônimo, que prometeu ao paciente voltar em uma ou duas horas.

Passou cerca de meia hora.

Huss estava sozinho e cochilando quando, de repente, a porta abriu-se silenciosamente e na entrada apareceu Svetomir. Mas o apurado ouvido do paciente percebeu o ruído e ele, abrindo os olhos, perguntou:

– Quem está aí?

– Sou eu, padre Jan, Svetomir Kryjanov. – Respondeu o jovem, aproximando-se e beijando a mão estendida para ele.

– Bem-vindo, meu filho! Que bons ventos o trazem aqui hoje?

– Vim para lhe comunicar uma importante decisão que tomei. Enquanto o senhor não aprová-la, o meu coração e a minha consciência não me deixarão em paz.

– Conte-me e lhe responderei dentro das minhas limitações.

Svetomir empurrou o banco até a cama, sentou-se e em poucas palavras contou as circunstâncias que o obrigavam a fugir do país e pôr-se a serviço da Polônia.

– Amanhã, ao amanhecer, Zizka e eu deixaremos Praga e seria terrível eu ir embora com o pensamento de que o senhor, padre Jan, iria me considerar um desertor do exército divino. – Concluiu ele, indeciso.

– Pensou errado, meu rapaz! Pelo contrário, aprovo a sua atitude. Seria um crime de sua parte fazer algo sem ter vocação para isso. Já temos um suficiente número de maus sacerdotes e age com sabedoria aquele que, sentindo-se sem forças para se tornar um bom pastor, torna-se um corajoso guerreiro. Vá sem medo, meu filho, pelo seu novo caminho de vida e lembre-se de que em qualquer cargo pode-se fazer o bem, ser honesto, humano e cumprir os mandamentos de Deus.

– Obrigado pelo bom conselho. Ninguém entende as fraquezas humanas como o senhor, um verdadeiro servo de Deus. – Sussurrou Svetomir, comovido, ajoelhando-se diante do leito do paciente. – Abençoe-me, padre, para que o Senhor me conceda forças para enfrentar todas as provações que me prepara o destino.

Huss colocou ambas as mãos sobre a sua cabeça e concentrou-se numa fervorosa prece.

– Deus te abençoe, meu filho, conduza-o pelo caminho do bem e da verdade e lhe dê apoio nos momentos de tristeza e desespero, para que a sua fé nunca vacile e, se tudo o mais lhe abandonar, que ela sozinha lhe dê forças e o conduza ao bom refúgio.

Ambos estavam emocionados. Conversaram mais um pouco, Svetomir contou-lhe seus planos de futuro e, por fim, despediu-se e foi embora.

Após longos anos de abandono e silêncio, o velho castelo Rabstein acolhera novamente sob seu teto a sua jovem dona. Já fazia seis meses que Rugena mudara-se novamente para o ninho paterno junto com sua amiga Ana e os fiéis Iitka e Matias. Ela vivia em completa solidão; raramente saía do castelo e não recebia ninguém.

Todo esse tempo que passara, ela vivera no castelo Valdstein, com exceção de dois invernos, que os tutores haviam passado em Praga.

Absorta na sua exagerada religiosidade e muito calculista, a condessa evitava a sociedade; além disso, ela não desejava mostrar Rugena ao mundo enquanto a menina não se casasse com seu filho, temendo – e com razão – que a bonita e rica herdeira pudesse encontrar um admirador que seria um perigoso rival para Vok. Ela até olhava com desconfiança a amizade infantil de Rugena por Svetomir e não sossegou enquanto não o enviou a Praga para se preparar para a universidade.

A separação do amigo de infância deixara Rugena muito infeliz e seu estado de espírito deprimido favorecera a doença que aparecera após um forte resfriado que apanhara numa caçada onde a tinham levado a fim de distraí-la.

Alguns meses após a saída de Svetomir, ela ficara tão gravemente doente que chegaram a temer por sua vida.

Desde então a saúde de Rugena ficara abalada e o médico insistira para que o casamento fosse adiado por um ano ou dois. Para isso, aguardava-se somente a volta de Vok da França, onde o jovem fora passear e divertir-se. Então, repentinamente, a condessa recebera a notícia de uma herança recebida na Itália e resolvera viajar para lá imediatamente. Ela quisera levar Rugena consigo, mas esse plano não agradara à moça.

Desde que a vira pela primeira vez, a condessa deixara nela uma má impressão, e nem o tempo, nem a atenção, nem o carinho haviam conseguido vencer aquela instintiva repulsa à mãe de Vok. E como os parentes italianos que às vezes visitavam a Boêmia eram por demais repulsivos a Rugena, ela não quisera usar de sua hospitalidade e de sua companhia durante aqueles meses. Por isso, declarara que, na ausência da condessa, gostaria de se mudar para o castelo de seus pais, que não via desde a morte do pai, para rezar na sua sepultura e passar em isolamento os últimos meses de sua virgindade.

O tutor dera a autorização sem problemas: o país naquele tempo estava relativamente calmo, o castelo era bem protegido e equipado com suficiente guarda e, além disso, localizava-se perto de Praga e o conde podia passar por lá nas horas vagas do seu serviço na corte.

Rugena ficara feliz ao rever novamente os lugares onde passara os dias mais felizes de sua vida, onde cada objeto lembrava-lhe o adorado pai.

Numa clara, mas fria manhã de janeiro, no mesmo quarto que um dia servira de gabinete de trabalho do finado barão Rabstein, duas amigas estavam sentadas perto da janela.

Ana trabalhava com afinco numa branca toalha de seda para o altar, bordando com seda colorida um galho de videira. Era uma moça graciosa, jovem, fresca e em pleno desabrochar; seus cabelos negros estavam entrelaçados em duas espessas tranças e desciam até os joelhos.

O pequeno nariz aquilino e a enérgica expressão da boca faziamna parecer com o irmão, mas os grandes olhos escuros, felizes e dóceis, nada tinham do olhar severo e sombrio de Zizka.

Rugena não fazia nada; sentada, encostada no alto espaldar de sua poltrona, olhava pensativamente pela janela o quadro invernal que se estendia ao longe.

Ela comprovara as expectativas e tornara-se uma bonita e encantadora moça, alta e esbelta, com o rosto pálido, lindíssimos, lânguidos e enormes olhos azuis, e com um ousado levantar das sobrancelhas. Suas grossas tranças haviam mantido desde a infância sua cor dourada e destacavam-se bem, tendo como fundo o seu vestido azul-escuro. Sua jovem e esbelta figura, o rosto pálido e liso como porcelana, os cabelos ondulados e cheios e o olhar luminoso lembravam aquelas imagens etéreas e inspiradas criadas pelo pincel genial de fra-Angélico.

Na cadeira ao lado, deitado sobre a colcha, estava seu cãozinho predileto, que era acariciado maquinalmente pela linda mãozinha de Rugena, que parecia esculpida a cinzel. De repente o olhar sonhador da menina despertou e ela endireitou-se.

– Dois cavaleiros se aproximam do castelo. Veja, Ana, quem serão eles? – Perguntou Rugena, olhando pela janela.

A amiga deixou de lado as agulhas e também se aproximou da janela.

– Eles estão longe e tão enrolados nas capas que é difícil distinguir. Talvez o teu noivo esteja te enviando uma carta por mensageiro especial.

– Duvido que Vok perca tempo com isso... – Zombou, Rugena. – Ele agora está na corte e nem pensa nisso. Aliás, isso não me deixa nem um pouco magoada; nem anseio por vê-lo ou por ter notícias dele. Estou tão feliz aqui e gostaria de ficar. E você, Ana?

– Para mim, está bom onde você estiver; sinceramente, desejo nunca me separar de você. –Respondeu Ana, beijando carinhosamente a amiga.

Os cavaleiros desapareceram na curva da estrada e, alguns minutos depois, o chamado da trombeta nos portões anunciava a chegada de visitantes.

Mesmo interessadas em saber quem chegara, Rugena e Ana aguardaram até que o pequeno pajem chegasse correndo e, ofegante, anunciasse os senhores Jan de Trotsnov (Zizka) e Svetomir Kryjanov. Imediatamente, elas correram ao encontro dos recém-chegados.

Ana jogou-se nos braços do irmão e Rugena quase seguiu o seu exemplo com Svetomir. Mas os três anos de separação haviam mudado tanto o seu amigo de infância que ela parou, embaraçada, e, finalmente, esticou-lhe ambas as mãos, que o jovem levou inúmeras vezes aos lábios.

– Meu Deus, como estou feliz em vê-lo! Tenho tanto para falar e perguntar a você. Espere, querido! – Disse ela com um sorriso e libertando as mãos. – Devo ainda cumprimentar o seu companheiro!

Após os cumprimentos, Rugena dirigiu-se à amiga:

– Cuide do seu irmão, Ana! Ordene que preparem os quartos para ele e Svetomir e que sirvam aos viajantes algo para comer, e não se esqueça de acrescentar algo mais substancial para o almoço. Vamos, vamos passar para o refeitório.

Depois de um reforçado almoço, as jovens anfitriãs e os visitantes separaram-se em pares. Ana queria ter uma conversa de despedida com o irmão e Rugena queria falar com Svetomir. Como na infância, ela levou-o aos os seus aposentos e fê-lo sentar-se próximo à lareira.

Aquela primeira impressão de estranhar uma pessoa querida que não via há muito tempo desvanecia-se aos poucos.

Percebendo o olhar de indisfarçada admiração de Svetomir, ela perguntou:

– O que é que você está olhando tanto?

– É que não consigo parar de admirar você. Meu Deus, como você está bonita, Rugena! Parece um perfeito anjo e estou só procurando ver as asas.

Rugena soltou uma gargalhada.

– Além dessas besteiras, você não tem nada melhor para mim? Para não ficar atrás nas suas amabilidades, também direi que você cresceu, ficou mais bonito e que a penugem dos futuros bigodes cai bem em você. Mas vamos falar de outra coisa! Conte-me como veio parar aqui, junto com Jan.

Então Svetomir contou o motivo que o estava obrigando a fugir para a Polônia.

– E aproveitei a oportunidade para me despedir de você, para sempre. Quem sabe o que espera um pobre soldado? O que você acha do meu plano?

Durante o seu relato, o rosto expressivo de Rugena refletia a emoção que ela sentia, por mais que tentasse se conter.

– Por que falar de separação eterna? – Começou ela, tentando dar um tom alegre à própria voz. – Cracóvia não está nos confins do mundo e nem todos morrem na guerra. Estou profundamente convencida de que nós ainda nos veremos, e quero acrescentar que compartilho de sua decisão. Não vale a pena tornar-se um sacerdote, como o padre Hilário, e acho que você nunca se tornaria alguém como o padre Jan.

– Você está absolutamente certa! Só o pensamento de competir com ele já me parece um sacrilégio. – Replicou Svetomir, ardentemente. – O mestre Jan é um santo, cujos conhecimentos equivalem às suas boas ações! Todos os pobres, sofredores e infelizes de Praga correm para ele e a cada um ele consegue ajudar e consolar. A rainha o admira, os nobres o respeitam e veneram. E pensa que ele se orgulha disso? Nem um pouco! Ele é humilde, dócil, acessível a todos e trata os pobres e ricos da mesma forma. E que pregador! Seus discursos emocionam e inflamam; ouvindo-o, a consciência estremece, a pessoa envergonha-se de sua miséria espiritual e tenta melhorar com todas as forças. E quando ele começa a arrasar com os vícios humanos, sem distinção de classe, aí então é um deus-nos-acuda! Até parece o próprio Arcanjo Miguel descendo do céu pronto para abater os demônios! Broda e eu não perdíamos nenhum sermão, e até a rainha vai assiduamente à capela de Belém.

– Amo e respeito o mestre Jan de todo o coração. Naqueles invernos que passamos em Praga, ele me ensinava o catecismo e a minha primeira comunhão foi com ele. Meu tutor e Vok também o veneram e dizem que ele é o bom gênio da Boêmia.

– Sem dúvida! Ele consegue despertar na alma o amor à pátria! E agora o mestre Jan está trabalhando no melhoramento das regras de ortografia da língua tcheca,[4] para que o nosso idioma seja tão gracioso e versátil como o latim, e os alemães já não falam que ele é um jargão bárbaro.

Caindo nesse tema, Svetomir contou o andamento da luta dos tchecos na universidade.

Assim, o tempo transcorreu imperceptivelmente até o jantar, após o qual cada um foi para o seu quarto.

Mas Rugena, antes de dormir, chamou Matias e incumbiu-o de preparar para Svetomir um par de cavalos de montaria e um conjunto completo de armas, que ela mesma escolheria das coisas do falecido pai. Em seguida, foi com ele para a sala secreta, perto da biblioteca, onde estavam guardados os tesouros escondidos outrora.

Ela ordenou a Matias que enchesse de dinheiro dois alforjes, e começou a escolher entre as armas e os objetos de ouro, separando para Svetomir um punhal com o cabo incrustado de pedras preciosas, uma espada com a lâmina italiana e uma taça de prata ricamente trabalhada.

Quando abriram as caixas com jóias de sua mãe e, sob a luz da tocha de Matias, os brilhantes, rubis e esmeraldas acenderam-se em miríades de luzes, Rugena riu baixinho.

– Como o meu tutor e especialmente a condessa lamentaram

[4] Ernest Denis, *p. 67, obs. I – Nota do autor.*

o desaparecimento destas caixas! Quanto tempo eles perderam procurando-as!

Ela pegava e deixava escorrer entre os dedos os alvíssimos e longos fios de pérolas.

– E, se não fosse o meu previdente e fiel Matias, estas jóias certamente estariam enfeitando agora o reverendíssimo bispo Brancassis ou o cardeal Cossa (futuro papa João XXIII). – Disse ela com um sorriso.

Escolhendo uma pesada corrente de ouro, enfeitada de pedras preciosas, uma fivela para o chapéu e um anel de safira, ela saiu do esconderijo, e Matias, radiante de felicidade, fechou-o novamente.

No dia seguinte, Rugena e Ana prepararam uma mala para Svetomir, que encheram de roupa de baixo, trajes das reservas do falecido barão e outras quinquilharias. A outra parte do dia passou alegremente em conversas e planos para o futuro, assim que Svetomir voltasse como herói.

Após o jantar servido mais cedo, Ana levou consigo o irmão para lhe entregar os presentes de Rugena, enquanto a anfitriã levava Svetomir para seus aposentos onde o esperava uma grata surpresa.

Feliz e emocionado pela atenção, ele examinava o armamento, os trajes, as jóias e os pesados alforjes, que lhe tiravam qualquer preocupação quanto aos meios de sobrevivência; depois, ajoelhando-se diante de Rugena, ele beijou-lhe a mão, com devoção.

– Como vou lhe agradecer por essa sua magnanimidade, vindo em meu auxílio, cercando-me de tudo e facilitando o meu caminho na vida? – Sussurrou ele, com lágrimas nos olhos.

– Agindo na vida sempre conforme os mandamentos de Deus e as leis da honra! Ambos somos órfãos; se Deus me abençoou com a riqueza, fico feliz em poder ajudar um amigo e companheiro de infância em dificuldades. Não quero que você, Svetomir, esteja pior que os outros e sei que as pessoas respeitá-lo-ão mais se estiver bem-vestido e tiver dinheiro no bolso.

– Juro que não a desapontarei. Sua iluminada imagem será a minha estrela-guia, e se eu morrer em combate, meu último pensamento será para você. Rezarei todos os dias por sua felicidade e pela de Vok, para que Deus abençoe a vossa união.

Rugena ouvia-o, pensativa, mas as últimas palavras do amigo fizeram-na sorrir; puxando a poltrona, indicou-a a Svetomir para que se sentasse.

– Quanta bobagem! Você, melhor do que ninguém, sabe que meu casamento com Vok não será por amor mas por entendimentos familiares.

Em sua voz havia uma entonação de frustração ou zombaria. Ela prosseguiu:

– Vok não me ama, e eu também nada sinto por ele. Dizem que o amor é uma dádiva divina. Mas, até hoje, nenhum homem fez-me sentir isso e tenho fortes dúvidas quanto a Vok despertar esse sentimento em mim.

– Mas por quê? Ele é bonito, encantador e nobre como um cavaleiro, e não há nem sombra de dúvida que ele te ama. Quem poderia olhar para você sem se encantar? Principalmente ele, a quem você vai pertencer. Como poderia ele não se orgulhar nem se apaixonar, quando em toda a Praga não existe uma única mulher que possa competir com você?

Rugena riu. Mesmo que soubesse que era bonita, por sua própria inocência e discrição, ela nem imaginava que pudesse parecer uma dádiva divina. Agora, divertia-se com a apaixonada adoração que ouvia de Svetomir e que via nos olhos de seu amigo de infância.

Ela pôs as mãos sobre os ombros do jovem e olhou-o maliciosamente nos olhos.

– Tá, tá, tá! Será que você não se apaixonou por mim e está me cantando esses hinos? – Perguntou, zombeteira.

– Não zombe de mim, Rugena! Como um pobre rapaz como eu pode sequer ousar olhar para você? – Respondeu Svetomir, ruborizando.

– Não por ser pobre, mas porque tal amor seria para você uma pesada carga e um empecilho na vida! Mas, felizmente, nada disso existe. – Observou Rugena, voltando a ficar séria. – Conserve para mim, Svetomir, o seu afeto de irmão, assim como eu serei sempre sua dedicada irmã. Lembre-se de que aqui você tem uma verdadeira amiga, a quem poderá sempre recorrer nos momentos difíceis e em quem sempre encontrará consolo, conselhos e, se necessário, ajuda material. Mas, se após alguns anos, você voltar para me ver e seu coração estiver livre, repare bem em Ana, a doce amiga de nossa infância, e pode ser que você queira recebê-la, de minhas mãos, como noiva.

O jovem ficou espantado e confuso, permanecendo em silêncio por um certo tempo.

Por fim, falou, decididamente:

– Tudo o que provém de você me promete felicidade. Se voltar a Praga, vou me esforçar para amar a quem você escolher para minha esposa.

– Vamos esperar que o futuro traga felicidade a nós dois. E agora, vá descansar, que amanhã lhe espera uma longa viagem. Como despedida, antes da longa separação, dê-me um abraço como o fazia outrora, quando éramos crianças. – Concluiu, emocionada, Rugena, beijando-o.

Pela manhã, os viajantes se foram. Svetomir montou agilmente no fabuloso cavalo que Matias lhe entregou, experimentou-o no pátio e ficou muito satisfeito. Ao se despedir, olhou atentamente para Ana e achou-a realmente bonita, mas longe de se comparar com Rugena.

E da mesma janela de onde haviam visto a chegada dos cavaleiros, Ana e Rugena acompanharam a saída de seus visitantes, com um longo olhar de despedida até eles desaparecerem ao longe.

Ana voltou, em silêncio, ao trabalho manual e Rugena pegou o breviário, mas não lia e observava disfarçadamente a amiga entristecida trabalhando distraída e enxugando furtivamente as lágrimas.

– Por que está chorando, Ana? Seu irmão logo vai voltar... – Disse Rugena, inesperadamente.

Ana estremeceu.

– Temo por Jan, pois as estradas são perigosas... – Respondeu, embaraçada.

Rugena inclinou-se e puxou-a carinhosamente pela orelha.

– Você não se envergonha de mentir? O senhor Jan nada tem a ver com as lágrimas que está derramando pela separação com Svetomir! Percebo há muito tempo que ele lhe agrada, mas como se preparava para a tonsura, não havia nada o que dizer. Agora tudo mudou! Ele é um guerreiro! Quando voltar para casa, por que não poderia gostar de uma linda moça como você? Eu lhe darei um dote e vocês se casarão.

– Oh, nem me fale, Rugena! – Explodiu Ana. – Quando Svetomir voltar como herói, haverá por aqui tantas moças bonitas, ricas e apaixonadas por ele, que nem vai se lembrar de mim. Além disso, sabe perfeitamente que ele gosta é de você!

– Você está com ciúmes! Quando ele voltar, vou estar casada com Vok. Para que Svetomir vai querer um amor assim? Não sou uma imagem de Nossa Senhora para que as pessoas se satisfaçam com uma silenciosa adoração. Você é que deve tomar cuidado, pois algum rico senhor de Praga pode, de repente, resolver casar com a bela Ana de Trotsnov e aí não vai sobrar nada para o coitado do Svetomir!

– Não há perigo! Svetomir é bonito demais e bom demais para ser esquecido. Não me diga que ele não lhe agrada? Ou você acha Vok mais bonito? Vok é orgulhoso e invocado. Quando está com raiva, seus olhos ficam tão maus e penetrantes como espadas. Br-r-r! Tenho medo dele! E você, não tem medo de ser sua esposa?

Rugena recostou sua linda cabecinha no espaldar da poltrona e ficou pensativa. Sua vida na casa dos Valdstein passava como um panorama diante de seus olhos, ressuscitando na mente suas relações com o noivo.

Entre eles nunca houvera um pleno entendimento, proximidade e carinho. Tanto a diferença de idade quanto o caráter do rapaz distanciavam-nos constantemente. Ele era bom e atencioso com sua pequena noiva, enchia-a de presentes e até brincava com ela, mas Rugena sentia que ele se sujeitava àquilo, que aquelas brincadeiras eram tediosas para ele, e que ele não era tão companheiro como Svetomir.

Depois, as circunstâncias separavam-nos por meses inteiros; agora, já fazia dois anos que não se viam. Mas as lembranças do noivo não a emocionavam e ela não tinha nenhum desejo de vê-lo.

Depois de algum silêncio, ela se endireitou.

– Sabe de uma coisa, Ana? Não tenho medo de Vok e também não o amo, como também a Svetomir! Um é demasiado doce, demasiado querubim... O outro é demasiado imprudente e insignificante. Não consigo explicar-lhe, mas acho que a ambos falta algo para ser o homem que eu amaria.

– Deus do céu! Afinal, o que quer? Que ideal inatingível você criou para si! – Surpreendeu-se Ana.

– Não criei nada. O homem dos meus sonhos existe. Eu o vi há muito tempo, mas a memória dele em mim é indelével.

– Mas quem é ele? Você nunca me falou desse homem! – Disse Ana, curiosa.

– Quem é? Não sei nem quero saber. Para quê? Simplesmente comparo-o com os outros e, a cada vez, sou obrigada a reconhecer que ninguém pode competir com ele: a encarnação do cavalheirismo, da hombridade, da bondade e de grande inteligência.

– Mas onde você encontrou tal perfeição? – Inquiria Ana, incrédula e quase rindo.

– Encontrei-o duas vezes na minha vida. A primeira vez foi no terrível dia quando soube da morte de meu pai. O mestre Huss estava aqui de passagem e esse desconhecido senhor o acompanhava.

Na manhã seguinte, antes de prosseguirem viagem, eles foram prestar condolências a mim pela grande perda. O mestre Jan ficou muito tempo me consolando, enquanto o outro disse somente: "pobre criança" e carinhosamente passou a mão na minha cabeça. Nunca vou esquecer o olhar e o som de sua voz. Desde aquela época a imagem dele ficou em minha memória.

– E como ele é?

– Ele é alto, magro, com uma barbicha preta e grandes olhos negros. Mas sua beleza não é somente externa. Tudo nele é maravilhoso: seu olhar, profundo, abrasador e carinhoso e um sorriso cativante e encantador... A segunda vez foi na véspera de nossa volta de Praga, quando estivemos lá pela segunda vez. Eu estava perto da janela e o vi passando pela rua a cavalo, acompanhado de outros senhores. Ele parecia ir a alguma festa, pois usava um traje de veludo lilás e, entre os outros, parecia um príncipe ou um rei. Ele conversava animadamente, ria e sua alegria fazia-o duplamente atraente. Parece-me que quando ele quer, consegue encantar a todos; e os seus companheiros pareciam estar sob seu encanto e o ouviam com admiração. Os cavaleiros passaram rapidamente, mas a lembrança do maravilhoso desconhecido renasceu novamente em mim.

– Então, precisamos saber quem é ele! Talvez alguém do castelo ainda lembre com quem Huss chegou naquele dia!

– Não! Não quero nem procurar, nem saber quem é ele! – Interrompeu-a Rugena, com impaciência. – Já disse que ele é somente uma visão, um sonho, e deixe que continue assim. Não quero sofrer desilusões. E se, de repente, me contarem que ele é casado e tem sete filhos, ou que ele não é um cavaleiro mas um rico tecelão ou padeiro? – E Rugena riu das próprias suposições.

Capítulo IX

Ao voltar da Silésia, Venceslau instalara-se com toda a sua corte no Monte Kutná e já estava lá havia três meses. O rei gostava daquela cidade, e a população local sempre lhe expressara uma constante lealdade.

Era 17 de janeiro de 1409. Estava frio e a neve caía em grandes flocos.

Na grande sala do palácio real, onde se encontrava naquele instante o próprio augusto proprietário, reinava um agradável calor, e toda a luxuosa decoração respirava calma e aconchego. As paredes e o teto eram revestidos em madeira de carvalho escuro; as altas janelas com seteiras tinham vidros coloridos, mas àquela hora estavam fechadas por pesadas cortinas, como também as portas; na grande lareira de mármore cinza, ardia um fogo alto; perto dali, junto à mesa, estavam sentados dois homens jogando dados.

Na grande poltrona de espaldar alto e enfeitado com o brasão real, sentava-se o próprio Venceslau. Preocupado com algo, com o cotovelo apoiado na mesa, bebia distraidamente da taça de ouro que tinha ao seu lado.

O rei era um homem de uns 48 anos, de rija compleição. Como o seu irmão Sigismundo, ele era bonito, mas os grandes problemas do seu reinado e os excessos a que se permitia (diziam que o rei tinha sido envenenado) tinham-no envelhecido prematuramente e haviam coberto seu rosto de rugas. Mesmo assim, apesar da cor avermelhada do rosto e do inchaço das faces, a aparência de Venceslau, no geral, era atraente. Percebia-se em seu olhar e em seu sorriso uma sinceridade e uma bondade naturais – isso quando os vapores alcoólicos não anuviavam sua vista cansada, as provações de sua vida não distorciam sua boca com um sorriso amargo, e os ataques de raiva insana, terríveis aos que o cercavam, não tiravam seu autocontrole e não apagavam nele a consciência da própria dignidade.

Do outro lado da mesa, numa cadeira desmontável, sentava-se Vok Valdstein, também parecendo sombrio e jogando em silêncio. O rei, de repente, endireitou-se e agitou a cabeça, como se quisesse livrar-se de pensamentos incômodos. Bebendo um gole de vinho, olhou fixamente para o sisudo rosto do seu calado parceiro.

O conde era o preferido de Venceslau não só porque este guardava a grata memória da coragem e da argúcia que ele demonstrara na sua fuga de Viena, mas também porque sua companhia muito lhe agradava. Empreendedor e ousado, grande admirador de mulheres e amante de aventuras, Vok sabia como ninguém distrair e alegrar o rei, contando-lhe as mais incríveis histórias e anedotas tão engraçadas que dissipavam as negras nuvens sobre a cabeça de Venceslau, substituindo-as pelo bom humor e pelas altas gargalhadas. O jovem sentia-se à vontade diante do rei, permitindo-se impunemente palavras mais ousadas, ou, às vezes, até impertinências que custariam caro a qualquer outro.

Seu teimoso silêncio dava a entender ao rei que estava zangado, e o cuidado com que evitava olhá-lo indicava que a raiva de Vok era dirigida nem mais nem menos para a sua augusta pessoa.

Venceslau, pela bondade inerente ao seu caráter, passou a imaginar o que fizera de errado ao seu mimado, mas não conseguia lembrar-se de nada.

– O que está havendo, Vok? Hoje você está calado como um

peixe e irado como uma cobra pisada no rabo.

– Não é nada, majestade! Gostaria de pedir a Sua Alteza férias de algumas semanas para acertar negócios familiares que exigem a minha imediata presença. – Respondeu, fria e respeitosamente, Vok.

Venceslau olhou-o desconfiado, depois colocou sobre a mesa os dados que segurava na mão, e disse, meio sério, meio brincando:

– Que besteira é essa? Você não tem nenhum problema familiar para cuidar, mas percebo que ousa ter raiva de mim. Vamos, confesse: o que você quer? Talvez eu tenha me esquecido de cumprir alguma promessa...

– Não, majestade! Entre tantas promessas que não foram cumpridas por Vossa Alteza, eu poderia me perder e não saberia indicar a qual exatamente o senhor quer se referir. Simplesmente tenho receio de ficar aqui e gostaria de ir embora.

– Está com medo? Você parece zombar de mim! Então, ordeno-lhe que diga imediatamente do que está se ressentindo e o que receia.

– Temo ser queimado vivo e entregue aos alemães como carne assada.

O rei soltou uma longa gargalhada.

– Ah! Então é isso? Quer dizer que uma palavra mais dura dita a Huss e Jerônimo estragou o seu humor. Não seja bobo, Vok! Que lhe importa o que eu diga às delegações que me irritam com suas pressões sem conteúdo?

– Mas como não me importar? Majestade, o senhor se esquece de que sou tcheco e de que não posso ficar indiferente quando meu rei ameaça queimar dois dos meus amigos e não deseja reconhecer os direitos do meu povo, que sempre foi fiel e dedicado servo de sua coroa?

O jovem conde, tentando convencer o rei de suas razões, passou a argumentar sobre o quanto os tchecos estavam certos ao exigirem para si o primeiro lugar na própria pátria e o quão natural era o fato de eles estarem indignados com a injustiça da situação atual. O rei, sem qualquer irritação, ouviu atentamente o apaixonado sermão do seu preferido.

– Em todo caso, se estou negligente com os direitos dos tchecos, estes não cochilam e os defendem... – Riu Venceslau, bondosamente. – Depois daquela malfadada recepção, estou sendo assediado por todos os lados. Lobkovitz, ao me ver, fica zunindo como um besouro nos meus ouvidos e me enche de provas convincentes de que ele está certo e os alemães não; a rainha chora cascatas de lágrimas dizendo que seu confessor adoeceu por minha causa; e até você me ofende e ameaça ir embora. A situação chegou ao ponto de o abade Solon[1] e membros da embaixada da França tentarem me convencer de que tenho obrigação de dar três votos aos tchecos. Fica claro que não posso mais viver em paz enquanto não decidir esse caso. Mas, agora preciso dormir! Boa-noite, Vok! Não estou com raiva de sua impertinência causada pela febre patriótica! Mas amanhã, quero você com outro semblante, e prepare alguma história bem engraçada que você sempre tem no seu estoque.

Ele se levantou, despediu-se amigavelmente e retirou-se da sala para o interior dos seus aposentos.

Uma lâmpada de prata suspensa no teto e duas velas acesas na estante iluminavam o quarto onde entrara o rei. A rainha orava, ajoelhada e com o breviário nas mãos, não percebendo a chegada do marido.

Sofia da Bavária, filha do duque Johann de Munique, era a segunda esposa de Venceslau. A primeira, Joanna, morrera tragicamente, sufocada por um grande cão de caça que o rei sempre colocava à noite perto de sua cama e que atacara a rainha quando ela levantara-se da cama na madrugada.[2] Para grande decepção do rei, a segunda união, assim como a primeira, não trouxera filhos.

Sofia era uma mulher bondosa e dócil; suportava calada todas

---

[1] Ernest Denis, *p. 54 – Nota do autor.*

[2] Palacky. *"G. v. B", pp. 121 e 125 – Nota do autor.*

as infidelidades, todos os caprichos e todos os problemas criados pelas desordenadas paixões do marido; graças a essa paciência, conseguira uma certa influência sobre ele. Sofia aproveitava essa influência para fazer o bem e proteger o povo tcheco a quem tanto amava; por toda sua vida, foi dedicada defensora dos direitos desse povo. Para grande desgosto do clero alemão que a cercava, escolhera Jan Huss para seu confessor[3] e freqüentava assiduamente a capela de Belém. Essa ostensiva preferência pelos tchecos trazia-lhe problemas com os parentes da Bavária, a ponto de seu irmão e os tios, duques Estéfano e Friedrich, não comparecerem à sua coroação. Já os alemães de Praga chamavam-na de herética e "belemista".[4]

– Que grave pecado você cometeu hoje, Sofia, para orar com tanta sofreguidão? – Perguntou o rei, percebendo que ela insistia em não notá-lo.

– Nenhum! Orava por você, pedindo a Deus que ilumine seu coração e a mente, incutindo-lhe a neutralidade e a justiça, que devem inspirar o rei...

– E que eu devo demonstrar satisfazendo as exigências dos tchecos? Já ouvi essa canção antes, e não quero ouvi-la na cama. – Disse ele, em tom de quase brincadeira.

A rainha levantou, aproximou-se do marido e beijou a sua mão.

– Ainda não lhe falei sobre isso, mas esse caso mexe comigo até o fundo do coração e, na minha opinião, é muito justo.

– É injusto, pois os estatutos, os costumes e a vontade de meu falecido pai deram a primazia aos alemães. – Interrompeu-a o rei, calmamente.

– Não me sinto capaz de julgar uma questão tão importante, mas, na opinião de Lobkovitz e do abade Solon, o finado imperador Carlos deu à nossa universidade os mesmos direitos que têm as universidades

---

[3] Poenkov, *Huss e Lutero, p. 39 – Nota do autor.*

[4] *Freqüentadora da capela de Belém – Nota do tradutor.*

de Paris e Bolonha, que dão a primazia aos naturais do país. Não seria sua obrigação proibir a prática reconhecidamente injusta? E somente para seu interesse, gostaria de lhe dizer algumas palavras. A quem você defende meu rei e marido? Quem você quer ajudar em primeiro lugar, prejudicando os fiéis tchecos? Os seus piores inimigos! Existe ainda alguma traição ou ofensa que os alemães ainda não lhe fizeram? Não foram eles que, em favor dos próprios interesses, semearam a discórdia entre você e seu irmão Sigismundo? E os insolentes e revoltados vassalos[5] não titubearam em tirar-lhe o império, roubando-lhe todos os seus direitos, somente porque a grande parte dos "curfiurstas"[6] era-lhe fiel? São os mesmos alemães! Em sua insolência, eles ousam criticar as suas decisões e opor-se à sua vontade; eles gostariam, que Deus me perdoe, de controlá-lo da mesma forma como controlam tudo na universidade! Lembre que, ainda recentemente, eles declararam que não abandonarão a "obediência" ao papa Gregório XII, enquanto os tchecos submeteram-se às suas ordens, sem vacilar. É por esses espertos estrangeiros que você quer sacrificar os legítimos direitos do seu povo?

Enquanto a rainha falava, a cor da ira espalhava-se pelo rosto de Venceslau e em seus olhos acendeu-se a raiva. A repentina lembrança das ofensas suportadas despertou o ódio e o fel que guardava dentro de si. Em sua alma instável e apaixonada, houve uma reviravolta que derrubou todas as conclusões a favor dos alemães e decidiu a vitória dos tchecos.

– Tem razão, Sofia! Não vejo motivos para não acreditar no meu sábio e fiel servo Nikolai Lobkovitz. Ele afirma, com razão, que o rei da Boêmia tem obrigação de proteger e defender os direitos do seu povo e não oferecê-lo em sacrifício aos estrangeiros! Amanhã

[5] *Indivíduo dependente de um senhor feudal, ao qual estava ligado por juramento de fé e submissão – Nota da editora.*

[6] *Assim eram chamados no antigo império germânico os que tinham o direito de eleger o rei – Nota do tradutor.*

mesmo ordenarei a preparação de um decreto que concede aos tchecos aqueles três votos que eles tanto querem.

Feliz com a inesperada vitória, a rainha jogou-se nos braços do marido.

No dia seguinte, Nikolai Lobkovitz, convocado pelo rei, apresentou-lhe o decreto, cujo texto já tinha preparado havia muito tempo.

Após uma séria deliberação, Venceslau aprovou e assinou aquele importantíssimo ato que acabava com a vantagem dos alemães e teria conseqüências decisivas na história do povo tcheco.

Essa reunião foi muito longa e extenuou o rei; mesmo assim, ele saiu satisfeito e feliz, como há muito ninguém via.

Após o almoço, ele se retirou para aquela mesma sala onde o encontramos na véspera e mandou chamar Vok Valdstein para uma partida de dados.

O jovem conde apareceu, muito preocupado e nervoso. Ele havia encontrado Lobkovitz no caminho e este olhara-o de modo particularmente alegre e significativo, mas não tinham tido tempo de conversar em virtude da presença de numerosos nobres.

O rei e seu preferido sentaram-se à mesa.

– Hoje, Vok, você terá de me contar uma história bem engraçada, como prêmio pela boa notícia que vou lhe dar. – Disse Venceslau, alegremente. – De agora em diante você está para sempre livre do perigo de ser assado e comido pelos alemães! Acabei de aprontar-lhes uma boa, assinando um decreto que dá preferência à nacionalidade tcheca sobre as outras três.

Valdstein empalideceu e levantou-se. Ele nunca poderia esperar por uma vitória tão completa.

Depois, ajoelhando-se, beijou com fervor a mão do rei, enquanto Venceslau dava-lhe palmadas amigáveis no ombro.

– Vejam só, que patriota fanático! E eu que pensava que o seu interesse maior concentrava-se no amor e não na política.

– Uma coisa não atrapalha a outra, majestade! É com as mulheres que se aprende política! – Respondeu Vok, alegremente. – Mas estou chegando ao fim das minhas aventuras amorosas e logo tudo estará acabado. – Observou ele, em tom sério.

– Que besteira é essa que você está dizendo nesse tom de condenado à morte?

– É quase a mesma coisa, majestade! A morte civil!

– Mas que novidade! Como posso lhe ajudar? – Perguntou, rindo, Venceslau, supondo que o outro enchera-se de dívidas.

– É impossível, majestade! Ninguém – nem mesmo Sua Alteza – poderia me ajudar, pois, devo me casar!

– Juro que não ajudaria, mesmo se pudesse! Além disso, essa história será muito mais triste para a futura condessa do que para você. Mas, por que essa tristeza? Ela é feia?

– Não, majestade! Linda como um anjo!

– Então... deve ser burra...

– Pelo contrário; penso que tão inteligente e esperta como qualquer doutor universitário.

– Já sei! É pobre como rato de igreja?

– Ela irá me trazer grande fortuna!

– Então, não entendo mais nada! – Deu de ombros o rei.

– Ela é bonita, mas é fria e não me ama. Também não a amo, pois sua indiferença é por demais ofensiva para mim.

– Mas, que diabos! A sua noiva é exigente demais, se um rapaz bonito como você não lhe agrada. Quem é ela e por que deve casar com você sem amá-lo?

– Ela é Rugena Rabstein, filha única do finado barão Svetomir, e nós estamos noivos desde crianças por acordo familiar.

Venceslau franziu o cenho.

– Barão Rabstein? O amigo de Rosemberg? Ele me traz más recordações. Era um insolente revoltoso!

– Majestade! Desde os nove anos de idade que Rugena é

educada na minha família e acredito que isso já é garantia suficiente de que a ela foram ensinados o respeito e a irredutível fidelidade à sua pessoa. Espero a graça de sua autorização para apresentar a minha noiva a Sua Alteza e à rainha.

– Autorizo com prazer! E quando será o casamento?

– Não sei dizer exatamente! Minha mãe está em Bolonha e somente quando voltar trará Rugena a Praga.

– Se na época eu estiver na cidade, então virei ao seu casamento. Quanto ao amor, não fique triste! Se como noiva ela é fria, como esposa pode ser fogosa. Existe uma grande diferença entre uma e outra.

– A diferença é enorme! Até a hora de irmos para a igreja, quem manda é ela, e eu deixo-me pisar como um verme; depois, quem mandará serei eu, e vou fazê-la pagar caro pela insolência de não me amar. – Concluiu Vok, rindo.

O rei acompanhou-o e, depois de rirem bastante, começaram a jogar.

Venceslau estava inspirado, e suas constantes risadas eram ouvidas até nas salas vizinhas. O inesgotável humor do jovem conde divertia-o com histórias e aventuras picantes, que fariam o próprio Bocaccio morrer de inveja.

À tarde do mesmo dia, Vok teve um curto encontro com Lobkovitz, que lhe confirmou a novidade sobre o decreto e eles imediatamente mandaram uma mensagem a Huss.

A casa do professor Gubner estava cheia de gente. Festejava-se o noivado de sua sobrinha Marga com Guints Leinhardt.

Nas salas bem iluminadas, reunia-se a nata dos burgueses e mercadores da "Cidade Velha" acompanhados de suas esposas, elegantemente vestidas e enfeitadas com jóias; havia também muitos professores e estudantes.

Gubner recebeu-os com fartura e todos comeram e beberam muito; o vinho envelhecido corria solto e abundavam doces e pastéis de açafrão.

Mas a palidez e a tristeza mal disfarçada da noiva contrastavam fortemente com a ruidosa e despreocupada alegria da mocidade presente.

Marga emagrecera demais. O antigo frescor do seu rosto desaparecera e sua costumeira vivacidade fora substituída por um nervosismo febril. Depois da cena com o tio, ela adoecera e ficara de cama cerca de uma semana, o que atrasara o noivado. Sua mãe tentara convencer Gubner a não forçar Marga a casar-se com um homem que a repugnava; poderiam esperar encontrar um outro alemão, já que ele não queria entregá-la a um tcheco. Mas o professor permanecera irredutível, considerando o nojo da sobrinha pelo noivo como um capricho que, em sua opinião, desapareceria com o tempo. A sua palavra dada deveria permanecer intocável e ele não iria retirá-la por uma fantasia de uma garota estúpida que não percebia a própria felicidade.

Assim que Marga sarara, Gubner chamara-a ao seu gabinete e confirmara sua vontade com tamanha grossura que ela desanimara de vez.

Para seu desespero, o tio começara a vigiá-la, tornando-lhe impossível avisar o rapaz amado ou tentar encontrar-se com ele.

Para ela, aquela festa era uma verdadeira tortura; foi com verdadeira repugnância que aceitou os beijos de Guints – um rapaz alto e forte.

Mas o noivo parecia não notar a frieza da noiva e desfazia-se em carinhos e amabilidades diante dela – ou seja, comportava-se com tal simplicidade que ela ficou chocada com suas atenções.

Enquanto a juventude se divertia a valer, os pais e outros convidados de meia-idade estavam nitidamente preocupados e excitados discutindo uma questão, aparentemente importante, a julgar pelo zunzunzum das damas e pelos rostos vermelhos dos homens.

Falavam do decreto real que havia sido proclamado e que proibia a qualquer pessoa da Boêmia reconhecer doravante o papa Gregório XII como chefe da Igreja cristã, sob pena de severos castigos.[7]

A maioria das mulheres estava indignada com essa medida, considerando-a parcial. Pela própria ignorância, elas estavam absolutamente cegas à cisão na Igreja, e o Papa – reconhecido como tal pelo arcebispo ou pelo seu confessor – era para elas o verdadeiro representante de Cristo.

Já os homens viam o caso de modo diferente e do ponto de vista político, como era de se esperar naquele tempo, quando se mesclavam as questões políticas e religiosas. Os alemães entendiam perfeitamente que, ao abandonar a "obediência" a Gregório XII, Venceslau pretendia, por meio do novo Papa, restabelecer seu poderio imperial na Alemanha. Mas o partido alemão – por sua simpatia secreta a Ruprecht Palatino, inimigo de Venceslau – usava o seu predomínio na universidade para negar ao rei a sua "neutralidade", encontrando apoio no arcebispo Sbink e em seu clero. O fato de o rei não tomar conhecimento da sua opinião e abandonar Gregório era um mau sinal, e por isso provocava acaloradas discussões.

Já era tarde, quando chegou um novo convidado que não era esperado àquela hora. Era o professor Reinek, amigo de Gubner, que, por problemas de saúde, não pudera participar na véspera da festa familiar; sua visita àquela hora deixou todos surpresos.

Aproximando-se do anfitrião, ele pediu para levá-lo ao gabinete de trabalho e chamou para lá alguns dos professores. Gubner, espantado com o nervosismo, a palidez e as mãos trêmulas do colega, apressou-se a cumprir o seu pedido e, alguns minutos depois, seis pessoas reuniram-se em volta de Reinek.

– Meus amigos, trago uma novidade tão triste, inesperada e importante que achei impossível adiar o seu anúncio para amanhã. – Disse Reinek, com voz surda. – A realidade superou as nossas pio-

---

[7] Hel fert, *p. 33 – Nota do autor.*

res expectativas e os alemães, a partir de agora, estão condenados a ser servos dos tchecos: o rei concedeu aos tchecos três votos no conselho universitário...

A emoção não deixou ele concluir a frase. O quarto permaneceu em silêncio e lia-se nos rostos de todos um mudo espanto. Gubner foi o primeiro a recuperar-se.

– Mas isso é impossível! Você provavelmente foi enganado por boatos! O rei pessoalmente prometeu manter todos os nossos privilégios! Ainda hoje de manhã falei com o reitor e ele nada sabia sobre a nova decisão.

– É verdade, von-Baltengaguen ainda não recebeu o decreto real, mas sei que esse decreto existe e até conheço o seu teor.

– Mas como? De que jeito? Explique-se! – As perguntas vinham de todos os lados.

– Calma, vou contar como tudo aconteceu. – Respondeu Reinek, enxugando a testa. – Há alguns dias, eu voltava da "Cidade Nova" onde fora visitar um amigo canônico, para discutir com ele a questão da "obediência", e passei perto da residência de Huss, aquele maldito "intruso". Naquele instante, saíam de lá Jan Elias com um amigo. Isso muito me surpreendeu, pois ambos não pertencem ao grupo dos partidários do tagarela de Belém. Fiquei ainda mais espantado com o seu ar alegre e triunfal. E quando Elias, ao passar por mim, mediu-me com um olhar de profundo desprezo, comecei a desconfiar...

– Depois da negativa recebida em Kutenberg,[8] os tchecos uniram-se. – Interrompeu-o mestre Varentralpe, decano da faculdade de artes. – Até aqueles que antes discordavam de Huss sobre Wyclif estão visitando-o desde que adoeceu. Mas, mesmo assim, o comportamento de Elias é suspeito, pois, nos últimos tempos, os tchecos amansaram e puseram o rabo entre as pernas como cães surrados...

– Agora nós é que somos os cães surrados, e vocês perceberão

---

[8] *Palácio no monte Kutná – Nota do tradutor.*

que aquele seu desdém tem fundamento. – Recomeçou Reinek, zangado. – Já que suspeitei, resolvi tirar tudo a limpo e fui visitar Khotek;[9] ele é tcheco, mas é bom rapaz e inteiramente fiel aos alemães. Ele tem ligações com a chancelaria real e, por várias vezes, conseguiu para mim valiosas informações. Eis o que ele me trouxe há duas horas.

Reinek tirou do bolso um pedaço de pergaminho cuidadosamente dobrado e, abrindo-o, acrescentou:

– Agora, ouçam o decreto emitido pelo rei no dia 18 de janeiro:[10] "Apesar de cada pessoa ter obrigação de gostar de todas as pessoas sem exceção, torna-se, entretanto, necessário que esse amor provenha de disposições congêneres; é injusto dar preferência ao estrangeiro antes dos naturais do país, pois todo amor está voltado inicialmente para si mesmo e somente depois distribui-se sobre os parentes e outros amigos. De acordo com informações que chegaram até o rei, o povo alemão, que não tem nenhum direito de residir neste reinado tcheco, apropriou-se na universidade de Praga de três votos, enquanto o povo tcheco, verdadeiro herdeiro da terra, possui somente um. O rei considera injusto que pessoas estranhas aproveitem excessivamente dos trabalhos dos residentes enquanto os naturais do país sofrem privações. Portanto, ordena ao reitor e à universidade que, a partir desta data, o povo tcheco tenha três votos em todas as reuniões, julgamentos, exames, eleições e outros, quaisquer que sejam, atos e conferências da universidade, conforme costume mantido pelo povo francês e todos os povos da Lombardia e da Itália. O povo tcheco deve permanecer com esse privilégio para sempre, sem quaisquer alterações"...

Na sala reinava o silêncio; os presentes não conseguiam falar, de estupor e raiva.

---

[9] Palacky, *"G. v. B.", p. 287 – Nota do autor.*

[10] Tomek, *"História da universidade de Praga", t. 1, p. 149 – Nota do autor.*

– Bem, o que me dizem deste maravilhoso documento que nos priva até do direito de morar na Boêmia, se os tchecos não tiverem pena de nós e não permitirem isso? – Perguntou Reinek, enxugando o suor da testa.

Sua pergunta pareceu romper o torpor, e começou uma verdadeira tempestade.

Cada um, ao mesmo tempo, tentava expor sua opinião sobre como escapar do inesperado golpe. E todos chegavam à mesma conclusão: era melhor abandonar a cidade a submeter-se àquela enorme vergonha e humilhação.

– O melhor é sair de Praga! – Exclamou um dos professores.

– Sairemos e não nos submeteremos! Mas antes devemos experimentar um outro meio. – Observou o mestre Varentrale, mais calmo do que os outros. – Primeiro, vamos esperar que o decreto seja publicado e, então, poderemos fazer uma representação ao rei e lembrar-lhe das promessas que fez e, como *ultima ratio*, informá-lo de nossa irrevogável decisão de ir embora daqui!

– Se nada mais adiantar, essa ameaça fará Venceslau voltar à razão. – Riu Gubner, jocosamente. – A nossa saída será a bancarrota da cidade e o fim da universidade. Nesse caso, toda a burguesia da "Cidade Velha" irá apoiar-nos.

A discussão continuou no mesmo tom passional. A idéia de perder os privilégios e a primazia levava os alemães a um estado de ferocidade que tirava todo o autocontrole daqueles homens da ciência.

Mas, mesmo que tivessem resolvido nada dizer aos outros convidados, a festa estava estragada. A longa conferência e os ruídos de vozes exaltadas que provinham do gabinete fechado haviam chamado a atenção geral e os rostos exaltados e desanimados do anfitrião e dos outros professores confirmavam a suspeita de que ocorrera algo inesperado e terrível...

A alegria anterior transformara-se em preocupação e os convidados apressaram-se a ir para suas casas.

Capítulo X

A condessa Valdstein retornou de Bolonha muito antes do que pretendia. Ela tinha tanta pressa de regressar a Praga que, antes de chegar ao castelo Rabstein, enviou um comunicado avisando de sua volta e ficou no castelo apenas o tempo suficiente para fazer as malas.

No fim de fevereiro, numa noite escura e enevoada, ela chegou com Rugena a Praga. A condessa e sua futura nora viajavam sentadas na mesma liteira. Ana e Iitka, em outra, enquanto padre Hilário viajava a cavalo ao lado de Matias, que comandava a guarda. Perto dos portões da cidade foram recebidos pelo conde Hinek e o filho, com um destacamento armado. Conforme as palavras do conde, a desordem na cidade fizera com que ele e Vok decidissem ir ao encontro dos viajantes para conduzi-los pessoalmente até a casa. E, realmente, Praga apresentava uma agitação fora do comum.

Apesar da noite – que normalmente afugentava cidadãos pacíficos das estreitas e escuras ruas que se tornavam pontos de ladrões noturnos, assaltantes e outras pessoas violentas –, agora se viam por todos os lados multidões de estudantes alemães, andando ruidosamente com tochas nas mãos, encarando com hostilidade qualquer tcheco que lhes aparecesse no caminho e até os ofendendo.

O conde e o filho iam de cada lado das liteiras. A condessa e Rugena haviam colocado véus sobre o rosto, mas, a cada vez que no caminho aparecia uma casa iluminada ou que uma rua iluminava-se com tochas, a jovem olhava com curiosidade e receio para o seu noivo.

Vok mudara muito e ficara mais bonito naqueles dois anos em que eles não se haviam visto. Adquirira um porte másculo, o rosto respirava energia e audácia, e o sorriso de desprezo que não saía de seus lábios revelava dentes bonitos e brancos. Portava sobre a cabeça um elmo leve, sem viseira, e estava inteiramente enrolado numa capa escura. Os grandes olhos negros de Vok também olhavam a cada instante para dentro da liteira, onde estava sua noiva, coberta agora por um véu indevassável. Ao encontrá-los na entrada da cidade, a escuridão não deixara que ele visse melhor Rugena e tivera que se contentar com um beijo na pequena e branca mão, da qual fora retirada a luva de seda, recoberta com pele de animal.

No caminho, foram barrados por ajuntamentos de estudantes ou cidadãos que, com gritos e ofensas, tentavam pará-los. Mas, a cada vez, a numerosa guarda armada impunha à multidão o devido respeito e fazia-a abrir passagem.

Finalmente, chegaram à casa dos Valdstein – um enorme e sombrio prédio, com duas torres de cada lado. Passando por um largo portão, revestido de ferro e cuidadosamente guardado, entraram no pátio.

Vok apeou do cavalo e queria conduzir a noiva para casa, mas Rugena pegou Ana pelo braço e, sem retirar o véu, foi para dentro acenando para o noivo com as palavras:

– Até logo, até o jantar!

A raiva refletida no rosto de Vok divertia-a.

Sentindo-se abandonado, o jovem conde acompanhou a mãe aos aposentos dela, onde permaneceu até o jantar conversando sobre a viagem e outras novidades trazidas da Itália. A condessa lembrou ao filho que trouxera de Bolonha objetos maravilhosos que ele poderia oferecer à noiva como presente de casamento.

– Comprei-os por um bom preço, graças ao primo Tomasso,

que é grande conhecedor desse ramo!

– Não é à toa que ele é bispo... – Observou Vok, ironicamente. – E onde estão esses objetos? Gostaria de vê-los.

– Já vou mostrar. Eles estão num baú especial. – Apressou-se a responder a condessa, não conseguindo parar de admirar cada movimento da bem-formada figura do filho.

– Então, é melhor deixar isso para amanhã! Você está cansada e já vão chamar para o jantar. – Disse ele, distraidamente, dirigindo-se ao refeitório.

Rugena entrou quase ao mesmo tempo em que ele.

Tinha trocado de roupa e usava um vestido de seda lilás, de grandes mangas, que contornava a figura do seu corpo esbelto. A cor escura do vestido destacava maravilhosamente seus cabelos dourados, emoldurando como uma auréola seu rosto pálido de emoção. Seus grandes olhos, quase negros, olharam assustados e envergonhados para o jovem conde, que parou como encantado na soleira da porta.

Vok não conseguia reconhecer naquela encantadora Rugena, parada diante dele no auge de sua beleza, aquela garota de 15 anos, magrela, pálida e doentia, devido ao rápido crescimento, que havia ficado em sua memória.

– É você, Rugena, ou uma visão celestial? – Exclamou ele, com uma admiração tão sincera que Rugena corou; o conde e a esposa, que entravam naquele momento, desandaram a rir.

– Beije-a e vai ter certeza de que não está diante de uma visão! – Gritou o pai, rindo.

Vok não se fez de rogado e seguiu o sábio conselho do pai: abraçou a noiva e beijou-a apaixonadamente. Rugena não resistiu e, embaraçada, baixou a cabeça e depois se deixou conduzir à mesa, sentando-se ao lado do noivo.

Querendo animar as pessoas reunidas à mesa, o velho conde iniciou uma conversa com a esposa e o filho; assim, Rugena foi aos poucos se recompondo e se ambientando.

– Diga, tio Hinek. – Perguntou ela, de repente. – O que acontece em Praga? Até parece um levante! Você disse que aqui as coisas não estão tranqüilas e por isso veio com Vok ao nosso encontro. Por que os moradores e, principalmente, os estudantes estão tão agitados?

– Ah! Você e Ana ainda não sabem da grande novidade? – Animou-se o conde e começou a contar a história do decreto que concedia três votos aos tchecos.

– Depois de sua publicação, os alemães ficaram loucos! – Prosseguiu ele. – Estão abarrotando o rei de queixas e protestos e irritando-o com delegações. Mas, como nada disso resolveu, eles ousaram apelar para ameaças. No dia 16, as três nacionalidades se reuniram numa conferência, e todos os mestres e estudantes prometeram, sob juramento, abandonar Praga se o decreto não for revogado.[1] E para tornar essa promessa ainda mais obrigatória, eles a assinaram no tabelião. Então, se alguém não cumpri-la, estará sujeito a um castigo quádruplo: em primeiro lugar, por falso juramento; depois, é expulso da corporação, desonrado e, finalmente, multado em grande soma de dinheiro.

– E se eles realmente cumprirem a ameaça, será uma enorme perda para a cidade. – Observou a condessa. – Imagine, quantos milhares de professores, estudantes e artesãos alemães vivem aqui; quantos pergaminheiros, copistas, encadernadores etc. trabalham para a universidade. Todos eles, obviamente, seguirão os que partirem.

– Mas não é certo sacrificar os interesses vitais do povo tcheco pelo bem-estar de copistas e encadernadores. – Intrometeu-se Vok, com desaprovação. – Se eles forem embora, restará mais pão aos nossos! Graças a Deus, a universidade não morrerá sem os professores alemães! Mas, não se preocupe. Eles não vão a lugar algum!

---

[1] E. de Bonnechose, *"Johann Huss und das Concil zu Costinitz" - Nota do autor.*

Querem somente nos assustar para obrigar o rei a cumprir suas exigências. São uns idiotas! Eles imaginam que esse truque vai dar certo aqui como deu em Bolonha de onde os professores e estudantes mudaram-se para Siena, quando a universidade considerou-se ofendida pela cidade e os bolonheses correram atrás deles para chamá-los de volta. Aqui as condições são diferentes, e essa ameaça não surtirá efeito. Isso é certo!

As damas estavam cansadas da viagem e, por isso, todos se separaram logo após o jantar.

De manhã, a condessa estava ainda ocupada com as criadas desempacotando a bagagem, quando entrou Vok e quis ver os presentes destinados a Rugena.

A condessa dispensou a criadagem e abriu um porta-jóias todo trabalhado que estava sobre a mesa.

– O que vou mostrar-lhe agora foi comprado a peso de ouro, mas eu queria que o teu presente estivesse à sua altura. – Disse ela, suspirando.

– Para uma noiva como a minha Rugena, não existe nada caro! Deus, como ela é bela! E lhe digo mais, mãe: toda a corte terá inveja de mim. – Disse Vok, com orgulho.

– Sim, ela é linda! E temo que seja demasiado linda para fazer você feliz. – Observou a condessa, balançando a cabeça. – Veja bem, minha querida criança, mulheres tão lindas provocam muitas paixões e criam ao marido muitas preocupações e muitos problemas. Queira Deus que Rugena seja suficientemente inteligente para amá-lo como você merece! Ela é sensata e contida, e até fechada demais. Mas pode ser que mude depois de casada. Veja, aqui está o tecido para o vestido de noiva. Ele faria qualquer moça querer vesti-lo, não é verdade?

E desembrulhou um corte de brocado branco, fantasticamente bordado com arabescos e flores prateadas.

O tecido era tão pesado e consistente que ficava em pé e farfalhava ao menor movimento.

– É maravilhoso e deverá agradar a Rugena. Obrigado!

– E agora, o adorno para a cabeça... – Continuou mostrando a condessa, e retirou cuidadosamente da caixa uma tiara de prata de finíssimo acabamento, coberta de pérolas e diamantes, à qual vinha preso um véu de gaze prateada.

– Mas isto é digno até de uma rainha! Onde você conseguiu tal maravilha? Acho que os mercadores venezianos devem ter cobrado uma fortuna.

– Realmente, este tesouro custa caro! Mas o comprei por um preço relativamente barato. O primo Tomasso adquiriu estes objetos de uma parenta que ia se casar, mas o noivo foi morto num duelo; a noiva entrou para um convento, eles ficaram com o bispo e agora Tomasso cedeu-os a mim.

– Então, o primo Brancassis é fabulosamente generoso... – Disse Vok, ironicamente. E continuou: – Se, é claro, estas coisas não vieram parar em suas mãos da mesma forma como geralmente os adquire o reverendíssimo cardeal-legado Baltazar Cossa. Contaram-me que ele, auxiliado por homens de confiança e muito bem armados, assalta em surdina os mercadores que passam por terras de Bolonha.

– Vok! Não se envergonha de repetir uma calúnia tão baixa? Como pessoas de tão alto cargo se misturariam com banditismo? – Disse a condessa, com tom reprovador. – Você não está merecendo ganhar os presentes que os nossos nobres parentes enviaram! Veja, meu filho: para você, um corte de veludo carmesim e uma taça maravilhosamente trabalhada, e para Rugena, uma corrente de ouro com uma estrela de safiras e uma coroa de condessa, enfeitada de rubis.

– Bem, por estes presentes estou pronto a reconhecê-los como santos... – Declarou Vok, rindo e beijando a mãe, cujo rosto desanuviou-se imediatamente.

Chamando uma das criadas, ele ordenou que levassem as coisas.

Depois do almoço, desejando ficar a sós com a noiva, Vok pediu a Rugena que fosse com ele ao quarto contíguo para ver os presentes que ele lhe daria por ocasião do casamento.

Ao entrar no quarto, Rugena, curiosa, começou a procurar com os olhos os presentes prometidos. E por mais que estivesse acostumada ao luxo, soltou um involuntário grito de admiração ao ver o véu, aberto sobre a mesa como uma toalha brilhante, e a maravilhosa tiara. Com alegria infantil, ela revirava e examinava o valioso tecido.

– Este traje você vestirá no dia em que será minha para sempre... – Sussurrou Vok ao seu ouvido e, pegando a tiara, colocou-a sobre a cabeça da noiva. Em seguida, levou Rugena diante do espelho veneziano pendurado na parede.

A tiara, ardendo em luzes multicoloridas, e o longo véu, envolvendo Rugena numa nuvem de prata, combinava tanto com a sua pessoa que ela ficou admirando a própria imagem. O conde, definitivamente cego pela sua beleza, abraçou-a e trouxe-a para perto de si.

– Rugena, você é tão bela que seria uma tentação até para um santo! Vou contar não os dias, mas as horas restantes até o nosso casamento... – Sussurrou ele, beijando-a.

Rugena virou-se para ele e, encontrando seu ardente e apaixonado olhar, estremeceu e recuou, cobrindo os olhos com as mãos.

– Não olhe assim para mim! Fico assustada! Você nunca me olhou assim... – Murmurou ela, empalidecendo.

– Sua bobinha! – Disse Vok, sem saber se ria ou ficava ofendido. – Antes você era uma pequena garota, que eu respeitava como noiva, mas pela qual não estava apaixonado. Não quero assustá-la e desejo com toda a alma conquistar seu coração; mas você não pode exigir que eu sempre esconda meus sentimentos.

Ele a fez sentar-se num banco coberto de veludo vermelho e inclinou-se para ela.

– Diga-me, Rugena: gosta de mim pelo menos um pouco? Desde ontem você, nenhuma vez, retribuiu o meu beijo.

Rugena levantou a cabeça e com o seu olhar puro olhou diretamente nos olhos do noivo como se quisesse ver dentro de sua alma.

– Gostaria muito de apaixonar-me por você, Vok, pois não tenho ninguém no mundo que me ama e que eu ame. Mas... você me amará? Ou, simplesmente, ficará me admirando? Dizem que sou bonita, mas beleza é um dom instável! Veja bem: ainda não o amo, porque o conheço muito pouco. Você é bonito, atraente, e se a sua alma corresponder à sua aparência, se eu conseguir respeitar a sua moral tanto quanto reconheço a sua beleza, então lhe entregarei toda a minha alma! E então, seja você bonito ou feio, saudável ou doente, ou até fisicamente deficiente, eu o amarei até a morte, enquanto o seu coração bater para mim.

O conde ouviu espantado e constrangido as palavras enlevadas que saíam dos róseos lábios da criatura adorada e, de repente, seu coração apertou-se tristemente. Leviano, mimado por mulheres e conquistas fáceis, ele compreendia que Rugena esperava dele uma dedicação total, profunda e permanente, ou seja, um amor cujo conceito ele não tinha. E só a consciência daquela exigência já lhe parecia opressão.

– Vou me esforçar, Rugena, para merecer o seu amor e conquistar seu coração. – Murmurou ele, indeciso.

– Aceito a sua promessa e que Deus nos agracie com a felicidade!

Ela pegou a cabeça dele em suas mãos, beijou-lhe a testa e voou para fora do quarto como um passarinho assustado.

Na casa, à noite, desencadeou-se uma tempestade. Padre Hilário soubera do desaparecimento de Svetomir e todas as investigações que empreendera não haviam dado nenhum resultado. A condessa estava fora de si e, durante o jantar, ao informar o marido sobre o acontecimento, criticava o fugitivo pela vil ingratidão.

O conde, porém, recebeu a novidade com bastante indiferença.

– Por que você se preocupa? – Retrucou ele, calmamente. – Se o garoto achou para si um pedaço de pão que ele gosta, o que temos com isso?

– E acho até que ele está certo. – Disse Vok, dirigindo um olhar de desprezo para o padre Hilário. – Já temos um excesso de padres ruins, e não há motivos para lamentar um monge imprestável de menos! Nunca aprovei o fato de quererem vestir à força uma batina em Svetomir. Seu gesto corajoso somente eleva meu conceito sobre ele.

Por essas palavras Vok foi agraciado com um forte aperto de mão da noiva que, depois do jantar, contou-lhe sobre a ida de Svetomir à casa dos Rabstein e da ajuda que ela lhe prestara. Vok não somente aprovou sua atitude, como acrescentou que, se não estivesse naquela hora no monte Kutná, ele próprio teria ajudado o amigo de infância.

De dia, Ana saiu para visitar sua tia e sua sobrinha, filha de Jan Zizka, e, ao voltar, esperou ficar a sós com Rugena para contar os detalhes de sua visita.

– Mas que tempos terríveis vivemos! – Acrescentou ela. – Por vezes nem consigo imaginar como podem cristãos se odiar daquele jeito e perseguir uns aos outros, somente porque são tchecos ou alemães.

– Realmente, isso tudo é muito triste! Entretanto, a iniciativa das diversas brigas parte geralmente dos alemães, enquanto os tchecos somente defendem seus direitos. – Observou Rugena. – Mas o que exatamente provocou esse seu espanto?

– Um caso com que deparei hoje na casa da tia. Enquanto eu estava lá, ela recebeu a visita de uma velha amiga e antiga vizinha, Luiza Gubner, viúva do irmão do professor. Ela veio com a filha Marga, com quem travei amizade quando ainda morava aqui em Praga, antes de ir viver com você. Fiquei muito feliz em vê-la. Mas você não imagina como ambas estão infelizes. O mestre Jan Gubner decidiu casar a pobre Marga com o rico açougueiro Guints Leinhardt; ela, entretanto, ama um jovem cavaleiro tcheco. Depois da história com os votos na universidade, Gubner fica possesso só de pensar que Marga ousa gostar de um tcheco, e a odeia por isso, tratando-a com extrema grosseria. Quando ela chora e implora que o tio lhe dê a liberdade – pois tem nojo de Guints –, o professor responde com bofetadas. O casamento já teria acontecido se não fosse a publicação do decreto que embaraçou os alemães e absorveu toda a sua atenção. Agora, a mãe e filha são vigiadas pelos serviçais do professor. Mas, hoje de manhã, esse patife foi ferido num confronto com estudantes tchecos e elas aproveitaram a ocasião para visitar minha tia; por meio dela, Marga enviou uma carta a Milota, seu amor, que está viajando.

– Coitadinha, sinto muita pena dela! – Disse Rugena.

– Eu também. Suas lágrimas de desespero poderiam sensibilizar até uma pedra. Espero que não me repreenda por eu ter dito a Marga que, se ela precisar, pode vir aqui. Você e, principalmente, Vok, que é benquisto na corte, talvez pudessem ajudar e defendê-la.

– Fez muito bem! Fico indignada com a crueldade desse velho e estúpido tio. Pedirei a Vok para ajudar.

No dia seguinte, Rugena levou o noivo aos seus aposentos e contou-lhe em segredo a história de Marga, pedindo que ajudasse, na medida do possível, a pobre moça. O bom humor provocado pela conversa íntima e o carinho de sua encantadora noiva fizeram Vok prometer até cortar a garganta do velho Gubner, se fosse necessário.

– Milota é meu amigo! O safado nunca me falou desse seu amor; mesmo assim farei o possível para ajudá-lo! O rei enviou-o à Morávia a serviço e ele deve retornar a qualquer momento.

Alguns dias após essa conversa, perto das três horas da tarde, uma mulher envolta numa capa escura apareceu na casa dos Valdstein e quis falar com Ana. Era Marga. Pálida e trêmula, como em febre, ela abraçou a amiga quando ficaram a sós.

– Esconda-me! – Murmurou ela.

Ana acalmou-a e Marga contou que, em virtude dos tempos agitados e da possível necessidade de deixar Praga a qualquer minuto, seu tio resolvera apressar o destino dela.

– "Uma grande desgraça caiu sobre os alemães", disse meu tio, "e devemos dispensar qualquer festividade. Leinhardt e eu decidimos que, depois de amanhã, faremos o vosso casamento em sigilo. Isso também é muito conveniente para mim, pois, caso eu saia de Praga, Guints comprará a minha casa e também a sua mãe terá mais tempo para o cansativo trabalho de preparar a bagagem". Meu tio estava com uma expressão tão terrível que não ousei retrucar e decidi acabar com a própria vida. – Dizia Marga, com voz trêmula. – Mas hoje eu vi Milota quando ele saía da casa de Zmirzlik e isso deu-me coragem. Então, fugi de casa e vim pedir à senhora Rugena para que me esconda aqui. Talvez Milota me leve embora consigo.

Com profunda pena da infeliz, mas também preocupada com o que diria a condessa, Ana correu para Rugena. A amiga consolou-a.

– Vok prometeu ajudar-me e, se ele resolver defender Marga, sua mãe não ousará contrariá-lo. Vou imediatamente falar com ele.

Naquele momento, o jovem conde recebia dois amigos. Ao ser informado pelo pajem de que sua noiva desejava vê-lo, ele desculpou-se e saiu. Rugena, preocupada, transmitiu-lhe o que acontecera na casa de Gubner, pedindo ao noivo que escondesse Marga e a defendesse da provável insatisfação da condessa.

Vok pensou por um instante, mas logo um sorriso esperto e ousado passou por seu semblante.

– Tive uma idéia e, se conseguirmos colocá-la em prática, faremos uma brincadeira que Gubner não esquecerá por muito tempo. – Disse ele, abraçando Rugena. – Vamos aos aposentos de Ana, pois gostaria de conhecer a heroína da história.

Quando entraram, Marga sobressaltou-se, aguardando o pior, mas Rugena beijou-a e Vok convenceu-a de que iria ajudá-la. Isso a acalmou um pouco e ela pôde responder racionalmente às perguntas que lhe foram feitas.

– Quando vão começar a procurá-la? – Essa foi a primeira coisa que Vok perguntou.

– Acho que meu tio irá voltar somente tarde da noite. Isso porque foi marcada uma grande reunião na casa do professor Varentralp para a discussão de um novo pedido ao rei para que permita aos tchecos que se separem de outras nacionalidades e fundem a sua universidade particular.

– Bem imaginado! De qualquer modo, essa reunião irá ajudar nossos planos. Até logo, e não se preocupem se me atrasar um pouco. Espero trazer-lhe boas novidades, senhorita Gubner!

Passaram-se duas horas de cansativa espera. Marga estava febril e, apesar das palavras de consolo de Rugena e Ana, chorava copiosamente.

Finalmente, ouviram-se passos apressados na sala vizinha e entrou Vok acompanhado por um outro jovem alto e com um rosto bondoso e agradável.

– Milota! – Exclamou Marga, feliz, correndo para os braços do recém-chegado.

Ele a apertou contra o peito, dizendo:

– Calma, querida, estamos salvos!

– Você não me despreza por eu ser alemã? – Perguntou Marga, sorrindo por entre as lágrimas.

– Meu Deus! A política nada tem a ver com o nosso amor! Espero que uma boa esposa de tcheco esqueça de sua origem alemã! Quero lhe perguntar se você quer se tornar minha esposa dentro de duas horas! Está tudo arranjado, graças a Vok e outros amigos; Cristian Prakhatitski, da igreja de São Miguel, irá nos casar.

– Se eu quero? E você ainda me pergunta? – Disse ela, radiante de felicidade. – Como posso agradecer, senhor conde, pela felicidade que está me dando? – Disse ela, voltando-se para Vok e estendendo-lhe ambas as mãos.

– Eu fico felicíssimo em fazer um favor a um amigo. Mas, cara senhorita, não devemos perder tempo com agradecimentos. – Respondeu ele, alegremente. – Ouçam o que faremos: para não levantar suspeitas, eu e Milota iremos a pé, enquanto você e Ana chegarão depois de nós, em liteira fechada, e irão direto para a sacristia, onde as testemunhas já estarão aguardando.

– Vok! – Sussurrou Rugena, ruborizada. – Deixe-me também ir à igreja, assim que vestirmos a noiva.

– Como posso negar algo a você, ainda mais quando quer assistir a essa maravilhosa cerimônia, que logo nos unirá para sempre? – Respondeu, carinhosamente, Vok, olhando apaixonadamente para Rugena e fazendo-a corar. – Vistam-se depressa que estou indo ordenar a Broda para acompanhá-las! – Acrescentou ele, saindo.

– Depressa, Ana, traga o vestido que lhe presenteei para o meu casamento. Eu mando fazer um outro para você. Marga é do seu tamanho e o vestido irá servir-lhe, pois os meus ficarão apertados demais. – Ordenou Rugena e chamou Iitka para ajudar.

– Ficarei feliz em dá-lo a Marga. – Respondeu Ana e, após alguns minutos, apareceu trazendo um vestido de seda azul, bordado com prata, que serviu em Marga como se fosse feito para ela.

Rugena escolheu entre suas jóias uma tiara de ouro coberta de brilhantes com turquesas e colocou-a na loura cabecinha da noiva.

– É o meu presente de casamento! – Disse ela, beijando Marga. – Que ele seja para sempre o símbolo de vossa desanuviada felicidade.

– Como vocês são bons para mim! – Agradecia Marga, calorosamente. – Depois disso, como não gostar de tchecos, quando os alemães só sabem odiar e até meu próprio tio está pronto a me sacrificar por causa de racismo?

– Em todos os lugares existem pessoas boas! Neste instante, os alemães foram vencidos e essa é a única desculpa de sua raiva impotente. – Respondeu Rugena.

As três vestiram capas, desceram as escadas e saíram para a rua lateral, onde as aguardava a liteira vigiada por Broda.

Na igreja elas foram recebidas por Vok e Milota; na sacristia, aguardavam três jovens amigos de Valdstein e do noivo. Só faltava o padre, que havia sido chamado com urgência para atender um paciente.

Não tiveram de esperar muito. Logo, na soleira da porta, apareceu o pároco Cristian Prakhatitski, com seu amigo Huss, que tinha ido visitá-lo e, ao saber do caso, resolvera acompanhá-lo até a igreja.

O padre aproximou-se dos noivos e Huss parou na porta, olhando surpreso para Rugena ao fundo da sala.

Ela ainda estava coberta com a capa preta e a luz da vela na parede às suas costas iluminava-a como uma aura. Não se enxergava a parte inferior de sua figura e a loura cabecinha parecia flutuar no ar.

Huss, profundamente religioso e místico, teve a impressão de que diante dele estava algum ser celestial e a delicada beleza de Rugena somente confirmava aquela impressão. Mas a ilusão durou pouco e a própria Rugena correu ao seu encontro, dizendo:

– Como estou feliz em vê-lo, padre Jan!

Vok percebeu a cena e adivinhou a impressão de Huss.

– Não é verdade, mestre Huss, que ela é linda como um anjo? – Observou ele, com um sorriso de orgulho, aproximando-se de Huss.

O rosto pálido e expressivo do padre avermelhou-se.

– Sim! – Respondeu, sorrindo. – Por vezes Deus permite que um mortal tenha a aparência que lembre um de seus mensageiros; mas é preciso que a alma também seja digna desse invólucro! Todavia, não tenho dúvidas de que a senhorita Rugena sempre será portadora de luz, paz e bondade.

– Prometo, padre Jan, fazer de tudo para semear ao meu redor somente o bem e conservar a pureza de minha alma. Mas o senhor deve me prometer que será o meu condutor nesse caminho.

– Aceito, minha filha!

Naquele instante, o sacerdote chamou Vok para assinar o atestado de casamento e todos passaram para o templo.

– Onde está Jerônimo? Pensei em encontrá-lo aqui. – Perguntou Huss.

– Ele foi à casa de Zmirzlik providenciar comida e bebida e tomar algumas medidas preventivas no caso de os alemães começarem a se sentir ofendidos mais ruidosamente... – Sussurrou baixinho Valdstein, segurando o cabo da espada.

O fogo que brilhou em seus olhos indicava que um protesto agitado dos inimigos só lhe daria prazer.

Quando acabou a cerimônia e os noivos começaram a receber os cumprimentos, Vok aproximou-se de Rugena.

– Agora, você e Ana deverão voltar para casa, enquanto nós festejamos com os noivos. É muito perigoso vir conosco, pois poderá haver confusão quando Gubner souber que lhe raptaram a sobrinha.

Na casa de Zmirzlik corriam preparativos urgentes para a inesperada festa. O próprio anfitrião e sua esposa haviam ficado espantados com a notícia do casamento do sobrinho com a garota Gubner, oficialmente noiva de outro. Contudo, ambos conheciam e gostavam da dócil e bonita menina desde a sua infância; além do mais, a ousadia de tal aventura estava condizente demais com a agitação daquele tempo para não agradar ao velho guerreiro.

Com ajuda de Jerônimo, grande especialista em casos semelhantes, tudo foi organizado bem rapidamente; a casa permanecia às escuras para não levantar suspeitas. Finalmente chegaram os músicos e, em seguida, soldados armados se esgueiraram um a um para dentro de casa.

Assim que a liteira e os convidados chegaram ao pátio, os portões foram bem trancados e os quartos iluminados. Na casa de Zmirzlik já se encontravam parentes e amigos, que haviam sido avisados a tempo.

Os tios receberam afetuosamente Milota e a jovem esposa e, após os cumprimentos, todos passaram para o salão de jantar, cujas janelas davam para a rua.

Não houve tempo para a preparação de pratos rebuscados e

para os enfeites da mesa, mas no porão havia bastante vinho envelhecido e, ao som da música, a cada instante levantavam-se brindes em honra dos noivos.

A repentina iluminação de toda a fachada da casa, a música, e os altos brados dos convidados espantaram os vizinhos, ainda mais que ninguém havia notado antes qualquer preparação para festa. Uma multidão de curiosos cresceu rapidamente e logo encheu a rua; os espectadores subiam nas costas um do outro para dar uma olhada dentro da casa e um garoto conseguiu chegar na cornija da janela.

Vok e Jerônimo prestavam atenção ao som abafado que provinha da rua, perceberam o curioso garoto e entreolharam-se; na verdade, o transcorrer demasiadamente tranqüilo da festa não os estava agradando.

Já haviam bebido bastante e ninguém – nem o senhor Zmirzlik – pensou em parar o jovem conde quando ele correu para a janela, escancarou-a e gritou alto:

– Ei, vocês! Por que estão parados, boquiabertos? Gritem à saúde do senhor Milota e de sua jovem esposa Margarita Gubner, cujo casamento estamos festejando! E, para limpar a sua garganta, tomem isto! – Dizendo isso, jogou sua bolsa de dinheiro para a multidão e fechou a janela.

Na turba, composta de tchecos e alemães, ouviram-se exclamações.

Depois, de início ouviram-se trovejantes vivas; depois apareceram gritos de protesto, pois o noivado de Marga com o jovem Leinhardt não era segredo para ninguém.

Naquele momento, um grande grupo de estudantes e professores apareceu da rua vizinha. Era Gubner com seus amigos voltando da reunião noturna na casa do mestre Varentralpe.

Vendo o ajuntamento popular, ele parou, espantado.

– O que significa isso? Será que aconteceu algo em minha casa? Mas, não, todos estão olhando para a casa do burgomestre.

Enquanto decidiam se deviam ou não passar pela multidão excitada, um dos estudantes aproximou-se do povo e perguntou o que estava acontecendo. Ao saber da verdade, ele imediatamente correu para informar a Gubner que na casa do burgomestre estavam comemorando o casamento de sua sobrinha Marga.

O sangue subiu à cabeça do impetuoso professor e seu rosto ficou tão vermelho que seus amigos ficaram com receio de ele ter um derrame; nada disso aconteceu, mas ele foi tomado por um furor insano.

– Vinguem-me, meus amigos! Vamos derrubar os portões deste covil de patifes que roubam as nossas meninas! – Berrou ele, arremetendo para a frente.

Os estudantes seguiram-no com gritos e urros. Os que estavam armados desembainharam as espadas; os outros agarraram paus e pedras e, apoiados pelos alemães da multidão, anunciaram aos festeiros da casa de Zmirzlik que o desafio de Valdstein trouxera seus frutos. Os homens saltaram de seus lugares e sacaram das espadas.

Marga desmaiou, ouvindo a voz estridente de Gubner no meio da multidão, despejando sobre ela, seu marido e todos os tchecos, ofensas e ameaças; mas não havia tempo de fazê-la voltar a si.

Milota e Zmirzlik levaram a noiva para o quarto que saía para o pátio e trancaram-na lá junto com todas as mulheres presentes; em seguida, junto com o restante dos convidados homens armados, arremeteram ao encontro dos atacantes que já tinham derrubado os portões e ameaçavam invadir o pátio.

É difícil dizer como acabaria aquele combate – pois ambas as partes eram reforçadas por cada vez mais combatentes – se alguns dos professores alemães menos exaltados não convencessem seus adeptos de que um ataque à casa de um serviçal do rei atrairia somente a ira deste e um rígido castigo. Suas palavras surtiram efeito, mesmo porque os mais corajosos atacantes já tinham sido rechaçados ou feridos e os tchecos, além de tudo, eram superiores em número.

Os estudantes começaram a recuar e a multidão passou a dispersar-se. Felizmente, não houvera mortes, mas muitos se encontravam feridos com certa gravidade. Entre eles estava Jerônimo, que recebera um golpe no ombro e outro na perna. Vok, com a sua costumeira sorte, ficara inteiro e são.

Gubner voltou para casa fora de si de raiva, com um galo na cabeça e um olho roxo, jurando descontar a ofensa na cunhada, que ajudara Marga.

Mas a pobre Luiza não chegou a ouvir essas ameaças e maldições. Ao saber do acontecido por uma das criadas, ela desmaiara e estava desacordada quando o professor voltou. Sua aparência indefesa quase convenceu Gubner de sua inocência e, de qualquer modo, obrigou-o a deixar quaisquer explicações para o dia seguinte.

Por alguns dias o assunto principal em Praga foi o casamento romântico da sobrinha de Gubner e o ataque à casa do senhor Zmirzlik.

O rei ficou bravo com isso e passou uma reprimenda em Vok por provocar o conflito. Mas sua predileção por ele acabou vencendo e a engraçada história sobre a aventura noturna deixou Venceslau até de bom humor.[2] Mesmo assim, ele acabou promulgando um decreto ameaçando com severo castigo a qualquer provocador de conflitos e agitações públicas.

A cidade estava relativamente tranqüila. Os tchecos e os alemães evitavam um ao outro; além disso, os últimos estavam tão ocupados com conversações sobre os votos na universidade que consideravam secundário qualquer outro assunto.

---

[2] *"Para muitos homens e cortesãos, a luta era apenas um divertimento agradável do rei, especialmente depois do aparecimento do sr. Vok von Valdstein, alegre e espirituoso, que, sempre que podia, difamava os padres. No trabalho de afastar superiores na hierarquia da Igreja, com a concordância ou pelo menos com aceitação por parte do rei, ninguém se igualou ao sr. Vok".*
Helfert, *p. 136 – Nota do autor.*
Obs.: *No original russo, este texto está em alemão.*

O professor Gubner ficou doente. No dia seguinte à catástrofe, quando ele ainda não havia conversado *a seu modo* com a cunhada, apareceram os Leinhardt, pai e filho. Ambos estavam furiosos e acusavam Gubner de imperdoável fraqueza no tratamento com tão imprestável e superficial moça, que o desonrara, obrigando-o a faltar à própria palavra. Guints estava particularmente fora de si, e essa discussão tomou tamanha dimensão que eles se despediram como inimigos e o professor caiu doente de inflamação na vesícula.

Milota e a esposa, a conselho de Zmirzlik, saíram de Praga por algumas semanas, para dar tempo de tudo se acalmar.

Capítulo XI

O casamento de Rugena deveria acontecer em abril, logo após a Páscoa. Como a Quaresma proibia grandes festividades, a jovem vivia uma vida bastante enclausurada, mesmo depois de apresentada à corte por ocasião da chegada do rei a Praga.

Venceslau ficara espantado com a beleza de Rugena, recebendo-a amavelmente. A rainha Sofia interessara-se demais por ela, recebera-a com carinho puramente materno e fizera com que ela entrasse para o seu círculo mais íntimo. Ela costumava levar Rugena consigo quando ia aos domingos e dias festivos à capela de Belém para ouvir os sermões de seu confessor, Huss.

A admiração de Rugena pelo digno servidor de Deus crescia a cada dia; ela escolhera-o também como seu confessor e tinha absoluta confiança nele.

A menina seguia com o coração os discursos do pregador, quando ele, cheio de ardente fé, pronunciava as palavras de Cristo – revelando sua clareza e seu profundo sentido –, que não necessitavam de qualquer explicação humana, ou quando criticava amargamente a bazófia daqueles cujo dever era ensinar as Escrituras, mas que se enterravam em sofismas e procuravam não o bem do cristianismo, mas somente as suas próprias conclusões e a satisfação das próprias paixões. Huss descrevia com entusiasmo a imagem do verdadeiro sacerdote, ou como ele deveria ser: sábio, desinteressado, humilde, dedicado e cheio de amor, como o próprio Mestre divino. Depois, ele comparava aquele seu ideal com o clero ganancioso, que – usando vestes divinas e tendo as mãos sujas de avidez e sangue – ousava realizar os mistérios divinos.

Mas se os que procuravam o bem e ansiavam por ouvir a pura palavra evangélica corriam para a capela de Belém – de tal forma que a multidão chegava a ficar na rua –, os que se sentiam ofendidos com as palavras de Huss e viam os próprios vícios desnudados guardavam-lhe rancor e tinham por ele um crescente ódio.

Graças a um conjunto de circunstâncias, o pregador de Belém ocupava uma posição especial, cuja importância somente ele não percebia pela sua sincera humildade.

Ele tinha milhares de amigos e admiradores em todos os níveis da escada social. Contudo, também crescia o número de seus inimigos, e o alto clero via com inveja aquele modesto sacerdote, que usava somente seu saber e sua dignidade para se colocar à frente da Igreja tcheca.

A ira dos que se consideravam desmascarados pelos sermões de Huss chegava a tal ponto que, às vezes, resultava em queixa ao rei. Certa vez, ao voltar do palácio, Vok contou rindo que, pela manhã, aparecera a Venceslau uma delegação de canônicos do capítulo da "Cidade Alta" apresentando uma queixa contra Huss, afirmando que ele incitava o povo contra o clero, rebaixava e caluniava pessoas hierarquicamente superiores a ele, às quais ele teria obrigação de respeitar.

O rei ouvira-os calmamente e dissera, com um sorriso irônico:

– Enquanto Huss trovejava contra nós, leigos, vocês estavam satisfeitos. Agora, chegou a vossa vez. Portanto, fiquem também satisfeitos com o que ouvem agora.[1]

---

[1] Pelzel, *"Lebensgeschichie des römischen und böhmischen Königa Wenceslaus" (A vida dos imperadores romanos e boêmios). – Nota do autor.*

À medida que se aproximava o dia do casamento, Rugena ia ficando mais pensativa e calada, atormentada por um vago pressentimento. Em sua alma vivia a eterna lembrança do amor de seu pai; na família de seus tutores, ela sempre se sentira só. As pessoas mais próximas a ela eram Ana e Svetomir, mas ela alimentava por eles somente uma tranqüila atração fraternal.

Do homem ao qual se uniria para sempre, ela esperava somente amor. E, apesar da amabilidade de cavaleiro dele, dos presentes que lhe oferecia e até de sua paixão revelada, a jovem não estava satisfeita. A mente séria, observadora e a inteligência perspicaz de Rugena faziam-na perceber, nas conversas interessantes do noivo, a costumeira tagarelice da corte e, em suas juras de amor, a leviandade e a embriaguez da paixão.

Em vão procurava ela, nos olhos de Vok, aquela chama ardente e pura da atração pela qual ansiava e, em sua voz, aquele tom proveniente do coração que os aqueceria e os uniria num único e imortal sentimento.

Às vésperas do casamento, achando-se particularmente triste, Rugena sentia uma incontida vontade de desabafar tudo o que retinha na alma e pedir ajuda e conselhos de alguém que a dirigisse para o escuro e insondável futuro.

Nunca antes, como naquele instante, Rugena sentira tanto a amarga sensação de ser órfã e não ter ninguém mais próximo a quem pudesse abrir o coração. Então, pensou em Huss.

Ele era seu confessor e também um amigo, conhecido desde a infância; sua pureza, sua inteligência e sua bondade inspiravam-lhe total confiança.

O casamento deveria acontecer na igreja de São Miguel, onde havia sido realizado o de Marga, mas, por insistência de Rugena, o sacerdote da cerimônia seria Huss. E, mesmo tendo confessado e comungado pela manhã, Rugena enviou uma carta ao confessor pedindo-lhe que viesse e lhe concedesse uma hora para conversarem. Recebendo a resposta confirmando a sua chegada, ela voltou ao seu oratório e ordenou que assim que o padre Jan chegasse, levassem-no para lá.

Como de costume, a véspera do casamento era comemorada com uma reunião de jovens e jogos, mas Rugena declarou que a última noite de sua vida de solteira desejava passar sozinha e em meditação.

No oratório, ela ajoelhou-se diante do facistol[2] e concentrou-se numa oração. Ela não ouviu a porta se abrir, Huss entrar e parar na soleira. Ele ficou olhando-a por muito tempo e uma expressão indefinida passou pelo seu rosto. Depois, aproximou-se e tocou-lhe a mão. Ela estremeceu e endireitou-se.

– Você queria me ver, minha filha? Esqueceu algum pecado durante a confissão ou, simplesmente, quer algum conselho? – Disse Huss, sentando-se na poltrona ao lado do facistol.

– Não tenho pecado na consciência, padre Jan! Somente algumas dúvidas que me atormentam. Não tenho mãe e o senhor é a única pessoa a quem posso contar tudo sem nada esconder e que pode me iluminar. Decidi incomodá-lo porque sinto hoje um certo mal-estar e uma grande preocupação.

– Então fale. Espero que Deus me indique como tranqüiliza-la e desanuviar suas preocupações.

Rugena pensou por um instante e falou, em voz baixa:

– Amanhã devo dar a Vok o juramento de fidelidade e amor por toda a vida, mas não o amo como deveria.

Huss endireitou-se.

– Você não ama o conde? Por quê? – Perguntou ele pausadamente, surpreso.

– Eu não quis dizer isso, padre Jan! Só que me parece que tanto da parte dele como da minha, o amor poderia ser diferente... – Tentan-

---

[2] *Facistol: Cadeira episcopal móvel, sem espaldar – Nota da editora.*

do explicar em rápidas palavras e com a maior clareza o que a preocupava, Rugena acrescentou: – Dizem que o amor é um sentimento poderoso, que tudo suporta e perdoa. Entretanto, tenho consciência de que não suportaria nenhuma ofensa de Vok, nunca o perdoaria e deixaria de gostar dele. E penso que com ele aconteceria o mesmo.

Huss balançou a cabeça, pensativo.

– Não posso, minha filha, aprovar os sentimentos que você vai levar para o altar! O seu juramento voluntário obriga-a a dividir com seu marido as tristezas e alegrias, e sempre lhe expressar o mesmo apego que tudo perdoa e julga com condescendência. Amanhã você assumirá uma grande obrigação! A você, como a qualquer mulher, o destino provavelmente enviará não poucas provações. Contudo, se a desilusão visitar o coração da esposa, um outro e longo amor desabrochará para ela junto ao berço de seu filho. Você ainda não conhece a vida, Rugena, nenhuma paixão perturbou ainda a sua paz; mas quando a sua alma despertar, quando o orgulho, o ciúme, a raiva e a tentação começarem a soprar-lhe maus conselhos, aí então terá que lutar pelo bem, por sua obrigação e fidelidade. Tudo isso é fácil quando se ama! Portanto, minha filha, por que não tenta adquirir esse grande amor, que aquece o coração e alivia qualquer vítima? Mesmo que o conde esteja sujeito, como nós todos, a fraquezas humanas, ele merece o seu amor, e, para que ele se afeiçoe a você, Deus lhe presenteou com uma poderosíssima arma: a beleza. Use esse dom celestial não por simples vaidade, mas para causar boa influência sobre seu marido. Isso poderia enobrecê-lo e transformá-lo em um homem religioso e de rija moral.

Rugena ficou comovida e grossas lágrimas desceram por sua face.

– Compreendo que essa obrigação é grandiosa e santa, mas... mas... receio não ter forças para realizá-la... – Disse ela, com voz entrecortada pela emoção.

– A vida, minha filha, é uma luta que Deus nos envia para o

nosso próprio bem e a boa vontade nos ajuda a suportá-la! Quando chegarem as horas difíceis e os momentos de fraqueza, deixe a meu cargo a sua tristeza e o nosso Senhor Jesus Cristo, que conhece todas as fraquezas humanas, dar-me-á a sabedoria para lhe indicar o verdadeiro caminho.

Ele colocou a mão sobre a cabeça inclinada de Rugena e orou fervorosamente.

– E agora – disse ele com um bondoso sorriso – acalme-se e lembre-se de que nenhum cabelo cai da cabeça se não for pela vontade do nosso Pai Celestial.

Ele quis levantar, mas Rugena conteve-o pelo braço.

– Agradeço, querido padre Jan, pelos seus conselhos. – Disse ela, de forma infantil, olhando-o com seus luminosos olhos ainda úmidos das lágrimas. – Beije-me agora, como o fez quando eu era pequena, e me parecerá que, por intermédio dos seus puros lábios, meu querido pai enviará do céu a sua bênção para o dia de amanhã.

– Com prazer, minha filha! – Respondeu Huss e, inclinando-se, beijou-a na testa e a abençoou.

Rugena levantou-se alegre e, entregando a confessor uma soma considerável para os pobres, despediu-se dele.

Chegou a noite e a pequena lamparina acesa diante do crucifixo iluminava com luz bruxuleante a cela de Huss. Ele estava deitado na sua dura e estreita cama, mas não dormia; maus pensamentos incomodavam-no.

Os pensamentos e sentimentos que tomavam conta dele agora e durante toda a tarde, impedindo-o de trabalhar, eram visitantes estranhos àquele pacífico abrigo do sábio ermitão.

Uma imagem feminina perseguia-o com dolorosa insistência; a cabecinha loura de Rugena com seus grandes e claros olhos, olhando-o com inocência e confiança, aparecia por momentos como uma visão tentadora por entre as páginas do sisudo tratado teológico, sorria para ele das folhas da obra em que trabalhava e desconcentrava-o durante a oração da noite.

Com a cabeça pesada e o coração oprimido, ele foi dormir sem entender o que se passava com ele.

Durante toda a vida ele passara indiferentemente por inúmeras jovens e lindas mulheres; nem a beleza, nem a admiração que muitas delas lhe haviam demonstrado tinham afetado seu coração ou agitado seus sentimentos. Os desejos impuros, que haviam dizimado tantos colegas seus, levando-os à sedução de lindas moças que vinham confessar-se com eles, eram estranhos para Huss. Casto por natureza, ele levava uma rígida vida de asceta, dedicado à ciência e à oração, e a carne dominada nunca ainda o havia constrangido.

Seu equilíbrio espiritual recebera o primeiro impacto no casamento de Marga. A cabecinha celestial que vira na escuridão da sacristia tivera um forte e profundo impacto sobre ele. Esse impacto renovava-se a cada vez que via Rugena; e ele não percebia que estava preso ao seu encanto.

Aquela noite desarrumara completamente seu espírito. A imagem de Rugena de joelhos diante dele – pura, frágil e fresca como uma flor do campo – perseguia-o como uma teimosa visão. Parecia-lhe ainda sentir o aperto de sua mão de pele acetinada e sentir o leve aroma que provinha de seus cabelos quando se inclinara para beijá-la na testa. Essas lembranças faziam seu coração apertar-se como num torno e gotas de suor frio cobriam sua testa. No dia seguinte, ele deveria uni-la àquele pândego, que provavelmente nunca iria perceber o tesouro que o destino lhe enviara. Oh! Por que ele não podia consagrá-la a Deus, enquanto sua inocente alma não estava ainda manchada pelo toque leviano e decadente da sociedade, enquanto o ciúme e as paixões não a tinham engolido e ela não fora ainda tocada pelo pecado para o qual os zangões da corte tentariam levá-la, atraídos por sua beleza?

Seu coração apertou-se mais ainda e um pesado suspiro saiu do seu peito.

Ele pulou da cama, caiu de joelhos diante do crucifixo e elevou para o alto as mãos fortemente fechadas.

– Jesus misericordioso, meu Salvador! – Invocou ele, com fervor. – Afasta o demônio que me atormenta na forma de inocente criança; afasta de mim os pensamentos impuros, para que eu não enrubesça servindo diante do Teu altar, com a alma manchada por pensamentos pecaminosos. Senhor, me ajude nesta hora de luta que revelou o quanto ainda sou fraco, quando já me considerava forte! Dê-me forças para ser sacerdote pela Tua lei e purifique meu coração de quaisquer fraquezas humanas. Tenho o direito de amar a Ti e somente a Ti e à minha obrigação! O único objetivo de minha vida é pregar a Tua santa palavra, lutar contra a mentira e o engano, abrir os olhos aos cegos e trazer os arrependidos aos Teus pés. Oh, Jesus! Se a minha oração alcançar o Teu trono, dê-me um sinal que me ajude na minha impotência...

Aos poucos ele foi sendo tomado por profundo êxtase; com o olhar pregado no crucifixo e absorto em apaixonada oração ao Mestre Divino, ele perdeu a noção de tudo ao redor.

De repente, pareceu-lhe que da cabeça do Salvador, saiu uma faísca, depois outra e, em seguida, uma coluna de fogo que aumentava e envolvia a ele próprio; finalmente, uma nuvem de fogo levantou do chão e se elevou por cima de um terrível e sombrio abismo.

Envolto nas chamas, ele sentia um indescritível bem-estar; algo grande e pesado foi retirado do seu ser e uma profunda paz encheu a sua alma, que não estava mais constrangida por nenhum desejo terreno. Em seu interior e à sua volta havia luz, mas abaixo dele, muito abaixo e mal iluminada por uma bruma esbranquiçada, fervilhava e protestava uma multidão de pessoas portando coroas, tiaras e mitras, em cujos rostos desfigurados havia marcas de todas as paixões humanas.

Enviando-lhe maldições e ofensas, jogavam-lhe lama e pedras, tentando alcançá-lo na luminosa fogueira. Ele, entretanto, sentia-se seguro e em seu coração não havia nem sombra de hostilidade para com aqueles impotentes inimigos.

Pairando numa transparente e brilhante atmosfera, ele flutuava silenciosamente no espaço; o abismo desapareceu ao longe e os gritos informes e selvagens mudaram para uma indescritivelmente delicada harmonia. De repente, envolto em luz ofuscante, surgiu um ser de vestes alvas, asas azuladas e um verde ramo de palmeira nas mãos. O ser tinha os traços de Rugena e as mesmas mechas louras, mas seu olhar iluminado nada tinha de terreno.

– Saudações, valoroso combatente! – Disse a visão celestial. – Veja: todos os seus inimigos mentirosos e espertos desapareceram no abismo e, em vez de matá-lo, fizeram-no imortal! Nas tábuas da história dos povos, manchadas de sangue, vícios e crimes, estará escrito com letras de fogo o nome do homem que teve a coragem de anunciar a verdade da palavra divina, condenar os pecados dos poderosos deste mundo e morrer pelas próprias convicções. Todas as fraquezas da carne queimarão nas chamas que o cercam, como queima o cabelo no fogo. E na memória do povo tcheco seu nome brilhará como uma estrela, conduzindo-o à liberdade e à verdade...

O sol do amanhecer passou pelos vidros das minúsculas janelas da cela de Huss, iluminando seu vulto caído no chão diante do crucifixo. Seus olhos estavam fechados, mas o rosto emagrecido pelo trabalho e pelas longas noites em claro estava calmo. Quando o primeiro raio solar tocou-o, ele estremeceu e endireitou-se. Depois ficou de pé, sentou-se à mesa e tampou o rosto com as mãos.

Sentia-se quebrado, mas em sua alma estava tudo claro. Deus ouvira suas preces e os pensamentos que o atormentavam haviam desaparecido. Seria aquilo um sonho ou uma visão? Seria possível que o Senhor o estivesse preparando para uma alta missão, que serviria de exemplo ao povo e que ele marcaria com uma honrosa morte? Sua humildade e sua docilidade fizeram-no espantar-se intimamente com tão elevada missão.

– Que a Tua vontade esteja em tudo e qualquer que seja o meu destino, eu o abençôo. – Sussurrou ele, persignando-se. – Senhor, ouviste a minha prece e afastaste de mim o demônio vadio. Por Tua misericórdia, afasta de mim agora o demônio do orgulho!

Após o meio-dia, uma grande multidão encheu os espaços em volta da igreja de São Miguel, e dentro do templo reuniu-se uma seleta nata de senhores e nobres.

Por todas as ruas por onde deveria seguir o cortejo dos noivos, apertava-se a massa de curiosos, pois o rei e a rainha haviam prometido prestigiar com sua presença o casamento do jovem conde Valdstein.

Entre os convidados estava Jerônimo, finalmente recuperado dos ferimentos.

No meio da multidão de jovens, ele olhava com curiosidade para a porta por onde deveria entrar a noiva. Ele recordava da encantadora menina que havia visto no dia em que fora recebido com Huss no castelo de Rabstein e agora queria ver como ela desabrochara.

Os gritos que provinham da rua anunciavam a chegada do casal real e, pouco depois, entraram o noivo e a noiva.

Linda como um sonho, mas tão pálida como o branco e prateado véu que a envolvia com dobras vaporosas, Rugena caminhava com os olhos baixos, e somente chegando ao altar olhou para Huss, parado diante dela nos degraus.

Ele também estava pálido, pois não se alimentava desde o dia anterior. O rígido jejum deveria matar e subjugar a revoltada carne, que ousara desafiar a sua férrea vontade.

Com profunda devoção e solenidade, ele conduziu a cerimônia e de todo o coração clamou a bênção celestial sobre os nubentes.

O triunfo sobre a própria fraqueza soou nas palavras que disse aos noivos, convencendo-os a amar fielmente um ao outro, a viver conforme os mandamentos de Deus e a compenetrarem-se da verdade de que "somente o cumprimento do dever traz a verdadeira felicidade e a paz de consciência".

Até em Vok, por mais leviano que fosse, aquele sermão tão convincente teve seu efeito, apesar de provocar em sua alma uma sensação desagradável.

Ele tinha as melhores intenções e adorava a jovem esposa, mas permanecer fiel a ela, por mais linda que ela fosse, parecia-lhe um problema insolúvel e por isso, em sua opinião, era inútil Huss impor-lhe tal exigência.

Durante toda a cerimônia, Jerônimo não tirou os olhos de Rugena; parecia-lhe jamais ter visto uma mulher mais fascinante, a encarnação mais perfeita do ideal da pureza virginal. Ele tentou apresentar-se novamente a ela, mas a multidão que se acotovelava em volta dos noivos impediu-o de aproximar-se e somente no palácio dos Valdstein, antes de sentarem-se à mesa, ele finalmente conseguiu pedir a Vok para apresenta-lo à sua esposa.

Rugena permanecia o tempo todo ao lado da rainha, mas, naquele momento, a condessa Iana substituiu-a em seu posto e ela estava conversando com Ana e Marga, quando o marido aproximou-se acompanhado de Jerônimo.

– Rugena, permita-me apresentá-la a Jerônimo, a pessoa mais sedutora e maliciosa de toda a Boêmia. – Disse Vok, alegremente.

– Parece-me que com esse pomposo elogio você pretende me prejudicar, senhor conde. Entretanto, prefiro apresentar-me à condessa como velho conhecido. – Respondeu Jerônimo, com profunda reverência. – Tive o prazer de conhecê-la quando criança, minha senhora, no vosso castelo Rabstein, onde a senhora acolheu-me junto com Jan. A senhora, sem dúvida, deve ter-se esquecido de mim, mas eu guardei nítidas lembranças da pequena fada...

Ao olhar para Jerônimo, o rosto de Rugena ficou mortalmente pálido e ela olhava embaraçada para a figura esbelta do famoso orador, que com natural elegância inclinava-se diante dela, apertando contra os lábios a sua fria mão. Recuperando-se, ela respondeu, surdamente:

– Também me lembro de ter visto o senhor antes. Foi no dia em que recebi a notícia da morte de meu pai; todos os detalhes daquele malfadado momento gravaram-se para sempre em minha memória.

Vok havia-se afastado quase imediatamente para atender outros convidados e não percebeu o embaraço da esposa enquanto Jerônimo não deu nenhuma importância a isso. Após conversar mais alguns minutos com todo o seu brilho e com todo o seu humor, ele pediu licença para se afastar, pois todos já se sentavam à mesa.

Rugena estava espantada; o encontro com Jerônimo provocara em sua alma uma completa confusão. O ideal dos seus sonhos infantis aparecera de repente para ela em carne e osso e, de perto, nada perdera do encanto.

Realmente, Jerônimo era um dos rapazes mais belos do seu tempo e o mais elegante cavaleiro de Praga – a cidade mais luxuosa da época. Corajoso, simpático e estudado, ele era famoso não somente na sua pátria, mas em toda a Europa, onde o sucesso sempre o acompanhava; ele parecia ter sido criado para conquistar o coração das mulheres. Até os seus mais ferrenhos inimigos eram obrigados a admirá-lo.

E aquele ideal de homem – que ela adorava mesmo sem conhecer, perto do qual Vok desaparecia completamente –, ela fora encontrar exatamente no dia de seu casamento.

Rugena tinha consciência de que os agitados pensamentos em sua cabeça eram pecaminosos, que eram uma traição ao juramento de fidelidade que havia dado e que seu dever agora era arrancar do coração a imagem de seu ídolo e vê-lo somente como amigo de seu marido. Contudo, apesar de tão sábia decisão, seus olhos não conseguiam desviar do atraente rosto de Jerônimo, que levantava animadamente um brinde atrás do outro e, com sua alegria e seu desembaraço, fazia o rei rir até as lágrimas.

Depois do banquete, o casal real e a corte foram embora de volta ao palácio. O restante dos convidados continuou a festejar para grande decepção de Rugena, que sentia uma persistente necessidade de ficar só e descansar. Pálida e pensativa, ela quase não participou da conversa à mesa. Vok, pelo contrário, estava de muito bom humor; a admiração geral por Rugena e os incontáveis cumprimentos bajulavam sua vaidade.

Somente Jerônimo nada comentara, e era exatamente dele – do rei Salomão quanto à beleza feminina – que ele gostaria de ouvir algum cumprimento. Assim que o rei foi embora, ele saiu à procura do amigo e encontrou-o conversando animadamente com Huss num quarto separado.

O assunto da conversa era tão interessante que o conde imediatamente acabou participando dela. Falavam sobre o novo e grande escândalo que estava sendo preparado na universidade. Dali alguns dias haveria eleições para o novo reitor e decano da faculdade de artes; três nacionalidades alemãs preparavam-se para realizar essas eleições pelo método antigo. Os tchecos haviam resolvido atrapalhar esse intento com base no direito adquirido pelo decreto de 18 de janeiro. Assim, era necessário discutir as medidas que deveriam ser tomadas para pôr um fim à insolente teimosia dos alemães.

De repente, Jerônimo parou e, batendo no ombro de Valdstein, disse, sorrindo:

– Ah! Ainda não o cumprimentei! Você é verdadeiramente o eleito dos deuses.

– Por quê? – Perguntou Vok.

– E ainda pergunta, seu hipócrita? Compreenda que você é o mais feliz dos mortais, que o sonho mais ousado do poeta não poderia criar um ser mais belo que a sua jovem esposa!

– É verdade, Rugena é muito bonita... – Observou o conde, rindo. – Mas sua beleza é demasiadamente celestial e compará-la com outras mulheres *mais terrenas* pode ser perigoso para ela. Falando nisso, Jerônimo, queria chamar sua atenção para um pequeno milagre da natureza. É uma menina, não sei se judia ou cigana, que chegou à estalagem "Cavalo Negro" junto com bufões ambulantes para dançar e ler a sorte. Seu fresco e flexível corpo, a pele escura, a negra cabeleira e os olhos em fogo conseguem enlouquecer até um santo.

– Mas que coisa feia, Vok! Como pode comparar, mesmo que por brincadeira, a nobre Rugena com uma dançarina de rua? – Respondeu Jerônimo, com desprezo.

O rosto de Huss ficou sombrio.

– Vok, não tem vergonha de suas palavras levianas? – Disse ele, com severidade. – Deus deu-lhe como parceira um ser puro e maravilhoso e você, mal se afastou do altar, já sonha em traí-la com qualquer uma!? E ainda se diz cristão!?

Vok ficou confuso e vermelho. O respeito e a adoração que tinha pelo valoroso pregador eram tão profundos que ele nem pensou em responder àquele severo sermão e somente observou, sorrindo, sem jeito:

– Vocês, ascetas, não têm qualquer paciência, mestre Jan! Eu ainda não traí Rugena! Em primeiro lugar porque não tive tempo para isso e, em segundo lugar, diante do altar eu não jurei ficar cego e não olhar para outras mulheres, mas adorar somente a própria esposa! Nesse caso, eu deveria cortar a garganta de Jerônimo por ele achar a minha esposa bonita e até me confessar isso. Meu querido mestre, o senhor é severo demais! Então, pelo seu conceito, eu deveria ficar cego de um olho, como dizem as escrituras: "se o olho o tentar, arranque-o".

– Bem, tenho certeza de que você não seguirá esse conselho evangélico. – Observou Huss, balançando a cabeça.

– O que é certo é certo! Prezo muito a minha aparência. E mesmo Rugena, apesar de muito bondosa, com certeza me preferiria como estou agora do que cego de um olho, mesmo que eu extirpasse um olho somente para permanecer fiel a ela.

Jerônimo riu, Huss sorriu e, em seguida, levantou-se para começar a despedir-se.

– Mas como, padre Jan, o senhor já vai embora? – Disse o jovem anfitrião, lamentando.

– Sim, preciso ainda preparar o sermão. Aqui fica o Jerônimo, tão pecador como você. Ele também não furaria os olhos por qualquer besteira.

– É claro que não! Prefiro furar os dos outros. – Respondeu Jerônimo, rindo.

Jerônimo e Vok voltaram para a sala e misturaram-se na alegre multidão de convidados.

Mais uma vez, levantaram-se taças e beberam à saúde dos heróis do dia. Depois, ao som de flautas e canto, com os pajens jogando flores no caminho, os jovens foram conduzidos em triunfo aos aposentos nupciais.

No decorrer dos séculos, Praga foi celebrada por sua beleza. Nas colinas ao longo do rio Vltava, as jóias arquitetônicas do passado românico e gótico fundem-se à herança posterior criando um todo particularmente harmônico.

Segunda Parte

Capítulo I

(Ezequiel, 37)
"Levante, profeta! Que tudo viva,
que os olhos vejam, que o coração bata,
que o espírito da vida solte o seu sopro vital
e passe voando sobre o deserto..."
N. Sokolov

Para Rugena, os primeiros tempos do casamento foram momentos vividos em festas e homenagens aos nubentes, bem como em agitações políticas que tomaram conta de toda a população de Praga.

A questão dos votos na universidade tornou-se aguda e atingiu o seu ápice nas eleições do reitor e do decano da faculdade de artes. Os alemães, com a peculiar teimosia, mantinham insolentemente a velha ordem, mas os tchecos se opuseram a essa eleição ilegal e triunfaram.

As eleições foram adiadas e Baltengaguen, assim como o Varentrappe, manteve, temporariamente, seu antigo posto somente de fato.[1]

[1] Berger, *"Huss und König Sigismund", p. 63 – Nota do autor.*

O caso somente não chegou a combates corpo a corpo graças à severa ameaça de castigo feita por Venceslau, mas as relações entre as partes hostis continuavam extremamente tensas.

Entre os que acompanhavam, com particular ansiedade, o andamento daquela luta estava Marga. Apesar de muitas tentativas, ela não conseguira ver a mãe, em virtude do rígido controle do professor sobre a cunhada; entretanto, por meio de uma velha e fiel criada, Marga conseguira receber dela uma carta, na qual Luiza Gubner enviava sua bênção à filha e comunicava que na casa deles estava tudo pronto para partir, embora ela ainda não soubesse para onde iriam ao sair de Praga.

Marga tornou-se muito amiga de Rugena e compartilhava com ela sua tristeza pela próxima separação da mãe, sem despedidas e talvez para sempre.

A tempestade que há muito se sentia no ar desencadeou-se no dia 7 de maio de 1409.

Para pôr um fim à confusão da universidade, Venceslau – usando o próprio poder – nomeara seu secretário Zdensh Loboun como reitor e Simon Tishnov como decano, encarregando[2] - - - Nikolai Lobkovitz de dar cumprimento a essa ordem.

Lobkovitz, que era grande amigo dos Valdstein, ao jantar na casa deles naquele mesmo dia, contava alegremente os resultados da missão de que fora incumbido.

– Por ordem do rei, convoquei os mestres das quatro nacionalidades em Carolina e depois apareci lá acompanhado por conselheiros da "Cidade Antiga" e também com um bom destacamento de guardas, para manter os baderneiros em ordem. Quando propus aos alemães submeterem-se à vontade do rei, estes negaram-se terminantemente. Imaginem a fúria deles quando, em resposta à sua atitude, tomei de Baltengagen o selo de reitor e as matrículas da universidade, as cha-

---

[2] Palacky, *"G. v. B.", III, p. 235, nota 310 – Nota do autor.*

ves da tesouraria e da biblioteca e transferi as obrigações de reitor e decano para Zdensh e Simon. Tive a impressão de que eles iam morrer de raiva; mas os alemães são duros e limitaram-se a sair com gritos, maldições e ofensas. – Concluiu Lobkovitz, rindo.

– Gostaria de saber o que eles farão agora. Não podem mais se opor e não acredito que cumpram a promessa de abandonar a cidade. – Observou o velho Valdstein.

O dia seguinte, entretanto, mostrou que a decisão alemã era séria. Os alemães preparavam-se febrilmente para partir.

Na casa dos Zmirzlik, Marga não saía da janela, observando tristemente os preparativos para a viagem que aconteciam no quintal de seu tio, sob a supervisão do próprio Gubner.

Carroças eram carregadas com grandes trouxas e caixas, a mobília vendida era levada embora e até na rua ouvia-se a voz sonora e aguda do professor. O ódio, estampado em seu magro e amarelado rosto, deixava a pobre Marga trêmula mesmo a distância.

Ao amanhecer do terceiro dia, as ruas de Praga ficaram anormalmente ruidosas e movimentadas. Parecia que a população abandonava a cidade.

Com ar sombrio e preocupado, professores e estudantes alemães iam embora, uns a cavalo, outros em carruagens, outros ainda simplesmente a pé. Atrás deles seguiam longas filas de artesãos com esposas e filhos, sentados nas carroças e nos furgões com bagagem. Foi uma verdadeira evacuação. Naquele dia, mais de 5 mil pessoas (algumas crônicas afirmam que eram 20 mil) abandonaram Praga.[3]

A espantada multidão olhava em silêncio os retirantes; até aquele momento ninguém havia acreditado muito que a ameaça alemã se tornaria realidade. Para alguns, o receio das inevitáveis perdas de lucros envenenava o doce sabor da vitória. Contudo, é preciso dar o devido valor aos tchecos, que suportaram com hombridade

---

[3] Palaky, *"G. v. B." e Berger, p. 64, nota I.*

aquela temporária situação adversa, colocando o interesse nacional acima de tudo.

Após a saída dos alemães, as primeiras eleições universitárias elegeram Huss como reitor. Uma vitória tão grande deveria, aparentemente, trazer a paz. Contudo, a contenda somente transferiu-se para o campo teológico e reacendeu-se com o mesmo furor.

A disputa dos partidários de Wyclif e da Reforma com o partido da hierarquia da Igreja e do absolutismo papal saiu das salas da universidade e foi levada à população, dividindo-a em dois grupos antagônicos. No palácio real e nos castelos dos senhores, nas casas comerciais e nas oficinas, em conversas de rua e nos sermões, em todo lugar discutiam-se os livros de Wyclif e a necessidade de reformas na Igreja, onde os escândalos haviam atingido seu ápice com a eleição, em Pisa, do terceiro papa, Alexandre V.

A massa popular não entendia bem as nuances escolásticas dos ensinamentos do filósofo inglês. Mas, em compensação, tinha plena consciência de que pessoas especiais, conhecidas não só pelo seu valor, mas pelo amor à pátria, estavam a favor das reformas, enquanto sua oposição era o rico e viciado clero, composto em sua maioria por alemães, isto é, pelos tradicionais inimigos do povo tcheco.

As cada vez mais agudas divergências e discussões encontravam eco na casa dos Valdstein, visitada não só por Huss e Jerônimo mas também por muitos amigos, pertencentes parte ao clero e parte à universidade.

Enquanto na vida religiosa e política da Boêmia amadurecia uma nova crise, que conduziria inevitavelmente às guerras hussitas, na vida espiritual de Rugena acontecia um processo não menos complexo. Nos primeiros tempos depois do casamento ela sentira-se como que embriagada. A fogosa paixão do jovem marido assustara-a de início. Depois, ela acostumara-se, considerando aquilo um mal inevitável, e passara a suportá-la com indiferença, distraindo-se com a companhia de Jerônimo. As visitas freqüentes do amigo de Huss mantinham aquele sentimento indefinido que ela tinha por ele, mas que não considerava como amor – e se alguém expressasse uma opinião contrária iria deixá-la seriamente ofendida. Rugena estava sinceramente convencida de que admirava Jerônimo somente por ele se destacar entre outros homens por sua beleza, inteligência e instrução.

Uma carta de Svetomir, trazida por Zizka – que voltara da Polônia –, trouxera-lhe uma alegria passageira.

O jovem escrevera contando que o castelão de Cracóvia assumira sua causa e arranjara-lhe um serviço na corte do rei; que ele estava feliz com a própria situação e estudava com afinco as artes da guerra.

As primeiras aventuras amorosas do jovem conde alteraram de repente o estado espiritual de Rugena. Vok sempre considerara a fidelidade conjugal um problema insolúvel; além disso, por mais que estivesse apaixonado por sua linda esposa, ele logo percebera sua frieza e, por desaforo, passara a disfarçar cada vez menos as suas aventuras. As saídas de casa haviam passado a ser mais prolongadas e Rugena, visitando mais assiduamente a corte para escapar do tédio, logo soubera, por uma bondosa amiga, que os constantes negócios e viagens de Vok eram, na verdade, suas intrigas amorosas com duas damas ao mesmo tempo. Tal descoberta haviam despertado no coração dela sentimentos absolutamente novos e desconhecidos até então. Agora Rugena era uma mulher e seu orgulho havia sido mortalmente ofendido pela consciência de estar sendo trocada por vadias que nem poderiam concorrer com ela quanto à beleza.

Então, Rugena, sem qualquer recalque, despejara sobre o marido sua raiva e seu desprezo. Seguiram-se cenas agitadas e Vok, por incontinência de seu caráter, passara a zombar da esposa, participando abertamente de diversas e escandalosas aventuras.

As divergências entre o casal passaram a se tornar ostensivas e atraíram para Rugena muitos admiradores, que contavam aproveitar sua insatisfação com o marido. Estes, entretanto, eram imediatamente desencorajados e a fama de inacessibilidade da condessa Valdstein correu por toda a cidade e tornou-se proverbial.

Ela somente aceitava as atenções de Jerônimo – e mesmo assim porque ele jamais passara dos limites de respeitosa contenção. Enquanto isso, atraído tanto pela beleza quanto pela inteligência de Rugena, Jerônimo apaixonara-se por ela bem mais seriamente que os outros. Ele ignorava o papel que desempenhava no coração e na imaginação da jovem mulher, e não queria arriscar perder a amizade e o respeito de Rugena fazendo-lhe uma descuidada e atrevida declaração de amor.

Chegou julho de 1410. Preparava-se um novo ato de dissidência religiosa, cujo motivo aparente eram os ensinamentos de Wyclif, mas, na verdade, tratava-se da luta do pensamento humano livre contra o jugo da Igreja romana.

Ninguém pode levantar-se impunemente acima da multidão sem provocar inveja e ódio da mediocridade que o cerca. Huss tornou-se vítima dessa lei, e seus inimigos, chafurdando à sua volta, encontraram e puseram em ação a arma mais certa e perigosa para aniquilá-lo.

Protegido pelo casal imperial, adorado pelo povo e possuidor de imaculada fama, Huss parecia inacessível; entretanto, ele estava desprotegido contra a acusação de heresia. Foi atacado por esse lado e, entre as fileiras dos seus piores inimigos, revelaram-se muitas pessoas que ele considerava como amigos – entre os quais, Estéfano Paletch e Stanislau de Znoimo.

Os ensinamentos de Wyclif foram reconhecidos como heréticos e o arcebispo ordenou a todos os possuidores das obras do pregador inglês que levassem esses livros ao palácio do arcebispo. Essa medida, pouco inteligente, provocou a insatisfação dos partidários da Reforma e foi radicalmente condenada na casa dos Valdstein. Por mais que padre Hilário tentasse defender a autoridade do bispo, era sempre rechaçado por Jerônimo.

Talentoso e estudado, Jerônimo não se rebaixaria a discutir com um ignorante como padre Hilário, mas ao perceber, certa vez, que suas discussões divertiam Rugena, ele mudou de tática e começou a atrair o monge ignaro para o campo das diversas nuances escolásticas. A cabeça dura de Hilário não conseguia rebater os ataques do seu brilhante oponente e Jerônimo não o largava enquanto não o deixasse possesso de raiva, para grande satisfação da jovem condessa.

Entretanto, a notícia de que Baltazar Cossa fora eleito o sucessor de Alexandre V para o trono papal tornou Hilário simplesmente insolente; essa ascensão do parente próximo foi recebida com indescritível alegria pela condessa Iana e, desde então, o padre passou a tratar Huss e seus partidários com ostensivo desprezo.

No dia 16 de julho, Jerônimo e Huss deveriam almoçar na casa dos Valdstein, mas chegaram um pouco mais cedo para falar de negócios. Os anfitriões e visitantes estavam conversando num quarto cujas janelas saíam para a rua, quando o soar de um sino chamou sua atenção e, em seguida, o som agourento e contínuo de todos os sinos ecoou funestamente por toda Praga.

– O que significa isso? – Perguntou Jerônimo, sobressaltando-se.

Vok correu para a janela e escancarou-a. Na rua, transeuntes passavam, ajuntavam-se em grupos, e nada mais se notava.

– Precisamos ir verificar o que aconteceu! – Decidiram os presentes e começaram a abotoar as espadas.

Nesse instante, a porta se abriu e na entrada surgiu padre Hilário com o rosto vermelho, radiante e os olhos brilhando de prazer.

– Não precisam ir, senhores! Posso explicar o que aconteceu! É o som fúnebre do fim da heresia que contaminava Praga até hoje. Neste instante, os malditos livros de Wyclif estão sendo queimados no pátio do arcebispo. Que a maldita alma do herege queime no inferno!

Huss soltou um grito surdo e Jerônimo disse severamente:

– Você mente, monge! Isso é impossível!

– Ah! Ah! Ah! – Riu Hilário. – Logo vocês se convencerão da verdade. Todo o palácio do arcebispo está cercado de guardas e Zbinek comanda pessoalmente esse auto-de-fé, realizado por ordem do Santíssimo Padre.

– Seu Santíssimo Padre é um Anticristo! Um bandido que comprou a tiara para si. Como ousa queimar obras filosóficas que nem ele nem seu clero entendem?

– O Santíssimo Padre, um Anticristo? Um bandido? Aquele que une e separa as almas no céu e na terra não pode queimar alguns livrinhos hereges? – Rugiu Hilário, selvagemente.

– Sim, um Anticristo! E ele une e separa somente bolsas e não almas! – Respondeu Jerônimo, enfurecido.

– Ah! Percebo que ambos são hereges, você e seu co-irmão Jan, que lhe incute tais sacrilégios contra o representante de Cristo! Mas ele irá dar-lhes uma lição e enviá-los à fogueira, que é o que vocês bem merecem!

E, em sua fúria, ele avançou sobre Jerônimo com os punhos levantados. Jerônimo, com a nova ofensa, também perdeu o autocontrole e, desviando o golpe com o cabo de sua espada, agarrou o monge, levantou-o no ar e jogou-o pela janela aberta junto à qual estivera parado, dizendo:

– Vou lhe ensinar a ofender um homem a quem não merece nem amarrar o calçado.

Tudo isso aconteceu tão repentinamente que Huss não teve tempo de evitar. A condessa Iana, que entrava no quarto naquele instante, ao ver o seu confessor voar pela janela, soltou um grito e desmaiou.

Rugena empalideceu, mas permaneceu calada, olhando admirada para Jerônimo.

– Perdoe-me, senhora, por tê-la feito testemunha de minha precipitação. – Disse ele, preocupado com o desmaio da condessa, que já estava sendo cuidada por Ana.

– Espero, mestre Jerônimo, que minha presença nunca o atrapalhe na defesa de causas justas, principalmente quando se referem ao nosso querido padre Jan! Eu, pelo contrário, estou satisfeitíssima, pois essa cobra teve um justo castigo. – Respondeu Rugena, olhando-o de um modo especial.

Em seu olhar liam-se o amor e a admiração com tanta clareza, que Jerônimo estremeceu e voltou-se involuntariamente procurando Vok com os olhos. O jovem conde, debruçado na janela, olhava rindo o que se passava na rua.

O barulho da discussão havia atraído curiosos e diante da casa já estava formada uma pequena multidão, quando Hilário voou pela janela e espatifou-se na calçada, quase machucando duas mulheres que estavam lá paradas, ouvindo o que se passava na casa. As ofensas de Hilário contra Huss tinham chegado aos ouvidos do grupo que, imediatamente, decidiu vingá-las. Em vez de ajudar o monge que gemia na calçada, os cidadãos passaram a aplicar-lhe golpes, cuspir em sua tonsura e presenteá-lo com epítetos nada lisonjeiros. Sabe Deus como terminaria aquela cena se o próprio Huss não saísse e, com palavras severas, não parasse a multidão, que se disper- sou em seguida.

Com o rosto ensangüentado, dentes quebrados, a batina rasgada e suja, coberto de hematomas e arranhões, Hilário arrastou-se capengando até seu quarto. Ele sufocava de ódio e ânsia de vingança; no dia seguinte, uma carta embebida de fel e cheia de venenosas calúnias contra Huss e Jerônimo, contendo uma longa lista de palavrões que teriam sido pronunciados por eles contra o Papa, foi encaminhada a Bolonha. Ela estava endereçada ao padre Boaventura, tesoureiro do reverendíssimo bispo Brancassis.

A cena descrita acima foi, aparentemente, o início de uma série de desordens em Praga.[4]

[4] Palacky, *"G. v. B.", p. 235 – Nota do autor.*

Dois dias depois, ao passar pela "Cidade Nova" para visitar uma parenta doente, Rugena teve que parar por causa da multidão que se havia formado em volta do templo de São Stéfano. De dentro da igreja ouvia-se uma terrível gritaria e, naquele instante, um grupo de pessoas arrastava para fora da igreja um sacerdote ensangüentado, cobrindo-o de golpes e palavrões.

– É isso mesmo! Matem este blasfemo! – Berrava a multidão.

Rugena, horrorizada, voltou atrás e retornou para casa.

Mal tinha acabado de contar o ocorrido ao velho conde, quando chegou Marga apressadamente, também pálida de emoção.

– Vim correndo para me esconder aqui. Na rua está havendo uma terrível confusão! Fui orar na catedral e, quando entrei, chegou lá o próprio arcebispo com 40 prelados e começou a ler a excomunhão do mestre Jan, proibindo-o de pregar na capela de Belém. Então começou tal confusão que eu, temendo ser atropelada, escondi-me no canto mais próximo e o arcebispo com os seus fugiu pela sacristia. Só consegui chegar até aqui com grande dificuldade e, ainda, por atalhos.

– Isso já é demais! Excomungar uma pessoa tão valorosa como Huss, enquanto tantos sacerdotes patifes têm tantas honrarias e se refestelam! – Indignava-se o conde.

Naquele momento, uma multidão de cidadãos passava pela janela e uma estrondosa e sonora voz cantava: "Zbinek queima montes de livros, queima livros sem saber o que aqueles livros contêm; Zbinek-lebre[5] ri com riso maldoso... Ele está satisfeito: que queimem!".

Explosões de riso, assobios, piadas e zombarias sobre o arcebispo acompanhavam essa canção.

Quando as jovens damas ficaram a sós, Marga disse a Rugena:

– Não foi só a confusão na rua que me fez correr para cá, mas

---

[5] *O nome era Zaits Zbinek.* Zaits *em tcheco significa "lebre" – Nota do tradutor.*

o encontro com Guints Leinhardt. Não o via desde o meu casamento; ele estava em Munique quando nós nos instalamos na "Cidade Nova". Hoje eu o encontrei na rua e ele me olhou com uma raiva e um ódio tão diabólicos que fiquei gelada. Pressinto que esse homem me trará a desgraça!

Esse pensamento havia deixado Marga tão assustada que Rugena teve que mandar os criados acompanharem-na até sua casa.

Capítulo II

Todo o período seguinte foi marcado por fortes agitações na cidade.

Huss protestou contra a excomunhão e continuou a pregar na capela de Belém, com o apoio da rainha que continuava a freqüentar seus sermões.

Venceslau proibiu, sob pena de morte, o cantar de canções ofensivas ao arcebispo. Por outro lado, permitiu aos proprietários dos livros queimados que cobrassem seu valor de Zbinek e dos outros sacerdotes, participantes do auto-de-fé. O cumprimento da vontade real ficou a cargo do chefe militar da Cidade Alta, o cavaleiro Kobyla, e do conde Vok Valdstein.[1]

Para Rugena, esse tempo foi particularmente difícil e envenenado por problemas domésticos. Além do marido, que se destacava pelas aventuras, também a sogra começara a persegui-la. A condessa Iana ouvira as palavras de aprovação de Rugena, quando Hilário fora jogado pela janela. Agora, vingava-se da ofensa ao seu confessor, culpando a nora pelas loucuras de Vok e afirmando que ela afastara-o com sua frigidez, com seus caprichos e com suas exigências.

Rugena sentia-se muito só e o relacionamento amigável e calo-

[1] Pelzel, *p. 570 – Nota do autor.*

roso com Jerônimo agia como um bálsamo sobre seu coração ferido.

Jerônimo, mesmo sendo partidário da Reforma e estando envolvido em sua discussão – que era assunto de todas as reuniões universitárias e políticas –, conseguia passar seu tempo livre com a jovem condessa e a divertia como podia: lia, cantava ou lhe ensinava artes e ciências. Essa atenção despertava em Rugena um profundo reconhecimento e criava entre eles uma perigosa aproximação. As visitas de Jerônimo custavam à esposa de Vok muitas discussões com a condessa Iana, embora a sogra estivesse longe de suspeitar da fidelidade de Rugena, acusando-a simplesmente de receber Jerônimo para irritá-la.

O amor de Jerônimo crescera, principalmente, desde o memorável dia do vôo de Hilário em que ele percebera o olhar apaixonado de Rugena. A idéia de ser amado por aquela encantadora mulher perturbava-o e revelava nele um ardente desejo de certificar-se disso, olhando por baixo da máscara com que Rugena ocultava seus sentimentos.

Um acontecimento inesperado precipitou a explosão.

Vok realizava assiduamente expedições punitivas contra párocos de mosteiros e o clero em geral que havia participado da destruição dos livros de Wyclif, tomando deles resgates, levando tesouros de sacristias e ouro de baús. O sacerdote de uma das grandes e ricas paróquias na periferia de Praga trancara-se em casa, negando-se terminantemente a pagar a quantia exigida. Valdstein, então, tomara a casa de assalto e, ao procurar os tesouros, encontrara uma jovem e bonita moça. Apesar dos gritos e protestos do reverendo pastor da igreja, ele levara-a consigo e, em despedida, mandara dar umas boas chicotadas no "maldito padreco" por libertinagem.

Por azar, ao retornar trazendo consigo a amante do padre, encontrara Rugena pelo caminho. A moça voltava de uma visita à rainha e pôde ver o marido com a bonita mulher sentada na garupa. O conde, olhando zombeteiro para a esposa, passou por ela com sua presa e foi festejar numa taberna.

Rugena voltou para casa fora de si, repassando na mente os mais ousados planos de vingança. Naquele momento ela odiava o marido, imaginando que, pelo acontecido, todos ririam e apontariam para ela. Ela andava pelo quarto tão indignada e absorta em pensamentos que não percebeu nem o pajem anunciando uma visita nem a entrada de Jerônimo. Este, não recebendo resposta ao seu cumprimento, parou olhando-a com espanto.

– Meu Deus! O que aconteceu, condessa? Algo terrível? – Perguntou ele, aproximando-se de Rugena.

– Aconteceu que odeio Vok e não quero mais vê-lo! – Ela deixou escapar.

– O felizardo provoca ciúmes! Posso somente invejá-lo... – Disse Jerônimo, sorrindo tristemente. – Percebo que alguns pecadinhos do jovem pândego chegaram aos seus ouvidos; mas não deve levar isso ao coração. Ele é fogoso, teimoso e facilmente se distrai, mas será que pode não amá-la? Certamente ele logo aparecerá com ar de culpado...

Rugena riu com desprezo.

– O senhor está completamente enganado, mestre Jerônimo! Não tenho ciúmes de Vok, porque nunca o amei, e ele não virá pedir perdão, porque também não me ama. Sou vítima de um acordo familiar! Como poderia saber a que pessoa estavam me entregando? Ele via em mim uma rica herdeira que lhe traria de dote dez castelos, 80 aldeias e ouro para cobrir as dívidas de sua família e pagar as suas farras. Não preciso do amor dele, mas tenho o direito de exigir não ser ofendida publicamente! A idéia de estar ligada a ele e não poder cortar esses odiosos grilhões está me enlouquecendo!

Ela desabafava com arrebatamento, mas, de repente, seu ardor transformou-se em desespero. Sentou-se na cadeira e, tapando o rosto com as mãos, rompeu em prantos.

Jerônimo nunca a tinha visto chorar e isso despertou nele amor e compaixão. Ele olhava, enfeitiçado, para as grossas lágrimas que corriam pelos finos dedos e caíam como brilhantes sobre o veludo escuro do seu vestido.

– O que fiz para merecer essa vergonha? Todos me deixaram e ninguém me ama... – Dizia ela, soluçando.

Jerônimo, esquecendo de tudo na vida, ajoelhou-se diante dela e pegou suas mãos.

– Ninguém a ama?! Será que nunca percebeu que a amo com toda a alma e que estou pronto a entregar por você até a última gota do meu sangue?

Rugena levantou-se, pálida. Será que ouvira bem? Seria possível que ele, o ídolo de toda a Praga, cujos conhecimentos superavam os de professores e cujas palavras encantavam multidões, poderia realmente estar apaixonado por ela? Então percebeu, por seu olhar cheio de sentimentos, que ele dizia a verdade e que o ídolo dos sonhos infantis estava, naquele momento, a seus pés.

Se Rugena estivesse mais calma, talvez se assustasse com aquela confissão. Mas o orgulho ferido e a raiva do marido indignavam todo o seu ser e o sentimento de vitória e embriagante felicidade acabou com qualquer vacilo, qualquer obstáculo.

– É verdade que me ama, Jerônimo? – Perguntou ela, inclinando-se para ele.

– Sim. Para minha desgraça, é verdade! Desculpe-me, Rugena, por essa louca confissão que suas lágrimas provocaram e não me mande embora... – Murmurou Jerônimo, tentando se levantar.

Mas Rugena passou os braços em seu pescoço e, colocando a cabecinha em seu ombro, murmurou, com lábios trêmulos:

– Nada tenho a perdoar. Pela primeira vez na vida, sinto a verdadeira felicidade. Eu também o amo há muito tempo, desde o dia em que o vi no castelo Rabstein.

Em poucas palavras, ela contou-lhe seus sonhos de menina nos quais ele era o ideal. Embriagado pelo sucesso inesperado, Jerônimo puxou-a para si e encostou seus lábios nos dela.

Rugena pousou a cabeça em seu peito; uma sensação ainda desconhecida – uma mistura de beatitude, paz e amargura doentia – encheu sua alma.

Nesse momento, nas dobras da cortina do quarto, apareceu o rosto de Ana. Inicialmente, ela ficou petrificada ao ver aquela cena de traição. Depois, baixando a cortina, não se afastou, querendo proteger a fraqueza de sua amiga de algum olhar indiscreto. Jerônimo recompôs-se primeiro. Sentou-se ao lado de Rugena, ainda segurando sua mão.

– Querida! – Disse ele, olhando-a com paixão. – Se, algum dia, pudesse imaginar que um velho falcão passageiro, como eu, iria agradar a uma encantadora menina, que já naquele tempo prometia transformar-se numa bela mulher, ter-me-ia tornado caseiro e disputado você com o resto do mundo. Mas agora, depois do que aconteceu, só me resta calçar as sandálias e fugir rapidamente, pois me tornei um criminoso em relação ao meu amigo.

Rugena empalideceu. Estava acima de suas forças desistir da felicidade que acabara de conquistar; com isso, subiu-lhe o fel acumulado contra o marido.

– Criminoso contra aquele traidor? Ele merece que o enganem. Eu, pelo menos, não me sinto obrigada a permanecer fiel àquele depravado, que sem nenhum pudor anda pelas ruas em companhia de mulheres decaídas. – Disse ela, com desprezo. – Por causa dele, devemos nos separar? Nunca! Não quero que você me deixe e, se for embora, vamos juntos! Odeio esta casa; fugirei daqui e irei com você até o fim do mundo!

– Não me tente, Rugena, pois suas palavras me enlouquecem! A consciência me diz que seria um crime juntar o seu destino ao meu e expô-la a toda sorte de desventuras da minha vida nômade e de eterna luta! Um herege como eu pode até futuramente parar numa fogueira; como posso oferecer à mulher amada um lar seguro e uma existência pacífica? Eu nem poderia morrer como se deve se soubesse que deixaria você numa situação ruim.

– Não quero que você morra! Quero que viva e viva só para mim. Se me ama realmente, encontrará um meio de me libertar e levar-me consigo! – Retrucou Rugena, calorosamente.

Jerônimo beijou-lhe as mãos, com amor.

– A partir deste momento, sou seu escravo! Vou pensar em tudo e encontrarei um meio de salvá-la. Dentro de alguns dias iremos embora. Depois, estando em algum lugar seguro, iniciaremos a separação, pois você deve me pertencer diante de Deus e dos homens! Agora preciso ir, mas amanhã virei novamente. Nós fomos demasiado imprudentes hoje.

Ele inclinou-se, beijou-a novamente e, antes que Rugena pudesse entender o que se passava, já havia saído do quarto.

Estava anoitecendo e ele, ao sair, não percebeu Ana parada na escuridão. Não encontrando ninguém pelo caminho, além de dois pajens que acendiam as velas dos candelabros, Jerônimo saiu para a rua e foi para casa.

Sua cabeça ardia e o coração batia fortemente. O acontecido significava uma nova reviravolta em sua vida. Talvez o céu, ao enviar-lhe aquela indescritível felicidade, estivesse lhe dando um sinal indicando que ele já trabalhara o suficiente para os outros e estava na hora de pensar em si próprio.

Para sua surpresa, ao chegar em casa encontrou Huss sentado à mesa, folheando um manuscrito.

– Saudações, Jan! O que está fazendo aqui? – Perguntou Jerônimo distraidamente, jogando o chapéu e a capa sobre a cadeira.

– Bem, estava aguardando-o e lendo o seu tratado em defesa do "De Trinitate" de Wyclif. – Respondeu o padre, olhando-o surpreso. – Vim dizer que recebi uma carta do Jan de Iessenits, de Bolonha, com detalhes muito interessantes sobre o meu processo e as conversações do doutor Nas com o santo trono.

– Oh! Isso é interessante... – Respondeu Jerônimo, num tom que revelava que seus pensamentos estavam longe e que ele ouvia somente com os ouvidos.

Huss pegou-o pela mão e fê-lo sentar-se.

– Bem, sente-se aqui e fale comigo. – Disse ele ao amigo. – Você está com uma aparência estranha, feliz e preocupada ao mesmo tempo. Alguma coisa lhe aconteceu. Você parece que perdeu a cabeça!

– Você está certo! Dá mesmo para perder a cabeça... – Respondeu Jerônimo, passando as mãos pelos espessos cabelos. E ao ver o olhar inquisidor do amigo, continuou:

– Jan! Se soubesse de onde vim e o que fiz, você me repreenderia muito.

Um sorriso triste passou pela pálida face de Huss.

– A consciência já é metade da culpa!

– Mas não desta vez. E nesse assunto não estou sozinho! Cometi um crime, perturbando um inocente coração. – Disse Jerônimo, levantando-se de sobressalto e começando a andar nervosamente pelo quarto.

– Você é incorrigível. Será que nem os anos, nem a inteligência conseguem pôr um fim às suas aventuras amorosas? – Observou Huss, com desaprovação. – Sei que as mulheres o mimam, então pelo menos deixe as moças em paz. Pense só, que tipo de marido você seria: um nômade sem lar, como um "judeu errante", nunca encontrando sossego em lugar algum.

– Mas agora é diferente, Jan. Chegou a hora de parar e deixar essa vida. Você está certo: eu me apaixonei muitas vezes, mas sempre superficialmente. Agora, entretanto, meu coração foi entregue definitivamente. A mulher, linda como um anjo e pura como o lírio, me ama. Entenda, Jan, ela me ama abnegadamente e... sou seu escravo.

Um horror mortal refletiu-se no rosto de Huss e ele olhou severamente nos olhos do amigo.

– Já entendi! Essa mulher, linda como um arcanjo, é a esposa de Vok Valdstein, e sua pureza de lírio deve estar lhe incomodando tanto a vista que você quer manchá-la com a lama da vergonha.

Foi a vez de Jerônimo ficar pálido.

– Você adivinhou: é Rugena! Eu aceito que você, tendo vencido a carne e sobre quem as paixões não têm efeito, me critique como sacerdote e como amigo; mas existem situações que abrandam nossa culpa. Vok trai a esposa da forma mais imperdoável e o orgulho feminino dela é diariamente ferido. Então, não é de surpreender que ela tenha sede de amor e participação e anseie cortar os grilhões que a sufocam. Estou pecando, mas sou homem e não consigo lutar contra a tentação quando uma mulher como Rugena me diz: "Eu o amo e sempre amarei. Leve-me daqui e o acompanharei até o fim do mundo". O desejo dela para mim é uma ordem e eu irei embora com ela. Quero ser feliz e fazê-la feliz!

A paixão e a irredutível decisão sentiam-se em suas palavras, em seus gestos e no brilho de seu olhar.

O rosto de Huss explodiu e ele levantou-se.

– Você pretende raptar Rugena? Seu louco! Já não lhe basta atrapalhar a sua inocente alma com um amor proibido e você ainda quer rebaixá-la, transformando-a em refém e arrastando consigo aquele ser delicado, acostumado a mimo e luxo, para as vicissitudes da sua vida nômade?

– Calma, Jan, não me ofenda sem motivo. Quero levar Rugena comigo e escondê-la, mas somente até o divórcio e para que ela possa estar ao meu lado diante do altar.

– Você quer que ela se divorcie? E para qual dos papas você pretende apelar para o divórcio? – Sorriu Huss, zombeteiro. – Vai ver o Gregório XII, em Rimini?[2] Mas você negou abertamente obe-

---

[2] *Rimini: cidade onde morava Gregório XII, o papa da dissidência italiana, que não reconhecera a decisão do concílio de Pisa – Nota da editora.*

diência a ele, e isso não vai ajudá-lo. João XXIII,[3] em Roma, também não gosta de você, por tê-lo chamado de Anticristo. O Bonifácio[4] está longe demais daqui e o seu poder é reconhecido somente em Aragão. Se pelo menos um deles conceder o divórcio a Rugena, os outros dois dirão que é uma decisão ilegal. Pense um pouco, Jerônimo, ouça a voz do bom senso e da honra e fuja, enquanto ainda não fez um mal irreparável e enquanto sobre a sua cabeça não pesa um crime triplo: contra Deus, contra o homem que o considera seu amigo e contra a fraca mulher que o ama e confia cegamente em você!

Jerônimo ficou confuso e baixou a cabeça em silêncio. Ele percebia que Huss estava certo: suas esperanças eram impossíveis e sua consciência dizia o mesmo. Entretanto, estava acima de suas forças descartar a felicidade.

– Jan, você exige de mim um sacrifício desumano. Você quer que me castigue duplamente; vou perder não somente o ser mais adorável que poderia ser dado a um homem, mas também Rugena vai me odiar se a deixar depois do que houve entre nós dois.

– É melhor que ela o odeie e não despreze. O coração humano é leviano. Quem sabe se a felicidade que sonham pode, com o tempo, tornar-se pesada para ambos? Pessoalmente, nada exijo de você; mas como sacerdote indico-lhe as palavras do mandamento: "Não desejar a mulher do próximo". E, como amigo, digo: tenha pena da mulher que você diz amar, não a aniquile moralmente e não tire dela a possibilidade de voltar ao verdadeiro caminho. A embriaguez da paixão é rápida e passageira; o arrependimento é terrível e longo. Para concluir, quero lembrar-lhe da nossa nacionalidade e da luta

---

[3] *Papa substituto de Alexandre V, eleito pelo concílio de Pisa de 1409 – Nota da editora.*

[4] *Bonifácio, o terceiro papa da dissidência francesa, de Avignon, também não reconhecera as decisões do concílio de Pisa, refugiando-se em Aragão, na Espanha – Nota da editora.*

religiosa que ambos apoiamos. Sua honra vai permitir-lhe fugir do campo de batalha justamente no momento em que sua palavra e sua sapiência devem pertencer integralmente à pátria?

Jerônimo tapou o rosto com as mãos; uma grande luta acontecia dentro dele.

Após um longo silêncio, ele levantou-se pálido, mas decidido; o reflexo do abalo moral que passara naquele instante sentia-se em sua voz e em seu olhar apagado.

– Você venceu, Jan. – Disse ele, surdamente. – Abdico da felicidade pessoal e vou embora o mais depressa possível sem ver Rugena. Que esse sacrifício sirva para você como medida do meu amor por ela; não quero ser culpado por sua decadência. O futuro dirá se eu tinha o direito de fazer isso e se agi corretamente transformando-me, ao mesmo tempo, em seu algoz, pois a vida dela com Vok é uma completa desgraça.

– Enquanto o homem cumpre a sua obrigação, não pode estar infeliz; a consciência tranqüila lhe servirá de apoio. – Respondeu Huss, duramente. – Dê-me sua mão, amigo! Cumprimento-o pela vitória! Acredite-me: algum dia Rugena também irá agradecer-lhe por você não abusar de sua inexperiência.

– Prometi encontrá-la amanhã. Vá em meu lugar e transmita o meu "me perdoe"; explique-lhe as razões que me levam a fugir dela. – Disse Jerônimo, com voz baixa.

Depois, apanhando o chapéu e a capa, saiu precipitadamente do quarto; Huss saiu em seguida.

Após a saída de Jerônimo, Rugena trancara-se no quarto; seu estado emocional resultara em rios de lágrimas. Vok, felizmente, não voltou à noite e, na manhã seguinte, ela acordou tarde. Depois de um profundo sono, Rugena tomava consciência exata do que acontecera na véspera e relembrava, num misto de terror e enlevo, todos os detalhes.

A recordação das palavras de amor e dos beijos que trocara

com Jerônimo fazia todo o seu ser tremer de felicidade, mas a vergonha e a dor na consciência já se manifestavam em sua alma. Ela era por demais honesta e pura para, de uma hora para outra, livrar-se de toda a sua base moral.

O dia para ela alongava-se demasiadamente e quando seu sogro – Vok ainda não havia voltado –, espantado com seu ar desanimado, perguntou amigavelmente o que estava acontecendo, ela quase desmaiou.

Sua preocupação crescia a cada instante; Jerônimo provavelmente marcaria a hora e iria combinar os detalhes da fuga que ela própria exigira. Rugena, agora, sentia-se atemorizada em dar aquele passo decisivo.

Mas em vez de Jerônimo chegou Huss e pediu-lhe para conversar em particular. O olhar severo e triste de seu confessor fez a esposa de Vok estremecer e enrubescer.

Ela seguiu-o, cabisbaixa, ajoelhou-se diante do facistol.

– Você aguardava uma outra pessoa, cujas palavras seriam mais agradáveis do que as minhas. – Disse Huss, depois de um curto silêncio. – Mas, para cumprir a minha promessa, vim aqui para lhe transmitir o "adeus" de Jerônimo. Ele irá embora amanhã e não voltará enquanto não estiver em condições de vê-la sem corar.

Rugena soltou um grito surdo.

– Ele está me abandonando? Ele não me ama?

– Ele a ama demais para querer aniquilá-la e rebaixá-la ao nível das mulheres de... outro tipo. Acorde, Rugena, e envergonhe-se por ter esquecido tão completamente o seu dever! – Observou Huss, severo.

Entretanto, o golpe recebido fora forte demais. A perda do homem amado apagou de vez a sua discrição e, exaltada, ela começou a contar todas as ofensas e traições do marido, tirando de si qualquer obrigação de permanecer fiel a ele.

Huss não a interrompeu até que o pranto abafou sua voz.

– Declare isso tudo abertamente e depois vá embora! – Observou o sacerdote.

– Mas, será que posso fazer isso? – Murmurou ela, olhando-o, surpresa.

– O certo é que você não pode! Mas pretende fugir à noite, às escondidas? Acredite-me, minha filha, tudo que tem receio da luz, qualquer coisa que se esconde na escuridão – é má! Sabe disso tão bem quanto eu e, por isso, sente vergonha e se esconde do olhar do povo que, em comparação com o olho de Deus, não é nada assustador. Você acusa o seu marido e afirma que odeia Vok por suas ofensas, mas desde quando os pecados alheios servem de desculpa para os nossos? E a sua consciência está tranqüila?

E Huss foi descrevendo, severamente, toda a vida de Rugena depois que se casara. Ela, por acaso, tentara apaixonar-se por Vok e atraí-lo com indulgência e docilidade? Ela, por acaso, não o afastara com sua indiferença, com sua frieza e com suas palavras duras e ofensivas? Depois, Huss passou a falar sobre o dever que, por mais pesado que seja, a pessoa deve cumprir para não se esquivar da provação da vida e não sofrer as conseqüências da dor de consciência e do medo da condenação.

Nunca, talvez, o pregador fora tão eloqüente como naquele momento; ele preenchia a confusa alma arrependida de Rugena com toda a sua viva fé e seu ardente ímpeto ao bem.

Quando Huss finalmente foi embora, Rugena, completamente quebrada pelos argumentos do padre, decidiu dedicar-se inteiramente ao cumprimento do dever, e entregar a Deus o próprio destino.

Capítulo III

Era domingo de fim de maio de 1412. Apesar de ainda ser madrugada, as ruas de Praga já estavam cheias de gente. Uns apressavam-se para a missa, outros corriam para fazer compras nas inúmeras barracas-carroças que apareciam nos dias de feira vendendo diversas provisões trazidas das regiões vizinhas.

Na praça, diante da igreja de Tyn, havia uma grande aglomeração de pessoas e a massa compacta cercava dois tablados de madeira. Em cima de cada um dos tablados havia um monge que falava ao povo. Sons de trombetas e tambores que soavam de tempos em tempos atraíam cada vez mais curiosos.

Na multidão estavam Broda e Matias; um escutava com desaprovação e cenho franzido os pitorescos discursos dos monges enquanto o outro zombava deles com desprezo.

– Irmãos! – Gritava um dos pregadores. – Minhas palavras são insuficientes para descrever toda a felicidade celestial que vocês poderão receber, garantindo-se com as indulgências que Sua Santidade, o papa João XXIII, ofereceu aos fiéis com a sua inesgotável generosidade de pai aos seus filhos pródigos. Quem de nós não tem um pecado manchando a consciência? Quem não tremerá diante do julgamento divino ou não começará a implorar aos céus o perdão aos caros falecidos que suportam terríveis sofrimentos no inferno? E quem de nós não receia por suas crianças, que talvez tenham de passar pela eterna maldição? Agora, vocês podem evitar todos esses sofrimentos, somente adquirindo as indulgências... Temos indulgências de todos os tipos e para todos os fins: completas e parciais, para 500, 300 e 200 anos; temos autorizações para pecados futuros e temos também as que cancelam os sofrimentos do purgatório. Temos indulgências para altos senhores e para os pobres, pois todos podem evitar os sofrimentos do outro mundo. Até aqueles que já estão a caminho da morte podem tranqüilamente aparecer diante dos portões do céu e São Pedro, ao ler suas indulgências, nem vai lhes perguntar sobre seus pecados, abrindo-lhes simplesmente as portas do céu. E lá, sobre nuvens douradas e prateadas, está o Deus Pai, junto com Seu Filho, cercado de plêiades de arcanjos e anjos, querubins e serafins. O pecador, em sua devoção, cairá de bruços diante do altar do Supremo; mas os anjos, ao verem a indulgência em suas mãos, irão mostrá-la a Deus e Cristo dirá: "O que meu representante perdoou na terra, será perdoado no céu. Vá, meu filho, e cante glórias a mim". E os anjos levarão o bem-aventurado às nuvens e mostrar-lhe-ão todas as belezas do paraíso; ele descansará sob a sombra da árvore da ciência do bem e do mal, e poderá comer, sem receio, aqueles mesmos frutos que um dia foram a perdição de Adão...

O monge, cansado, parou para tomar fôlego.

Seu discurso provocava sentimentos bastante diversos nos ouvintes. Alguns riam e vaiavam em tom de zombaria; de todos os lados da multidão provinham apelidos nada lisonjeiros ao Papa e seus enviados. Mas também se ouviam gritos de protesto contra os valentões:

– Calem a boca, seus infiéis! Sejam amaldiçoados, mas não confundam os outros.

– Padre, é verdade o que o senhor acabou de dizer? – Gritou uma mulher, toda em lágrimas de beatitude religiosa.

– A mais santa verdade. – Disse o monge. – Todos vocês estarão duplamente salvos, se pararem de ouvir os servos de satanás, que estão indignados vendo que o inferno se esvazia. Então, não percam tempo, irmãos: lá na igreja vos aguardam as preciosas chaves do céu. Apressem-se enquanto os lugares no céu não foram totalmente preenchidos! Apesar de o céu ser grande, existem mais homens na terra do que ele pode comportar.

Muitas pessoas da multidão correram para a igreja, mas Broda, rindo às gargalhadas, puxou Matias de lado.

– Sorria, meu velho! Esse estelionatário de batina não conseguirá arrancar nada de nossos bolsos. – Disse ele.

– Mas, em compensação, quantos idiotas entregar-lhe-ão seus últimos centavos por um pedaço de pergaminho no qual cada palavra é uma mentira e blasfêmia? – Indignava-se Matias.

– Essa imundície acontece já há três semanas. – Respondeu Broda. – Você esteve doente e não viu o início desse sacrilégio. Eu estive na própria catedral durante a leitura das duas bulas e, mesmo sendo soldado, quase caí. A igreja estava às escuras e era iluminada somente com velas que o clero trazia nas mãos; depois, trouxeram a bula da excomunhão, todas as velas foram imediatamente apagadas e jogadas no chão e os sinos começaram a tocar como num funeral. Então, passaram a anunciar que o rei napolitano é um inimigo da Igreja, por crime de perjúrio e heresia, e é excomungado pela Igreja por todos os seus crimes e com todos os seus descendentes até a terceira geração, e que idêntico castigo espera por seus amigos e partidários. Disseram também que quem ousar sepultar o rei de Napóles, ou um de seus partidários, de modo cristão também será excomungado e não receberá a absolvição até que desenterre os cadáveres com as suas próprias mãos.[1] Que horror! – E Broda deu uma cusparada no chão.

– Isso é uma falta de vergonha, é uma monstruosidade! Como

---

[1] E. de Bonnechome, *p. 53 – Nota do autor.*

um servo de Deus pode receitar tais horrores? – Indignava-se Matias, persignando-se.

– Infelizmente, só mostra a decadência da Igreja. O próprio Papa diz tais torpezas e prega uma cruzada contra um rei cristão por causas leigas. E, para que os novos cruzados ajudem o Papa com a espada e o ouro, eles prometem-lhes todos esses milagres que acabamos de ouvir.

– Ainda bem que o mestre Huss abre os olhos desses idiotas e mostra o verdadeiro valor das bulas e indulgências. Não é culpa dele se, mesmo assim, aparecem umas ovelhas que se deixam tosar.

– Certo. Ele luta como um leão pela verdade: prega, desmente e cola em todas as esquinas os seus cartazes com desmentidos. Jerônimo, desde que retornou a Praga, voltou a ajudá-lo. Mas, que homem! – Prosseguiu Broda, entusiasmado. – Deus presenteou-o com todos os dons! Você viu, Matias, o quadro que ele pintou recentemente na parede?

– Não.

– Venha comigo, vou mostrar-lhe.

– Mas não vamos nos atrasar para o sermão na capela de Belém?

– Claro que não! Depois, aceleramos o passo e chegaremos a tempo. – Respondeu Broda, arrastando o companheiro.

Perto da capela, diante de uma parede completamente rebocada, também havia uma multidão de curiosos, por meio da qual Broda e Matias começaram a passar, abrindo caminho a cotoveladas. Finalmente, viram-se diante de um quadro de gigantescas dimensões.

De um lado estava a imagem de Cristo, dócil e descalço, sentado num burrico e cercado de apóstolos, também descalços e com cajados nas mãos. Do lado diretamente oposto do Filho de Deus estava uma imagem do Papa, de tiara na cabeça, montando um cavalo coberto com sobreanca bordada a ouro; à sua frente iam os arautos e corneteiros e atrás seguia uma magnífica corte de cardeais, trajando púrpura, ladeados por cavaleiros em armaduras.

As observações e piadas que se ouviam da multidão comprovavam que o objetivo do artista havia sido plenamente atingido.

Broda e Matias não ficaram olhando o quadro por muito tempo e, apressadamente, foram ouvir o sermão para o qual, apesar da insistência de Broda, acabaram chegando atrasados.

Uma incontável multidão preenchia não só o interior do templo mas também todo o prédio em volta, obrigando Broda a usar a sua gigantesca força para abrir caminho. Mesmo assim, não conseguiram passar além da porta; mas, sendo ambos de altura privilegiada, podiam ver por cima das cabeças o que se passava na capela.

Huss estava no púlpito e seu rosto emocionado refletia a ardente convicção que o inspirava.

A distância abafava algumas palavras do pregador. Somente quando ele, em seu ímpeto, elevava a voz, partes do discurso chegavam até Broda e Matias.

– Irmãos! – Dizia Huss naquele instante. – Não considerem o que falei como uma negação do poder do santo trono. Ninguém se submete mais docilmente do que eu à autoridade que Deus deu ao Papa. Estou somente protestando contra o abuso de poder, principalmente neste caso. A consciência me obriga a prevenir a todos vocês contra tal fraude que deforma as próprias palavras de Cristo. O Papa prega uma cruzada contra um rei cristão e incita povos uns contra os outros para garantir seus interesses de propriedade. E, aos que derramarem o sangue cristão, ele promete indulgências e vende abertamente os preciosíssimos bens espirituais. O Senhor, quando estava na cruz, rezava por seus algozes e criticou Pedro por levantar a espada em sua defesa, enquanto esse chefe da Igreja, dizendo-se representante de Cristo, somente vomita maldições, ameaças e condenações à morte... Pior, ele ordena desenterrar os mortos das covas para profanação, só por eles terem sido fiéis ao seu rei.

A voz do pregador sumiu por um tempo, mas logo novamente foi ouvida:

– Tenham cuidado, irmãos, para não acreditar nas indulgências que são ditadas pelo ódio! Cada palavra escrita nelas é blasfêmia contra a verdade evangélica. Evitem comprar as falsas indulgências, que medem com ouro a misericórdia divina e os consolam com mentirosas esperanças de perdoar seus atos maus com algo mais que um sincero e profundo arrependimento e boas ações!

Quando o sermão terminou, a multidão começou a dispersar-se aos poucos.

Entre os presentes apareceram, à entrada do templo, o velho conde Valdstein, Vok, Rugena e Ana. Eles pararam perto da porta, aguardando que o povo saísse, e comentavam o que tinham ouvido.

Nesse instante, da segunda porta que conduzia à sacristia e à cela de Huss, surgiu Jerônimo. Parecendo não notar os Valdstein, ele passou adiante e misturou-se na multidão; mas Vok correu atrás dele e segurou-o pela capa.

– Por que está correndo, Jerônimo? Ou você propositadamente não quer notar os amigos?

– Mas que idéia! Não sabia que você estava na igreja, pois ouvi o sermão sentado atrás do púlpito.

– Estamos aqui, eu, meu pai, Rugena e Ana. Venha, eles vão ficar muito contentes de vê-lo. E pretendo passar-lhe um sabão por voltar a Praga há tanto tempo e nem visitar-nos.

– Já me preparava para visitá-los e expressar os meus respeitos à condessa, mas tinha tantas coisas para resolver que simplesmente me perdi. E passei as últimas duas semanas em Voikovitz.

Conversando, eles se aproximaram do velho conde e das damas. Com a sua natural elegância de cavaleiro, Jerônimo beijou a mão de Rugena, e pareceu não notar o tremor de seus dedos – o único sinal de sua emoção.

Jerônimo parecia calmo e loquaz como de costume, mas seu bonito rosto estava particularmente severo, o que nunca acontecera antes. O velho conde convidou-o a ir até sua casa e ele imediatamente aceitou o convite. Assim, todos se dirigiram à casa dos Valdstein.

– O que você estava fazendo em Voikovitz, quando por aqui acontecem fatos tão importantes? – Perguntou Vok.

– Precisava colocar em ordem velhas contas e negócios. Mas, além disso, me diverti bastante, fazendo uma brincadeira com os reverendos vendedores de "ingressos para o céu". Eles andam por todos os lugares ao som de tambores e vendem a sua maldita mercadoria nas cidades e aldeias. E quando um pobre e bobo camponês não tem dinheiro suficiente, os monge aceitam vacas, ovelhas e outros animais como pagamento. Se, por acaso, eu não estivesse em Voikovitz, eles roubariam todos os meus camponeses.

– Vou seguir o seu sábio conselho e tomar as devidas medidas para pôr um fim aos esforços dos reverendos padres nas minhas propriedades próximas de Praga... – Disse Vok, rindo.

– É um caso nunca visto de roubo de toda uma nação e em nome de Deus. – Observou o velho conde, balançando a cabeça.

– Pois é. Judas vendeu Cristo por 30 dinares enquanto os nossos servos da Igreja vendem-no cem vezes ao dia, e não por 30 mas por 100 e por 1.000.

– Ah! Esses nossos bispos! "*Non prelati, sed pilati*"[2] – Confirmou Jerônimo, tristemente.

– E o próprio herdeiro de São Pedro, em vez de almas humanas, prefere captar ouro em suas redes. – Sorriu Vok, zombeteiro.

A condessa Iana não compareceu ao almoço, alegando sentir-se mal. Na verdade ela tinha brigado com o marido e o filho desde a hora em que chegara à cidade o emissário do Papa, Ventsel Tim, para vender indulgências e pregar a cruzada nas paróquias de Salzburgo, Magdeburgo e de Praga.

---

[2] *"Não são prelados, mas sim Pilatos" – Nota do autor.*

O apoio às teorias de Wyclif e o bom relacionamento com Huss – claramente expressos pelos condes Hinek e Vok – nunca haviam sido do gosto da condessa Iana que, pelo seu estreito fanatismo, considerava a ambos hereges. Mas o impetuoso caráter do marido e a cega adoração do filho continham-na e, por algum período, foi mantida uma certa paz na família. Por fim, as inúmeras zombarias sobre indulgências e a afirmação de que estas não tinham nenhum valor e não podiam resgatar a alma do merecido castigo acabaram provocando na condessa um ataque de ira. Ela começara a defender com tanto ardor o direito do "santo trono" de perdoar na terra e no céu que chegara até a confundir os dois condes. A partir desse dia, a condessa ficara amuada. Jejuava e orava fervorosamente, trancando-se no quarto toda vez que apareciam em sua casa alguns dos adeptos de Huss ou ele próprio.

As relações entre Rugena e o marido haviam melhorado. Sob a pressão da dor de consciência e querendo apagar a culpa, a jovem mulher ficara menos rígida e tentara atrair Vok com condescendência e docilidade. Inicialmente, ele espantara-se. Depois, ficara sensibilizado e por realmente adorar a esposa, desistira das escandalosas aventuras, para não ofendê-la.

Mesmo assim, o terrível choque nervoso pelo qual Rugena passara refletira-se bastante na sua delicada natureza, e a silenciosa mas dura luta contra o sentimento de amor a Jerônimo – que insistia em não ceder – esgotara-a definitivamente.

Ela adoecera gravemente e, por duas semanas, sua vida estivera por um fio. O medo de perder a esposa fizera Vok voltar a si e trouxera-o, arrependido, à cabeceira da cama da paciente.

Quando Rugena começou a melhorar, ele realmente tentou corrigir-se e seu arrependimento foi tão apaixonado e barulhento quanto suas loucuras amorosas. Rugena parecia bondosa e amorosa e quando, de tempos em tempos, o explosivo caráter de Vok arrastava-o para alguma aventura, ela permanecia sempre condescendente. Contudo, após a doença, ela fechara-se, ficara séria, pouco sociável e uma tristeza oculta tomara conta do seu ser.

Ana continuou vivendo na casa dos Valdstein apesar de aparecerem alguns pretendentes bem vantajosos e até das insistências do irmão para que se mudasse para a casa dele. Rugena brincava dizendo que ela estava esperando Svetomir, mas, no fundo, estava feliz por ter a fiel amiga a seu lado – a única que conhecia sua fraqueza. Ana havia-lhe confessado ter sido testemunha da cena entre ela e Jerônimo.

O almoço transcorreu em clima de alegria. Rugena estava muito nervosa no início, mas a calma desenvoltura de Jerônimo ajudou-a a manter as aparências. Ela até participou da conversa que girava, principalmente, em torno do grande debate a respeito da questão das indulgências que aconteceria na universidade. Para tanto, Huss convocara professores e estudantes.

– Quanto a isso, tenho um pequeno projeto e gostaria de conversar com você sobre alguns detalhes. Irei também a esse debate. – Disse Vok, quando Jerônimo preparava-se para sair.

– Mas isso não vai custar caro? Seus projetos costumam ser bastante arriscados... – Respondeu o amigo, sorrindo.

– Mas não! É um negócio absolutamente inofensivo e a corte não se oporá.

– Então, se você já se garantiu com a anuência do rei...

– Nem tanto, mas creia-me: ele irá se divertir com essa minha idéia.

Capítulo IV

Alguns dias depois, pelas ruas da "Margem Pequena", localizada na margem esquerda do rio, passavam alguns cavaleiros. Um deles, que ia na frente e com a viseira do elmo fechada, estava trajando armadura leve; atrás dele vinham um padre, um pajem, um cavalariço e quatro homens armados guardando cavalos carregados com bagagem.

À medida que se aproximavam do mercado, o caminho ficava cada vez mais difícil, pois o povo enchia as ruas; de longe ouviam-se cantos, gritos e ruído de multidão se aproximando. Saindo na praça, o cavaleiro foi obrigado a manter-se mais perto das casas e, finalmente, teve que parar.

Por todos os lados estendia-se um mar de cabeças; em frente ao palácio do arcebispo, havia uma alta carruagem. Mas, por causa da multidão, era difícil enxergar os detalhes.

De repente, a massa afastou-se, abrindo passagem para uma procissão que passou bem próxima aos viajantes.

Músicos, tamborileiros e corneteiros, tocando a plenos pulmões, seguiam diante de uma grande carroça na qual se encontravam duas mulheres com expressões insolentes e aparência vulgar, trazendo no pescoço duas bulas papais. Dos lados e atrás da carroça seguiam monges cantando hinos nada sagrados e bastante jocosos, zombando das indulgências, do Papa e de sua cruzada. O povo aplaudia, cantava junto com os monges e trocava piadas sobre o clero. Por fim, a multidão desapareceu atrás da esquina da rua.

O cavaleiro permaneceu todo aquele tempo parado; somente a mão que segurava as rédeas tremia levemente, enquanto a outra apertava febrilmente o cabo do punhal que levava na cintura.

Percebendo um escrivão que passava por perto, ele parou-o e perguntou em latim o que significava aquela procissão.

– Estão levando triunfalmente as bulas do "Anticristo de Roma" para queimá-las sob o cadafalso na "Cidade Nova". – Respondeu o homem, com jeito de preocupado e apressado para alcançar a procissão.[1]

Finalmente, os cavaleiros conseguiram seguir adiante. Dirigiram-se apressadamente à casa do arcebispo e entraram no pátio após trocarem algumas palavras com a guarda do portão.

À tarde do mesmo dia, encontramos aquele cavaleiro nos aposentos do arcebispo, que haviam sido separados para ele logo após uma conversa com Albino, vice de Zbinek Zaits na paróquia de Praga.

Ele estava sentado na poltrona, agasalhando-se numa larga manta de seda, de cor violeta; duas velas em candelabros de prata iluminavam com luz bruxuleante o rosto característico do nosso velho conhecido Brancassis. Ele pouco mudara nesse tempo e permanecia o mesmo homem forte e bonito, de cabelos negros como piche.

Atrás de sua poltrona estava em pé o padre Bonaventura e diante dele, numa cadeira desmontável, sentava-se Hilário, que – com aparência de adoração – ouvia as palavras do prelado.

– Vim para ver pessoalmente o que acontece na Boêmia e de-

---

[1] *"Um dos favoritos do rei, o Sr. Vok von Valdstein, organizou, juntamente com o Sr. Jerônimo de Praga e outros dotados dos mesmos princípios, um confrontamento de natureza de sátira como paródia do que aconteceu dois anos antes do incêndio das padarias, etc..."* – Palacky, *"G.v.B.", III, pp. 277-278 – Nota do autor.*

Obs.: *no original russo esse texto está em alemão.*

pois relatar tudo ao Santo Padre. Mas, para estar livre para agir, não quero desempenhar um papel oficial. Minha presença aqui deve ser, na medida do possível, conhecida de poucos. O senhor, padre Hilário, provavelmente, está bem informado de tudo e poderá explicar bastante. Estou muito interessado em conhecer os detalhes da cerimônia sacrílega que presenciei hoje.

– Sim, reverendíssimo! Sacrilégios por aqui acontecem todos os dias e o que a alma cristã é obrigada a suportar, ouvindo zombarias e ofensas a tudo que é santo, nem dá para descrever! Mas, com sua autorização, tentarei descrever em todos os detalhes as bacanais realizadas pelos hereges durante a estada do digníssimo Vetsel Tim por aqui.

E, com frases cheias de fel, começou a descrever cenas de violência que teriam acompanhado as vendas de indulgências, atribuindo todo o mal à maldita e criminosa atividade de Jan Huss e Jerônimo.

– Esses dois hereges, criados pelo próprio inferno, contaminaram toda a Boêmia! Deus sabe a que ponto isso pode chegar se o Santo Padre não tomar a tempo medidas severas contra esses revoltosos, que ousam cuspir naquilo que deveriam respeitar. Ninguém do clero pode garantir a própria segurança! – Exclamou Hilário, com o rosto vermelho de indignação. – É preciso calar a boca desse homem blasfemo chamado Huss e proibi-lo de pregar: ele ousa publicamente envergonhar o Papa, negar o poder de suas indulgências e, com seus discursos, agita a população. Ainda ontem, por sua iniciativa, houve um debate na universidade e um dos professores chamou-lhe a atenção diante dos outros, dizendo: "Você também é um sacerdote e ofende o clero. O pássaro que suja o próprio ninho não presta". Então, todos começaram a zombar desse professor e Jerônimo pronunciou um discurso tão inflamado que os estudantes carregaram-no nos ombros. Quanto à procissão achincalhada que o reverendíssimo teve a infelicidade de presenciar, ela foi idéia do conde Vok Valdstein, que perdeu completamente a cabeça na heresia e na devassidão. Só posso atribuir à loucura ou à possessão diabólica a insolência de conduzir pela cidade mulheres vadias vestindo bulas papais. E, meu Deus, tantas coisas mais eles fizeram! Sobre o fosso da "Cidade Nova", eles colocaram um cadafalso; embaixo dele, acenderam uma fogueira na qual queimaram bulas; por zombaria, colocaram por perto uma caixa semelhante àquelas onde os fiéis colocam o dinheiro pelas indulgências, e começaram a jogar imundícies dentro dela. O povo ficou tão excitado que quando eu e o irmão Bojek, do mosteiro de Strakhov, voltávamos para a "Cidade Velha", a multidão gritava em nossa direção: "Pega! Pega os monges!".

– Que canalhas! Espero que mais de um desses queime na fogueira no lugar das bulas! – Murmurou, irado, Brancassis.

– Oh! No dia em que queimarem Huss e Jerônimo, cantarei aleluias desde manhã até a noite! – Sibilava Hilário, e os seus pequeninos e anuviados olhos brilhavam maléficos.

– Primeiramente – observou Brancassis –, o arcebispo deve queixar-se ao rei e Vok Valdstein deve ser excomungado.

– Isso não vai levar a nada, reverendíssimo! Ninguém liga para as ordens do arcebispo e os hereges tanto convenceram o rei de que os enviados do Papa estariam roubando e arrasando o país, que este até escreveu uma carta mal-educada ao santíssimo. O conde Vok ainda ontem se gabava disso e lia a carta ao Huss. Ela começa assim – anotei o que pude: "Santíssimo padre! Para nossa profunda surpresa, soubemos com que ousadia, ganância e insolência agem os emissários do vosso Santo Padre, que pregam uma cruzada no nosso reino da Boêmia. Aos que pagam, eles prometem o reino dos céus que, entretanto, pelo nosso entendimento, se consegue somente com boas ações"[2] ... Por esse início, o senhor pode imaginar o resto! – Concluiu Hilário.

Depois de longas confabulações, durante as quais o cardeal in-

---

[2] Pelzel, *p. 622 – Nota do autor.*

quiriu cuidadosamente Hilário sobre Vok Valdstein, seu pai e outros senhores, partidários de Huss, ele dispensou o monge, ordenando-lhe que avisasse a condessa Iana que iria visitá-la dentro de dois dias, para não encontrar os dois condes que viajariam por uns dias a Totchnik, onde estava a corte.

Nenhum dos eminentes interlocutores percebeu que o pajem de Brancassis, que fora por ele mandado dormir, escondera-se na cortina e não perdera uma palavra daquela conversa. Quando Hilário começou a se despedir, ele desapareceu como uma sombra e, esticando-se no seu catre, fingiu dormir.

Era um bonito jovem, de altura média e muito esbelto, até magro; o rosto pálido era emoldurado por cabelos loiro-ruivos de cor quase metálica; os olhos castanhos, bonitos e lânguidos olhavam sombriamente, principalmente quando, enrolando-se no cobertor, ele sussurrou:

– Com quantos malefícios e lágrimas de sangue cobrirá o seu caminho esse bando de patifes!

Dois dias depois, encontramos Brancassis em companhia de sua prima, no palácio dos Valdstein. A condessa estava sentava com os olhos cheios de lágrimas; ela havia contado ao cardeal a sua desgraça quanto à ostensiva heresia do marido e do filho e, preocupada, tentava obter dele a informação se a indulgência que possuía seria suficiente para pagar a apostasia dos dois. Brancassis acalmou-a sobre isso, mas, mesmo assim, aconselhou-a, por garantia, a adquirir uma indulgência especial daquelas que a generosidade do Santo Padre oferecia agora aos fiéis.

A recusa de Brancassis em instalar-se em sua casa custou à condessa ainda mais lágrimas.

– Entenda, *madonna* Iana – disse o cardeal, comovido pelo seu desespero –, que um príncipe da Igreja não pode utilizar a hospitalidade de hereges, que ofendem o que é sagrado para ele. Mas virei visitá-la assiduamente e espero que ambos os condes, em respeito a mim como parente e à minha posição, evitem me ofender abertamente.

O cardeal perguntou, então, se a heresia afetara igualmente a Rugena.

– Infelizmente, sim! Seu confessor é Huss e isso explica tudo. Seu comportamento, entretanto, é irrepreensível. Gostaria de vê-la, primo Tomasso? Ela foi acompanhar o meu marido e Vok, mas deve voltar a qualquer momento. Parece que já chegou, pois ouço o tropel de cavalos.

Brancassis aproximou-se da janela e levantou a ponta da cortina abaixada. Seus olhos abriram-se de espanto quando viu Rugena, que chegava com Ana, Broda e Matias. Ela montava um belo cavalo branco, coberto por uma rica manta, e manejava-o habilmente. A rápida corrida cobrira de um tom róseo suas normalmente pálidas faces; o vestido de veludo, negro e justo, destacava sua esbelta figura, e mechas de cabelos dourados, desarrumados pelo vento, brilhavam ao sol.

Um rubor cobriu repentinamente o rosto do cardeal e seus olhos negros acenderam-se.

Todavia, Brancassis era mestre em esconder sentimentos e, quando se afastou da janela, seu rosto já tinha assumido uma expressão indiferente.

– A mulher confirmou o que a criança prometia. – Observou ele, paternalmente. – A condessa Rugena é encantadora e ficarei feliz em ser reapresentado a ela. Aceito o seu convite, *madonna* Giovanna, e fico para almoçar com a senhora e sua querida nora.

Rugena recebeu Brancassis com contenção, mas respeitosamente; a maneira dele de se comportar e sua noção de alta posição incutiam-lhe o devido respeito. Apesar do livre-pensar dela, o respeito natural ao clero, reinante no espírito da época, não podia deixar de afetá-la. No entanto, quando o amável cardeal começou a conversar amigavelmente com ela sobre o passado e lembrou-lhe do pai, a desconfiança de Rugena desapareceu completamente.

As palavras de Brancassis reviveram suas recordações da infância, e ela lembrou que o havia visto no castelo dos Rabstein, na véspera do dia fatal quando o barão Svetomir fora embora e voltara num caixão. Na época, o pai parecia ter relações amigáveis com o prelado, e fora ele a receber seu último suspiro. Todas aquelas circunstâncias favoreciam a Brancassis e, ao despedir-se, Rugena, inocentemente, pediu-lhe a bênção.

A partir daquele dia, o cardeal tornou-se um assíduo visitante do palácio dos Valdstein, e o mais surpreendente é que era bem-recebido tanto pela jovem quanto pela velha condessa. Vok, descontente com aquelas visitas, brigava com elas; estava plenamente convencido de que Brancassis era um estelionatário, como a maioria do clero. Mas a fiel esposa acalmava-o e ele já não tinha vontade de discutir com a mãe. Além disso, o jovem conde era por demais despreocupado para ficar por longo tempo com pensamentos sombrios e, durante as suas freqüentes e prolongadas ausências, provocadas pelo serviço ao rei, ele se distraía tanto que por vezes até se esquecia da existência do "espião do Papa" como ele apelidara Brancassis.

Vok nem suspeitava da ameaça que pairava sobre sua cabeça, ardilosamente preparada pelo esperto italiano que o odiava duplamente por ser sacrílego e por ser marido de Rugena.

Este segundo motivo era até maior, pois a grande beleza da mulher e a sua pureza espiritual eram uma isca especial para um cínico como Brancassis, cansado de tudo na vida. Na negra alma do cardeal acendera-se uma ameaçadora paixão que crescia a cada dia. Amoral por natureza, sem restrições às suas vontades, ele ansiava por possuir Rugena de qualquer jeito – por esperteza ou força. A mente maléfica, então, imaginou um plano diabólico no qual, antes de tudo, era preciso separar o casal para sempre.

Era necessário penetrar na confiança de Rugena e ele conseguiu comprá-la com a fingida bondade e com a misericórdia cristã com que se referia aos acontecimentos. E quando Rugena tomou coragem para falar de seu confessor, tentando justificá-lo em face das acusações que caíam sobre ele, Brancassis ouviu-a com falsa condescendência. Mesmo rejeitando o convite para um encontro pessoal com Huss, prometeu usar de sua influência junto ao Papa para pôr um fim ao processo contra ele, como se estivesse convencido de que Huss era, na verdade, um dedicado filho da Igreja que se encontrava confuso pelo esforço exagerado em busca da verdade.

Capítulo V

Matias acompanhava com crescente desconfiança e preocupação as freqüentes visitas de Brancassis e a amabilidade com que a jovem condessa o recebia. O velho não esquecera do papel suspeito e talvez criminoso desempenhado pelo italiano na morte do barão Svetomir, que na opinião do fiel servo fora assassinado. A idéia de que Brancassis podia ser perigoso para Rugena perseguia-o insistentemente e ele resolveu compartilhar sua preocupação com Broda, de quem se tornara muito amigo. Mas mesmo a ele não contou toda a verdade; simplesmente observou que lhe repugnava ver as longas conversas da jovem condessa com o cardeal italiano, pois o considerava um patife e um devasso – e como prova disso contou que o vira em Pilsen com uma mulher disfarçada de seu pajem.

– Aposto que o pajem Túlio, que o acompanha agora, também é alguma *Túlia*.

Essa observação não foi em vão. Broda passou a reparar e depois seguir o pajem que aparecia freqüentemente na casa, acompanhando o próprio cardeal ou cumprindo alguma ordem dele. Ele logo percebeu que, em primeiro lugar, Túlio era com certeza uma mulher e, em segundo lugar, que essa mulher odiava Brancassis; o olhar do pajem era sombrio e em seu amargo sorriso aparecia um terrível sofrimento. Broda então suspeitou de que ela era uma vítima do cardeal; decidido a descobrir esse segredo, passou a seguir o pajem com maior atenção, vigiando-o nas suas saídas da casa do arcebispo.

Qual não foi seu espanto ao ver, certa vez, o pajem – envolto numa capa com capuz – esgueirar-se até a capela de Belém para ouvir o sermão de Huss com notória humildade e lágrimas nos olhos. Broda seguiu-o e viu quando, num beco escuro, ele tirou a capa e foi diretamente ao palácio do arcebispo.

Perto do mercado, Broda alcançou o pajem, cumprimentou-o e convidou-o a entrar com ele na taberna para tomar uma caneca de vinho. Túlio olhou-o com desconfiança.

– Obrigado. – Respondeu, friamente. – Mas acho que o senhor não gosta do meu amo e... como fiel servo, não acho decente beber contigo.

– Muito bem dito, jovem. Mas se você não acha necessário ser sempre inimigo de todos os que não gostam do cardeal, então aceite meu convite. Pode ser que nossa conversa lhe agrade.

O pajem olhou fixamente para os olhos sinceros de Broda.

– Esta bem. Uma taça de vinho não compromete ninguém. – Respondeu ele. – Vamos lá, *signore*!

Broda levou seu jovem acompanhante a uma taberna conhecida e soprou no ouvido do dono para que lhe abrisse uma sala separada e servisse vinho, frutas e pastéis de mel. Quando o taberneiro saiu, fechando a porta atrás de si, Túlio desandou a rir.

– Pastéis de mel? – Observou ele, sorrindo maliciosamente. – O senhor parece que está convidando a sua amada.

– Em todo caso, uma bonita mulher, querida Túlia! – Respondeu Broda, colocando sua mão sobre o ombro do pajem.

Este empalideceu e recuou.

– É mentira! – Gritou ele, com voz estranha e sacando um punhal.

– Deixe esse brinquedo de lado, querida! Ele de nada vale diante da minha espada. Além disso, juro que não tenho nenhuma má intenção para com você. Eu só queria dizer, minha senhora, que conheço há muito tempo o costume de Brancassis de trazer consigo mulheres disfarçadas. Percebi, entretanto, que a senhora não gosta muito do prezado Tomasso; e se uma mulher jovem e bonita como você sujeita-se a fazer esse papel ridículo para um homem que detesta, isso só pode significar que é obrigada a fazer tal coisa e, portanto, merece compaixão e ajuda de qualquer homem honesto. Essa ajuda, se você a quiser, eu lhe ofereço sem tentar desvendar seus segredos. Se não a quiser, juro por esta espada – e ele levantou o cabo cruciforme da espada – esquecer esta nossa conversa e deixá-la seguir o seu caminho.

Túlio ou Túlia ouvia-o, com olhar perdido, respirando com dificuldade e, de repente, deixou-se cair na cadeira.

– É verdade! Sou mulher... – Sussurrou ela, com desânimo na voz. – Suporto esta vergonha e não posso defender-me, pois esta vergonha é obrigatória para salvar aqueles que me eram caros. É uma longa história, mas, acredite-me *signore*: não sou vadia!

– Se eu pensasse assim, nem falaria com você. Então, é uma pobre vítima do amor sujo daquele monge porco!

Túlia endireitou-se e seus olhos brilharam com um ódio selvagem.

– Amor? Como poderia ele amar mesmo com amor impuro? – Gritou ela. – Não, esse patife só conhece a vulgar paixão animal. Oh! Não tenho palavras para expressar o asco que sinto por ele! – E ela apertou ambas as mãos contra o peito. – Se não fugi dele até hoje e se não procurei a salvação na morte, foi porque antes quero vingar-me dele. Vigio cada passo seu e já destruí alguns de seus planos e ele nem suspeita de onde veio o golpe; só estou aguardando uma oportunidade para acabar com ele definitivamente, enquanto ele não me levar para onde levou as que me precederam.

Ela tremia como em febre e Broda tentava de todas as maneiras acalmá-la. Eles tornaram-se amigos e Túlia informou-lhe de que alguma coisa estava sendo confabulada contra os Valdstein, prometendo avisá-lo assim que soubesse de algo mais concreto.

Eles saíram da taberna cada um por uma porta diferente.

Brancassis realmente pensava em liquidar Vok, o mais corajoso e ousado sacrílego; ele deveria pagar caro por ousar organizar a procissão bufa, assaltar mosteiros e tripudiar o clero. O cardeal tinha em Hilário e em Bonaventura dois fidelíssimos comparsas. Este último alimentava um particular ódio pelo jovem conde, após um fato que ocorrera com ele e cujo mentor ele acreditava ter sido Vok. Certa vez, ao voltar da "Cidade Nova" para o palácio do arcebispo, o padre Bonaventura fora capturado por um bando de desconhecidos que o haviam arrastado para o quintal de uma casa, aplicando-lhe, sem dó, um corretivo. Depois, os malfeitores haviam fugido levando consigo sua batina e os calçados, obrigando-o a voltar para casa só de camisola. Mas, antes de ser atacado, o monge ouvira uma voz que gritara: "É ele!" – e essa voz parecera-lhe ser do jovem conde Valdstein.

A paixão de Brancassis aumentava a cada dia, em decorrência da própria impossibilidade de satisfazê-la. Por vezes, ele mal tinha forças para ocultá-la e, com a insolente ousadia que lhe incutiam a longa impunidade e a devassidão moral daquele tempo, ele resolveu apressar o desfecho.

Certa vez, após o meio-dia, Brancassis apareceu na casa dos Valdstein antes do horário normal e, dirigindo-se diretamente para Rugena, declarou que, em virtude de sua partida que se aproximava, trouxera-lhe uma lembrança. Então ele retirou, de um pequeno estojo, um medalhão em forma de coração, enfeitado de rubis e brilhantes.

– Trouxeram-me isto de Roma, há alguns dias. Ele contém em seu interior uma pequena parte da Cruz do Cristo e a unha de uma santa mártir cujos restos foram descobertos recentemente nas catacumbas. Pareceu-me que não poderia agir melhor do que entregando estes sagrados objetos em suas inocentes mãos.

Sentida com a atenção do cardeal, Rugena agradeceu de coração.

– Que isto lhe traga sorte! – Concluiu ele, parecendo compadecer-se. – Parece-me, minha filha, que você é infeliz, mesmo que nunca confiasse a mim o que se passa em seu coração.

– Eu não ousaria abusar do senhor, reverendíssimo. – Respondeu ela, confusa.

– Mas devia, minha filha! Creia-me: tenho um sentimento paternal por você e motivos para saber o que se passa em sua alma. Contudo, preferiria conversar com você no oratório.

Rugena olhou-o com surpresa, mas lhe pareceu impossível recusar um pedido tão simples a um prelado e ainda de tão alto posto, como Brancassis e, além do mais, ela estava curiosa. Então, levantou-se imediatamente e conduziu o cardeal ao oratório onde lhe indicou a poltrona e ajoelhou-se ao seu lado no facistol.

– Não, minha filha, não pretendo tomar a sua confissão. Você já tem um confessor de sua consciência e não quero tirar-lhe o direito. Gostaria que você simplesmente me contasse, como amigo e sacerdote, se ama e respeita o seu marido e se é feliz com ele.

O tom e o olhar de Brancassis eram tão severos que Rugena murmurou, envergonhada:

– Eu tento por dever amar Vok... Mas ele me traiu e ofendeu inúmeras vezes, nossas características não combinam e eu, às vezes, sinto-me muito infeliz.

– Você nunca sentiu vontade de livrar-se desses grilhões?... – Ele parou, percebendo que Rugena ficara bem corada. – Seu rosto já meu deu uma clara resposta e mostra como devo agir para me livrar da dor de consciência. Pois eu, involuntariamente, provoquei essa desgraça.

– Não estou entendendo.

– Já explico. Mas você conseguiria ficar calada até o momento certo?

– É claro, se for necessário... – Respondeu ela, com preocupação na voz.

Brancassis levantou-se e olhou atrás da porta do quarto vizinho.

Certificando-se de que lá não havia ninguém, ele voltou ao seu lugar e inclinou-se para Rugena.

– Prometo-lhe que receberá a possibilidade de procurar a felicidade com um outro que mereça o seu amor e que a Igreja desamarrará os laços que a mantêm unida a um homem que você nem tem obrigação de amar, pois ele conquistou-a de forma criminosa.

– O que o senhor está dizendo? Que crime? – Exclamou Rugena, surdamente.

– O assassinato de seu pai!

Percebendo que Rugena cambaleava e estava quase desmaiando, ele tirou do bolso um frasco e deu-lhe para cheirar.

– Tenha forças, minha filha, para ouvir o que vou lhe revelar.

Rugena apertou a cabeça com as mãos. Parecia-lhe que caía num abismo; mas queria saber toda a verdade de qualquer jeito e, com desesperada força de vontade, venceu a própria fraqueza.

– Pode falar, estou ouvindo!

– Você provavelmente se lembra de Eulália, uma criada italiana da condessa que casou em Bolonha no mesmo ano que você...

– Sim.

– Essa mulher morreu algumas semanas antes de minha viagem para cá. Antes de morrer, na confissão, ela transmitiu-me todos os detalhes dessa maldade, deixando-me usar esse conhecimento como bem entendesse. Eis o que eu soube: no ano em que morreu seu pai, o conde Vok fez 16 anos e Eulália era sua amante. Os Valdstein na época estavam quase arruinados em virtude das gastanças do velho conde e o único meio de sair da grave situação era tomar a enorme fortuna do barão Svetomir, fazendo você casar com Vok. Então, começaram as conversações e seu pai consentiu no projeto, pois gostava do primo e eles só divergiam nas opiniões políticas. Eu, pessoalmente, conversei com ele sobre isso quando estive em Rabstein e viajamos juntos a Praga, onde o barão deveria acertar essa questão com o conde. Seu marido, mesmo sendo muito jovem na época, conhecia o valor do dinheiro e não queria esperar longos anos para utilizar a sua enorme fortuna – ou talvez tenha sido instruído pelo pai. Enfim, eis o que eles planejaram. Eulália, apaixonada como uma gata por Vok, tagarelou-lhe um dia que sua mãe havia-lhe ensinado o segredo de um veneno que matava sem deixar vestígios – não imediatamente mas depois de um certo tempo, dependendo da dose. Fazendo-a jurar silêncio, Vok ordenou-lhe que preparasse o veneno e separasse uma dose suficiente para que tivesse efeito somente após algumas horas e que não matasse antes de dois dias. Numa estalagem de Pilsen, onde se hospedou seu pai, esse veneno foi colocado em sua bebida por uma criada comprada por não sei quem. O crime aconteceu e o barão foi trazido moribundo para a casa do seu primo. Sem nada desconfiar, e comovido pelo tratamento que lhe estavam dispensando, ele ditou o testamento que você conhece.

Rugena emudeceu. Teve dificuldade de respirar, a cabeça girava e o coração doía no peito. Seu adorado pai fora traiçoeiramente assassinado e o criminoso era o seu marido.

– Recomponha-se, minha filha. – Disse Brancassis, preocupado com sua aparência. – Entendo o seu horror de estar ligada a tal homem, mas, repito novamente: prometo libertá-la dele!

– Agradeço-lhe, meu padre, por me ter aberto os olhos... – Sussurrou Rugena, surdamente.

– Temo que você não terá forças para ocultar a verdade. Isso, entretanto, é necessário até eu enviar-lhe da Itália os documentos que confirmem o depoimento de Eulália, que possuo, com testemunhas.

Rugena jogou com as mãos os cabelos para trás e endireitouse; ela estava terrivelmente pálida, mas seus olhos brilhavam, sombrios.

– Sim, vou guardar silêncio e esconder tudo, pois quero que o culpado seja acusado pelo assassinato e castigado com todos os rigores da lei. – Disse ela, baixinho.

– E isso é justo. O sangue de seu pai clama por vingança do

túmulo prematuro.

O desespero e a infelicidade que atormentavam a alma de Rugena foram suficientes para que não rejeitasse com repugnância aquele servidor da Igreja de Cristo que pregava o ódio e a vingança em vez da misericórdia. Naquele momento, ela havia perdido qualquer capacidade de raciocínio e discernimento.

– Meu pai será vingado; e terei tempo de me recuperar, pois Vok só volta depois de amanhã.

Aparentando calma, ela foi à sala onde geralmente se reunia a família. Lá fora chovia a cântaros e ela fez o cardeal ficar para jantar.

Brancassis apresentava um ótimo humor; mas o olhar atento de Ana percebeu que os olhos da amiga brilhavam febrilmente e que seus pensamentos estavam longe. À sua pergunta, Rugena respondeu que estava com dor de cabeça, e Ana saiu da sala para lhe buscar um remédio. Durante sua ausência, Brancassis, disfarçadamente, colocou na taça da jovem condessa o conteúdo de um minúsculo frasco que trazia escondido na mão.

Depois do jantar, o cardeal despediu-se imediatamente e foi embora, enquanto Rugena, alegando dor de cabeça, disse que estava indo dormir; na verdade ela sentia uma necessidade premente de ficar sozinha.

Despiu-se rapidamente e mandou dispensar a todos, inclusive Ana, e começou a andar febrilmente pelo quarto de um canto a outro.

Ela pensava no pai... Lembrava-se dele bonito e saudável, do jeito como era quando deixara o castelo. De repente, uma raiva insana apoderou-se dela. Por causa daquele malfeitor que ousara dar-lhe a mão assassina, ela fora obrigada a desistir de Jerônimo, suportando uma terrível luta moral interior somente para esquecer o homem amado e cumprir honestamente aquilo que considerava seu dever! Naquele momento, ela sentiu uma tontura e um mal-estar.

“Estou nervosa demais! Preciso deitar logo na cama!”, pensou Rugena.

Com enorme dificuldade, pois suas pernas quase não a obedeciam, ela se arrastou até a cama e, ao deitar, adormeceu profundamente.

Os condes retornaram inesperadamente na mesma noite para casa. Ao saber que a esposa estava doente, Vok não quis perturbá-la e foi para o seu dormitório onde lhe serviram o jantar, após o qual ele também se apressou em ir dormir, sentindo-se cansado.

Já era quase meia-noite e, na casa dos Valdstein, todos dormiam.

Somente Broda mantinha-se acordado e, como de costume, estava imerso na leitura da sagrada escritura. De repente, uma pedrinha bateu na sua janela, depois outra e mais outra.

Broda sobressaltou-se. Era o sinal noturno combinado entre ele e Túlia, para o caso de ela precisar comunicar-lhe algo importante e inadiável. Correu para a porta de entrada, cuja chave guardava consigo, e deixou entrar o pálido e ofegante pajem.

– Sua jovem senhora está correndo algum perigo! – Disse Túlia, apressadamente. – Hoje à noite, ao voltar daqui, Tomasso ordenou que Bonaventura viesse imediatamente para cá, trazendo consigo padre Hilário, ficasse aqui a noite toda e fosse, à meia-noite, abrir-lhe a porta lateral. Você entende que o canalha pretende invadir a vossa casa com más intenções, ainda mais na ausência do jovem conde? Não consegui ouvir tudo, mas eles falavam algo sobre um remédio soporífero, para que ninguém pudesse atrapalhá-los.

– O conde Vok voltou para casa sem ser esperado.

– Melhor ainda! Talvez Bonaventura consiga avisar o cardeal, pois ele já deve estar aqui; consegui adiantar-me a ele em somente alguns minutos.

– Aguarde aqui que vou olhar o que está acontecendo por lá.

Capítulo VI

Sacando o punhal, Broda saiu correndo em direção ao quarto de Vok. O jovem conde dormia profundamente. Ainda mais apreensivo ao perceber que Rugena estava sozinha em seus aposentos, o mestre-de-armas tentou acordar o adormecido para avisá-lo de que na casa havia uma visita inesperada, mas suas tentativas foram vãs: o conde não se movia! Não fosse sua respiração, poderia ser considerado morto. Broda, preocupado, parou para pensar como agir quando, de repente, ouviu-se um som vindo do quarto vizinho, como se alguém tropeçasse num móvel. Ele correu imediatamente para o fundo do quarto e escondeu-se nas dobras da cortina da cama. Quase naquele instante uma pequena e insidiosa figura apareceu na porta e, como uma sombra, aproximou-se da cama – era Bonaventura. Os minúsculos olhinhos, inteligentes e maliciosos, examinavam, receosos, todo o quarto, e o magro rosto de raposa do monge respirava uma raiva diabólica.

Inclinando-se sobre o adormecido, ele ouviu atentamente sua respiração, depois levantou um dos braços do conde e deixou-o cair inerte no cobertor. Então, agarrou uma almofada de seda da poltrona ao lado da cama e colocou-a sobre o rosto de Vok, que gemeu fracamente.

Naquele instante, Broda agarrou o monge pelo pescoço, dobrou-o para trás e enfiou-lhe o punhal na garganta. Bonaventura desabou nos degraus do baldaquim[1] sem soltar um grito e segurando a almofada na mão. Sem olhar para ele, Broda retirou a arma do ferimento e, sem vacilar, correu para os aposentos de Rugena.

Dissemos anteriormente que Ana notara a excitação anormal de Rugena e ficara observando-a, preocupada. A rispidez estranha com que a condessa a mandara dormir inicialmente a ofendera. Ana fora, então, para seu quarto e começara a despir-se. Mas o amor à amiga e a preocupação haviam prevalecido e ela, agasalhando-se num largo traje noturno, insinuara-se silenciosamente até o quarto de Rugena. Pelo vão da cortina, Ana vira a amiga andando nervosamente pelo quarto, depois a vira arrastar-se lentamente até a cama e deitar-se, desfalecida. Após aguardar por mais um quarto de hora, Ana entrara silenciosamente e aproximara-se dela; a condessa dormia, respirando com dificuldade, e seu rosto ardia, mesmo estando mortalmente pálido.

– Meu Deus! Tomara que ela não tenha adoecido de novo! – Murmurara Ana, apalpando, assustada, a úmida e fria mão da amiga, desfalecida sobre o cobertor.

"Seria bom chamar um médico, mas onde achá-lo a esta hora?", pensara ela. Decidira, então, passar a noite à cabeceira da amiga para, no caso de aparecerem novos sintomas preocupantes, acordar Matias para que ele fosse buscar o doutor.

Ana ajeitara-se na poltrona junto à cama e, apoiando a cabeça no braço, começara a pensar no passado, no futuro e em Svetomir – que havia dois anos que não dava notícias.

O campanário vizinho batera meia-noite e isso fizera Ana sair do devaneio.

"Já está tarde", pensara ela. "Mas não importa; fico mais um pouco e depois chamo Iitka para me substituir".

---

[1] Espécie de dossel, sustido por colunas e com cortinados pendentes, usado para adornar andores, leitos e tronos – Nota da editora.

Menos de um quarto de hora depois, Ana cochilara.

Inesperadamente, um leve ruído fizera-a abrir os olhos. Surpresa, ela aguçara o ouvido e ouvira claramente, pela segunda vez, o ranger de botas no corredor vizinho, que levava ao depósito de trajes, cheio de armários e baús. Ela começara a imaginar o que seria aquele barulho, quando a porta que dava para o corredor se abrira e um homem alto, envolto numa capa escura, entrara sorrateiramente no quarto.

Ana ficara espantada ao ver o desconhecido que retirava a capa com agilidade e encaminhava-se diretamente para a cama. Então, ela o reconhecera: era Brancassis! Ele estava em trajes leigos e trazia um punhal na cintura; em seu rosto estava estampada tal paixão animal que a moça começara a tremer.

Mas Ana era corajosa por natureza e a emoção dera-lhe uma coragem ainda maior. Com ar decidido, ela postara-se à frente do cardeal.

– O que o senhor faz aqui, num quarto onde não deveria entrar e ainda mais a esta hora? Saia daqui ou vou chamar ajuda! – E ela começara a sacudir Rugena, gritando:

– Acorde Rugena! Acorde!

Inicialmente, Brancassis recuara, soltando um forte palavrão. A presença de uma testemunha no momento em que estava tão próximo do seu objetivo enfurecera-o.

– Fora daqui, sua cobra! Não ouse ficar no meu caminho, senão a esmagarei! – Sibilara ele, com voz surda de raiva.

Vendo as frustradas tentativas de Ana para acordar Rugena, ele rira, zombeteiro.

– Não se esforce à toa, cara Ana, pois não vai conseguir acordá-la! Mas, como o próprio diabo a trouxe aqui, então você pagará o seu tributo.

Em sua cabeça acendera-se de repente a monstruosa idéia de desonrar Ana e, depois, matá-la ali mesmo para se certificar do seu silêncio, pois, além dela, ninguém poderia revelar sua maldade, tão habilmente tramada.

Segurando Ana, ele arrancara-a da cama onde ela se agarrara e tentara derrubá-la no chão, mas a moça defendera-se desesperadamente e só não conseguira gritar porque o horror fechara sua garganta. Seus gritos não saíam, mas suas forças pareciam dobrar, e Brancassis fora obrigado a usar de toda a sua agilidade.

Fora de si, com raiva, o cardeal tentara puxar o punhal, sem soltar a jovem; sua respiração quente batia no rosto dela e ela mordera-o na face. A terrível dor fizera-o perder o controle. Brancassis rugira surdamente e, enlouquecido pela fúria, agarrara Ana pelo pescoço.

Semi-sufocada, ela começara a desfalecer. Parecia-lhe que o cérebro rasgava-se em pedaços; a consciência do horror do crime que sofria fora engolida por uma dor insuportável e ela desfalecera...

Nesse instante a porta abriu-se e Broda irrompeu no quarto. Um olhar foi o suficiente para que ele entendesse o que acontecera. Com um rugido selvagem, ele caiu sobre Brancassis e cravou o punhal em suas costas.

Indefeso, o cardeal abriu os braços e caiu, inerte. Então Broda afastou-o com o pé e inclinou-se sobre Ana, caída como morta.

– Meu Deus! O que aconteceu? – Ouviu-se a voz de Iitka, que entrou correndo no quarto com a vela na mão, semivestida e com o cabelo desarrumado. Ao ver e perceber tudo o que acontecera, ela deixou cair o candelabro e tapou o rosto com as mãos.

– Mais tarde você terá tempo para gritar, Iitka. – Disse Broda, levantando a vela e colocando-a na mesa. – Corra e acorde Matias. Chame-o aqui rapidamente para levarmos a pobrezinha e jogar fora este animal. Depois, é preciso ajudar a jovem senhora, que dorme um sono suspeito. – Acrescentou ele, aproximando-se da cama e examinando atentamente o rosto pálido de Rugena, que continuava a dormir sem perceber o que se passava à sua volta.

– Pobrezinha! Acho que o espírito de seu pai protegeu-a. – Murmurou ele.

Após alguns minutos, apareceu Matias, também semivestido. Ana foi, então, levada para seu quarto, ficando sob os cuidados de Iitka.

– Agora – disse Broda –, vou acordar o velho conde. É mais seguro receber ordens dele. Vamos deixar que ele veja onde estão caídos os dois patifes, para que não caia sobre nós nenhuma suspeita.

Antes de ir acordar o conde, Broda passou pelo próprio quarto para informar Túlia sobre tudo o que acontecera.

– Ah! Ele está morto! Finalmente sua alma voltou ao inferno de onde saiu! – Exclamou ela, alegremente.

– Meus senhores irão recompensá-la por esta ajuda! – Respondeu Broda, apertando a sua mão amigavelmente.

O conde Hinek e a esposa ocupavam a parte oposta da casa; Broda irrompeu como um furacão e começou a contar os detalhes do que acontecera. Inicialmente, o conde não acreditou nos próprios ouvidos e a condessa entendeu somente que Brancassis e Bonaventura estavam mortos. Essa situação parecia-lhe tão monstruosa que ela desandou a gritar, prantear, xingar e quase pulou no pescoço de Broda para matá-lo.

Somente depois que o conde conseguiu explicar-lhe que Broda salvara a vida de Vok – que o monge tentara sufocar –, ela pulou da cama e, descalça, correu para os aposentos do filho. Ao ver Bonaventura deitado numa poça de sangue e ainda segurando a acusadora almofada na mão enregelada, e após se certificar de que Vok estava deitado como morto, a condessa desmaiou e foi levada embora.

Mal Matias e Broda saíram do quarto de Rugena, lá entrou sorrateiramente, pálido e emocionado, padre Hilário. Ajoelhando-se ao lado de Brancassis, ele apalpou-o com as mãos trêmulas; ao colocar o ouvido no peito do cardeal, estremeceu e endireitou-se – pareceu-lhe que o coração batia, mesmo fracamente. Sem vacilar, embrulhou

Tomasso em sua capa e, agarrando-o pelos ombros, arrastou-o para fora do quarto.

Já estava perto da porta quando entrou Iitka, que havia deixado Ana aos cuidados de outras criadas. Ela, entretanto, somente o deixou passar, com desprezo.

Hilário arrastou o corpo para o seu quarto, trancou a porta por fora, e saiu rapidamente de casa. Voltou logo, acompanhado de alguns monges do mosteiro vizinho. Os corpos de Brancassis e Bonaventura foram colocados numa liteira e levados imediatamente ao arcebispado.

Ao saber de Iitka que o corpo do cardeal e o do padre haviam sido levados por Hilário, o velho Valdstein somente sorriu, zombeteiro; talvez assim fosse melhor, senão aquele triste acontecimento faria muito barulho na cidade. Ao ver Ana deitada e sem sentidos, o coração do conde encheu-se de raiva e pena.

Rugena acordou tarde e sentindo-se mal. A cabeça parecia estar cheia de chumbo e os pés e mãos pareciam congelados; sentia-se tão fraca que tinha dificuldade para pensar e entender. Apesar disso, quando Iitka trouxe-lhe leite, ela percebeu imediatamente o ar desolado de sua aia e perguntou, preocupada, se acontecera algo na casa.

– Conte-me toda a verdade. Quero saber de tudo! – Gritou ela, imperiosamente, vendo que Iitka não se decidia a responder às suas perguntas.

A simples Iitka não ousou desobedecer e começou a contar tudo, evitando inicialmente alguns detalhes. Aos poucos, entusiasmando-se, contou a incrível aventura noturna.

Rugena ficava vermelha e pálida ao saber do perigo que correra e que fora evitado por puro acaso e, mesmo assim, mediante o alto preço da desonra da amiga.

– Oh! Mas que patife! Só um patife pode decidir-se por tal crime! Fui salva por Deus, mas Ana, minha querida Ana, quase morreu em meu lugar e foi desonrada para sempre! Por que Broda não chegou a tempo de evitar essa desgraça? O que Ana está fazendo? Como ela está? Quero vê-la! – Dizia Rugena, por entre as lágrimas.

– Acalme-se, senhora! A pobrezinha agora está dormindo. O médico já esteve aqui e deu-lhe um remédio para dormir, temendo por sua saúde mental, pois quando Ana voltou a si, começou a se portar como louca.

– Quero vê-la!

– Espere, a senhora também está ainda muito fraca, e junto dela está agora Marga Nakhodsky, que eu mandei chamar.

Quando Iitka começou a contar o perigo que Vok também correra, Rugena cortou-a de repente; dentro dela explodiu toda a ira contra Vok e o velho conde. Se os desprezíveis assassinos de seu pai tivessem morrido, isso somente seria justo. Em sua excitação nervosa, Rugena não percebia que um patife como Brancassis poderia perfeitamente ter mentido; sua convicção até reforçou-se quando ela viu que Iitka ficou confusa e empalideceu ao ouvir suas palavras:

– Nunca mais me lembre o nome desse malfeitor, contra o qual clama o sangue de meu pai!

Iitka! – Acrescentou ela, fora de si. – Se você sabe algo sobre esse crime, conte-me. Como ousou esconder de mim por tanto tempo essa verdade? Como permitiu a realização desse casamento criminoso?

– Não sei de nada... – Murmurava a velhinha, confusa. – Mas Matias acha que o testamento foi falso.

Naquele instante, abriu-se a porta e no quarto entraram ambos os condes. O pálido Vok estava com um ar perdido e apoiava-se no braço do pai. As frias compressas e as massagens mal haviam conseguido tirá-lo do pesado torpor.

A história do acontecimento noturno chocara-o e, em seguida, provocara tal explosão de fúria que o pai tivera dificuldade para acalmá-lo, convencendo-o de que os culpados estavam mortos e, conseqüentemente, já teriam recebido o castigo merecido.

Reforçando-se com uma taça de vinho, Vok desejou ver a esposa. Nunca antes ele a amara tão profunda e sinceramente como naquele momento em que um milagre devolvera-a incólume, a salvo da terrível profanação.

Ao ver Rugena pálida, abalada e com os olhos inchados de lágrimas que ainda corriam por suas faces, ele correu para ela de braços abertos.

– Acalme-se, querida! – Exclamou ele e quis puxá-la para si.

Então Rugena não conseguiu mais se segurar. As palavras de Iitka sobre o falso testamento ainda soavam em seus ouvidos e confirmavam a acusação de Brancassis. Todos os seus nervos tremiam e, em sua imaginação inflamada, a sombra de seu pai pairava entre ela e o marido.

– Não me toque! – Gritou ela, recuando com tanto horror ostensivo que Vok, confuso, parou e baixou os braços.

– Rugena, volte a si. Você está delirando!

– Não! Acabou somente a minha cegueira. Deixe-me ir a Rabstein. Não posso ficar mais um instante sob o seu teto.

Os condes entreolharam-se, surpresos. Ficou claro que eles estavam imaginando que ela enlouquecera; Rugena percebeu isso, o que provocou uma nova explosão em sua alma dolorida.

– Ah, não! Ainda não estou louca! Só que, agora, sei de toda a verdade sobre a morte de meu pai e não quero mais permanecer esposa do homem que incitou o próprio pai a matar o meu! – Gritou ela, tempestuosamente.

No primeiro momento o conde e o filho ficaram pasmados. Em seguida, Vok explodiu e, agarrando o braço de Rugena, apertou-o até doer.

– Como você ousa acusar-nos disso? – Disse ele, com voz surda. – Prove! Tais acusações devem ser confirmadas.

– A prova incontestável – a confissão de sua ex-amante Eulália – ainda não está em minhas mãos. Mas para você é suficiente saber que ela confessou todos os detalhes do envenenamento que executou por sua ordem.

Vok ficou mortalmente pálido e largou seu braço.

– Providenciarei para que se faça uma minuciosa busca para explicar todas as circunstâncias da morte do barão Rabstein! – Disse ele, com voz trêmula de fúria e medindo a esposa com olhar irado. – Deus é testemunha de que não a reterei na casa de assassinos. Pode ir embora livremente e viver em qualquer de seus castelos. Mas o fato de me considerar capaz de tal maldade é uma profunda ofensa para mim e exigirei a sua retratação assim que a verdade for restabelecida.

Ele pegou pela mão o velho conde – que também ouvira, indignado, a acusação – e levou-o consigo do quarto, dizendo:

– Vamos, pai! Não temos mais nada a fazer aqui.

Capítulo VII

Ficando só, Rugena desabou na poltrona, e seu terrível estado nervoso derramou-se em lágrimas. A surpresa e a indignação do marido haviam soado tão sinceras que, dentro dela, a certeza de sua culpa ficara involuntariamente abalada. Mas o crime fora sem dúvida cometido por alguém...

Quando se acalmou um pouco e as lágrimas secaram, ela – apesar de toda fraqueza – quis ver Ana. Mas não teve tempo de sair do quarto, pois a criada veio informar que Jan Huss chegara.

– Oh, padre Jan! O próprio Deus enviou-o hoje aqui para me iluminar e ajudar na confusão que está em minha mente. – Falou Rugena, animadamente, estendendo ambas as mãos ao seu confessor, que também parecia preocupado.

– Broda esteve em minha casa e contou o que houve aqui. – Disse ele, sentando-se ao lado de Rugena. Depois, passando a mão pelo próprio rosto, acrescentou, tristemente: – De que patifarias são capazes esses servidores de altar! Mas fale, minha filha! Vou tentar acalmar a sua alma.

Com a voz trêmula de emoção, Rugena narrou tudo o que Brancassis lhe contara sobre o assassinato do pai, e não escondeu que a indignação do marido e do sogro, ao serem acusados de envenenamento, parecera-lhe sincera.

– Em quem e em que devo acreditar? Estou perdida nesse emaranhado de mentiras e crimes... – Concluiu Rugena, em lágrimas.

Huss ouvia-a, preocupado. Então, veio-lhe a lembrança da suspeita de Jerônimo naquele dia ao saber da inesperada e estranha morte do barão Svetomir.

– Neste momento, só posso lhe dizer que é bom duvidar de uma fonte tão imunda como Brancassis. – Disse ele, depois de pensar um pouco. – A paixão dele por você, confirmada por esse ato criminoso, explica sua intenção de provocar o rompimento entre Vok e você por meio de calúnias. Portanto, é pouco provável a culpa de ambos os condes; apesar de todas as suas fraquezas puramente humanas, eles são pessoas nobres e cristãs. Temo que você tenha agido precipitadamente acusando seu marido de tão terrível crime! É uma grave ofensa, principalmente se imerecida. Mas não se preocupe. – Acrescentou ele, vendo a jovem condessa empalidecer. – Esse ato ignóbil irá certamente ser desvendado e Deus ajudará a encontrar os verdadeiros culpados. Mas, por enquanto, reze, minha filha! Creia-me: numa alma com fé não há lugar para escuridão e rancor; a verdadeira prece sai do coração, como um brilhante raio de luz, que ilumina o abismo das dúvidas e indica o caminho do dever. Eu agora vou visitar a pobre Ana e tentar acalmá-la.

– Deixe-me ir contigo, padre Jan! Ainda não vi Ana hoje. Deus sabe que lhe devo gratidão eterna.

– Vamos, minha filha. A pobre moça precisa mais do que nunca de caloroso afeto.

No quarto de Ana, ao lado de uma grande cama com cortinas verdes de lã, estava sentada Marga. Toda em lágrimas, ela tentava acalmar a paciente. Ana, com o rosto em fogo febril e um olhar imóvel e inchado, tentava pular da cama, gritando selvagemente:

– Deixe-me, Marga! Quero pôr um fim a esta existência sem honra, terrível e inútil. Não me fale de Deus! Ele me abandonou e esqueceu de mim, senão eu não teria sido desonrada...

Tomada por um acesso de fúria, ela de repente empurrou Marga com tanta força que esta quase caiu no chão.

– Deixe-me, estou lhe dizendo! Não posso viver com tal humilhação, nem posso suportar nenhum olhar puro...

Rugena, que seguia atrás de Huss, ficou petrificada ao ver tal desespero.

O rosto desfigurado da amiga e as manchas escuras em seu pescoço perturbaram tanto Rugena, que ela quase perdeu a consciência.

– Senhora Marga! Leve daqui a condessa. Ela poderá vir depois, quando melhorar. Enquanto isso, vou ficar aqui com a paciente. – Disse Huss.

E Marga levou embora a definitivamente enfraquecida Rugena. Ao ouvir a voz do pregador adorado por todos, Ana soltou um selvagem grito e enterrou o rosto no travesseiro. Huss sentou-se junto à cama e pegou-a pelas mãos; todo o corpo de Ana estremecia em prantos.

– Minha filha, você não tem nada para esconder de mim. – Disse ele, amigavelmente. – Aos meus olhos, tanto quanto aos olhos de qualquer homem honesto e justo, você sempre será a inocente vítima de um crime. Todavia, por mais duro que seja o seu destino, como pode imaginar por um instante que Deus a tenha esquecido e abandonado? Ele lhe concedeu uma provação e você deve ter fé, pois tudo o que Ele lhe mandar é para o bem. Você deve submeter-se à vontade divina, não blasfemar nem procurar consolo no suicídio. Somente Deus Todo-Poderoso, que traça os destinos humanos, sabe o motivo de todos os motivos e já condenou o seu carrasco, convocando-o diante do Seu trono.

Ana imediatamente endireitou-se.

– Ele morreu?

– Sim, conforme me disseram.

– Oh, por que ele morreu? Quem ousou matá-lo antes que eu o estrangulasse com as próprias mãos e me satisfizesse com o sofrimento de sua agonia?

Com as mãos firmemente apertadas, olhos injetados de sangue e um sorriso selvagem que arreganhava seus dentes brancos, ela estava realmente terrível.

Huss apertou a sua mão e olhou com severidade nos olhos febrilmente acesos da paciente.

– "A minha vingança será terrível", disse o Senhor, e Seu julgamento é mais terrível que o julgamento humano. Cristo perdoou os inimigos e rezou por Seus algozes. Como você ousaria agora, com o coração cheio de ódio e sede de vingança, cair de joelhos diante da cruz do Senhor e pedir-lhe misericórdia? – Disse Huss, com severidade.

Ana estremeceu e, como se quebrada pelo ataque de fúria, caiu sem forças nas almofadas.

Huss ajoelhou-se à cabeceira da cama e colocou as mãos sobre a testa febril de Ana. Dirigindo seu olhar para o crucifixo pendurado na parede, começou a orar fervorosamente e de suas mãos parecia emanar uma força revigorante. A excitação da paciente acalmou-se aos poucos e somente lágrimas amargas caíam por suas faces pálidas.

Finalmente, as lágrimas secaram e ela caiu em sono profundo.

Certificando-se de que a pobrezinha adormecera, Huss levantou-se, orou mentalmente mais uma vez e saiu silenciosamente.

No quarto contíguo, Marga aguardava-o.

– E então? – Perguntou ela, preocupada.

– Ela dorme e espero que acorde mais calma e dócil. Diga-lhe que amanhã, após o almoço, virei visitá-la.

Ele dirigiu-se para a saída onde um pajem o alcançou e pediu para acompanhá-lo aos aposentos do jovem conde.

Quando Huss entrou, Vok andava pelo quarto com ar sombrio, enquanto o conde Hinek, também com ar preocupado, estava sentado junto à janela. O velho conde lembrava-se, naquele instante, da suspeita que tivera ao saber da inesperada morte do primo. Ele tinha consciência de estar inocente de qualquer participação no crime, se é que realmente houvera algum.

– Gostaria de pedir-lhe um conselho, mestre Huss, sobre um caso muito difícil. – Disse Vok, cumprimentando-o com a mão.

– Posso adivinhar do que se trata! A senhora Rugena contou-me a diabólica história inventada por Brancassis que a confundiu completamente.

– Mas é preciso desvendar esse caso! O que disse a ela aquele patife? – Interrompeu o conde Hinek.

Huss relatou-lhes detalhadamente tudo o que ouvira de Rugena.

– Se querem ouvir meu conselho – acrescentou ele –, perguntem ao Matias. Penso que ele pode lhes dar algumas pistas.

– Vou imediatamente mandar chamá-lo. O pior é que Eulália foi realmente minha amante. Todo o resto é uma insolente mentira! E precisava Brancassis morrer bem no momento mais necessário, sem desvencilhar a própria teia?

Mas Vok estava enganado. Brancassis não morrera. É claro que a força descomunal de Broda tê-lo-ia matado na hora, se o previdente italiano não estivesse usando sob a roupa uma cota de malha fina. O golpe, entretanto, fora tão forte que, mesmo quebrando a lâmina, a malha de aço entrara profundamente no corpo. A dor fora intensa e Brancassis perdera os sentidos temporariamente, fazendo Broda acreditar que ele estivesse morto.

No arcebispado ficaram com medo de mantê-lo e por isso o transferiram imediatamente para o mosteiro de Strakhov. Lá, ele finalmente voltou a si e o abade do mosteiro, condescendente com as aventuras amorosas do cardeal, cercou seu ilustre visitante de todos os cuidados. Bonaventura morrera mesmo e acabou sendo enterrado às escondidas.

Quando Matias chegou e o conde ordenou-lhe que contasse, sem omitir nada, tudo o que sabia sobre a morte de seu senhor, o velho assustou-se e ficou calado e confuso até os condes o convencerem do quanto precisavam saber da verdade. Somente então ele abriu a boca, expressando a suspeita de que o barão Svetomir fora envenenado durante o jantar que lhe havia servido uma desconhecida servente da estalagem.

– A servente antiga adoeceu de repente e o estalajadeiro disse que a nova servente fora recomendada por um padre de Pilsen. Ela trabalhou lá por uma semana e depois foi embora, sumindo sem dar notícias...

– Aparentemente, já descobrimos a mão criminosa; resta saber quem a dirigiu. – Observou Huss.

– Tenho uma suposição quanto a isso. – Disse Matias e hesitou.

– Fale, homem! Fale logo! – Exclamaram ao mesmo tempo ambos os condes.

– Quando me mudei para o vosso castelo, num dia do primeiro mês, eu voltava de uma aldeia vizinha quando, perto do moinho do velho Khvala, ouvi vozes por entre arbustos. Uma delas me pareceu a voz de padre Hilário e eu, curioso, aproximei-me sorrateiramente e espiei. Era ele na companhia da mesma moça que reconheci como servente da estalagem e que serviu o jantar ao senhor barão. Depois disso, nunca mais a vi.

Vok olhou sombrio para o pai.

– Se o Hilário está implicado nesse crime, então por trás dele esconde-se minha mãe. Mas eu espero, pai, que isso não vá impedi-lo de seguir em busca da verdade!

– De modo algum! Eu próprio quero saber a verdade, e se Iana for culpada, vou obrigá-la a confessar.

– É difícil obrigar mamãe a alguma coisa, principalmente agora que, como me disseram, ela está doente. Não poderíamos tentar ouvir em segredo as suas conversas com o monge? Talvez, depois do que houve, eles acabem falando alguma coisa que nos indique como agir.

– É ruim espiar os outros. – Observou Huss.

– Certo, padre Jan, é ruim. Mas é muito pior ser acusado injustamente de assassinato! Qualquer meio é válido para provar a minha inocência. – Respondeu Vok, num tom de insatisfação.

– Talvez eu possa arranjar o que você quer. – Disse o velho conde, depois de pensar um pouco. – Perto do oratório de sua mãe existe um esconderijo secreto de onde se pode ouvir e ver tudo o que se passa ali e até entrar no oratório, se necessário. Esse esconderijo foi construído por meu avô, e meu pai mostrou-o a mim no dia do meu casamento com Iana. Nunca o utilizei – não é do meu caráter – e nunca imaginei que esse esconderijo nos seria útil em circunstâncias tão tristes... – Concluiu ele, suspirando profundamente. – Mas tudo vem para melhor! Vá, Matias, verifique se Hilário está em casa ou com a condessa e volte aqui para nos contar.

Passou-se um quarto de hora. Os condes e Huss continuaram conversando sobre tudo o que acontecera e o que ainda poderia acontecer, quando Matias voltou e informou que Hilário havia saído de casa desde que retirara “sua carniça”, mas que acabara de voltar e estava com a condessa Iana.

– Então, não podemos perder tempo. Venha conosco, padre Jan. Quero que o senhor seja testemunha. E você, Vok, traga Rugena aqui.

Rugena estava semideitada na poltrona, com a cabeça pesada; sentia-se física e moralmente destruída. Ela tinha ido visitar Ana e o encontro com a infeliz amiga abalara-a definitivamente.

A chegada do marido quebrou sua tranqüilidade; ao vê-lo, ela levantou-se vagarosamente.

– Siga-me! Talvez saibamos agora quem são os verdadeiros assassinos do seu pai! – Disse Vok, secamente.

Mas, vendo que ela balançava a cabeça negativamente, ele agarrou-a pelo braço.

– Você vai comigo agora mesmo! Se acreditou, sem refletir, nas histórias do pérfido patife a ponto de acusar a meu pai e a mim de assassinato, então agora, queira ou não, terá que ir até o fim! Entendeu?

Rugena levantou-se calada e, mesmo com tonturas, seguiu Vok até onde estava o velho conde. Ali, a presença de Huss teve o dom de acalmá-la. Os quatro entraram no gabinete de trabalho de Hinek e este apertou uma alavanca na parede; uma porta, disfarçada por um grande baú metálico, abriu-se imediatamente. Por um longo e estreito corredor, feito provavelmente dentro da parede, eles entraram num pequeno recinto, que tinha numa de suas paredes vários pontos brilhantes. O velho Valdstein distribuiu cuidadosamente Rugena, Huss e o filho entre aqueles pontos, que eram, nem mais nem menos, orifícios na parede encobertos do outro lado por entalhes da moldura de um quadro pendurado no próprio oratório.

De lá, ouviam-se nitidamente as vozes da condessa e de seu confessor. Tremendo de emoção, Rugena colou o olho no orifício e percebeu que daria para ver e ouvir tudo.

O oratório era um quarto amplo; nele havia um facistol, colocado em frente ao traiçoeiro quadro, duas cadeiras desmontáveis, uma poltrona e uma mesa com gavetas, de finíssimo acabamento. No fundo da sala via-se uma lareira. Perto dela estava sentada a condessa, aquecendo-se enrolada numa manta já que se sentira mal por ter-se resfriado à noite ao correr descalça para os aposentos do filho.

Seu rosto amarelado revelava preocupação. Hilário estava parado diante dela, com as mãos nas costas. Ele também parecia um pouco emagrecido e encurvado e seus pequenos olhos corriam de preocupação.

– Mais tarde terei tempo de responder a todas as suas perguntas, minha filha. Agora, precisamos acertar uma situação extremamente importante, que é preciosíssima para nós. Eu soube disso ainda ontem, mas já era muito tarde para falar com a senhora, e os acontecimentos noturnos mantiveram-me fora de casa até agora. Para resumir, direi somente que o cardeal contou a Rugena o segredo da morte forçada do seu pai.

– Isso é impossível! – Exclamou a condessa, empalidecendo.

– Eu soube disso pelo Bonaventura e pela Maria, a criada da jovem condessa; ela gosta de mim e conta tudo o que pode me interessar! O fato por si só é incontestável; mas na história, o cardeal colocou como mandantes e executores do crime seu marido e seu filho.

– Para que tantas mentiras? Naquela hora Hinek estava em Praga, Vok estava no castelo Valdstein e ambos nada sabiam da nossa decisão final. Provavelmente Brancassis deve ter perdido a cabeça, ao jogar sobre o nosso pescoço essa velha história que há muito tinha sido esquecida e que, na época, foi realizada com tanta maestria que nunca ninguém teve a mínima suspeita. E isso foi muita maldade da parte dele, pois para o perdão desse pecado eu lhe paguei generosamente.

– Que o caso foi muito bem executado, é certo! Mas o demônio jogou sobre o cardeal Tomasso uma malfadada paixão por vossa nora que o levou a revelar-lhe a verdade – uma verdade deturpada, com o claro intuito de separá-la do marido. E esse mesmo demônio também pode nos aprontar alguma coisa!

– Eu, sinceramente, não sei o que os homens vêem naquela cara pálida de Rugena! Quanto ao caso Rabstein, penso que o senhor, padre Hilário, está preocupado por nada. Não há nenhuma prova. O cardeal me confirmou que o veneno não deixa rastros e depois, ninguém viu...

– Deus viu! – Trovejou nesse instante uma voz ameaçadora.

A moldura com o quadro afastou-se do lugar e descobriu o esconderijo de onde Vok saiu, pulou em cima de Hilário e, jogando-o de bruços no chão, colocou um punhal em sua garganta.

A condessa gritou. O aparecimento inesperado do filho surpreendera-a tanto que ela não percebera a porta que se abrira na parede. Pulando em cima do filho, ela tentava tirar a arma de suas mãos.

– Você enlouqueceu? Como ousa atacar o meu confessor e

quebrar a minha privacidade? – Gritava ela.

Mas o conde Hinek arrancou-a de Vok e empurrou-a para a parede.

– Nós ouvimos o que você discutia em sua *privacidade*!

– Fale, seu cão imundo! Confesse o seu crime, senão lhe furo os olhos! – Dizia Vok e sua lâmina dançava diante do rosto mortificado do monge.

Mas Huss correu até ele e segurou sua mão.

– É melhor prometer-lhe a vida, para ele confessar tudo. Não suje as suas mãos com seu desprezível sangue! – Observou ele.

– Tem razão, padre Jan! Que ele vá para o inferno, desde que confesse tudo! – Interrompeu o velho conde. – Deixe-o, Vok, para que ele possa falar.

Hilário ficou de joelhos, tremendo de medo e com os olhos esbugalhados.

– Vocês prometem que não vão me tocar se eu contar tudo? – Murmurou o monge.

– Tem a nossa palavra! – Responderam a uma voz os condes.

Então Hilário contou, com voz entrecortada, todos os detalhes do envenenamento do barão Svetomir. Depois, contou também tudo o que sabia sobre o plano de Brancassis – que tentava Rugena com a esperança de divórcio a fim de atraí-la para a Itália. Bonaventura, entretanto, tomara uma decisão diferente; suspeitando de que Vok fora o culpado por seu açoitamento com varas de marmelo, ele repentinamente resolvera aproveitar o retorno inesperado do jovem conde para matá-lo. Ele tinha à mão não um veneno, mas um soporífero que havia preparado a mando de Brancassis. Por ordem de Hilário, a criada Maria colocara-o na refeição servida no jantar do conde. "Em vez de divorciar-se, ela enviuvará", observara Bonaventura naquela hora. Mas a presença de Ana no quarto de Rugena arruinara o plano tão bem idealizado.

– Muito bem! – Disse o conde, quando o monge acabou a sua

história e enxugou o suor da testa. – Agora saia daqui, seu patife! Que seus pés nunca mais pisem a soleira de minha casa. E não ouse aproximar-se de minhas propriedades, senão os meus homens irão enforcá-lo como a um cão!

Hilário levantou-se com tal agilidade que faria os presentes rirem numa hora diferente, e desapareceu pela porta.

Durante o longo depoimento do seu confessor, a condessa ficara petrificada, mas pelo jeito já havia recuperado seu sangue-frio: não tirava o olhar sombrio, cheio de ódio, de Rugena, que caíra em prantos durante a terrível história de Hilário.

Quando o monge saiu, o conde Hinek aproximou-se da esposa e, medindo-a com um olhar de desprezo, disse:

– Já livrei a minha casa de um monstro. O que devo fazer com você, sua inútil, que ousava se aproximar de mim ou beijar o seu inocente filho sendo culpada de assassinato duplamente terrível, pois se tratava de um parente próximo? Você não tem nem vergonha nem dor de consciência? Você não teme ter de responder por isso após a sua morte? Não treme ao imaginar como aparecerá diante do Senhor com as mãos manchadas com o inocente sangue do pobre Barão Svetomir?

A condessa levantou a cabeça, orgulhosa.

– Não me arrependo de nada! – Disse ela, desafiadora. – O que fiz foi com amor de mãe, para garantir ao meu filho um futuro brilhante! Estou tranqüila, pois a minha consciência está calada e posso aparecer sem medo diante do trono do Altíssimo...

– Ou você enlouqueceu ou, definitivamente, perdeu qualquer noção sobre Deus e Suas leis. – Interrompeu-a o conde.

– Não, não estou louca, e a minha fé me salvará! A indulgência do representante de Cristo, que tem o poder de juntar e perdoar na terra, perdoou o meu pecado e me abriu as portas do céu. Veja! – Ela correu até a mesa e, abrindo a gaveta com a chave que trazia pendurada no cinto, retirou de lá uma folha dobrada de pergaminho que entregou ao marido. – Leia, infiel! Esta é uma indulgência completa não só para mim mas também para você, seu ingrato, e até para os meus descendentes. Entende agora toda a injustiça de suas acusações?

Os presentes olhavam com horror para a condessa e ela encarava-os, calma e desafiadoramente.

– Ah! Você tem uma indulgência!? Mas como pude me esquecer desse escudo por trás do qual se esconde tanta maldade? – Sorriu, amargamente, o conde, abrindo o pergaminho e lendo seu teor, sublinhando, zombeteiro, cada palavra.

Sufocando de raiva, ele arremessou o pergaminho na lareira acesa, dizendo:

– Este é o valor que eu dou a esse acordo diabólico, firmado entre o Anticristo e o satanás para arruinar almas e obrigar idiotas a cometerem crimes!

A condessa gritou selvagemente e segurou a cabeça com as mãos. No primeiro instante ela ficou parada e boquiaberta, olhando com horror para as chamas onde o pergaminho enegrecia e enrugava; depois correu para a lareira e meteu a mão no fogo. Ela tentava salvar o precioso documento, sem ligar para o perigo e as queimaduras, pois para ela aquele papel garantia-lhe completa segurança. As mangas largas da roupa da condessa incendiaram-se imediatamente e Vok e Huss correram para afastá-la do fogo e apagar o traje que queimava. Ela parecia nada ver nem entender, olhando fixamente para o rolo em chamas.

Quando o último pedaço transformou-se em cinzas, a condessa jogou-se no chão e, urrando, começou a rolar em terríveis convulsões. Sua força era tanta que os três homens não puderam com ela e tiveram de chamar Broda. Com a ajuda do mestre-de-armas, conseguiram retirar a condessa Iana de lá – os gritos estridentes da mulher podiam ser ouvidos por toda a casa.

Rugena, horrorizada, procurou a proteção de Huss. Este, também profundamente chocado, tentava acalmá-la.

O velho conde e Vok, estupefatos, permaneciam em silêncio.

– Meu Deus! – Suspirou Huss, persignando-se. – Que terrível exemplo da maléfica influência das indulgências tivemos aqui! Não é o dever de qualquer pessoa honesta lutar na medida de suas forças contra o abuso da fé simples do ser humano? A pobre condessa, cega pelo fanatismo, não suportou ver a destruição desse pedaço de pergaminho cheio de mentiras. Nenhum desses enganados se pergunta por que Cristo nunca disse nada sobre tão importantes documentos, se eles realmente têm algum significado no céu?

– Tais ilusões são terríveis! – Confirmou, suspirando, o conde Hinek. E dirigindo-se a Rugena, disse, com amargor: – Você percebe que Vok e eu somos inocentes na morte de seu pai? Infelizmente, não podemos consertar todas as conseqüências do crime.

– Desculpe, pai, a minha injusta ofensa, mas eu fiquei por demais chocada, e tudo estava contra vocês... – Respondeu ela, baixinho.

– Mas é claro! Quem precisa de provas se um exemplo de bondade, como Brancassis, acusa dois malfeitores como meu pai e eu? Não dá para não acreditar... – Observou Vok, venenosamente. E, sem olhar para a esposa, saiu do quarto.

Rugena enrubesceu, mas não teve tempo de responder. Chegou Broda e, aproveitando o intervalo, lembrou aos presentes sobre a infeliz Túlia, que prestara aos Valdstein tão inestimáveis préstimos.

– É verdade! Quase me esqueci dela. É claro que estamos muito agradecidos à pobre moça. – Disse o conde. – Converse com ela, Rugena, e diga-lhe que se ela deseja retornar à Itália, eu me incumbirei de enviá-la para lá sob forte proteção e ainda vou garantir o seu futuro. Mas, se ela preferir ficar conosco, minha casa será o seu lar até a morte.

Túlia estava sentada, triste e pensativa, quando entrou Rugena querendo decidir o destino da jovem mulher, antes que alguém da casa a visse.

Ao ver a condessa, Túlia sobressaltou-se e ajoelhou-se diante dela; mas esta abraçou-a afetuosamente e, com frases carinhosas, transmitiu-lhe os agradecimentos de toda a família e a oferta do conde.

– Permita-me ficar com vocês, senhora! Não tenho ninguém na minha pátria. Creia-me, vou servir-lhes fielmente. – Respondeu Túlia, com lágrimas nos olhos.

– Minha querida, fique conosco não como criada mas como amiga. – Respondeu amavelmente Rugena. – Venha, vou arranjar-lhe um lugar para ficar e um vestido. Jogue fora estes trajes junto com o seu horrível passado. O Senhor, em Sua infinita bondade, talvez ainda lhe envie um destino feliz e pacífico.

Capítulo VIII

Uma nova infelicidade desabou sobre a família Valdstein. Depois de horas de gritos lancinantes e desmaios, a condessa Iana caiu em total prostração, seguida de um pesado e profundo sono.

Um velho médico judeu, muito famoso na cidade, foi chamado imediatamente e achou que aquele era um bom sinal e que o descanso poderia restabelecer o equilíbrio do organismo excitado.

Mas, na manhã do dia seguinte, gritos terríveis vindos dos aposentos da condessa acordaram toda a casa. Quando o conde chegou lá, viu com horror que a esposa corria confusa pelo quarto, escondendo-se por trás dos móveis e cortinas, tentando ocultar-se de alguém que somente ela via e cuja presença deixava-a louca de medo.

– Devolva-me a indulgência! Devolva já! – Implorava ela ao marido. – Estou agora sob o poder dos demônios. Rabstein saiu do túmulo e, vendo-me indefesa, persegue-me por todos os lugares. – Não! Não me toque! – Gritava ela, olhando para o nada. – Foi Tomasso que me aconselhou a liquidar você. Ai! Ai! Ele está me agarrando com suas mãos geladas como pinças.

Ela pulava para todos os lados como uma gata, defendendo-se do inimigo invisível e, por fim, correu para o oratório. Lá, abriu a gaveta da mesa e começou a revirar tudo o que havia dentro à procura da indulgência que a livraria da perseguição de sua vítima.

A partir desse dia, apesar de todo tipo de tratamento, a condessa não mais recuperou a razão. Ela via o falecido barão em cada sombra, em cada canto, por trás de cada objeto; ele aguardava-a nas dobras das cortinas, zombava dela das chamas da lareira ou da alcova da cama, punha sua mão sobre todo alimento que serviam a ela, e espezinhava-a mostrando e escondendo a indulgência que agora estava em suas mãos.

A infeliz tentava, aos gritos, esconder-se do fantasma, ou começava a procurar desesperadamente o talismã perdido, rasgando almofadas, arrancando cortinas e cobertores, quebrando caixas e porta-jóias até que seu ataque de violência a levava ao completo desfalecimento.

Enquanto essa sombria tragédia desencadeava-se na casa dos Valdstein, as divergências político-religiosas em Praga cresciam a cada dia, aguçando o ódio entre partidos e inflamando a turba, que já lamentava e homenageava seus primeiros mártires.

Estes eram três homens do povo: Martin Kridhilko, Jan Khudek e Stasek Polak,[1] que haviam sido presos por protestar abertamente em diferentes igrejas contra a venda de indulgências e por chamar de mentirosos os sacerdotes que ofendiam Huss.

Os membros do conselho da cidade haviam condenado Kridhilko, Khudek e Polak à morte por decapitação; então, mais de dois mil estudantes armados tinham-se reunido diante da câmara municipal, demonstrando sua insatisfação com aquela decisão. O próprio Huss intercedera em favor dos condenados e declarara ser ele o único culpado e estar pronto a assumir a culpa.

Assustado com a agitação que tomara conta da cidade, o conselho prometera tudo o que dele fora exigido. Mas, quando o povo dispersara-se, os membros do conselho – com uma perfídia puramente alemã – haviam mandado executar imediatamente os jovens presos.

---

[1] Palaky, *III, p. 279 – Nota do autor.*

Quando eles foram levados ao local da execução, durante o caminho reuniu-se novamente uma multidão ameaçadora que não expressava abertamente seus sentimentos. Apesar disso, o conselho achou necessário executar a sentença, para terminar de vez com o caso e para que este servisse de lição. A multidão, reconhecendo os executados como mártires e cantando a oração *Isti sunt sancti*, levou os corpos para a capela de Belém, onde foi realizada uma solene e geral oração pelas almas das vítimas e pelo povo.[2]

Eram tempos difíceis para o corajoso reformador, que sofria muito ao ver que, entre seus piores inimigos, estavam pessoas que ele considerava como dedicados amigos.

O mais feroz entre eles era Estéfano Paletch, que na época era decano da faculdade de teologia. É difícil dizer o que levou aquele homem a perseguir o seu ex-amigo: se foi inveja ou fanatismo. O fato é que foi por sua causa que as perseguições aos ensinamentos de Wyclif renovaram-se com novo ímpeto. Aos artigos já condenados juntavam-se outros, novos. Eles chegaram até a pedir ao rei para simplesmente proibir Huss de fazer o seu sermão.

Concomitantemente, o clero e o partido católico da universidade enviaram ao Papa terríveis acusações contra Huss – "esse ímpio, que desdenha o poder do santo altar e que contamina com heresia todo o povo" –, pedindo, além disso, que fossem convocados alguns nobres, incluindo Vok Valdstein, Henrich Lefl Lazal e Jan Sadlo de Smikhv, como os maiores partidários do padre "herege" e blasfemos da Igreja. O alemão Miguel *de Causis*[3] levou ao papa João XXIII essa acusação.

---

[2] Köbler, *"Iohannes Huss der Reformator des XV Jahuruhunderis"* – *Nota do autor.*

[3] *Miguel da vau Alemã, o mais fervoroso perseguidor de Huss, ex-sacerdote da igreja de São Adalberto, da cidade de Praga, foi nomeado pelo Papa como procurador da fé (*procurador de causis fidel*), provindo daí o nome pelo qual ficou mais conhecido. (*Bilbassov, *"O tcheco Jan Huss de Hussinits") – Nota do autor.*

A todos os ataques e perseguições Huss respondia com uma tranqüila e inabalável dureza; ao arcebispo e aos magistrados universitários ele sempre dizia:

– Não estou protestando contra o poder do Papa, mas contra o abuso desse poder; e se vocês me provarem pelas sagradas escrituras que estou errado e confuso, serei o primeiro a reconhecê-lo e me submeter. Não posso deixar de pregar, pois o primeiro dever do sacerdote é divulgar a palavra divina.

Os inimigos de Huss utilizavam todos os recursos junto ao papa para liquidá-lo. O partido do clero e dos doutores de Praga achou, na pessoa de Miguel *de Causis*, seu verdadeiro representante.

Filho de pobres mineiros, homem de reputação duvidosa, ele, como pároco da Cidade Nova – e graças a conhecidos especiais –, conseguira obter do rei a incumbência de introduzir melhoramentos no trabalho de minas. Após algumas experiências frustradas, fugira com o dinheiro que lhe fora confiado.[4]

Miguel punha à disposição de seus mandantes uma enorme insolência, um profundo conhecimento da viciada corte do Papa e uma absoluta falta de escrúpulos no manuseio de recursos; a soma de todos esses predicados satisfazia inteiramente ao clero.

O cardeal de Santo Anjo proferiu contra Huss uma grandiosa excomunhão, convocando os fiéis a agarrá-lo e levá-lo ao arcebispo para julgamento e morte na fogueira, e a destruir a capela de Belém.

A notícia dessas medidas contra um homem puro e bom, que a maioria da população amava e respeitava, provocou uma agitação em Praga. Na casa dos Valdstein – onde, após os tristes acontecimentos descritos acima, a afeição e a confiança ao respeitável pregador haviam aumentado muito –, essa notícia provocou uma explosão de indignação.

Huss tinha uma influência benéfica principalmente sobre Ana.

---

[4] *Conto de Peter Mladenovitch.* Palacky, *documento 246 – Nota do autor.*

Durante todo o período de sua doença, ele diariamente a visitara e, com suas longas conversas, despertara a fé e a docilidade na alma sofredora da infeliz. A partir daí Ana parecera conformar-se com seu destino, procurando apoio e consolo na oração.

Houvera uma cena terrível entre ela e seu irmão. Ao saber que Ana fora desonrada, Zizka ficara tão furioso que, no primeiro instante, quase a matara. Ela, entretanto, não tremera quando o punhal de Jan Zizka de Trotsnov brilhara sobre sua cabeça e, provavelmente, esse frio desdém à vida é que a salvara. Recompondo-se, ele abraçara a irmã, pedira para esquecer a sua louca explosão e jurara vingar-se impiedosamente por ela. Mas, para sua grande surpresa, Ana respondera:

– Jan, deixe Deus castigar o criminoso! O Senhor sabe o que faz e não seremos nós, cegos, a levantarmo-nos contra as Suas determinações.

Mas Zizka não era daqueles que se acalmam com facilidade. Se Brancassis aparecesse à sua frente, matá-lo-ia como a um cão.

E quando, depois de longa procura, Zizka finalmente descobriu que Tomasso estava escondido no mosteiro de Strakhov, o cardeal já tinha ido embora em surdina para a Itália.

A vingança imediata teve de ser adiada. Mas, em sua alma, Jan Zizka guardou um impiedoso ódio contra o clero, o qual nem suspeitava da terrível vingança que o esperava da parte de um simples palaciano da rainha.

Dois meses haviam-se passado desde que Túlia fora morar na casa dos Valdstein. Ela adaptara-se perfeitamente ao novo modo de vida e, por seu bom caráter e sua amabilidade, conseguira a afeição geral.

Ela sentia-se muito feliz. Sua relação com a família do conde, com Ana e com Huss havia elevado seu amor-próprio, devolvendo-lhe a auto-estima e a esperança no futuro.

A afeição por ela aumentou ainda mais quando ficou conhecida a sua triste história.

Certa noite, Ana, ainda não completamente refeita, deitou-se. Rugena sentou-se à cabeceira da cama e Túlia instalou-se numa almofada aos seus pés. De repente, Ana perguntou-lhe por que odiava Brancassis e como se tornara sua amante.

Túlia estremeceu e ficou pálida com a lembrança do passado que iria recordar agora. Comovidas com sua reação, Rugena e Ana disseram-lhe que não precisava contar nada, mas a própria Túlia sentiu necessidade de extravasar o que guardava na alma e contar a sua curta mas agitada vida.

Ela era a filha mais velha de um ourives de Bolonha; seu pai era viúvo e uma velha tia educava-a e à sua irmã.

A vida corria feliz e tranqüila. Ela tinha 15 anos quando a infelicidade caíra sobre sua família. Certa manhã, sua tia mandara-a levar um recado ao pai, que trabalhava em sua oficina, onde geralmente recebia os clientes importantes e visitantes. Naquele dia, ele estava recebendo a visita de prelado de alto posto, que fora encomendar um precioso cálice para o cardeal legado de Bolonha, Baltazar Cossa. O cliente, que era Brancassis, não tirava os olhos da bela Túlia e, desde aquele dia, ela não podia dar um passo sem encontrar o bispo em seu caminho.

Certo dia, uma mulher desconhecida aproximara-se dela na rua e começara a falar sobre a paixão de um nobre clérigo, fermentando as suas doces palavras com diversas promessas, se Túlia concordasse em tornar-se sua amante. Túlia negara-se com repugnância, mas isso não esfriara a mulher. Esta continuara a incomodá-la com as suas propostas indecentes até em sua própria casa, aproveitando a ausência da tia. Um dia, finalmente, o próprio pai flagrara tal cena, dera uma forte surra na sedutora e jogara-a na rua.

Algumas semanas depois, numa manhã, aparecera a guarda municipal e levara o artesão sob a acusação de ter colocado pedras falsas no cálice encomendado, em lugar das verdadeiras que tinham sido entregues a ele.

Ao chegar a essa parte do seu relato, Túlia ficou muito emocionada e parou para tomar fôlego.

– Como posso descrever-lhes o meu desespero quando vi meu pai ser jogado na cadeia, apesar de jurar inocência? Em seguida, veio a queda financeira, pois todos os nossos bens foram confiscados para pagar as pedras preciosas supostamente roubadas. Certa vez, ao sair da prisão onde tentava sem sucesso conseguir um encontro com meu pai, vi aquela mesma mulher. Ela, rindo insolentemente, observou que eu "não estava batendo na porta certa", dando a entender que somente a influência de Brancassis junto ao cardeal legado poderia ajudar a salvar meu pai. Por muito tempo eu não tive coragem para ir implorar ajuda àquele homem, que suspeitava, sem saber o porquê, ter sido o principal culpado da nossa desgraça. Mas, infelizmente, fui obrigada a isso. Nós estávamos na miséria e minha tia e minha irmãzinha até haviam adoecido de tristeza e privações. Brancassis recebeu-me amistosamente, mas ao meu pedido respondeu, sorrindo: "Uma mão lava a outra! Aceite o meu amor e eu salvo o velho ladrão". "Ele não é ladrão, e entregou os verdadeiros brilhantes! Sabe Deus onde eles foram trocados!", respondi, indignada. "Minha filha, se pode provar isso, então para que veio aqui pedir minha ajuda? Mas, apresse-se, pois a previno de que seu pai, primeiramente, será submetido à tortura para obter a sua confissão e depois... será enforcado". Naquele instante, pensei que iria enlouquecer e me pareceu sem importância sacrificar a minha vida para a felicidade de minha família. Respondi que aceitava sua oferta, mas exigi garantias de que ele não me enganaria e não executaria meu pai. Ele riu e elogiou a minha sagacidade dizendo que iniciaria os meus serviços somente depois que o culpado estivesse livre. Alguns dias depois, eu soube que meu pai fugira da prisão e, na realidade, passara a morar numa outra cidade sob nome falso. Minha tia e minha irmã foram morar com ele e eu passei a trabalhar como pajem de Brancassis. O cardeal me avisou, desde o início, que não perderia de vista a minha família e que ao menor problema comigo faria meu infeliz pai voltar para a cadeia e ser castigado duplamente: por roubo e fuga. Eu carreguei pacientemente a minha cruz e ele brincava comigo como gato brinca com rato. Ele divertia-se com as minhas tentativas de esconder o nojo que tinha por ele. Depois, aconteceu algo que transformou esse nojo em indescritível ódio... Eu me preparava para ser mãe. Isso o deixou furioso, mas ele não queria arriscar a minha saúde, pois eu lhe agradava. Quando o meu estado não mais permitiu desempenhar o papel de pajem, ele enviou-me para uma vila nos arredores, onde vivi com uma velha criada e onde dei à luz o meu filho. Eu me afeiçoei ao menino e a criada, que gostava de mim, prometia mandá-lo para a casa de meu pai. A velha Núcia contou-me muitas coisas sobre Brancassis e as minhas predecessoras, que sempre desapareciam misteriosamente, e ninguém nunca ficava sabendo o que era feito delas. Certa vez, Núcia e eu estávamos sentadas junto à lareira, conversando. De repente, Brancassis chegou inesperadamente e, ao ver a criança no meu colo, ficou furioso. "Núcia, sua velha estúpida! Você enlouqueceu em deixar viver esta criatura que pode nos dar tanto trabalho! Eu já não lhe falei que não a quero?" E sem que eu tivesse tempo para entender o que se passava, ele arrancou a criança das minhas mãos e jogou-a na lareira acesa. Vendo as róseas mãozinhas e perninhas agitando-se desamparadas entre as chamas, perdi a capacidade de gritar e meu coração e minha mente pareciam prontos a explodir... Perdi os sentidos e por algumas semanas estive entre a loucura e a morte... Depois, acabei recobrando a saúde bem lentamente e, infelizmente, a beleza... Não há palavras para descrever o ódio que sentia por Brancassis, mas, consciente de minha impotência, escondi os meus sentimentos aguardando o momento de vingar-me dele... O resto vocês sabem. – Concluiu Túlia, enxugando as lágrimas que lhe caíam pela face.

Rugena e Ana ouviram o relato em completo silêncio, por vezes interrompido pelo pranto de Túlia.

– Meu Deus! – Exclamou Rugena, quando Túlia terminou sua terrível história. – E esse monstro ainda ousa realizar os mistérios divinos com aquelas mãos criminosas! Como um raio não o mata diante do altar?

– É melhor dizer: como ousam, o clero do tipo Brancassis e papas como João XXIII – patife e bandido –, excomungar um *santo* como o mestre Jan? – Observou Ana, indignada.

Capítulo IX

A notícia de que o Papa mandara impor sobre Huss uma solene excomunhão – se ele não se submetesse, no prazo de 20 dias, às ordens apostólicas – deixara seus inimigos felizes e, como o rei não contestara abertamente as medidas severas do santíssimo trono, a ousadia deles crescera ainda mais.

Na época, o conselho da "Cidade Velha" era constituído, em sua maioria, por alemães; sob seu patrocínio, aconteceu uma assembléia de cidadãos também alemães, na qual ficou decidido que realizariam um ataque armado à capela de Belém mesmo sem esperar a promulgação da interdição, dispersando à força os fiéis e prendendo o próprio pregador.

Chegou o dia 2 de outubro, feriado religioso em Praga. Uma respeitável multidão de burgueses armados reuniu-se pela manhã. Era chefiada pelo traidor tcheco Bernard Khotek e por Guints Leinhardt – o próprio mentor do ataque planejado. Em seu insano ódio aos tchecos, o filho do açougueiro ansiava por arrancar deles o homem amado por aquele povo e que parecia a própria encarnação da idéia do seu renascimento nacional.

A capela de Belém estava lotada de fiéis, que ouviam o sermão de Huss com aquela fé entusiasmada que ele sabia despertar nos corações dos ouvintes. De repente, alguns homens irromperam pela porta, aos gritos:

– Os alemães cercaram a capela e estão perseguindo os nossos com lanças e bestas!

No primeiro momento, os presentes ficaram mudos de espanto. Em seguida, tudo se agitou e lá de fora já se ouviam gritos, palavrões e o tilintar das armas dos atacantes, tentando penetrar no templo.

Antes que acontecesse o pânico geral, alguns cavaleiros e senhores, inclusive Vok Valdstein, subiram nos bancos e gritaram:

– Crianças e mulheres, fiquem onde estão! Os homens todos vão para frente em defesa da capela e, se possível, sem derramamento de sangue!

Todos os tchecos sãos correram para a saída. Os alemães, que já haviam conseguido tomar o pátio, foram rechaçados e diante deles cresceu uma fileira de defensores do santo lugar, parados em silêncio, mas frios e determinados. Vendo que a tentativa do ataque de surpresa não vingara, os alemães, confusos com a ameaçadora calma dos inimigos, recuaram. Guints, espumando pela boca, tentava convencê-los a atacar e conquistar o templo, mas Khotek e a maioria dos burgueses temiam o combate na igreja e voltaram ruidosamente para a câmara municipal.

O conselho da cidade reuniu-se e, após agitadas discussões, resolveu destruir pelo menos a própria capela, conforme ordens de Roma.

Na tarde do mesmo dia, Huss esteve na casa dos Valdstein. Até a sua dócil alma estava indignada com o insolente ataque matinal e ele não conseguia se conter:

– Vejam – dizia ele – a amostra da insolência alemã! Eles não destruiriam o fogão do vizinho sem a anuência do rei, mas ousaram atentar contra o templo do Senhor![1]

---

[1] Palaky, *"G. v. B.", III, p. 287. Obs.: 387 – Nota do autor.*

– Oh! Mas nós defenderemos a capela! Se os alemães quiserem conhecer o sabor dos nossos punhos, que tentem isso mais uma vez! – Exclamou Vok, fervendo de raiva. – Eu só receio pelo senhor, mestre Jan, pois os sórdidos "padrecos" passarão agora a persegui-lo sem piedade.

– Já fui convocado à presença do bispo para dizer se me submeto às ordens apostólicas.

– E o que o senhor respondeu? – Perguntou Rugena, preocupada.

Um triste sorriso passou pelo rosto de Huss.

– Respondi, de todo o coração...

E, percebendo a curiosidade geral, ele continuou:

– Considero como apostólicos os mandamentos dos apóstolos de Cristo e estou pronto a obedecer ao Papa na medida em que suas ordens estejam de acordo com os ensinamentos do Salvador. Mas se essas ordens contradizem esses ensinamentos, não irei obedecê-las mesmo que me ameacem com a fogueira.[2]

– Caro mestre, o senhor está se arriscando demais. – Observou Rugena, apertando-lhe a mão, solidária.

– Tudo acontecerá pela vontade do Senhor, minha filha, mas penso que ainda não chegou a minha hora! Cristo ainda não concluiu a ação que pôs sobre os meus ombros e de meus irmãos, e não arrancou ainda da boca do hipopótamo todos os predestinados à salvação pelo Senhor. Ele dará forças aos portadores de boas novas, até que estes esmaguem a cabeça do hipopótamo! Quero isso de todo o coração e, por essa causa, aceitarei até a morte...

– Uma vida assim faz o senhor merecedor de uma coroa de justo. – Disse Ana, e o seu olhar, apagado e indiferente desde o infeliz acidente, acendeu-se repentinamente com fanática excitação.

– Minha filha, abstenha-se no uso de tão fortes palavras e, principalmente, não transfira levianamente para um humilde servo de

---

[2] Tomek, *"D.P.", III, p. 320 – Nota do autor.*

Deus os agradecimentos que devemos a Ele, que nos dirige e ajuda. – Observou Huss, severamente.

Apesar da grande vontade, os alemães tiveram de desistir da destruição da capela de Belém. O povo passou a guardar dia e noite o seu precioso local de oração, e o ânimo da turba era tão ameaçador e ostensivo que eles já não ousavam atacar abertamente. Então, para compensar, apressaram-se a promulgar a excomunhão e aplicá-la com todo o rigor.

Em todas as igrejas de Praga foi solenemente anunciado que as missas estariam canceladas enquanto Huss permanecesse na cidade. Também estava proibido a qualquer cristão, sob pena de uma excomunhão idêntica, conversar com Huss, supri-lo de alimento e bebida, abrigá-lo, sepultá-lo etc.

Uma nuvem de tempestade parecia pairar sobre a velha capital da Boêmia; o ambiente era lúgubre, triste, como se a cidade estivesse passando por uma terrível desgraça. Os sinos não mais repicavam, as igrejas fecharam e não realizavam missas; negava-se a extrema-unção aos moribundos, o batismo aos recém-nascidos, a bênção divina aos noivos e um enterro cristão aos mortos.

Apesar disso, a maioria da população não tremeu diante do terrível castigo, nem seu amor por Huss ficou abalado. A insatisfação geral desabou sobre o clero que, no entendimento do povo, era invejoso e mau e estava se vingando do pregador querido por todos, por ele desmascarar corajosamente suas façanhas, sua ganância e sua corrupção.

Durante essa provação, Huss deu uma demonstração de uma dócil e resignada determinação, que era um dos principais traços de seu caráter. Sobre o castigo injusto que o atingira, ele apelou somente a Jesus Cristo, como o único verdadeiro chefe da Igreja.[3] No restante, continuou sua vida rotineira, visitando doentes e necessitados, pre-

---

[3] *Ideo ad caput ecclesise Dominium Jesus Cristum ultimo appelavi – Nota do autor.*

gando as verdades evangélicas e demonstrando, em todos os casos, aquela ardorosa fé e aquela comovedora abnegação que haviam conquistado os corações de todos os seus contemporâneos e criado um dos mais fascinantes personagens históricos para os descendentes.

Percebendo a desgraça pela qual a família dos Valdstein passava, Huss passou a visitar mais a sua casa, pois o terrível estado da condessa Iana deixava a todos assustados.

Na época não existia a ciência de tratamento de doenças mentais e a loucura era freqüentemente atribuída à possessão diabólica. No caso da condessa Iana, tal suposição já era esperada. Estava claro para todos que o crime realizado invocara o espírito do mal e que este jogara sobre a culpada o início dos sofrimentos que com certeza a aguardariam mais tarde no inferno. Tal convicção aumentava ainda mais o horror que a infeliz mulher provocava; até o velho conde e Vok estremeciam, supersticiosos, quando ela começava a correr pelos quartos perseguida pelo fantasma de sua vítima.

Huss visitava-a com assiduidade e sua voz tinha um efeito calmante sobre ela; por isso, cada vez que ele ia à casa dos Valdstein, o conde pedia-lhe que ficasse um pouco com sua esposa. Numa tarde, ao chegar, Huss soube que a condessa passara o dia inteiro correndo e que sua raiva era tanta que até haviam tentado amarrá-la, mas sem resultado – ela revelava tamanha força que ninguém conseguira dominá-la, nem Broda.

Ao aproximar-se dos aposentos da paciente, Huss ouviu urros e gritos estridentes. O quarto estava mal-iluminado, pois não acendiam a luz temendo incêndios, mas o frio os obrigara a acender a lareira junto à qual estava sentada uma criada.

Nos primeiros instantes, Huss não conseguiu ver a condessa. Por fim, percebeu-a sentada de cócoras junto à poltrona, com o pescoço esticado e parecendo vigiar alguém.

Com a doença, ela mudara demais: ficara terrivelmente magra, com os cabelos completamente brancos e caindo desordenadamente em longas mechas. Seus olhos, bem abertos, selvagens e sempre fixos num único ponto, causavam uma terrível impressão. Ela estava de camisola e com uma saia rasgada em diversos lugares; um véu em pedaços, com restos de bordados de ouro, caía em trapos de seus ombros.

Huss aproximou-se e chamou a condessa pelo nome. Depois, começou a conversar com ela, dizendo-lhe que Deus a perdoara e que Cristo, em Sua infinita misericórdia, estava próximo de qualquer necessitado, recebendo o pecador arrependido como ao filho pródigo. A voz sonora de Huss teve o efeito habitual: os gritos e urros cessaram e o olhar apagado e malicioso da paciente voltou-se para ele.

É difícil dizer se a louca entendia o sentido das palavras de Huss ou se simplesmente a vibração harmônica do seu discurso acalmava agradavelmente os seus nervos abalados. Após um quarto de hora, ela levantou-se em silêncio e foi vagarosamente em sua direção.

De repente, soltou um grito agudo e deu um pulo para trás, percebendo no chão a sombra de Huss.

– É ele! É ele! Ele me aponta o dedo e zomba de mim por que estou em seu poder, depois de tantos anos de tranqüilidade! – Gritou ela, selvagemente.

Huss percebeu a causa do susto e virou o corpo de modo que sua sombra deixasse de ser visível.

– Calma, ele desapareceu! Ordenei-lhe que voltasse ao túmulo. Venha, senhora, sente aqui na poltrona e não tenha medo.

Uma luz de alegria e calma passou pelo rosto da doente. Aproximando-se dele, ela segredou:

– Você é poderoso e conseguiu espantá-lo. Então, por favor, me ajude! Já que ele obedece a você, então pegue do Barão Svetomir a indulgência que ele roubou e me devolva. Não consigo obter outra para mim, pois Tomasso morreu. Pagarei generosamente os seus serviços: dar-lhe-ei todas as minhas jóias, os dois porta-jóias, as pérolas e todo o dinheiro que juntei, mas... consiga-me a indulgência!

Ela se inclinava cada vez mais e Huss involuntariamente recuou, ao ver de perto o rosto deformado pela careta e o olhar brilhante e esperto. De repente, notando a ponta de um pergaminho que aparecia do bolso de Huss, ela rapidamente pulou em cima dele e agilmente agarrou o rolo.

– Ah! Seu esperto e corrupto "padreco", como todos da sua raça! Você já a tinha e ficou calado! Mas agora, está tudo bem, ela é minha! É minha! Já tenho a minha indulgência e o caminho do céu está aberto para mim!

Correndo até a mesa, ela abriu ruidosamente o tampo e, pegando punhados de pedras preciosas, objetos de ouro, pedaços de gaze e tecidos, jogou-os para Huss.

– Tome! É seu! – Gritou ela.

Depois, com gritos de alegria, começou a girar e dançar pelo quarto, agitando o pergaminho sobre a cabeça.

Naquele instante a porta se abriu e entrou o conde Hinek. Ao vê-lo, a louca estancou, mas aparentemente não reconheceu o marido.

– Não se aproxime, Barão Svetomir, volte ao seu túmulo! O seu poder acabou! Veja, tenho uma indulgência! – E, acenando com o pergaminho à sua frente, ela começou a recuar em direção à lareira.

– Pare, pare! Não se aproxime do fogo! – Gritou o conde, e correu para segurar a mulher.

Esse movimento foi a causa de sua destruição. Ela deu o seu costumeiro rápido pulo para trás, tropeçou e caiu dentro do enorme buraco da lareira, batendo com a cabeça em seu beiral de pedra.

Os trapos de gaze e a saia de lã incendiaram-se instantaneamente. A infeliz, coberta de chamas, rolava no chão, gritando horrivelmente.

A criada fugiu, horrorizada. O conde e Huss arrancaram os cobertores da cama e, embrulhando neles a condessa, apagaram com dificuldade o fogo de suas roupas. Os gritos da criada atraíram outras pessoas, inclusive Vok, que tinha acabado de voltar da visita ao rei no castelo de Gebrak. Eles conseguiram debelar o princípio de incêndio, pois o fogo já se espalhava pelas cortinas.

Coberta por terríveis queimaduras, a condessa foi levada desacordada para outro quarto, onde lhe prestaram os primeiros socorros; mas seu organismo debilitado não suportou aquele novo choque. O resfriado – ocasionado pela água fria – e o sofrimento – causado pelos ferimentos que cobriam todo o seu corpo – resultaram em febre. Após uma grave agonia de uma semana, torturada por terríveis visões, a condessa morreu.

Em Praga, naquele período de interdição, era difícil para um cristão morrer. O conde e seu filho sentiram duplamente a desgraça que os afligia, não podendo sacramentar com uma missa o funeral da condessa, que no entendimento de ambos precisava mais do que ninguém de orações. E foram obrigados a enterrá-la sem sacerdote nem rezas, do mesmo modo que morrera sem confissão nem comunhão. "Talvez Deus, irado com a maldade de Giovanna, tenha-lhe negado a Sua misericórdia", concluíram. Se não bastasse tudo isso, o corpo da falecida começou a decompor-se rapidamente e o conde teve de seguir o costume estabelecido durante a época de promulgação da interdição, ou seja, enterrar a mulher à noite.

Quando o corpo foi colocado no caixão, o conde jogou por cima dele um punhado de terra santa trazida de Jerusalém por um de seus antepassados e que era guardado na família como objeto sagrado, borrifou-a com água benta e colocou um crucifixo em suas mãos.

– Cristo, em Sua infinita bondade, ajudará e dirigirá sua alma, será seu defensor e dar-lhe-á tudo o que lhe faltou neste funeral não-cristão. – Disse ele, com lágrimas nos olhos.

Perto da meia-noite, a triste procissão, iluminada somente por algumas tochas que os criados levavam, dirigiu-se para o cemitério.

Os Valdstein possuíam um jazigo da família num dos mosteiros. Mas lá não estavam fazendo sepultamentos e a nenhum membro da família claramente partidária de Huss era permitido entrar sob o teto sagrado.

Geralmente, àquela hora tardia, toda a Praga dormia e as ruas ficavam completamente vazias. Entretanto, naqueles tempos agitados, havia movimento em alguns lugares. Outros defuntos, também privados de funerais cristãos, eram levados secretamente ao cemitério. Enterros de pessoas das mais diversas classes sociais aos poucos se juntaram à procissão e a multidão que os acompanhava expressava alto a sua insatisfação.

Entre os defuntos havia também dois alemães católicos. Seus parentes começaram a xingar os outros presentes, principalmente os tchecos, atribuindo à sua ostensiva "heresia" e à sua adoração ao "criminoso inimigo da Igreja" a desonra que afligia os seus entes falecidos. Iniciou-se a discussão e os tchecos não ficaram atrás, acusando por sua vez o clero e seu Papa – o "Anticristo" – de terem feito tudo aquilo para se vingar pelo desmascaramento de seus crimes e de sua devassidão.

O trajeto passava por uma igreja. Alguém propôs obrigar o clero daquela igreja a abençoar os falecidos e essa sugestão foi imediatamente aceita pela multidão excitada. O povo atacou a casa paroquial e arrombou a porta; fez o pároco e seu ajudante levantarem-se da cama, vestindo-os à força com os paramentos e, com ameaças e pescoções, arrastaram-nos para a rua e obrigaram-nos a ir à frente de uma grande fileira de caixões.

A turba enfurecida já não ligava para a interdição papal, e os assustados sacerdotes, temendo serem mortos a qualquer instante, foram obrigados a ler as orações sobre os túmulos, depois do que a multidão dispersou-se rapidamente.

No dia seguinte, profundamente chocado com isso, Huss deixou a cidade querendo com isso prevenir o surgimento de novas explosões de insatisfação popular e retirar dos cidadãos de Praga a severa interdição.

Capítulo X

Com a morte da condessa e a viagem do adorado pregador, um ambiente pesado tomou conta da casa dos Valdstein. Toda a família ainda estava sob o terrível choque dos últimos acontecimentos e até os criados, percebendo a sisudez dos senhores, sentiam-se inquietos e deprimidos.

O velho conde e seu filho Vok passavam a maior parte do tempo com o rei no castelo de Gebrak, enquanto Rugena e Ana ficavam sozinhas e quase não saíam de casa por luto e por estarem predispostas ao recolhimento.

Ana ainda não se recuperara totalmente do ataque que sofrera. Ela se sentia bem fisicamente – só ocasionalmente era vítima de uma terrível dor de cabeça –, mas em sua aparência e em caráter ocorrera uma profunda e impressionante mudança. Ela emagrecera demais, o bonito rosto alongara-se e seu frescor mudara para palidez; os grandes olhos, antes brilhantes e alegres, haviam-se apagado e enchido de tristeza – só de vez em quando se acendiam repentinamente, com uma certa excitação selvagem. A alegria sincera, o bom relacionamento e o humor haviam desaparecido completamente, sendo substituídos por uma rígida e silenciosa sisudez. Sempre usando trajes pretos, de corte quase monástico, ela passava longas horas em oração, evitava as pessoas e nada a convencia a sair de seu quarto quando havia visitas na casa.

Rugena e o marido permaneciam em desentendimento desde aquela infeliz manhã após o atentado de Brancassis. Vok, mortalmente ofendido pela acusação de assassinato, não perdoara a esposa por ela ter suspeitado dele.

O "castigo divino" que atingira sua mãe e depois sua terrível morte também o haviam deixado profundamente impressionado. Ele perdera o gosto por aventuras e estava sempre sisudo, calado e irritadiço, procurando briga com Rugena a qualquer pretexto ou insistindo em evitá-la.

Para Vok, o distanciamento da esposa, mantido pela própria teimosia e pelo ego ferido, era muito duro e fazia-o sofrer. Apesar de todas as distrações e aventuras, ele continuava a amar Rugena profundamente e sua beleza continuava a encantá-lo.

Ele ficara particularmente indignado por Rugena ter pedido desculpas a seu pai, e a ele não haver dirigido nem ao menos uma palavra de desculpas. A própria Rugena sabia perfeitamente que estava errada e que a grave acusação absolutamente imerecida deveria ser reparada. Mas ela era por demais teimosa e orgulhosa para pedir perdão.

Essa era a situação durante a viagem de Huss. Em sua última conversa com Rugena, quando o assunto fora o desentendimento da moça com o marido, Huss severamente desvendara a disposição de sua alma e até perguntara se o motivo de sua crueldade para com Vok não seria seu amor criminoso por Jerônimo.

– Desisti para sempre de qualquer amor terreno para com ele. – Respondera ela. – Mas nunca deixarei de admirá-lo como um sábio, um patriota e um cavalheiro! Vou compartilhar de longe sua vida e rezar por ele. Deus não considerará isso como pecado!

Terminando, ela prometera desculpar-se com Vok.

Depois disso, duas semanas haviam-se passado. Quando Huss retornou a Praga, movido pela dor de consciência – pois lhe parecia que havia abandonado a cidade obedecendo ao conselho diabólico e temendo pela própria vida –, o casal ainda não havia feito as pazes.

A interdição foi novamente restabelecida com o mesmo rigor, a insatisfação popular aumentou e podia, a qualquer momento, explodir em sangrentas desordens.

Certa noite, Rugena passou mais tempo no quarto da amiga. Ambos os condes estavam ausentes e aquela noite na cidade a agitação era maior.

Algumas procissões fúnebres passaram pela casa. Na multidão que as acompanhava os palavrões misturavam-se ao pranto e até o encobriam. Grupos de homens armados andavam pelas ruas; parecia haver algo lúgubre no ar.

Rugena, sentindo isso, abandonou seu quarto e instalou-se no quarto de Ana, onde o barulho da rua não chegava, pois a janela dava para o quintal. Quando os sinos da abadia bateram uma hora da madrugada, Rugena resolveu voltar aos seus aposentos; não tinha sono, mas se sentia cansada.

Passando pelos longos corredores, ela viu o marido subindo a escada que levava para o andar inferior, acompanhado por seu escudeiro, que trazia uma vela. Vok estava pálido e, aparentemente, cansado. Seu rosto estava com a costumeira expressão dos últimos tempos – sombrio e irritado.

Vendo a esposa, o conde parou, surpreso.

– Você ainda não está dormindo a esta hora? Por quê? – Perguntou ele, friamente, olhando-a desconfiado.

– Estive conversando com Ana e nem percebemos que já era tão tarde. – Respondeu Rugena. – Você quer jantar? – Perguntou ela, depois de um certo silêncio. – Ninguém o esperava hoje e a criadagem já está dormindo, mas no meu quarto tenho alguns frios preparados que ainda estão intocados.

– Essa longa corrida a cavalo realmente me deu fome e gostaria de comer, se isso não lhe incomodar. – Disse Vok, indeciso.

– Incomodar por quê? Nem um pouco! Vamos, enquanto Zimovit retira a sua armadura, eu acendo o fogo.

Eles entraram na pequena sala contígua ao dormitório de Rugena; ali, o escudeiro retirou a armadura do conde e saiu. No dormitório, sobre a mesa estava preparada uma travessa de caça fria, pastéis e leite. Rugena tirou do armário mais uma caneca de vinho e acendeu os candelabros.

Vok sentou-se à mesa e primeiro cortou um pedaço de caça para a esposa e depois para si. Eles comeram em silêncio; havia um certo desconforto entre eles e a conversa não saía. Apesar da fome e da sede, Vok comeu pouco; bebendo uma caneca de vinho, ele colocou a faca na mesa, enxugou as mãos e levantou-se.

– Boa-noite e obrigado! Você esteve muito tempo com Ana e não quero atrapalhar seu descanso.

– Tive medo de ir dormir no meu quarto; o barulho da rua está interminável hoje... – Respondeu Rugena, baixinho.

Vok nada disse e dirigiu-se para a porta. No rosto de Rugena havia uma expressão de luta interior e, no momento em que o conde estava pronto para sair pela porta, ela chamou-o, indecisa.

– Vok!

Ele parou imediatamente, voltou-se e ficou olhando para a confusa Rugena com um olhar sombrio e pensativo.

– O que você quer? – Perguntou o conde, com voz surda.

Ela correu para ele e pegou-o pela mão.

– Perdoe-me por ofendê-lo injustamente com aquela torpe suspeita. Mas naquele horrível dia minha alma cobria-se de sangue. A idéia de ser a esposa do homem que ajudara a matar meu pai era tão insuportável que perdi a cabeça.

Seu maravilhoso rosto empalidecia e enrubescia e os radiantes olhos, cheios de lágrimas, olhavam para o marido com ar de culpa. A raiva de Vok desapareceu imediatamente. Ele puxou-a impetuosamente para si e deu um apaixonado beijo em seus lábios trêmulos.

– Sua nervosinha! E não teve remorsos de segurar por tanto tempo a sua confissão? Será que era tão difícil falar ao marido: "Desculpe por considerá-lo um patife"?

Abraçando-a pela cintura, ele levou-a para um banco coberto de almofadas e fê-la sentar-se ao seu lado.

– Você quis me castigar pelas peripécias passadas. – Disse ele, ficando de bom humor. – Confesso que, por vezes, fui um marido detestável. Mas, de agora em diante, juro que lhe serei fiel e ficarei em casa como uma marmota na toca.

Rugena não pôde conter o riso.

– Isso não vai parecer você mesmo: ser um marido exemplar e, principalmente, ficar como uma marmota na toca!

– É claro que não vai ser fácil. O diabo é poderoso e encherá de tentações o nosso caminho. Mas você não entenderia isso porque a sua alma pura é imune às tentações; fechada em sua inquestionável lealdade, você é uma juíza rigorosa e tem todo o direito a isso!

As últimas palavras do marido fizeram Rugena estremecer e um rubor de vergonha cobriu seu rosto. Ela lembrou os criminosos beijos que trocara com Jerônimo e que estivera tão próxima da queda, da fuga da casa do marido e da traição de sua obrigação; a dor de consciência moveu-se em sua alma. Essa sua emoção foi tão visível que Vok não pôde deixar de reparar e, estupefato, perguntou:

– O que você tem, querida?

Rugena livrou-se calmamente de seu abraço. Agora ela estava pálida como o vestido branco que usava.

– Não mereço a sua boa opinião e o seu amor. – Disse ela, decidida. – Não quero mais mentiras entre nós! Pode ser que você me mate, depois do que vou lhe contar, mas não importa, pois minha consciência estará tranqüila.

Vok não acreditava nos próprios ouvidos; as últimas palavras de Rugena fizeram-no soltar um grito surdo e seus olhos acenderam-se com a ira comum à sua natureza apaixonada, diante da qual todos tremiam.

Rugena imaginava que tinha chegado a sua hora. Entretanto, contra todos os seus prognósticos, não houve tempestade e Vok controlou-se com terrível esforço.

Com a mão trêmula, ele enxugou a testa e disse, surdamente:

– Você está delirando Rugena, ou estive cego? Como poderia você, cujo olhar reflete a pureza do céu, cometer um crime que mereça a morte? Mas não importa o que você confesse. Fale! Quero saber de tudo e tentarei ser condescendente.

Ele sentou-se no banco e tapou o rosto com as mãos. Durante certo tempo o quarto esteve em silêncio. Finalmente, Rugena começou a sua confissão, falando baixinho e parando constantemente.

Ela falou da indignação, do amor-próprio e do orgulho feridos pela infidelidade do marido. Falou sobre a impressão que Jerônimo provocara nela na infância e como depois se tornara seu herói quando, ao encontrá-lo no dia do casamento, transformara seu sonho em realidade. Descreveu, com impiedosa franqueza, sua admiração pelo genial orador, que crescia ante seus olhos à medida que aumentavam as façanhas e o desprezo de Vok para com ela. Contou como ficara furiosa quando o encontrara com a vadia sentada na anca do seu cavalo. Falou sobre a visita inesperada de Jerônimo, que culminara em declarações de amor e plano de fuga impedidos por Huss, que lembrara a ambos os seus deveres. Contou também como, depois disso, Jerônimo desistira de seu amor para com ela e fora embora sem se despedir.

Durante o relato da esposa, o rosto ágil do jovem conde refletia todos os seus sentimentos de surpresa e ciúme, raiva e indignação. Ao ouvir o nome de Jerônimo, Vok teve até um sobressalto e, inclinando-se para frente, ouvia, temeroso, cada palavra de Rugena.

Quando ela terminou o relato e, sob o peso da culpa, baixou tristemente a cabeça, um sorriso de alegria maliciosa apareceu no rosto de Vok e um suspiro de alívio escapou de seu peito. Com um olhar meio zangado e alegre, ele mediu-a de cima abaixo e, sentando-se ao seu lado, pegou-a pelas mãos com que ela tapava o rosto.

– Então você deixou aquele miserável beijá-la e ainda correspondeu aos beijos dele? – Perguntou ele.

– Sim... – Respondeu ela, num sussurro.

– E jura que além dos beijos nada houve entre vocês?

Um forte rubor cobriu o rosto pálido de Rugena.

–Vok! O que você está pensando? Eu não abandonei a sua casa! Não sou uma dançarina de rua qualquer para me entregar imediatamente a um homem, mesmo que o ame.

– Nesse caso, estou pronto a esquecer tudo isso! E você promete não sonhar mais com fugas?

– Eu juro! Só se você me enxotar de sua casa, como bem o mereço... – Balbuciou Rugena e caiu em prantos.

– Não sou idiota para enxotar uma esposa tão maravilhosa que conta os próprios pecados antes mesmo que lhe perguntem. Mas, pare de chorar, senão acaba ficando doente! Já disse que perdôo seus beijos e está dito.

Ele lhe deu um copo de leite para beber e começou a acalmá-la; mas Rugena não conseguia controlar seus nervos e as lágrimas continuavam caindo.

– Essas mulheres têm um reservatório de lágrimas que mais parece um chafariz... – Disse Vok, balançando a cabeça. – Se você se derreteu assim diante de Jerônimo não é de admirar que ele também tenha se derretido como um pedaço de sabão! Mas saiba, Rugena, que você nada ganharia com a troca. Ele é mulherengo e seduziu mais mulheres do que eu, pois atua na batalha do amor há muito mais tempo. Que ele é muito mais inteligente do que eu – isso é certo. E tem mais sorte, pois até as meninas se apaixonam por ele. Mas, quanto à sua bondade... Fi-u-u! Nisso posso até apostar. A história dele com você somente prova que ele está envelhecendo e ficando bobo! Se estivesse no lugar dele, nem Deus me convenceria a desistir de tal sorte!

Um fraco e envergonhado sorriso apareceu no rosto de Rugena. Então Vok inclinou-se para a esposa e olhou-a bem nos olhos.

– Você entregou o seu coração inteiro ao seu homem ideal ou ainda restou pelo menos um pedacinho de afeição, a partir do qual poderíamos acender novamente o fogo do nosso amor que está quase se extinguindo? – Perguntou ele, com triste sorriso.

Rugena, agradecida, abraçou-o e colocou sua maravilhosa cabecinha no peito do marido.

– Como não amar você, quando demonstra tanta magnanimidade? Prometo fazer de tudo para merecer o seu amor.

– Então, graças a Deus! Da minha parte, prometo ser virtuoso, pelo menos o suficiente para não carregar mulheres em cima do meu cavalo. Isso posso prometer!

Ele abraçou a esposa e, levantando-a no ar como a uma pluma, beijou-a.

– A paz está concluída e firmada!

No dia seguinte, Vok foi visitar Jerônimo. Agora ele entendia por que o amigo deixara de freqüentar sua casa. Chegando à casa de Jerônimo, disseram-lhe que ele havia saído, pois fora convidado para caçar num dos castelos do senhor Vartenberg.

Vendo sobre a mesa uma folha de pergaminho em branco, Vok agarrou a pena, sentou-se e começou a desenhar.

Desenhou um estreito caminho para o céu, íngreme e cheio de espinhos, que levava ao portão, onde sentava o apóstolo Pedro. Pelo caminho corria um burro de rabo levantado e com a cabeça de Jerônimo. Atrás dele, aparecia um maravilhoso fardo de feno.

"O que você veio fazer aqui?", perguntava o apóstolo ao burro. "Todos os dias maridos chifrudos, moças abandonadas e amantes desiludidas vêm queixar-se de você". "Eu me regenerei, e uma vez fui até virtuoso. Entretanto, em vez de asas, recebi orelhas de burro", respondia Jerônimo, numa longa trilha que saía de sua boca.

"Bem, não vou me esforçar em abrir os pesados portões do céu para você só por um único caso de virtude. Então, cai fora daqui! Nesta pele de burro ninguém reconhecerá Jerônimo de Praga e nenhum marido precisará mais tomar cuidado contigo!"

Terminando a caricatura, Vok dobrou o pergaminho, escreveu a quem este era destinado e, muito satisfeito consigo mesmo, foi visitar Huss. Encontrou-o sentado triste em sua cela, lendo. O conde quase o sufocou em seus abraços, beijando-o em ambas as faces.

– Tem boas novas para mim, Vok? Por que está tão alegre? – Perguntou Huss, sorrindo.

– Vim aqui, padre Jan, para agradecer o favor que o senhor me prestou não deixando minha esposa fugir com Jerônimo. Isso, certamente, me obrigaria a cortar a garganta de um amigo.

– Mas como? Você sabe de tudo? – Surpreendeu-se Huss.

– Sim, Rugena confessou tudo. Eu a perdoei e estamos em paz.

– Graças a Deus! Era minha obrigação não deixar que aqueles dois cabeças-duras fizessem o que eles mesmos se arrependeriam mais tarde.

Naquele instante Vok percebeu no chão uma mala e dois embrulhos.

– O que significa isso, mestre Jan? O senhor pretende deixar-nos novamente?

– Infelizmente, sim, meu amigo! Não posso mais ver o povo sofrendo com essa interdição; e o próprio rei deseja que me vá. Amanhã de manhã saio de Praga.

– E para onde o senhor vai? – Perguntou Vok, com tristeza.

– Por enquanto, ao castelo de Kozigradek,[1] onde o senhor Usti me ofereceu abrigo. Depois, Deus saberá me indicar o caminho. – Disse Huss, docilmente.

---

[1] *Uma pequena localidade (Kosi Bradec), onde mais tarde surgiu o famoso Tabor – Nota do autor.*

Conversando mais um pouco e conseguindo de Huss a promessa de almoçar com eles e despedir-se antes da viagem, Vok apertou sua mão e foi embora.

Capítulo XI

Duas semanas haviam-se passado desde a partida de Huss. Praga readquirira sua aparência de costume – as igrejas estavam abertas e externamente tudo estava calmo. Nessa calmaria, porém, amadurecia uma tempestade.

Rugena, sentada próxima à janela, bordava, enquanto esperava o marido para o almoço. Ela estava entretida no trabalho e trocava frases esporádicas com Ana, sentada à sua frente. De repente, o tropel de cavalos chamou sua atenção. Olhando pela janela, ela viu chegar um senhor em rico traje polonês, acompanhado de cavalariços que conduziam pelas rédeas dois maravilhosos cavalos de guerra e alguns cavalos de carga.

– Chegaram visitas e Vok ainda não voltou. – Observou Rugena, com insatisfação.

Ana também olhou distraidamente para a rua.

– É Svetomir! – Murmurou ela, empalidecendo e voltando-se, pronta para sair; Rugena, porém, segurou-a.

– Não me diga que vai fugir de Svetomir?

– Acabarei tendo que vê-lo de algum modo, mas agora não tenho forças para recebê-lo... – Sussurrou Ana, puxando seu vestido das mãos da amiga e fugindo.

Rugena acompanhou-a com ar de desaprovação e, deixando o

bordado de lado, foi verificar se aquele era realmente o seu amigo de infância.

Era mesmo. Svetomir chegara, mas estava tão mudado desde a última vez, que Rugena teve que olhá-lo por um certo tempo para o reconhecer. O magro e pálido jovem amadurecera e tornara-se um homem bonito e forte, de porte militar e um olhar calmo e seguro de si.

– Seus presentes trouxeram-me sorte e o meu futuro está garantido. – Disse ele, baixinho, cumprimentando Rugena. – Vim para lhe dizer isso pessoalmente.

Logo chegou Vok e recebeu o velho amigo de braços abertos.

– Mas você está simplesmente magnífico, Svetomir! – Disse ele, beijando-o. – Quem reconheceria em você aquele pobre menino que o patife do Hilário torturava? Mas, antes, vamos jantar e depois você me conta todas as suas aventuras. Voltou para ficar?

– Não! Agora estou servindo em Cracóvia. Mas se vocês me aceitarem aqui por algumas semanas...

– Mas que bobagem! Nem pense que vamos soltá-lo antes de alguns meses. E Cracóvia conseguirá sobreviver sem você! – Interrompeu Vok, afavelmente, levando-o ao refeitório.

À mesa, Svetomir perguntou sobre Ana e se ela se casara.

– Ainda não. Ela não está se sentindo bem hoje, mas você irá vê-la depois. – Disse Rugena, de passagem.

Quando ficaram a sós, o casal contou ao amigo a terrível tragédia que acontecera na casa. A história do crime impressionou Svetomir e entristeceu-o demais.

– Que Deus tenha piedade da infeliz alma da tia Iana! Que terrível pecado provocou a sua extrema confiança nesses sórdidos "padrecos"! – Disse ele, persignando-se. – Percebo agora que Ana me evita de vergonha, mas a minha amiga de infância, em sua desgraça, é para mim duas vezes mais cara. – Concluiu ele, com voz trêmula de emoção.

A conversa sobre aquele triste acontecimento alongou-se tanto que Svetomir conseguiu falar pouco sobre a sua vida no exterior. Percebendo seu cansaço, Vok apressou-o a ir dormir.

Na manhã seguinte, Svetomir distribuiu os presentes que trouxera: para Rugena, um tecido de seda, bordado com prata; para Vok, algumas peles de marta; para o conde Hinek, um magnífico punhal com cabo incrustado de ametistas.

– Para Ana, eu trouxe um brocado e mais algumas coisas, mas, no seu estado atual, esses enfeites não lhe darão prazer... – Observou ele, suspirando. – É melhor presenteá-la com a caixinha com relíquias religiosas que trouxe para a tia e o brocado ficará para você, Rugena.

– Mas que diabo! Você deve estar rico para dar tais presentes! Achou algum tesouro? – Riu Vok.

– Infelizmente, ainda não! Mas Deus não me abandonou e concedeu-me uma situação respeitável e independente. Sobre os presentes, nem vale a pena falar: são parte do saque da batalha de Tannenberg e da tomada de Grunwald.[1]

– Você esteve em Tannenberg? – exclamou Vok, surpreso. – Seu sortudo! Como o invejo! Eis onde eu gostaria de ter estado para dar uma boa surra nos alemães.

– Pois é. Você perdeu uma boa oportunidade para isso! Lá eles receberam uma lição que não irão esquecer tão cedo. Algum dia vou contar-lhe tudo em detalhes.

A chegada do conde Hinek, ausente em virtude dos negócios, interrompeu a conversa e o assunto mudou. Ele também recebeu afavelmente o visitante e obteve dele a promessa de ficar mais tempo com eles.

Svetomir contou que, ao chegar à Cracóvia, uma feliz coincidência aproximara-o do senhor Zgibnev Olesnitsky, secretário do rei

---

[1] *Em 1410, os exércitos conjuntos da Lituânia e da Polônia, reforçados por russos e tártaros, liderados pelo rei Jagellon, derrotaram os cavaleiros teutônicos alemães na batalha de Tannemberg – Nota da editora.*

Jagellon, que o indicara a Jan Tarnovsky, chefe militar de Cracóvia. Este admitira-o ao seu serviço e enviara-o como emissário à Lituânia, ao grande príncipe Vitovt e depois a Ianush Mazovets. A presteza, a rapidez e a agilidade com que Svetomir cumprira essas ordens haviam-lhe aberto um lugar na corte e, após a batalha de Grunwald (Tannenberg), o rei condecorara-o por serviços prestados elevando-o ao posto de cavaleiro e presenteando-o com uma bonita propriedade que, somada à sua parte do saque, com certeza garantiria inteiramente o seu futuro.

Na tarde do mesmo dia, Svetomir finalmente viu Ana e ficou espantado com sua mudança. Mortalmente pálida, e olhando o tempo todo para o chão, ela limitou-se a murmurar uma saudação; somente depois de Svetomir ter beijado fervorosamente sua mão e dito algumas calorosas palavras, ela levantou os olhos, respondeu impulsivamente ao cumprimento e derramou-se em lágrimas.

Chegou o dia do aniversário de Vok e na casa dos Valdstein reuniram-se muitos convidados. Mesmo que o luto não permitisse um banquete, os amigos de ambos os condes chegaram para cumprimentar Vok pelo aniversário e ficaram para jantar. A reunião era exclusivamente masculina e Rugena deixou-os logo após o jantar.

Sentados à mesa os convidados bebiam vinho conversando sobre a guerra, política e questões religiosas. Todos eram fanáticos partidários da Reforma e influentes membros do partido popular. Lá estavam Tchenek de Vertenberg – prefeito de Praga –, Bozhek de Kunshtadt, Iaroslav de Shternberg, Milota Kravar, Vladislau de Dub, Jan de Khlum, Zdislav de Zvitetich e muitos outros.

A presença de Svetomir levantou o assunto sobre o rei polonês Jagellon e a guerra com a Ordem Teutônica. Quando souberam que Svetomir Kryjanov participara da grande batalha – um golpe quase mortal sobre o poderio dos cavaleiros teutônicos –, todos começaram a pedir-lhe que contasse os detalhes daquele dia histórico.

Inicialmente, Svetomir tentou negar.

– Como vocês querem que um simples soldado, como eu, consiga descrever algo tão complicado e grandioso como foi aquela famosa batalha, cujos principais detalhes vocês devem conhecer de sobra.

– Não seja humilde, senhor Svetomir! – Gritou para ele Jan de Khlum, rindo. – Ficamos sabendo, de modo geral, que os cavaleiros foram arrasados, que o grão-mestre e os nobres da Ordem foram mortos, que foram tomadas muitas bandeiras etc. Mas o que lhe pedimos é que nos conte o que aconteceu antes, durante e depois do combate, a descrição do lugar. Em suma, aquilo que somente alguém que participou pessoalmente pode transmitir.

– Nesse caso, tentarei satisfazer o vosso desejo, mas peço um pouco de paciência... – Respondeu Svetomir, levantando-se.

Ele parou por um instante para pensar e, à medida que juntava as recordações, as sensações passadas iam revivendo novamente; seu rosto iluminou-se, os olhos brilharam e ele começou o seu relato.

– Antes de descrever a batalha, não posso deixar de falar um pouco sobre o plano de manobras militares, genialmente preparado pelo rei e pelo grande príncipe Vitovt, que foi cumprido com precisão jamais vista. Ambos os exércitos, o nosso e o do príncipe, deveriam reunir-se na parte baixa do rio Visla e, numa força conjunta, dar um golpe decisivo no inimigo. Iakush Mazovetsky ordenou que se abrissem clareiras na floresta. Tudo corria bem e estávamos nos movendo ao encontro um do outro, não como dois exércitos com armas e carroças mas como simples viajantes. As tropas do senhor Tarnovsky, das quais eu fazia parte, e as nossas principais forças juntaram-se perto de Volborzh. No dia 24 de junho chegou o rei e, logo após, a delegação da Hungria com Palatino, Nikolai de Gar e o conde Stibor de Stiborisz, que o grão-mestre da Ordem enviou para manter conversações de paz até 8 de julho. No dia seguinte, os nossos começaram a construir uma ponte sobre barcos através do Visla e o fizeram tão bem que, em 30 de junho, já tinha sido realizada com êxito a travessia das tropas com pesados morteiros e Vitovt seguiu-os.[2] A nossa travessia do Visla e a junção com o grande príncipe lituano pareceram absolutamente impossíveis ao grão-mestre e ele nem queria acreditar nisso. Um dos prisioneiros me contou que o grão-mestre inquiria sobre isso o Dobeslav Skoratchevsky, que estivera no acampamento polonês junto com a delegação húngara e vira, com seus próprios olhos, a ponte e a travessia das forças lituanas. O grão-mestre ficou terrivelmente irado e achou o relato de Skoratchevsky uma mentira idiota. Dizia ele que soubera por pessoas idôneas que o rei Jagellon tentara mas não conseguira atravessar Visla, que muitos poloneses haviam-se afogado no rio e que Vitovt também fora retido por Narev.

– Obviamente, essa travessia foi algo inédito, mas o egocentrismo alemão jamais consegue admitir que alguém, além deles, possa inventar algo novo, inteligente e prático. – acrescentou, sorrindo, Vladislau de Dub.

– Pois é. Eles se consideram um povo especial, criado por Deus exclusivamente para sugar e tiranizar os outros, ou rir-se deles. Mas, em Grunwald, a raça teutônica recebeu uma grande lição. – Observou o conde Hinek.

– E espero que essa lição não seja a última e que o destino lhes prepare no futuro mais alguns dias do tipo de Tannenberg. – Acrescentou Vok. – Mas, prossiga, Svetomir.

– Então, no dia 9 de julho, atravessamos a fronteira prussiana. O momento foi solene: desfraldamos as bandeiras e cantamos a prece militar *Santa Mãe de Deus*.[3] No mesmo dia, o rei passou o comando principal ao senhor Zhindram de Myshkow, um homem respeitado por todos, inteligente, experiente e corajoso; essa indicação deu ainda

---

[2] G. Köbler, *"Die Entwikelung des Kriegswesens und der Kriegführung in der Ritterzelt", B. II, p. 704 (Evolução da guerra na época dos cavaleiros Teutônicos) – Nota do autor.*

[3] *Antiga canção muito popular, composta – conforme a tradição – por São Voitekh, que era cantada pelos soldados antes das batalhas – Nota do autor.*

maior confiança na vitória e inspirou as tropas. O nosso primeiro acampamento nas terras do inimigo foi entre dois lagos perto de Lautenburgo. Na segunda parada, montamos acampamento em frente à aldeia Kauernik, localizada em Dreventse. Na margem oposta já se concentravam as tropas da Ordem e eu consegui ali a minha primeira presa, pois não participei da tomada de Lautenburgo. Como voluntário no primeiro batalhão, fui enviado para verificar o local ao longo do rio. De repente, nós deparamos com soldados da Ordem dando banho nos cavalos. Eram cerca de 50 cabeças de ótimos cavalos. Nós os atacamos imediatamente; uma parte dos soldados foi morta, outra parte afogou-se e os cavalos foram capturados. A minha parte foi um maravilhoso corcel que acabei usando na batalha.

– Esse foi um grande sinal de bom agouro! E ainda deixaram os alemães a pé! – Observou alguém.

– Também pensamos assim. – Respondeu Svetomir, alegremente. – Mas o resto da verificação não foi tão bom. Descobrimos que o rio estava protegido por morteiros e bombardas e seu leito, cercado e intransponível. O conselho militar real, aparentemente, julgou a travessia impossível e nós recuamos até Lauteburg e depois até Vinok. A travessia foi extremamente difícil, as ordens foram para não parar sob nenhum pretexto e tivemos de deixar pelo caminho cavalos fracos, parte das carroças etc. Entre os alemães correu o boato de que estávamos fugindo...

Ouviu-se a explosão de uma homérica gargalhada.

– Vocês, eslavos, fugindo? Ah! Ah! Ah! E eles acreditaram nisso?

– Sei lá!

– Mas por que recuaram com tanta pressa? – Perguntou Jan de Khlum.

– Era necessário atravessar o mais rapidamente possível o terreno acidentado onde poderíamos ser emboscados. Finalmente, no dia 13 de julho, montamos acampamento a uma distância de meia hora a pé de Grunwald, uma pequena mas bem fortificada cidade com cercas, aterros e fossos. Ninguém nem pensava em tomá-la ou bloqueá-la devido ao iminente confronto com o inimigo, mas os próprios "cães alemães" nos obrigaram a isso. Nossos soldados foram dar uma olhada nas defesas da cidade por simples curiosidade e saíram em grupos do acampamento. Nesse momento, saiu da cidade uma guarnição e os atacou. Alguns deles, entretanto, conseguiram se salvar. Quando a notícia chegou até nós, todos as tropas se levantaram para tomar a cidade. Dessa vez, acabei participando. A velocidade do ataque foi tão grande que tomamos a cidadezinha de um só golpe e a arrasamos. O resgate foi ótimo, pois toda a população dos arredores estava se escondendo lá com todos os seus pertences e havia grande estoque de gêneros alimentícios. No dia seguinte inteiro, o rei ficou ocupado somente com a divisão do saque e dos prisioneiros. De noite caiu uma tempestade que nunca tinha visto antes. Ninguém conseguia dormir, pois o vento virava as barracas, arrancava árvores com as raízes e arrasava tudo em seu caminho. O vento rugia, uivava e assobiava como se milhares de vozes chorassem e gemessem entremeadas por um ribombar de gargalhadas selvagens...

– Talvez fossem os gemidos dos mortos e os gritos dos demônios arrastando os alemães para o inferno ou para o purgatório. – Observou alguém.

– Quem sabe? – Respondeu Svetomir, sério. – Mas a noite foi terrível e muitos velhos e experientes soldados diziam que aquelas eram as vozes dos habitantes de Grunwald gritando do além. Diziam também que eles já tinham ouvido os mesmos lamentos em outras ocasiões após arrasarem uma cidade. Pela manhã, a tempestade acalmou, mas o vento continuou a soprar com tal força que agitava para todos os lados o oratório de campanha do rei. Ouvindo os conselhos do grande príncipe Vitovt, o rei concordou em adiar a missa que estava acostumado a ouvir antes de sair em marcha. Recebemos ordem de seguir adiante, mas não havíamos andado nem duas *verstás*[4] quando Jagellon mandou que as tropas parassem e, enquanto o acampamento era montado, ordenou a instalação do oratório numa colina e a realização de uma missa. Naquela hora ainda não sabíamos que já estávamos no campo escolhido por Deus para o mais terrível combate que o mundo já presenciou! Vejam! – Acrescentou ele. – Vou desenhar o mapa do local e vocês entenderão melhor o andamento da batalha. Vok, peça para trazerem um pedaço de giz!

O pajem correu imediatamente para cumprir a ordem. Svetomir inclinou-se sobre a grande mesa de carvalho e começou a desenhar com grandes traços um mapa, bastante imperfeito do ponto de vista de algum oficial de quartel-general moderno, mas que ia obtendo total aprovação dos ouvintes à medida que o contador explicava o que estava desenhando.

– Vejam, este círculo é a colina onde estava o oratório – vou tomá-lo como ponto de partida. Agora vocês estão vendo os lituanos, que iam na frente, enquanto mais para o oeste estavam os poloneses. Como vêem, a curta distância do acampamento lituano localiza-se Ludvigedorf; a partir dele segue a estrada para a aldeia Grunwald, em cujo lado esquerdo existe uma floresta e depois, à direita, vem Tannenberg. Ambos os acampamentos ainda estavam desorganizados e o rei ouvia a missa quando, de repente, do batalhão de guarda informaram que o inimigo estava saindo de Grunwald.

Svetomir parou por um instante.

– Muito do que vou contar agora não vi pessoalmente, pois, como entendem, não poderia estar em toda a parte; mas ouvi isso de testemunhas idôneas tais como os senhores Jyndram, Zguibnev, Olesnitsky e outros. Além disso, por ter um bom cavalo, eu muitas vezes levava ordens dos comandantes antes e durante o combate. Mas, voltando ao relato: como ninguém tinha previsto um avanço tão

[4] Verstsá*: medida igual a 1,06 km – Nota do tradutor.*

rápido do inimigo, eu tinha ido ao acampamento lituano para visitar um dos ajudantes de Vitovt e acabei vendo pessoalmente o inimigo. Sem vacilar um instante, montei no cavalo e corri para prevenir o rei. Estava sendo celebrada a missa e o rei Jagellon, ajoelhado, nada respondeu ao meu informe. Enquanto isso, todo o exército já estava em movimento. A todo instante o príncipe enviava mensageiros ao rei com o pedido de ordenar o avanço; por fim, Vitovt foi pessoalmente falar com o rei. Mas não adiantou. Profundamente religioso, Jagellon não quis interromper a missa e, somente após ouvir duas missas, deu ordem para irmos à luta. Como sinal combinado, cada soldado colocou no elmo ou chapéu um punhado de feno; o chamado para os poloneses era a palavra "Cracóvia" e para os lituanos "Vilnus". O senhor Gyndram, sem perder tempo, colocou as tropas em posição de ataque. Nesse ínterim, reuniu-se em volta do rei um grande número de nobres senhores, que ansiavam por receber o título de cavaleiros. O rei achou impossível negar-lhes aquele pedido legal e desceu do cavalo. Ele já estava iniciando a cerimônia, quando foi interrompido: chegaram dois arautos do grande marechal da Ordem, Friedrich von-Villenrod, para entregar ao rei e a Vitovt duas espadas em sinal de desafio.

– Se os alemães fossem previdentes e pudessem imaginar o que os estava aguardando naquele dia, não seriam tão insolentes. – Observou Jan de Khlum.

– Talvez, mas naquele momento eles simplesmente sufocavam de orgulho e, com palavras pomposas, declararam que o grão-mestre estava enviando as espadas "para que elas nos sirvam na batalha" e oferecendo a escolha da hora e lugar. O rei ouviu calmamente o discurso insolente e respondeu: "Temos espadas suficientes, mas estas também servirão... para cortar cabeças demasiadamente duras! Já a escolha do local e da hora, deixo por conta de Deus". Em seguida, ele e Vitovt aceitaram as espadas. Assim que os arautos foram embora, o rei dirigiu-se a todos os presentes com um discurso no qual citou todas as tramas da Ordem e expressou a certeza de que a Justiça Divina lhe daria a vitória sobre o nosso cruel e traiçoeiro inimigo. Depois, deixei Jagellon e juntei-me ao meu grupo na ala direita do exército. Lá estavam as tropas do rei comandadas por Andrei Tchilek de Zhelekhov e Jan de Sprov, da família dos Odrovatch. O quadro era solene: a garoa tinha parado e o sol, que aparecera por detrás das nuvens, brincava com seus raios sobre as brilhantes armaduras. Os cavalos relinchavam, as bandeiras tremulavam sob uma leve brisa e todo o exército cantou *Santa Mãe de Deus*. Quando nós nos movemos para a frente, os alemães já estavam em formação de combate, mas ocupavam uma posição muito melhor que a nossa, pois o local estava em declive para o nosso lado. Além disso, sua ala direita estava bem coberta pela floresta. Ambos os exércitos estavam frente a frente à distância de um tiro de besta e separados por um estreito e plano vale. Não vou contar sobre o início do combate: a ação dos atiradores e os duelos entre cavaleiros. O verdadeiro combate começou quando ambos os exércitos com gritos ensurdecedores atiraram-se um contra o outro e desencadeou-se a luta corpo a corpo, terrível e sangrenta. A terra tremia, as colinas vizinhas tremiam ao tropel das patas dos cavalos, gritos de guerra, tilintar das armas e gemidos dos feridos. As lanças quebraram rapidamente, e a luta prosseguiu não só com as armas mas também com as mãos vazias; uns sufocavam na aglomeração geral, outros morriam sob as patas dos cavalos. Os alemães começaram a dominar os lituanos, que lutavam do nosso lado direito e as primeiras fileiras caíram sobre as seguintes, provocando uma confusão na retaguarda. Finalmente, eles tremeram e correram arrastando consigo os destacamentos de poloneses encostados neles. O momento era terrível, a nossa ala direita ficou descoberta e, se os alemães nos atacassem por esse lado, a vitória seria deles. Mas as corajosas tropas russas salvaram a situação. Junto com o exército do príncipe lituano, além da horda de tártaros havia alguns destacamentos de Polotsk, Smolensk Vitebsk, Kiev, Minsk e outras cidades.[5] Todos eles iam sob a bandeira de Smolensk. Eu os via desde que os dois exércitos se juntaram – era um povo de aparência severa, mas inteligente e conhecedor da arte de guerra. Não se podia deixar de admirá-los quando o grande príncipe treinava os seus exércitos e realizava manobras de tropas. E foram eles que salvaram a situação. Enquanto todos em volta corriam, eles lutavam muito bem e pararam teimosamente como uma parede contra a qual se quebravam todas as tentativas alemãs; essa resistência é que permitiu aos outros se recuperarem. Finalmente Vitovt, que tudo via e estava presente em todos os lugares, conseguiu reunir parte do seu exército. Animados com a perseguição, os alemães passaram por nós como um furacão, mas na volta os nossos pegaram-nos pela retaguarda e mataram uma parte e aprisionaram a outra. O sucesso inicial inflamara o inimigo que, aproveitando sua posição privilegiada, caiu como uma avalanche sobre as tropas polonesas e atropelou os tchecos e morávios que lutavam nas primeiras fileiras dos nossos exércitos sob a bandeira de São Jorge. Achando que nós estávamos em fuga – ou definitivamente batidos –, o grão-mestre decidiu que havia chegado a hora de acionar as 16 bandeiras de reserva que conduzira pessoalmente. Do alto de onde estava até aquele momento ele, de repente, apareceu do nosso lado. As principais forças que lutavam muito na frente não o notaram por causa da poeira e nós, as tropas do rei que estavam mais próximas dos alemães, tomamo-los por lituanos pela semelhança das lanças. O movimento do grão-mestre ameaçava muito o rei que, guardado por somente 60 lanças (cerca de 120 homens), estava parado num pequeno bosque tão abertamente, que um dos cavaleiros teutônicos, percebendo isso, atirou-se sobre ele com espada em riste, mas foi detido por Zguibnev Olesnitsky e jogado no chão por uma lança. Depois, o rei e os cava-

---

[5] Soloviov, *"História da Rússia dos tempos arcaicos", tomo IV, p. 1.044 – Nota do autor.*

leiros da corte acabaram de matá-lo. Mais tarde disseram que aquele cavaleiro chamava-se Dippoldo von-Kektrits. Os três momentos seguintes consolidaram nossa vitória. Aqueles que corriam para o acampamento voltaram a atacar e golpearam o inimigo com tanta intensidade que os alemães foram amassados, recuaram e começaram a fugir em desordem; vendo isso, alguns destacamentos das tropas de von-Junguinguen, alugados da terra de Kholm (Kulmsk), também fugiram, em pânico. Deus estava conosco naquele dia e inspirou Dobeslav Olesnitsky a fazer uma inspeção do local na nossa ala direita, o que possibilitou descobrir a presença do grão-mestre e o perigo que corria o rei. Essa notícia correu as fileiras como um raio. Os tchecos e morávios deixaram de perseguir os alemães que corriam em direção à floresta e atacaram pelo lado direito as fileiras desarrumadas do exército do grão-mestre, enquanto nós e o resto das tropas polonesas golpeávamos pela frente. Era o fim. Assolado por todos os lados, esmagado pela supremacia de nossas forças, o resto do exército alemão correu para o acampamento fortificado; o grão-mestre e os principais comandantes foram mortos, depois de desesperada defesa. Nada poderia fazer-nos parar. Caímos sobre o último abrigo do inimigo como uma torrente e todo o acampamento – com carroças, provisões e diversos bens – ficou para nós; todos os que ainda viviam foram mortos. O sol poente iluminou o campo de batalha coberto com 40 mil mortos. O enorme resgate – 51 bandeiras e 15 mil prisioneiros – coroou nossa vitória. Agora, se a Ordem algum dia se recuperar, não será tão em breve!

Durante um certo tempo houve um silêncio na sala. O relato causara uma profunda impressão sobre os ouvintes e cada um pensava na importância daqueles acontecimentos.

– Você acredita, Svetomir, que os alemães não se recuperarão tão cedo desse golpe? Pois temo que eles, pelo contrário, recuperar-se-ão bem rapidamente! É que os alemães são teimosos e, como a erva daninha, difíceis de exterminar! – Observou Tchenek de Vartenberg, balançando a cabeça.

– Em todo caso, eles receberam o que mereciam e o futuro só Deus sabe! Se eles continuarem a ser tão brigões e teimosos, Deus lhes preparará um novo Tannenberg! Na opinião de todos os comandantes, deveríamos continuar a perseguição e tomar Malborg (Marienburgo) onde naquela hora não havia nenhum soldado e só então os alemães estariam exterminados na raiz. Mas o rei passou alguns dias festejando a vitória – na ocasião fui consagrado cavaleiro –, e, quando nós nos aproximamos da cidade, ela já estava pronta para a defesa e não conseguimos tomá-la.

– E como eram esses russos que lutaram tão bravamente? Pagãos como os lituanos?

– Que nada! Cristãos como nós, mas *cismáticos*![6] E o seu príncipe, Iuri Lutvenievitch, é um verdadeiro herói; ele, com suas tropas, é que decidiu a vitória.[7] Para entender isso, olhem mais uma vez no meu mapa: aqui está os exércitos lituano e polonês formando uma linha, com o centro um pouco destacado; atrás da linha polonesa estavam os tártaros. Os alemães precisavam quebrar essa linha, pois contorná-la pelo comprimento seria difícil. Os russos ocupavam uma importante posição no meio do exército; o mais forte golpe do inimigo foi direcionado em cima deles e, quando os lituanos correram levando consigo parte dos nossos, os soldados da Ordem estavam tão crentes na vitória que começaram a cantar *Cristo Ressuscitou*. Mas, como já falei, as valorosas tropas do príncipe Iuri permanece-

---

[6] Cismáticos – *Essa denominação surgiu com o cisma que dividiu a Igreja cristã, no século XI, entre Igreja Latina, seguidores do Papa, e Igreja Ortodoxa Grega. Essa separação definitiva deu-se após uma série de divergências a respeito do dogma, da liturgia, das práticas religiosas e de disputas políticas entre os papas e os patriarcas de Constantinopla, culminando no rompimento definitivo, em 25 de julho de 1054. Os russos foram os principais seguidores dos gregos no rompimento com o papado e, apesar de não serem chamados de heréticos, eram odiados e tratados da mesma forma pela Igreja Romana – Nota da editora.*

[7] Koslovitch, *"Batalha de Grunwald", p. 9 – Nota do autor.*

ram firmes como rocha e Vitovt, percebendo a importância do momento, enviou-lhes ajuda. Esse grande príncipe mostrou naquele dia uma incomparável capacidade militar e coragem!

– Pois é. Você falou dele tanto no começo quanto no fim do relato. Mas o que fazia o rei? Parece que ele nem tomou parte? – Perguntou Zviretich.

Svetomir riu, maliciosamente, e coçou a orelha.

– Pare de esconder as coisas! Somos todos amigos e pessoas honestas! – Exclamou Vok, impaciente. – Você não tem culpa se Jagellon não é um herói.

– Não, o rei é um bom rapaz, mas os "padrecos" abusam de sua religiosidade; se ele cometeu alguns enganos foi por causa dos *tonsados*, que sussurram muita bobagem em seus ouvidos. Estou zombando deles – e Vok deve saber bem como eu os odeio. Aliás, posso dizer que soube muita coisa interessante sobre os russos *cismáticos*. Padre Hilário falava deles espumando pela boca, considerando-os piores que pagãos. Mas, na minha opinião, eles estão mais perto da verdade do que nós, católicos. Percebi tudo isso pelas conversas que tive com Iuri Lugvenievitch, que gostava de mim; fiquei muito amigo de um de seus comandantes e até prometi visitá-lo um dia, o que com certeza farei assim que retornar à Polônia.

– Mesmo assim – acrescentou Vok, pensativo –, ao lembrar novamente a grande batalha, onde deitaram seus ossos tantos de nossos irmãos e correu tanto sangue eslavo, chega-se à conclusão de que o príncipe Konrad Mazovetsky tomou uma decisão errada convidando os alemães a defender suas terras. Eles inicialmente acabaram com os fracos prussianos[8] e depois resolveram acabar com os poloneses e lituanos. É verdade que Konrad tinha dificuldade

---

[8] *Essa separação entre alemães e prussianos só tem sentido nesse período, quando a Prússia era um Estado à parte, com uma população de origem tanto germânica quanto eslava; posteriormente, a Prússia tornou-se a principal região alemã, tendo liderado a unificação imperial no século XIX – Nota da editora.*

para se defender dos prussianos, mas se defender dos alemães é muito mais difícil!

– Sim! – Interrompeu-o o conde Hinek. – O certo é que deixaram lobos guardando rebanho de ovelhas. Esses acordos com os alemães nunca levam a boa coisa! O prussiano é um selvagem, mas também o alemão é um bárbaro. E isto, nós, tchecos, sabemos melhor do que ninguém! Eles mantêm com mão-de-ferro as regiões sob seu domínio e engolem uma a uma as tribos. Os poloneses pagarão muito caro o erro do príncipe Mazovetsky!

A conversa passou, aos poucos, para as questões religiosas e provocou uma nova explosão de indignação sobre as indulgências, a interdição e a expulsão de Huss.

Capítulo XII

O tempo transcorria calmamente na família dos Valdstein. Svetomir renovara a amizade com os antigos companheiros e professores, embora também passasse muito tempo em casa conversando com Rugena e Vok ou com o velho amigo Broda. Este o abarrotava de perguntas sobre a guerra com os alemães, a batalha de Tannenberg e adorava ouvir detalhes da derrota da Ordem Teutônica.

Somente Ana mantinha-se afastada. Ela não chegava a evitar Svetomir, mas a amizade que permanecera entre ela e Rugena não se estendia a ele. Em conversas com a jovem condessa, Svetomir sempre expressava sua profunda pena sobre o estado de espírito de sua amiga de infância.

– Pois é. A partir daquela noite fatídica, alguma coisa se quebrou dentro dela. Ela tornou-se uma outra e muito estranha pessoa. Eu sonhava tanto com um outro destino para Ana... – dizia Rugena, naquela tarde, enxugando uma lágrima.

– Lembro-me de que você queria que eu me casasse com ela. Confesso sinceramente que seu plano me agrada e ficarei feliz se puder levá-la comigo à Polônia.

– Mas, como? Você concorda em se casar com ela mesmo depois de... de tudo aquilo que aconteceu? Oh! Como você é bom e magnânimo, Svetomir! Eu te amo por isso! – Exclamou Rugena, explodindo de felicidade.

Pegando a sua cabeça com as mãos, ela deu-lhe um forte beijo na testa.

– O prêmio supera o favor. – Respondeu ele, rindo e beijando as mãos dela.

– Você se apaixonou por ela?

– Realmente, não sei o que dizer. Provavelmente, não! Mas ela me transmite um respeito tão sincero e uma pena tão profunda que tudo isso, aliado à nossa velha amizade, me motiva a tirá-la daqui para que, num novo ambiente e com novas obrigações, ela esqueça sua desgraça. Pelo martírio que salvou você – minha benfeitora –, a boa, bela e honesta Ana é para mim duplamente cara. Eu não encontraria uma esposa melhor e espero que o amor logo complete a nossa felicidade. Só que pediria a você, querida Rugena, que transmitisse a Ana a minha proposta. A pobrezinha está tão preocupada e assustada que eu não consigo achar uma oportunidade de falar com ela.

– Com muito prazer! Falarei com ela hoje mesmo. E amanhã, se Deus quiser, festejaremos o noivado de vocês! – Respondeu Rugena, alegremente.

Ana passara o dia todo com uma insuportável dor de cabeça. Abatida, ela estava sentada em seu quarto, lendo uma oração. As vestes pretas e largas e os cabelos negros destacavam ainda mais a palidez de cera do rosto e das mãos que descansavam no colo. Já era tarde e Ana surpreendeu-se ao ver Rugena entrando, principalmente porque o rosto da condessa iluminava-se, com inusitada alegria.

– Pare de rezar, Ana! Trago-lhe uma notícia que irá reavivar sua vida e alterar seu destino. – Disse ela alegremente, beijando-a.

Ana deu um sorriso doentio em resposta. Mas, quando Rugena expôs a proposta de Svetomir, ela estremeceu e um rubor febril apareceu em seu rosto. Contudo, aquilo foi só por um instante; depois, sua cabeça baixou de novo tristemente sobre o peito.

Espantada com o silêncio, Rugena pegou-a pela mão.

– Você não está feliz, Ana? Então espere, pois amanhã o nosso querido Svetomir irá beijá-la como noivo e você perceberá que o passado morreu e, para você, abrir-se-á um lindo futuro.

Ana levantou a cabeça, endireitou-se e passou a mão pelo rosto.

– Agradeça ao Svetomir por mim. Diga que lhe serei eternamente grata por essa proposta, que me honra e me eleva aos meus próprios olhos, mas que não posso aceitá-la.

Rugena ficou estupefata.

– Você ficou louca? – Exclamou ela, indignada. – Um jovem bom, bonito e rico se propõe a lhe dar o seu nome e o seu amor, promete-lhe uma vida brilhante e feliz e você o rejeita? Isso é uma bobagem e você está sendo mal-agradecida! Nem quero ouvir tamanho absurdo!

– Respeito demais todas as vantagens da proposta de Svetomir, mas é exatamente pelo fato de não poder fazê-lo feliz que rejeito a proposta. Algo se quebrou em minha alma. Eu morri para as alegrias da vida e o meu querido e magnânimo amigo merece uma esposa melhor do que eu, quebrada de corpo e espírito.

– Mas Svetomir gosta de você e sua afeição a curará. E já pensou como irá entristecê-lo e ofendê-lo com essa rejeição?

– Tenho certeza de que na proposta de Svetomir existe tanto amor quanto pena; o coração de uma mulher não se engana em tais casos. Se ele se ofender agora, chegará um tempo quando me agradecerá por deixá-lo em liberdade. Também não desejo me amarrar. Tudo o que restou do meu coração, depois da catástrofe que quebrou a minha vida, pertence a um outro...

Rugena estremeceu.

– Você se apaixonou por outro, Ana? Mas, por quem, meu Deus?

– Por quem mais me apaixonaria senão por aquele que me ajudou durante a minha provação, que me arrancou do desespero sem saída e me salvou do suicídio?

– Você ama o mestre Jan? Não está brincando, Ana? – Surpreendeu-se Rugena. – Mas pense só: você está amando um sacerdote e isso é pecado!

Ana olhou-a nos olhos e um forte rubor cobriu sua face.

– Você não me entendeu, Rugena! O que sinto por padre Jan em nada se parece com amor carnal. Eu o amo! Mas amo como a terra ama o fresco orvalho que satisfaz a sua sede, como a grama ama o sol que a aquece e ilumina. Eu o adoro com devoção, como a um bom gênio! Ouvir seus sermões, ser conduzida por ele ao caminho dos céus do qual ele é o enviado, ver seu dócil olhar dirigido a mim com aprovação – eis tudo o que mais desejo no mundo.

– Eu entendo, Ana. Mas, por melhor que seja esse sentimento, duvido que ele possa preencher sua vida. Você é jovem e chegará um momento em que a realidade acima dos sonhos reclamará os seus direitos.

– Não! Eu envelheci de alma e o sentimento que tenho por esse santo homem – sim, porque o padre Jan é um santo! – nunca poderá apagar-se! Você se surpreende? Você negaria que ele já possui o dom de curar? A voz dele não agia de forma calmante, melhor que qualquer remédio, sobre os ataques de loucura da condessa Iana? Quando eu estava com terríveis dores de cabeça e me parecia que o crânio ia estourar, bastava ele pôr sua mão na minha testa para parar o sofrimento. Nesses momentos eu vi – ouviu, Rugena? – eu vi que durante sua oração uma auréola dourada iluminava sua cabeça, e de seus dedos emanava uma luz espalhando calor por todo o meu corpo. Eu ficava tomada por uma indescritível beatitude e a alma elevava-se até Deus enquanto o sono benfazejo não me cerrava os olhos.

Rugena ouvia-a, surpresa. A exaltada adoração de Ana convenceu-a de que Huss era realmente um ser elevado, e a firme certeza que soava na voz da amiga contagiava-a também.

– Vejo que sua decisão é inabalável; vou transmitir a sua resposta ao Svetomir. – Disse ela, após um momento de silêncio.

– Prefiro falar com ele pessoalmente. Diga a Svetomir que venha visitar-me amanhã.

No dia seguinte houve uma longa conversa entre Ana e Svetomir. Por fim, eles trocaram juras de amizade e confiança, mas o jovem saiu preocupado, emocionado e triste. A partir daquele dia o recato de Ana em relação a ele mudou para uma calorosa relação de irmã.

Jerônimo, que viajara pela Morávia, voltou finalmente a Praga na companhia de um dos parentes do senhor Vartenberg e foi desagradavelmente surpreendido pela caricatura que Vok deixara em sua mesa, cujo sentido entendeu. Ele não imaginava como o conde ficara sabendo do caso e a idéia de encontrar-se com Valdstein não lhe agradava. Mas Jerônimo era incapaz de recuar diante do perigo e, desejando esclarecer suas relações com Vok, mandou-lhe um bilhete dizendo: "Se o dono do fardo de feno não está satisfeito com a fuga do burro e deseja explicações mais decisivas, este irá aguardá-lo amanhã o dia todo para as devidas satisfações".

Mesmo que não houvesse assinatura, o conde entendeu imediatamente que o seu oponente estava contando com um duelo. Vok, entretanto, não sentia raiva alguma dele e Rugena nunca fora tão boa, nem parecera tão apaixonada quanto depois da sua confissão. E ele foi visitar Jerônimo.

– Você foi suficientemente castigado por suas façanhas com a sua magnânima negação da mulher amada que eu admiro, mas não conseguiria imitar. – Disse o conde, benevolentemente, dando-lhe a mão. – Com mil diabos! Se uma mulher como Rugena declarasse estar apaixonada por mim e concordasse em me acompanhar, eu fugiria com ela sem olhar para trás deixando que o mundo se danasse! Mas... do ponto de vista do marido desta mesma Rugena, só posso agradecer a você por ser... burro!

Apesar do restabelecimento das boas relações, Jerônimo raramente visitava os Valdstein. Porém, gostava muito de Svetomir, interessando-se pelo destino do jovem e visitando-o quase diariamente. Em suas longas conversas, seus assuntos freqüentemente abor- davam Huss; assim, quando Jerônimo disse ao amigo que pretendia visitar o padre no exílio, Svetomir pediu-lhe, pelo amor de Deus, que o levasse consigo.

Numa linda manhã, eles seguiram em direção ao castelo de Kozigradek, onde vivia Huss. Ao chegarem lá, souberam, pelo senhor Usti, que seu convidado viajara pelas cidades e aldeias, pregando a palavra divina em campo aberto, ou seja, nos lugares onde se reunia o povo. Jerônimo e Svetomir decidiram achá-lo e, na manhã do dia seguinte, seguiram adiante.

O primeiro camponês que encontraram indicou o povoado onde, naquela hora, encontrava-se Huss. À medida que se aproximavam do local, percebiam que crescia o número de pessoas apressadas para ouvir o famoso pregador. Finalmente, chegaram ao objetivo de sua viagem. Numa colina, entre Bekhina e Bernartits, aglomerava-se uma multidão de pelo menos duas mil pessoas, composta principalmente de camponeses, homens, mulheres e crianças. Havia também trabalhadores urbanos e até alguns senhores. Em todos os rostos liam-se uma profunda humildade e muita concentração. No centro formado pelos ouvintes, sobre o tronco de uma grande árvore derrubada, servindo-lhe de púlpito, estava Huss. Sua voz sonora ouvia-se ao longe dado o profundo silêncio que reinava à sua volta, pois o povo reunido temia perder uma única palavra do sermão.

Jerônimo e Svetomir amarraram os cavalos a uma árvore e abriram caminho na multidão para se aproximar do pregador. A grandiosa simplicidade daquela cena, que lembrava um quadro dos tempos evangélicos, deixou-os espantados.

Da mesma forma Cristo pregara a Sua palavra sagrada aos humildes e desgraçados, preferencialmente com o céu azul servindo de cúpula para o templo da verdade que construía.

Com o rosto inspirado e ligeiramente bronzeado, Huss falava do Evangelho, explicando aos ouvintes que a clareza da verdade divina não podia ser obscurecida por idéias humanas e que somente as escrituras eram o verdadeiro condutor para os homens no caminho da salvação.

Ao fim do sermão, a multidão começou a dispersar-se. Jerônimo e seu companheiro puderam finalmente aproximar-se de Huss. O sacerdote ficou muito contente ao reconhecê-los e levou-os imediatamente para a aldeia vizinha, onde vivia já há alguns dias. O casebre era pobre, sem qualquer conforto, mas a expressão feliz dos donos indicava claramente como eles estavam orgulhosos e satisfeitos de abrigar sob o seu teto de palha um homem respeitável que consideravam como um novo apóstolo.

Huss ofereceu aos visitantes uma refeição que consistia de leite, pão e queijo.

– Desculpem-me, queridos amigos, por esta parca refeição à qual, obviamente, não estão acostumados; mas me sinto muito bem por aqui. A simplicidade da aldeia lembra a minha infância. Aqui me vejo novamente como filho de camponês. Entre essas humildes e bondosas pessoas, compreendo com maior clareza a que balbúrdia mundana eu me acostumei em Praga. Agora, vamos conversar. Vamos sentar lá, naquele banco debaixo do grande carvalho. Como vêem, o dia primaveril está maravilhoso e ninguém irá incomodar-nos! Você, Jerônimo, informar-me-á sobre as últimas novidades da capital, enquanto Svetomir vai contar-me suas aventuras no estrangeiro.

Jerônimo trouxera uma recente e muito importante notícia sobre a expulsão de Estéfano Paletch, Stanislav e Pedro de Znoim e Jan Elias. Depois que o sínodo, convocado em Praga com o objetivo de restabelecer a paz na Igreja tcheca, não vingara, o próprio rei nomeara uma missão composta pelo arcebispo Albino e três membros, dando-lhes o poder de tomar todas as medidas que achassem necessárias para restabelecer a ordem.

Essa comissão, presidida por Zdenk Lobaun, reunira-se durante alguns dias na casa de um de seus membros, Cristiano Prakhatitsky, pároco da igreja de São Miguel. Mas, apesar de todos os esforços, não obtivera nenhum resultado. Os quatro professores supracitados, membros do partido católico, haviam-se revelado difíceis de dialogar – depois de acusarem a comissão de ser fraca e parcial, simplesmente haviam deixado de comparecer às reuniões. Percebendo que a última medida visando acertar as questões religiosas não dera certo, Venceslau, enfurecido, destituíra aqueles teimosos de seus cargos e, em fevereiro, expulsara-os do país, proibindo-os de algum dia recolocarem o pé na Boêmia.

Huss ficou profundamente triste com o severo castigo imposto aos seus antigos amigos, que antigamente haviam sido fiéis partidários na luta pelos votos na universidade.

– Vejam até que ponto pode levar o medo do Papa: ao rebaixamento e à negação das próprias convicções! – Disse ele, tristemente. – Lamento por eles de todo o coração.

Para desanuviar o ambiente pesado provocado pelas notícias que trouxera, Jerônimo passou a palavra a Svetomir. Huss começou a perguntar ao jovem sobre a sua vida nesse tempo que passara. Svetomir descreveu, com animação e humor, seus primeiros passos na nova pátria e as diversas bobagens que cometera durante sua aprendizagem na arte da guerra. O fato de o tcheco ser a língua usada na corte de Cracóvia facilitara sobremaneira a sua situação.

Mas a antiga posição anticlerical não desaparecera do coração de Svetomir. Ele descreveu –de forma contida, mas sem qualquer recato – a influência funesta do clero, com sua cega e obtusa impaciência, sobre o rei e o governo do país. Ele atribuía àquela má influência a inimizade que se espalhara pela Polônia contra a Boêmia como país herege. A influência do clero incitara, no devido tempo, os príncipes Mazovets a pedir ajuda aos alemães. O ninho de bandidos chamado Ordem Teutônica criara fortes raízes – sugava o sangue de seus subordinados eslavos e crescia numa força que ameaçava destruir completamente seus antigos benfeitores.

– Os malditos instalaram-se como uma gigantesca aranha na terra eslava, tecendo por todos os lados a sua teia, semeando conflitos em todos os lugares e aniquilando tribos inteiras sob o pretexto de convertê-las ao cristianismo. A Polônia foi obrigada a se unir a Lituânia e Rússia, convocar milhares de tchecos e até os ímpios tártaros pagãos para esmagar essa hidra em Tannenberg. Em compensação, lá nós acertamos as nossas contas! – Acrescentou Svetomir, com entusiasmo.

E, tomado por exaltadas lembranças sobre a grande batalha, ele começou a contar sobre ela a Huss, desenhando a imagem simpática do valoroso príncipe Iuri Lugvenievitch e suas corajosas tropas, decisivas no resultado do combate.

– Eles são *cismáticos* gregos, certo? – Perguntou Huss, ouvindo atentamente.

– Sim, mas juro, padre Jan, que são bons cristãos! Sua fé em Deus Salvador e no Evangelho é tão profunda e verossímil quanto a nossa! Não sei, realmente, de que consiste o "cisma" que nos separa deles, mas posso testemunhar que são pessoas honestas e tementes a Deus. – Concluiu Svetomir, com convicção.

– Não duvido disso, meu filho. – Sorriu Huss. E dirigindo-se a Jerônimo, acrescentou: – Sinto um grande interesse pelo rito oriental, que foi o primeiro a iluminar com a luz evangélica a nossa terra tcheca. Recentemente, passaram por aqui alguns mercadores de Bizâncio que se dirigiam a Praga, e conversei longamente com eles. Tudo o que ouvi deles convenceu-me de que a Igreja cristã oriental, que o nosso Papa chama de *herege*, manteve –numa pureza incomparavelmente maior que a nossa – as tradições dos primeiros séculos do cristianismo. Somente em alguns lugares ainda temos o costume da Igreja ancestral de comungar com o corpo e o sangue. Lá, essa lei de Cristo é sacramentada como indicado no Evangelho e nas epístolas de Paulo! Além disso, o exemplo dessa mesma Igreja oriental indica claramente que o papado não tem princípio divino, pois Cristo não obrigou os fiéis espalhados pelo universo a apelar ao Papa e aos cardeais – que muitas vezes se maculam com a mentira e o pecado. Deus me livre de achar que os cristãos orientais devem ser julgados por isso! Infelizmente, todas essas informações são esparsas e, para julgar com consciência, seria necessário conversar com um teólogo que vivesse nos locais onde vive esse povo e que estivesse familiarizado com os seus ensinamentos e a vida cotidiana. Mas onde encontrá-lo?

Capítulo XIII

Passou-se um ano agitado e angustiante. Grandes acontecimentos amadureciam na vida da sociedade da Idade Média; as pungentes questões religiosas e políticas exigiam solução inadiável.

O projeto do concílio – que tinha sido discutido durante o ano anterior e que poria um fim às desordens da Igreja – fora posto em execução. O imperador Sigismundo assumira a causa e conduzira-a energicamente a um bom resultado. No famoso encontro com João XXIII, em Lodi, o local escolhido para o concílio fora a cidade imperial de Constança, e o Papa, com dor no coração, tivera que concordar. A Nêmesis[1] celestial punha arreios no criminoso João XXIII e obrigava-o a comparecer àquele concílio – extremamente perigoso para ele – e não existia outra saída. Se, de um lado, ele estava sendo ameaçado pelo rei napolitano – que o odiava e que agora era o vencedor e mandante de Roma –, de outro lado, seu único protetor, o traiçoeiro Sigismundo, convocava-o a Constança para acabar com as divergências na Igreja – e isso somente poderia prejudicar o Papa, desvendando a sua vida particular. João XXIII tentara em vão escapar da corda em seu pescoço, mas todos os seus esforços haviam-se quebrado contra a vontade férrea de Sigismundo. No dia 30 de

---

[1] *Deusa da vingança na Grécia antiga – Nota do tradutor.*

outubro de 1413 fora promulgado um edital pelo qual o imperador, num acordo com o Papa, convocava todos os governantes cristãos, todos os príncipes da Igreja e todos aqueles cujos nomes e conhecimento eram famosos no mundo cristão a comparecer à cidade de Constança, no dia 1º de novembro de 1414, para discutir as reformas na Igreja e acabar com a heresia.

Este último item referia-se diretamente a Boêmia. Lá vivia um corajoso pregador, cuja palavra inspirada e cuja vida imaculada serviam de viva crítica ao criminoso e devasso clero. Esse homem era Jan Huss – a imagem viva do protesto no cristianismo. Sobre ele concentrava-se toda a raiva; ele deveria pagar por todos os inovadores que haviam exigido dos sacerdotes castidade e moralidade. Já condenado por seus inimigos, Huss fora convocado ao concílio para se defender das acusações de heresia. Com sua natural obediência e sua característica firmeza de caráter, ele atendeu imediatamente à convocação, sem se iludir sobre o perigo que corria por pregar sua verdade evangélica.

Numa linda noite de setembro, alguns homens reuniram-se num pequeno e toscamente mobiliado quarto numa casa da "Cidade Antiga". As janelas saíam para o quintal e um longo e escuro corredor separava o quarto da outra parte da casa, escondendo seu ocupante de qualquer vizinhança indiscreta. Era Jan Huss, que havia chegado a Praga para se preparar para a longa viagem e despedir-se dos amigos antes de sua partida para Constança.

O clero de Praga fingia ignorar sua chegada e, dessa vez, não o oprimia. Neste momento, encontramo-lo no discreto abrigo, cercado de amigos que discutem com ele a viagem marcada. Lá estão Jan de Iesenits, Prokop de Pilsen, Pedro de Mladenovits, Iakubek de Stribr, o substituto de Huss na capela de Belém, mestre Gavlik e Jerônimo de Praga, que acabara de retornar de sua viagem à Lituânia.

– Meus amigos, não se torturem com exageradas preocupações. O imperador me concede um salvo-conduto que me garante toda a liberdade para defender e demonstrar que estou certo. – Dizia Huss, naquele instante.

– Não duvido da boa vontade de Sigismundo de protegê-lo. Mas lá em Constança você irá se confrontar com Paletch e outros inimigos que o odeiam. – Objetou Jan de Iesenits.

– Eu também não fico divagando e sei que me aguardam grandes provações. Mas creio na proteção de Cristo e, qualquer que seja o destino que me espera, eu abençôo a vontade divina! Creio firmemente no sucesso do nosso empreendimento e estou convencido de que, se eu morrer, no lugar do fraco e indefeso *ganso*[2] a verdade enviará a Praga outras águias e falcões, cujo olhar veloz supera o dos outros bípedes. Eles, com a graça de Deus, voarão alto, capturando outras aves para Jesus Cristo, que reforçará e confirmará todos os Seus fiéis...

Nesse instante alguém bateu à porta e entrou Vok Valdstein. Ele parecia estar contente com algo e cumprimentou a todos, alegremente.

– Tenho boas notícias, mestre Jan! – Disse, feliz. – O rei indicou três senhores para acompanhá-lo a Constança, cujos nomes por si sós já garantem a sua segurança. Eles são: Jan de Khlum, Vladislau de Dub e Henrique Khlum de Latsenbok.

– O rei é bondoso demais para comigo e não sei como agradecer a Sua Alteza. – Disse Huss, comovido. – Nem imaginava ter protetores tão poderosos, e, principalmente, favoráveis a mim.

– Será que alguém pode não gostar de você depois de conhecê-lo? E, estando sob essa forte guarda, espero que os abutres do concílio retirem todas as confabulações de Paletch e outros traidores tchecos. Além disso, graças ao Zmirzlik, o bispo de Nazaré expediu um documento atestando que você não é culpado de nenhuma heresia e até o arcebispo Konrad deverá declarar, por insistência dos barões, que o considera um bom católico. Tudo isso e mais o salvo-

---

[2] Huss, em tcheco, significa "ganso" – Nota do tradutor.

conduto do imperador fazem você praticamente invulnerável.

Os amigos, um atrás do outro, tentavam tranqüilizar Huss e a conversa tornou-se mais alegre. De repente, Vok, dirigindo-se a Jerônimo, perguntou se este ficara satisfeito com a viagem à Lituânia.

– Não pude perguntar-lhe isso antes, pois não me encontrava em Praga.

– Oh! A viagem foi extremamente interessante! Algum dia vou contar-lhe muita coisa curiosa. Mas não hoje, pois a maioria presente já ouviu sobre isso.

– Nada disso! Eu não ouvi nada! – Replicou Prokop.

– Eu também não! – Acrescentou Iakubek.

– Notícias úteis e agradáveis podem ser ouvidas duas vezes... – Observou Jan de Iesenits, dando risada.

– Bem, como vê, o auditório está formado! E um grande orador como você saberá dar um novo colorido até a algo já conhecido... – Disse Vok, maliciosamente.

– Tentarei justificar as suas palavras. Antes, quero dizer que a idéia da viagem foi-me incutida parcialmente pelo desejo do nosso amigo Jan, de saber detalhes sobre a Igreja greco-oriental, à qual, como vocês sabem, pertenciam os missionários eslavos Cirillo e Metódio...

– Eis o que Broda me ensinou na infância: "Ele pediu uma cruz ao príncipe da Morávia. E ao Metódio, arcebispo de Velegrad. E aquele Metódio era russo. E rezava a missa em eslavo".[3] – Acrescentou Vok, citando versos da crônica de Dalimil.

– Por outro lado – continuou Jerônimo –, o principado lituano-russo sempre me atraiu como terra-irmã, e eu viajei, como devem lembrar-se, junto com o vosso amigo Svetomir. Não vou contar sobre a nossa curta estada em Cracóvia que nada teve de especial.

---

[3] *"Prosi Krsta od Svatopluka Moravskébo. A od Methodye arcibiskupa Velehradskébo Tem arcibiskup Russin bese Msu svou slovansky sluzese" – Nota do autor.*

– Essa não! Mas que humildade! – Interrompeu-o Vok, novamente. – Meus amigos, saibam vocês que recebi uma carta de Svetomir na qual ele descreve que esse humilde senhor apresentou-se à corte do rei Jagellon, vestido como um príncipe encantado de conto de fadas, num maravilhoso traje púrpura e com uma *epantcha*[4] revestida de pele cinzenta. Com sua aparência e seus discursos, ele causou um rebuliço: todas as mulheres perderam o coração e os "padrecos", a tranqüilidade!

– Pare com isso! Lá houve mais fumaça do que fogo... – Sorriu Jerônimo. – Svetomir exagera um pouco as minhas conquistas. Quanto ao clero, é verdade que os deixei fora de si, mas já estou acostumado a esse sucesso. Então, voltemos ao relato. Junto com a corte de Vitovt que retornava à Lituânia, consegui chegar a Vilnus com o máximo conforto. Uma enorme multidão e todo o clero saíram ao encontro do grande príncipe e eu vi, pela primeira vez, uma procissão dos *cismáticos*. Estou chamando-os assim para os distinguir dos católicos na seqüência do relato. Essa fonte histórica – indicando que o ilustrador da Boêmia era de origem russa – encerra, entretanto, dados históricos muito importantes: a indicação escrita na crônica de Dalimil é uma prova incontestável de que, no fim do século XIII e no início do século XIV, os tchecos acreditavam que a sua religião original era a mesma professada pelos russos – na qual a missa é rezada na língua eslava. Vocês perceberão que os considero tão bons cristãos quanto nós. A primeira impressão foi muito agradável. A procissão do arcebispo – com seus canônicos e monges franciscanos, *minoritas* e outros – era talvez mais pomposa. Mas os russos, em seus longos trajes orientais, entusiasmaram-me com a grandeza e a solenidade da procissão e eu, involuntariamente, ajoelhei-me juntando-me aos outros. Depois, essa primeira impressão reforçou-se quando vi do outro lado do rio a própria cidade coberta de

---

[4] Capa curta e redonda, sem mangas – Nota do tradutor.

jardins. Sobre aquele mar verde destacavam-se cúpulas multicoloridas coroadas por cruzes de ouro que brilhavam ao sol. Parecia que, naquele frio país nórdico, abria-se diante de mim um recanto oriental. Tudo o que observei em seguida me deixou cada vez mais surpreso e extasiado. Vilnus é uma cidade absolutamente russa, tanto pela população como pelo comércio. No resto do principado, três quartos da terra são habitados pelo povo russo – que já possuía uma brilhante história dos tempos de Kiev – e somente um quarto dessa terra é ocupado pelos lituanos com o seu moribundo paganismo. A língua russa é a língua do governo e da sociedade. "A Lituânia floresce com o russismo", diziam-me. Quase todas as famílias de príncipes e de nobres da Lituânia e da Rússia são ortodoxas; por exemplo: de Ostrog, de Glinsk, de Sluts, de Sapega, de Khodkevitch e outros. Depois que estive em Vitebek, Polotsk e Pskov, consegui perceber a influência produtiva de uma Igreja verdadeiramente nacional sobre o povo. Uma Igreja que nasceu na terra pátria, uniu-se à população e vive com seus interesses. Agora ficou totalmente claro para mim que, para a independência de um reino eslavo, é necessário, antes de tudo, ter uma Igreja eslava; que com um clero estrangeiro não dá nem para pensar na liberdade popular, e que a missa em latim não traz benefícios ao povo que não a entende. Na Rússia, o governo, a Igreja e o povo estão unidos e essa participação do rebanho nos empreendimentos da Igreja cria não somente uma vigilância sobre a sua propriedade, mas também sobre a atividade do próprio clero. Sob a influência da força unida da Igreja popular, a Rússia adquiriu um espírito forte e agora consegue resistir aos alemães, que são obrigados a respeitar o seu poder como país...

– E os costumes e a moral deles são muito diferentes dos nossos? – Perguntou Vok.

– Os costumes do povo são diferentes. As cidades não estão separadas do campo como aqui e não cortaram o contato com a terra e a agricultura. A situação dos camponeses também é diferente;

eles conservaram as bases tradicionais: liberdade pessoal, sistema comunal, autogestão, juízo eqüino etc. – e tudo isso a Lituânia recebeu de herança da Rússia. Mas a partir do casamento de Jagellon com a rainha polonesa Hedwiges, sopraram outros ares e começou a influência polonesa. Na Polônia, os camponeses perderam seus direitos e são súditos da terra do proprietário e não do rei. Em geral, o sistema de governo polonês – favorecendo as altas classes – e particularmente a sua criação preferida – os *schliakhty*[5] – oprimem a população rural. Ao contrário da grande Rússia, que recebe as forças do povo, a Polônia, sob a influência do seu inspirador e dirigente de Roma, ignora as bases mais importantes do modo de vida eslavo. Eles emprestam os conhecimentos científicos e materiais dos nossos próprios inimigos: os alemães. Esse sistema, que surgiu por circunstâncias especiais e é estranho ao país, deforma o seu organismo e o distancia dos outros países de mesma raça. A fatal dependência de Roma dos governantes lituanos e poloneses fornece um excepcional poder ao clero fanático que se apoderou completamente do rei Jagellon e adquiriu uma influência maléfica sobre a Lituânia e a Rússia. Lá, já começaram as divergências: a luta dos princípios opostos entre russos ortodoxos e poloneses católicos e a população demonstra insatisfação com o governo, temor pela fé e pelos direitos do povo. Mas a Roma isso não importa! O catolicismo não reconhece o bem-estar do povo e trabalha somente *ad majorem pape gloriam*! Os missionários católicos começaram a impor a sua fé com tanta insistência que em Zhmud, por exemplo, eles foram expulsos por ordem de Vitovt, assustado pela fuga em massa da população que esses missionários provocaram. Na Lituânia, a Igreja oriental já teve seus mártires.

– E você não vai nos contar nada sobre os nossos amigos alemães? – Perguntou Vok, rindo.

– Sobre eles não há muito o que falar e vocês os conhecem

[5] *Nobres, pequenos proprietários na Polônia – Nota do tradutor.*

bem! O quadro da barbárie teutônica estará muito claro para vocês, quando lhes contar o que ainda lembro do teor da carta enviada aos *jmudins*[6] queixando-se da Ordem: "Ouçam-nos, príncipes espirituais e mundanos! A Ordem não está procurando as nossas almas para Deus mas as nossas terras para si e nos levou ao ponto de sermos obrigados a pedir esmolas ou assaltar para viver. Prelados, padres e outros semelhantes tiram de nós lã e leite e não nos ensinam o cristianismo. Depois disso, como eles ousam dizer-se irmãos, como ousam persignar-se? Quem quer banhar os outros deve antes estar limpo!". Como vêem, o papismo está de mãos dadas com os alemães e se faz sentir aqui!

– E que impressão teve da missa oriental? Você deve ter visitado seus templos... – Perguntou Gavlik.

– Visitei igrejas de diversas cidades, mas a missa que me deixou mais impressionado foi a que presenciei em Pleskov. O seu canto, eu juro, tocou-me no mais profundo da alma. Uma grade dourada, enfeitada com imagens de santos, oculta o altar dos olhos dos fiéis e abre-se somente em determinados momentos da missa. Toda a missa é tão solene que parece envolver a alma e elevá-la ao céu. Tive a impressão de estar numa reunião dos primeiros cristãos e orei de todo o coração naquela igreja onde a missa é rezada numa língua que todos entendem.

– E os padres católicos? Como reagiram à sua visita às igrejas russas? Não acredito que aceitaram isso pacificamente! – Perguntou Vok, rindo.

– É claro que a preferência que demonstrei pelo rito oriental não passou despercebida pelo clero católico, que me culpou disso. Fui convocado à presença do arcebispo de Vilnus que me deu uma severa reprimenda. Entretanto, a grossa intolerância do bispo declarando que os russos não são cristãos, que as imagens que enfeitam seus

---

[6] *O povo lituano se dividia em lituanos e* jmudins – *Nota do tradutor.*

templos são falsas e que a comunhão de dois tipos (pão e vinho) é uma ignóbil heresia não só não me comoveu como me revoltou! Mais tarde, eu expressei a minha opinião sincera ao próprio Vitovt.

– Mas é claro! – Interrompeu-o Iakubek. – Pode-se, pelo contrário, afirmar com certeza que o próprio Jesus Cristo instituiu a comunhão com pão e vinho e a Igreja sempre esteve de acordo com esse costume até que os papas introduziram essa novidade, privando os leigos do cálice.

– Vivendo entre nossos longínquos irmãos – continuou Jerônimo – e mergulhando novamente na fé dos nossos antepassados, deixada por Metódio e Cirillo na nossa querida Boêmia, eu me senti outra pessoa... Por vezes, grandiosos pensamentos se apoderavam de mim e me perguntava: será que não existe algum remédio contra o mal? Seria possível ressuscitar as tradições da nossa antiga fé popular que, pelo testemunho de muitos, ainda deixou em nós profundas lembranças e raízes vivas? Há muito tempo que nós, tchecos, lutamos contra a opressão da latinidade protegida pelos alemães! Então eu imaginava como seria grande o nosso poderio se enfrentássemos a Igreja alemã com a Igreja eslava que reuniria sob a sua égide tchecos, russos, poloneses e todos os povos ligados pela mesma origem e que estariam unidos pela fé. A batalha de Tannenberg já mostrou o que podemos quando nos unimos contra o inimigo secular que anseia pela nossa derrota!

Jerônimo calou-se. Sua voz tremia de emoção; o poderoso tórax aprumou-se e seu olhar aquilino dirigia-se para o vazio, esquecendo tudo ao seu redor, absorto pela grandiosa visão que se descortinava à sua frente!

Com o olhar profético de sua mente genial, antecipando os acontecimentos futuros, ele parecia prever que, para os alemães, a religião serviria sempre como arma política e que, conforme a exigência do momento, seu grito de guerra seria: *Hin nach Rom*! – para a separação dos eslavos – e *Los von Rom*! – para a integração do mundo alemão...

No quarto reinava o silêncio. Todos estavam impressionados com o relato de Jerônimo.

Finalmente, ouviu-se a voz de Huss.

– O quadro que você pinta do futuro é belo e atraente; mas para a realização dos seus desejos somente forças humanas não serão suficientes. Seria bom se cada um cumprisse o seu dever até a morte, deixando o resto Àquele que dirige os destinos dos homens e dos povos.

A conversa aos poucos se animou com um outro tema que, naquele momento, ocupava todo o mundo cristão, ou seja, o concílio.

Depois, os amigos se despediram.

O tempo que se seguiu foi passado em reuniões para a preparação da viagem. Como Huss viajaria a Constança por seus próprios meios, todos os seus amigos tentavam aliviar suas necessidades materiais. Inúmeros presentes em dinheiro e objetos chegavam de todas as partes. O barão Bozhek Rabstein, parente de Rugena, presenteou-o com um lindo cavalo; Vok e o pai, com um traje completo de tecido de flandres preto; Rugena deu-lhe uma grande soma em dinheiro.

Finalmente, no dia 11 de outubro, após uma comovida despedida dos amigos e principalmente de Jerônimo – que o acompanhou por algumas milhas fora da cidade –, Huss deixou Praga.

– Querido mestre – disse Jerônimo, ao despedir-se e dando um forte abraço em Huss –, seja firme na luta que se aproxima; se correr qualquer perigo, irei voando para ajudá-lo.

Nada, entretanto, parecia confirmar as suspeitas dos amigos e os sombrios pressentimentos do próprio Huss. A viagem transcorria tranqüila e pelo caminho o sacerdote era sempre recebido com honras e grande amabilidade.

Na casa dos Valdstein houve uma verdadeira festa quando chegou carta de Huss com selo de Nuremberg, cheia de curiosos detalhes. O padre descrevia – com alegre surpresa – que, em vez do ódio que esperava encontrar da parte dos alemães, o povo saíra em multidões ao seu encontro e pessoas importantes e até sacerdotes haviam ido conversar com ele e tinham mesmo elogiado seus ensinamentos.

Na realidade, a viagem de Huss foi uma procissão triunfal para o... martírio. Mas a carta mostrava também outra coisa: o quanto aquela inesperada popularidade surpreendia Huss, demonstrando que ele, em seu humilde e infantilmente puro espírito, dava pouca importância à grandeza de seu papel.

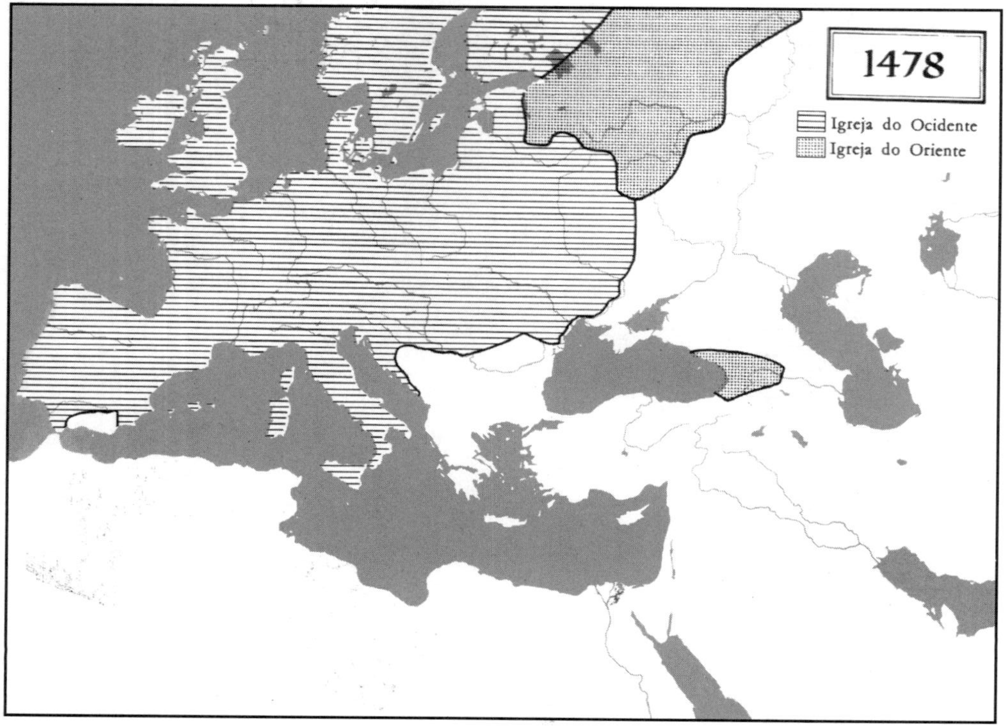
1478
Igreja do Ocidente
Igreja do Oriente

Terceira Parte

Vallenstein

"... E aquela nação, Boêmia, pela
qual lutamos,
é completamente estranha de alma
ao governante
que foi dado a ela
pela sorte das armas e não por livre
escolha.
– E ela suporta com rancor a tirania
da religião!
O poder do mais forte
conseguiu quebrá-la
mas não lhe trouxe paz!
A memória dos horrores realizados
em suas terras,
e a flamejante sede de
vingança ainda estão vivas por aqui...
Pode um filho esquecer que usavam
cães para
obrigar seu pai a entrar na igreja?
Um povo, colocado em tal situação,
é terrível – quando se
vinga ou quando é
obrigado a suportar isso."

Shiller

Capítulo I

Na tarde de 3 de novembro de 1414 o povo lotou as margens da estrada que levava a Constança para ver o viajante que todos queriam conhecer, tão grande era o interesse que despertavam sua personalidade, sua sabedoria e a coragem com que desmascarava os abusos do clero.

Já escurecia quando, finalmente, ouviu-se o tropel de muitos cavalos. Os olhares de todos dirigiram-se para o grande grupo de cavaleiros que aparecera na curva da estrada vindo em sua direção. Na frente, entre dois cavaleiros em ricas armaduras, ia um clérigo vestido de preto. Atrás deles seguia em fileira a guarda armada, cavalariços, pajens e alguns cavalos de carga.

– Veja, veja! – Dizia um cidadão, cutucando o seu vizinho com o cotovelo. – Aquele, entre os dois cavaleiros, deve ser Huss.

– Mas quem são os cavaleiros? – Perguntou o outro.

– Vamos agora perguntar ao velho Sogradk; ele é de Praga e deve saber.

Correndo atrás dos cavaleiros, eles alcançaram um velho alto que conversava com seus conterrâneos do séquito. Ele respondeu às suas perguntas, dizendo que os cavaleiros eram o barão Jan de Khlum e o senhor Henrich de Latsenbok. Os que iam atrás eram: o secretário do barão, Pedro de Mladenovits, e Jan Kardinalis de Reinstein, pároco da igreja de Ianovitch, de propriedade do senhor barão.

À medida que os recém-chegados seguiam pelas ruas, a multidão crescia. Finalmente, os cavaleiros pararam na rua de São Paulo, diante da casa onde deveria morar Huss. Na porta já os esperava a dona, a viúva Fides, que recebeu amavelmente o querido visitante.

– Pronto, mestre Huss, chegamos ao nosso destino! Deus queira que tenhamos a mesma sorte ao voltar para Praga, onde nos espera uma recepção ainda mais pomposa. – Disse Jan de Khlum, sorrindo alegremente. Em seguida, despedindo-se de Huss, dirigiu-se para sua própria residência.

No dia seguinte, recuperado por uma boa noite de sono e após recitar a missa num dos quartos, Huss começou a se instalar. Terminando a distribuição das coisas que trouxera consigo, ele sentou-se à janela e começou a observar o vaivém da animada multidão na rua. Naquele momento, chegaram seus dois protetores e Huss, preocupado, saiu ao seu encontro.

Seus rostos felizes tranqüilizaram-no imediatamente e no coração de Huss nasceu um fio de esperança.

– Temos boas novas, querido mestre! – Disse o barão Jan, apertando-lhe a mão. – Viemos contar os detalhes do nosso encontro com o Papa. Nós o informamos de sua chegada e pedimos a sua proteção. Sua Santidade recebeu-nos amavelmente e ao nosso pedido respondeu: "Mesmo que Huss tivesse matado o meu próprio irmão, eu usaria de todos os meios à minha disposição para protegê-lo de qualquer violência em Constança". Quando soube que o imperador concedera ao senhor um salvo-conduto e o tomara sob sua proteção, ele prometeu retirar a interdição que pesa sobre a sua pessoa. Isso permitirá ao senhor andar livremente pela cidade e freqüentar igrejas.

– Contudo, mestre Jan, sugiro ao senhor que tenha maior cautela, evite conflitos, não dê quaisquer motivo para críticas e, principalmente, não apareça nas grandes comemorações religiosas. –

Acrescentou Henrich de Latsenbok.

– Seguirei seu conselho, nobre senhor, e evitarei aparecer em público. – Respondeu Huss.

Ele realmente trancou-se dentro de casa e lá ficou. Manteve esse comportamento mesmo quando Venceslau de Dub trouxe-lhe o salvo-conduto e o Papa e os cardeais informaram-no oficialmente de que a interdição estava temporariamente suspensa.

Huss passou a levar uma vida de ermitão. Passava os dias trabalhando nos sermões e nos discursos que tinha esperanças que lhe permitissem proferir, ou discutindo diversas questões teológicas com seus inúmeros visitantes.

Mas, enquanto ele estava absorto no trabalho e não abandonava a sua clausura voluntária, seus inimigos não cochilavam e faziam extraordinários esforços, sem esquecer nenhum detalhe, para colocar contra ele os membros do concílio e a opinião pública.

Os mais renhidos eram Ventsel Tim, que vendia indulgências em Praga, Paletch e Miguel da vau Alemã, ou *de Causis*. O primeiro não esquecera como Huss estragara seu negócio; o segundo não o perdoava pela expulsão de Praga; o terceiro odiava-o pelo rigor com que Huss desmascarava a corrupção do clero, cujo maior exemplo era ele próprio. Todos eles sentiam que havia chegado o momento da vingança e corriam incansavelmente por toda a cidade mostrando aos cardeais trechos alterados de obras de Huss, colando cartazes que o expunham como herege excomungado pela Igreja e espalhando, sem a menor vergonha, a calúnia de que Huss tentara fugir escondido numa carroça de feno. A conseqüência desses seus esforços foi a decisão de prender o perigoso pregador.

No dia 28 de novembro, a bondosa Fides – apelidada por Huss como "viúva de Sarepts" – estava na porta de casa tagarelando com a vizinha que acabara de voltar do mercado sobre o alto preço dos mantimentos. De repente, sua atenção foi chamada por destacamentos da guarda municipal que apareceram nas duas extremidades da rua e ocuparam silenciosamente as casas vizinhas.

– O que será isso? – Perguntou Fides, preocupada. – Será que estão tramando algo contra o bom mestre?

– É melhor avisá-lo. – Aconselhou a vizinha.

– Não queria incomodá-lo. Ele está com o nobre cavaleiro Khlum. – Respondeu Fides, indecisa.

Naquele instante, quatro cavaleiros e um cavalariço pararam diante da casa. Um deles, em tom imperativo, perguntou se o mestre Huss estava em casa.

– Sim, senhor burgomestre. – Respondeu Fides, fazendo uma profunda reverência.

Os recém-chegados apearam dos cavalos e entraram na casa. As mulheres ficaram sabendo pelo cavalariço – que ficara segurando os cavalos – quem eram os companheiros do burgomestre.

– São os bispos de Augsburg e de Trento, e o cavaleiro Iohann Baden. – Respondeu aquele.

Huss e Khlum conversavam tranqüilamente quando a porta se abriu e os visitantes entraram no quarto. Depois da troca de cumprimentos, um dos bispos declarou que eles tinham sido enviados pelo Papa e seus cardeais para convidar o mestre Jan a acompanhá-los para que expusesse seus ensinamentos, o que ele tantas vezes tentara conseguir.

O rosto corajoso de Khlum inflamou-se ao ouvir aquelas palavras. Perspicaz e experiente, ele suspeitou imediatamente do objetivo da visita e mal conteve sua ira.

– O que significa isso? Os senhores se esquecem de que o mestre Jan encontra-se sob proteção especial do imperador, que proibiu o início do processo até a chegada de Sua Majestade? Estou encarregado da proteção de Huss e, em nome do imperador, protesto contra qualquer medida precipitada. Advirto-os, senhores, de que estão arriscando a honra do império!

– Acalme-se, senhor barão! – Falou o bispo de Trento, pacificamente. – O senhor está enganado e nós viemos com boas intenções.

Nesse instante, Huss intrometeu-se e disse, calmamente, que viera a Constança para defender suas idéias publicamente diante de todo o concílio, mas que não se opunha a comparecer diante do Papa se ele e os cardeais estivessem exigindo que ele expusesse essas idéias exclusivamente a eles.

– Essa sábia decisão será útil à sua causa, mestre Huss. – Observou o burgomestre. – Apanhe então a sua capa e nos acompanhe sem receio!

– Por força do meu dever, vou acompanhar Huss. – Disse Jan de Khlum.

– O senhor está livre para fazer o que quiser, senhor barão. – Responderam os emissários do Papa.

Quando Huss vestiu-se e saiu com os cavaleiros, a bondosa Fides, que o aguardava no saguão, aproximou-se para tomar a bênção.

– Está havendo uma conspiração contra o senhor! Todas as casas vizinhas estão ocupadas por soldados. – Conseguiu sussurrar ela, em lágrimas.

Huss empalideceu, mas se conteve. Abençoou-a, depois saiu, montou no cavalo e o séquito seguiu em direção à residência do Papa.

Numa das salas do palácio estavam reunidos os cardeais. Quando entraram Huss e Khlum, o chefe da reunião convidou Huss a se explicar, pois ele estava sendo acusado de pregar perigosas mentiras e semear torpes heresias na Boêmia.

– Saibam, respeitáveis padres, que estou pronto a morrer antes de optar por quaisquer mentiras contrárias às verdades evangélicas. Cheguei voluntariamente a Constança e estou disposto a submeter-me ao castigo pela falsa pregação de que estão me acusando. – Respondeu ele, com voz emocionada.

– Sábia resposta! Nesse caso, nós sairemos para discutir as perguntas que lhe faremos. – Responderam os cardeais, saindo da sala.

Quando eles se retiraram, a guarda armada imediatamente ocupou todas as saídas, o que fez Khlum ficar mais preocupado e só confirmou suas suspeitas. Sua preocupação aumentou ainda mais quando, em seguida, apareceu um monge e, com uma série de perguntas maliciosas, tentou pegar Huss em alguma palavra mal pensada, mas não conseguiu.

– Essas víboras querem pegar o senhor desprevenido, para depois acusá-lo livremente de heresia. – Observou o cavaleiro, com desprezo.

– A verdade da sagrada escritura é a minha força e por isso não temo ninguém. – Respondeu Huss, com convicção.

Passaram-se horas e já eram cerca das três da tarde quando entrou de repente Paletch. Seu rosto emagrecido respirava orgulhosa jactância.

– Finalmente você caiu em nossas mãos, seu herege imprestável! – Disse ele ao ex-amigo, com desprezo. – Agora, você não escapará enquanto não pagar até o último tostão.

Huss nada respondeu e deu-lhe as costas. Khlum, entretanto, tomou-lhe as dores. Todo vermelho de raiva, começou a passar uma descompostura em Paletch por sua traição à pátria. A discussão aumentou quando apareceu Miguel *de Causis* – não menos satisfeito que Paletch – e, com expressões venenosas, começou a criticar Huss, dizendo que ele arruinara a universidade de Praga e provocara o afastamento de professores e estudantes alemães, mas que a hora da vingança havia chegado.

Vendo que Huss nada respondia e que o cavaleiro não disfarçava o desprezo pelos inimigos do reformador, a respeitável dupla achou por bem retirar-se.

Anoiteceu. Finalmente chegou o camareiro do Papa e declarou ao barão que ele estava livre e que o mestre Huss, por decisão dos cardeais, ficaria detido.

Apesar de todos os acontecimentos do dia apontarem para tal desfecho, uma explosão de fúria tomou conta do nobre Khlum.

– Isso foi uma vil armadilha! – Gritou ele. – Vou queixar-me ao imperador da violência sobre o homem que ele tem sob proteção! É desonesto esconder-se por trás da mentira e agir traiçoeiramente contra um santo e justo! O Papa não tem o direito de agir assim. Exijo imediatamente o cumprimento de sua promessa de não atacar Huss! – Gritou ele, fora de si, e saiu rapidamente da sala.

Enquanto isso, um destacamento de soldados levou Huss para a casa do cônego da catedral de Constança, onde ele passou uma semana sob severa vigilância. Depois, Iohann von-Vallenrod, o arcebispo de Riga, ordenou sua transferência para o mosteiro dominicano, situado às margens do rio Reno.

Era dia 6 de dezembro. O tempo estava gelado e o prisioneiro tremia de frio na cela em que o haviam deixado – um úmido e escuro subterrâneo. Somente o ruído das ondas que se quebravam nas paredes do mosteiro rompia o silêncio reinante, e o mau cheiro do esgoto que passava ao lado envenenava o ar.

A alma de Huss, branda e até fraca diante da desgraça do próximo, revelava-se como se feita de aço ante os próprios sofrimentos. Inabalável em sua fé e em sua humildade, ele submetia-se sem rancor às horríveis condições de sua prisão. Todavia, se o espírito era forte, a carne revelou-se fraca e Huss adoeceu gravemente.

Nesse ínterim, houve em Praga um acontecimento de extrema importância. Iakubek e, depois dele, mais alguns sacerdotes começaram a pregar abertamente a necessidade do retorno aos postulados do início da Igreja apostólica e à comunhão com pão e vinho. Depois dos sermões vieram as aplicações práticas desses ensinamentos e Iakubek foi o primeiro a oferecer o cálice aos fiéis.

Isso provocou uma cisão entre a população: a maioria dos tchecos aderiu aos *utraquistas*,[1] mas o alto clero e, principalmente, a

[1] Utraquistas – *Calistinos – Aqueles que comungavam sob as duas espécies (*sub utraque specie*), isto é, pela hóstia e pelo cálice, simbolizando o pão e o vinho, o corpo e o sangue de Cristo – Nota da editora.*

burguesia alemã permaneceram fiéis ao rito romano.

Em meio à agitação e à discórdia provocadas pela modificação do maior dos mistérios cristãos, todos ficaram aturdidos com a notícia da prisão de Huss. A Boêmia tremeu de ira. Realizaram-se reuniões de senhores para protestar contra tal arbitrariedade e o conde Hinek resolveu ir pessoalmente a Constança para discutir no local com os barões tchecos os meios necessários para libertar o querido pregador.

Ao saber de suas intenções, Rugena pediu ao conde que a levasse consigo. Além da grande e profunda solidariedade que sentia pelo destino de seu confessor e amigo, a jovem condessa queria ver o brilho da corte imperial e do Papa, a aristocracia clerical e mundana e os sábios famosos, provenientes de todos os cantos do mundo. Entretanto, foi difícil conseguir a anuência de ambos os condes; o conde Hinek expôs, como último obstáculo, a dificuldade de encontrar uma residência em Constança, dizendo que somente aceitaria levá-la consigo se uma das parentas da condessa, residentes por lá, concordasse em recebê-los.

Mas, pelo jeito, *ce que femme veut Dieu le vout* (o que a mulher impõe Deus dispõe). O mensageiro enviado a Constança trouxe a notícia de que a casa estaria à disposição e que os Valdstein eram aguardados ansiosamente. Assim foi removido o último obstáculo e Rugena começou a preparar-se para a viagem. Junto com ela iriam Ana, Túlia e Iitka. Vok, para própria insatisfação, não recebeu licença imediata do rei e foi obrigado a ficar provisoriamente em Praga. Decidiram então que ele juntar-se-ia à família assim que a situação o permitisse.

Quem visita hoje a pacífica cidade de Constança não pode imaginar o que acontecia dentro de seus muros durante o famoso concílio de 1414.

Parecia que ali se havia reunido toda a cristandade: 30 cardeais, 20 arcebispos, 150 bispos, prelados e doutores, mais de 1.800

simples sacerdotes; cufiurstas, duques da Bavária e da Áustria e um incontável número de príncipes, condes, barões e nobres de todas as nacionalidades.

As grandes personalidades traziam consigo enormes séquitos (conforme as crônicas da época, até 30 mil cavalos). Todos esses, somados a estrangeiros curiosos, mercadores, artistas mambembes etc., atingiam a respeitável cifra de 100 mil pessoas. A pequena cidade ficou superlotada e os atrasados foram obrigados a acampar nas proximidades.

Constança parecia uma enorme feira, onde corria ruidosa diversão; a importância das questões discutidas não atrapalhava os dignos padres do concílio de freqüentarem comemorações, banquetes e torneios. Tagarelando muito sobre a Reforma da Igreja, os fogosos cardeais, bispos e prelados nem pensavam em mudar seus costumes devassos. Sem se envergonharem, haviam trazido consigo suas amantes e revelavam maior ousadia do que a juventude mundana, divertindo-se abertamente com as 1.500 prostitutas que se haviam juntado em Constança.

A indecência era tanta, que Huss escrevia aos amigos: "Se vocês viessem para ver este concílio que se autodenomina *santo* e *sem pecado*, só veriam uma grande tentação. Os suevos[2] dizem que serão necessários 30 anos para limpar a cidade das indecências que a emporcalharam".

---

[2] *Originários da Suábia, sul da atual Alemanha, região da Bavária onde fica Constança – Nota da editora.*

Capítulo II

No dia 26 de março, uma segunda-feira, o velho conde Valdstein, junto com a nora e o seu cortejo, chegou a Constança. Apesar de ser a semana da Paixão (antes da Páscoa), as ruas estavam apinhadas de gente e no ar havia uma inimaginável gritaria e muito barulho. Rugena, que cavalgava ao lado do conde, não sabia para onde olhar, pois tudo à sua volta era colorido, novo e fervilhante de vida e movimento. Para chegar até a casa de sua parenta, era preciso passar por toda a cidade. Eles tiveram que parar a cada passo, para atravessar pelas multidões que se reuniam em volta de algum mercador, cantor de rua etc., ou fechar fileiras e dar passagem a pomposos cortejos de prelados em magníficas vestes, montando cavalos luxuosamente equipados e que olhavam com indiferença as pessoas que os cercavam. Grupos de soldados dos mais diferentes tipos andavam por todos os lados: os italianos, morenos com olhos flamejantes, os arrogantes e volumosos ingleses, os magros e elegantes franceses que exageravam na rebuscada moda da época, os robustos eslavos com olhar de inocência infantil. Tudo reunido, como num caleidoscópio que atrapalhava a visão e fazia a cabeça girar. Num certo momento, eles tiveram que fazer um contorno para evitar passar perto de uma briga de rua: os servos de um dos emissários poloneses desentendiam-se com o séquito de um cavaleiro teutônico.

Finalmente, conseguiram chegar até a casa de Brigitte von-Laufenstein, viúva de um nobre alemão; ela recebeu amavelmente os parentes tchecos e separou-lhes um grande e confortável recinto, um verdadeiro achado naquela confusão. Rugena conquistou imediatamente o coração da velhinha, que prometeu mostrar à jovem condessa todas as curiosidades da cidade, começando pelo imperador e pela imperatriz, graças aos seus contatos na corte.

– Se vocês tivessem chegado um pouco antes, teriam visto o Papa. Mas, imaginem só, ele desapareceu na semana passada e isso agitou toda a cidade! – contava Brigitte, com ar preocupado. – Na manhã seguinte, quando a notícia de sua fuga espalhou-se, todos perderam a cabeça: os mercadores começaram a fechar suas barracas, os carregadores esconderam-se, temendo assaltos. Realmente, o povo atirou-se sobre muitas casas abandonadas pelos prelados que seguiram o Papa, saqueando-as. O burgomestre até convocou os cidadãos para pegarem em armas. Parecia o dia do Juízo Final!

– E ninguém sabe onde se escondeu o papa? – Perguntou o conde.

– Supõe-se que foi em Shafhausen. Meu Deus! Quem poderia imaginar que o caso chegaria a tal ponto, quando Sua Santidade chegou triunfalmente à cidade, cercado de cardeais, bispos e pomposo séquito? – Observou a velhinha, com tristeza.

– Mas imagino que a chegada do imperador não tenha sido menos triunfal... – Inquiriu Rugena.

– Ah, sim! Aquela foi uma visão inigualável – Disse Brigitte, entusiasmada. – Fiquei a noite inteira na rua e até me resfriei, mas não lamento nem um pouco as três semanas que passei na cama. Aconteceu, querida condessa, que o imperador chegou à noite, no dia 25 de dezembro. A cidade não dormia, aguardando-o. Então, tantas tochas, tantos barris com piche foram acesos, e tantos fogos foram queimados, que tudo ficou claro como dia. O imperador vinha a cavalo sob um baldaquim de tecido de ouro levado por quatro senadores da cidade; ele estava magnífico e respondia amavelmente às alegres saudações do povo. Debaixo de outro baldaquim vinha a imperatriz Bárbara, toda envolta em pele de arminho. Atrás deles seguiam príncipes, cavaleiros e damas nobres, numa fileira interminável. A grande quantidade de ouro, tecidos brilhantes e pedras preciosas fazia a vista doer. Mas o que aconteceu depois sob a abóbada do templo foi, pode-se dizer assim, ainda mais grandioso! Com a ajuda de um canônico amigo meu, arrumei um ótimo lugar de onde assisti a tudo. Dentro da catedral tudo estava iluminado! Construíram um magnífico trono para o imperador! O próprio Papa rezou três missas, e Sigismundo – com a coroa na cabeça – fez a vez de diácono. Vocês nem podem imaginar a impressão que aquela grandiosa cerimônia causou no púbico presente. O Santo Padre parecia também estar nervoso: quando o imperador começou a ler as palavras do Evangelho: "Naquele tempo, veio a ordem de César Augusto..." –, todos perceberam que a mão do Papa tremeu, ele corou e empalideceu.

– Isso significa que ele pressentiu a aproximação do castigo celestial e temia que o imperador o obrigasse a renunciar ao trono. – Respondeu, sorrindo, o conde Hinek.

– Acho que não! Depois da missa, o próprio Papa colocou uma espada na cintura do imperador, entregando-lhe simbolicamente uma arma para a defesa do concílio, e, enquanto isso, Sigismundo mostrava por ele um grande respeito.

– E o que isso prova? Que duas raposas tentavam enganar uma à outra! – Continuou o conde, em tom de zombaria. Deixando as damas conversando, ele dirigiu-se à casa do barão Jan de Khlum.

O valoroso cavaleiro Jan, corajoso e incansável defensor de Huss, estava sentado em seu quarto escrevendo uma carta aos senhores da Morávia, na qual protestava contra a prisão de Huss apesar do seu salvo-conduto. A inesperada chegada do velho amigo alegrou o barão. Ele imediatamente deixou a pena de lado, abraçou o conde e ordenou que trouxessem vinho. A conversa começou pelas questões mais pungentes do momento: a prisão de Huss e a fuga do Papa... Para eles, tchecos e fiéis partidários de Huss e da Reforma na Igreja, a primeira questão era a mais importante e Jan de Khlum, com compreensível indignação, contou os detalhes da prisão do amigo.

– Entende, senhor Hinek, que fiquei fora de mim e não poupei expressões, declarando abertamente a eles tudo o que pensava dessa armadilha preparada? Depois fui ao Papa e tentei convencê-lo a manter a sua promessa de defender Huss. "O que você quer de mim?", respondeu-me ele, dando de ombros. "Ele está sendo acusado por seus compatriotas!". Depois, indicando com os olhos os cardeais e bispos, acrescentou, baixinho: "Será que não percebe que eu também estou sendo preso por eles?".

– Pelo menos, ele confessou o seu pérfido plano de entregar uma inocente vítima ao clero, imaginando que com a captura de Huss atrairia os "padrecos" para o seu lado. – Observou, enojado, Valdstein.

– Dessa vez sua traição não trouxe lucros; mas, para o infeliz mestre Jan, as conseqüências foram desastrosas! Ele caiu indefeso nas mãos de seus piores inimigos e estes o trataram da forma mais revoltante! Jogaram-no na prisão do mosteiro dominicano: uma cova malcheirosa, ao lado do esgoto, que realmente pode ser chamada *in pace*. As paredes estão inteiramente úmidas e Jan adoeceu gravemente. Mesmo assim, esses bárbaros continuaram a torturá-lo com interrogatórios, na esperança de que o moribundo caísse em contradição.

– E o Sigismundo? O que ele disse contra tão insolente ofensa ao seu próprio salvo-conduto?

– No início, pareceu ficar indignado e ouviu com benevolência o nosso protesto. Depois, desde que aqui chegou, aparentemente mudou de opinião e não deu um passo para libertar o infeliz que acreditou em sua palavra imperial... Só Deus sabe o que vai acontecer com o concílio depois dessa fuga do Papa!

– João XXIII deve ter colaboradores poderosos, senão não ousaria agir assim.

– Sem dúvida! Todos acham que esse colaborador é o duque da Áustria, cuja proteção o Papa comprou. Para facilitar sua fuga, o duque Friedrich organizou um grande torneio. Enquanto toda a cidade se distraía com isso, Cossa fugiu disfarçado e conseguiu chegar a Shafhausen, que pertence ao duque. Agora que está livre e dono da situação, ele dará muito trabalho a Sigismundo.

Os amigos conversaram por longo tempo, pois as divergências religiosas e políticas preocupavam a ambos. Por fim, o assunto passou para as coisas familiares e Valdstein lembrou-lhe de que viera junto com a nora.

– Aliás, você sabe que aqui também se encontra o seu ex-protegido Svetomir Kryjanov? – Perguntou o barão.

– Verdade? Como ele veio parar aqui?

– Ele está no séquito do senhor Zavicha, representante do rei Jagellon; já conversei várias vezes com ele. Quer que mande algum de meus homens informá-lo de sua chegada?

– Eu ficaria muito agradecido! Para Rugena será uma grande alegria rever o seu amigo de infância.

No dia seguinte, a condessa estava terminando de se vestir para dar um passeio com Túlia, sob a proteção de Broda, quando chegou o sorridente Svetomir.

Rugena, achando que ele estava em Cracóvia, ficou muito feliz em vê-lo e adiou o passeio.

Eles começaram a falar sobre a viagem e o concílio. Rugena estava admirada com a animação reinante na cidade e falava do seu espanto diante da mistura de raças e trajes estrangeiros reunidos em Constança.

– É claro que por aqui há agora muitas curiosidades, e se você me permitir acompanhá-la, terei prazer em mostrar-lhe tudo, começando pela saída do séquito imperial para a missa no templo.

– Aceito, agradecida, a sua proposta. Ainda mais que, com essa confusão nas ruas, será mais agradável estar acompanhada de um cavaleiro, pois se pode cair, sem querer, no meio de uma briga... – E ela contou como, ao chegarem, eles haviam tido que dar uma grande volta por causa de uma briga entre poloneses e teutônicos.

– Ouvi falar dessa história. Um polonês e dois alemães saíram feridos...

– Que controlc cficicntc que existe aqui! Vocês ficam sabendo de qualquer briga! – Observou Rugena, rindo.

– O controle não é tão bom como parece. Na briga de ontem participaram os homens do castelão do senhor de Kalich, Ganush Tulikovsky. Ele próprio contou sobre o ocorrido à noite na casa do senhor Zavish. Mas tudo isso é bobagem e aqui acontecem coisas bem mais interessantes... – Riu Svetomir. – Num banquete, os arcebispos de Pisa e de Maints divergiram nas opiniões. A conversa engrossou, eles passaram a ofender um ao outro e chegaram à luta corporal. Os respeitáveis pastores da Igreja não tinham armas e, agarrados pelos cabelos, rolaram para debaixo da mesa, um tentando estrangular o outro. Muitos dos padres presentes ficaram assustados e pularam pela janela.

– O espetáculo deve ter sido muito instrutivo... – Disse Rugena, às gargalhadas.

Depois, fizeram uma lista de tudo o que desejavam ver – inclusive a sacristia da catedral onde eram guardados muitos tesouros da vizinhança de Constança e a igreja da velha abadia beneditina com a cripta do imperador Carlos, o Gordo. Ana, que estava presente à conversa, observou que gostaria de participar da visita aos mosteiros e lugares santos, mas se negou terminantemente a ver artistas mambembes, equilibristas e outros.

– A pobre Ana ainda não adquiriu a paz de espírito. Seu coração continua a doer como antes. – Observou Svetomir, com tristeza, quando Ana saiu do quarto.

– Infelizmente. Parece que o seu mal é incurável. – Suspirou Rugena. – Às vezes ela fica tão estranha que me deixa assustada.

– O que acontece com ela?

– Ela, por exemplo, fica por horas sentada olhando para o vazio, sem perceber nada do que acontece à sua volta. Ou, de repente, começa a falar coisas que ninguém saberia, como se fosse bruxa. Quando estávamos em casa e nem imaginávamos a possibilidade de prisão de Jan, de repente, ela disse com expressão estranha: "Recebeu alguma notícia de Huss?". "Não", respondi, "mas a julgar por sua última carta, podemos esperar que tudo irá terminar bem". "Mas eu o vi numa cela escura, úmida e malcheirosa e me pareceu que era uma prisão". Na época, pensei que ela havia sonhado com isso, pois pela sua atração fanática por Huss, ela pensa nele constantemente. Ontem, o tio Hinek confirmou que o mestre Jan foi preso num buraco podre, onde adoeceu. Isso me fez ficar assustada com Ana.

– Pelo amor de Deus, Rugena, instrua-a para ficar calada sobre essas coisas, senão pode ser presa como bruxa. – Observou Svetomir, persignando-se. Após alguns segundos em silêncio, acrescentou: – Ainda bem que vocês não chegaram antes, senão poderiam topar com Brancassis, e então Ana perderia completamente a cabeça.

– Deus do céu! Brancassis está por aqui? – Perguntou a condessa, horrorizada e empalidecendo.

– Ele esteve aqui, acompanhando o Papa. Três dias após a fuga de Cossa, ele foi embora de Constança e agora deve estar com o Papa em Shafhausen.

– Graças a Deus esse monstro não está aqui... – Suspirou Rugena, aliviada.

– Oh, mas como minhas mãos coçavam toda vez que o via! Estou pronto a sacrificar um olho só para ter a oportunidade de enfiar um punhal em sua garganta! – Resmungou Svetomir, cerrando os punhos.

A conversa foi interrompida pela chegada do conde Hinek, visivelmente irritado com algo.

– Imaginem o que eu fiquei sabendo: Huss não está mais em Constança! – Disse ele, jogando-se no sofá.

– Foi libertado? Fugiu? – Perguntaram juntos Rugena e Svetomir.

– Libertado? Acreditam que essas sanguessugas libertarão a vítima que perseguiram por tanto tempo? – Respondeu o conde, com raiva. – Não! Aconteceu o seguinte: após a fuga do Papa, Huss estava em poder do imperador e Khlum e todos os outros amigos do padre Jan queriam aproveitar aquela situação para libertá-lo. De repente, o esperto Sigismundo colocou o infeliz à disposição do bispo de Constança – inimigo pessoal de Huss –, que, naturalmente, não o perdoou pela acusação direta que sofreu outrora. Esta noite Otton von-Khokhberg transferiu-o para o seu castelo Gottliben, sob a guarda de 170 soldados. Só isso já comprova que eles ainda temem o pobre e humilde sacerdote, armado unicamente com a sua bondade e a palavra divina.

– Meu Deus! Agora não será possível nem vê-lo nem ajudá-lo! – Observou Svetomir, num tom de tristeza.

– Então você visitava Huss na prisão? – Perguntou Rugena.

– Mas é claro! Eu e outros amigos estivemos com ele, graças à colaboração dos carcereiros, que gostavam muito do humilde e paciente prisioneiro. Um deles, Robert, e sua esposa – ambos ótimas pessoas – faziam o que podiam por ele.

– E eles tinham que levá-lo justamente quando chegamos aqui?! – Disse Rugena, começando a chorar.

Capítulo III

Numa das ruas distantes do centro da cidade, havia uma ampla casa, cercada de dois lados por um jardim, com o terceiro lado saindo para um beco sem saída que a separava das casas vizinhas. A casa parecia vazia, um verdadeiro milagre naquele tempo, quando cada quartinho em Constança custava uma fábula e os moradores ou abandonavam a cidade, ou passavam a morar no trabalho alugando suas casas aos ricos estrangeiros provenientes de todos os cantos do mundo.

Mas a casa parecia vazia só externamente. Num dos quartos, cujas janelas saíam para o jardim, um homem andava de um canto a outro, agitado.

Seu rosto demonstrava preocupação, a testa apresentava profundas rugas e, esporadicamente, um forte palavrão italiano escapava-lhe da boca.

Esse homem era Brancassis, que todos pensavam ter viajado atrás do papa João XXIII, mas que voltara às escondidas para essa casa que já ocupara anteriormente. Voltara com a intenção de manter contato com diversos prelados que haviam permanecido fiéis ao papa fugitivo e, por meio deles, descobrir a disposição do concílio e do imperador. Depois, se surgisse a oportunidade, salvaria a tiara papal para o tio a preço de ouro e outras tramóias. Entretanto, os cálculos do Papa e seu enviado não se confirmaram. Apesar de algumas artimanhas de sucesso do esperto Tomasso Brancassis – como, por exemplo, a ameaça da nacionalidade italiana[1] de deixar Constança e não participar do concílio – e apesar da carta do Papa, escrita de próprio punho, ao rei da França, o jogo de João XXIII estava definitivamente perdido.

Nos últimos dois anos Brancassis mudara muito: envelhecera e ficara obeso; a cor do seu rosto ficara amarelada e até cinzenta; seus olhos haviam-se tornado fundos e olhavam ferozmente de dentro das profundas órbitas. O terrível golpe de Broda não o matara, mas deixara em seu organismo profundos sinais que se haviam feito sentir durante a viagem a Constança. Uma insuportável dor nas costas obrigara-o até a usar liteira no caminho.

Essa viagem fora muito triste. Baltazar Cossa (João XXIII) fora para o concílio, guardando um impotente rancor, e pressentindo que seu terrível protetor, Sigismundo, insistiria em levá-lo à morte. A tiara papal não alterara a vivacidade, a crueldade e a rebeldia do antigo bandido; seus insucessos, ele descontava nos subordinados, maldizendo as estradas ruins, o clima severo e o cansaço da difícil e longa viagem.

Perto de Arlsberg, a carruagem inclinara-se de repente e Cossa caíra na neve. Naquele momento havia muita gente na estrada, multidões se juntavam para ver o Papa. Sem dar importância à má impressão que poderia causar seu comportamento sobre aquelas pessoas, Sua Santidade explodira em maldições e palavrões e, ao criado que correra para saber se ele havia-se machucado, o Papa vociferara:

– *Jaceo hic in nomine diaboli*!

Ele considerara a própria queda como um presságio de mau

---

[1] *O concílio dividia-se em quatro nacionalidades: italiana, francesa, alemã e tcheca – Nota do autor.*

agouro.

– Eis a armadilha para capturar raposas! – Dissera ele a Brancassis, apontando a cidade que já aparecia ao longe.

Esse acidente veio à mente do cardeal. O presságio cumprira-se literalmente. As notícias que Brancassis recebera preocupavam-no demais.

Todos as suas cartas haviam sido batidas no confronto com a energia demonstrada pelo imperador.

No dia seguinte ao desaparecimento de Cossa, Sigismundo passara por toda a cidade precedido por arautos e corneteiros, anunciando a todos que a fuga do Papa não interromperia a ação do concílio. Naquela manhã, Brancassis soubera que já estava pronto um respeitável exército para a deposição do duque da Áustria – declarado traidor do império e do concílio – e para a captura de Cossa à força, para ser julgado como pirata e criminoso, culpado de simonia e devassidão...

Uma leve batida na porta afastou o cardeal de seus terríveis pensamentos. No quarto entrou um monge e retirou o capuz que cobria sua cabeça.

– Trouxe uma notícia inesperada, reverendíssimo. – Disse ele. – O conde Valdstein chegou à cidade acompanhado pela condessa Rugena!

Brancassis estremeceu.

– Você não se enganou, Hilário? Vok e a esposa estão em Constança?

– Não Vok, mas o conde Hinek. Com ele vieram a jovem condessa, Ana de Trotsnov, Túlia, Broda, ou seja, todo aquele maldito bando!

À medida que ia ouvindo aqueles nomes, Brancassis ia ficando rubro e em seus olhos negros acendia-se uma feroz fagulha.

– *Per Bacco*! Que notícia valiosa, Hilário! Devemos pensar um pouco para proporcionar uma recepção condizente às amáveis moças e ao corajoso Broda. Conte-me em detalhes tudo o que soube a respeito deles; mas, primeiro, ordene ao Januário que me sirva uma caneca de vinho – estou cansado e a minha cabeça hoje está pesada.

Dez minutos depois, um velho monge de barba grisalha trouxe vinho, duas taças e uma torta de frango. Brancassis sentou-se e indicou uma cadeira desmontável a Hilário, que se tornara seu secretário depois da morte do valoroso Bonaventura.

– Agora, conte-me tudo! – Disse o cardeal, enchendo com vinho as duas taças. – Não omita nenhum detalhe, pois cada um deles pode ser importante para mim.

– Depois de entregar sua mensagem ao reverendo secretário do cardeal Ursino, eu voltava pela praça da igreja. De repente, vi diante da entrada da sacristia alguns cavalos de montaria ricamente enfeitados e seguros por pajens; num deles reconheci imediatamente Iaromir, o pajem preferido da condessa Rugena. Colocando o capuz sobre o rosto, fiquei observando-os de longe. Depois de algum tempo apareceu a condessa Valdstein de braço dado com um senhor polonês e atrás deles saíram Ana, toda de preto...

Ele foi interrompido pela louca gargalhada de Brancassis.

– Mas como? A minha viúva ainda está de luto?

– Sim! Está tão magra e mudada que mal a reconheci. Mas Túlia, pelo contrário, desabrochou como uma rosa e está mais bonita do que nunca.

– Ah, maldita delatora! Agora pagará caro por suas proezas! Ela está vindo direto para as minhas mãos! – Resmungou por entre os dentes Brancassis, cerrando os punhos.

– O último a sair foi Broda. – Continuou Hilário. – Eles montaram os cavalos, saíram devagar e eu os segui de longe. Ao ver que eles entravam no quintal de uma casa, decidi saber se haviam ido visitar alguém ou se moravam lá. Para isso entrei numa taberna próxima e, depois de uma caneca de vinho, descobri que a casa pertence à velha senhora Laufenstein, que é parente dos Valdstein, e que agora o conde Hinek e a sua nora estão hospedados lá.

– Obrigado, Hilário, por todas essas informações. Mas para mim isso ainda é pouco e precisaria saber mais: quanto tempo irão ficar aqui, onde costumam ir, a que horas saem de casa e retornam – em suma, descobrir tudo o que se refere a eles. Depois, deveremos tentar estabelecer relações com alguém da casa.

Hilário empalideceu.

– Mas, como? O senhor quer tentar de novo... chegar até Rugena?

Brancassis mediu-o com um olhar de desprezo.

– Você é curioso demais, meu amiguinho! Quando ordeno alguma coisa, você deve cumpri-la sem pensar, *che diavolo*! Tenho a impressão de que pago generosamente por sua velha pele e para que você possa arriscá-la por mim! Mas sei há muito tempo que você só é corajoso quando pode torturar um fraco ou enganar um bobo impunemente. Por isso vou deixá-lo em paz com a sua covardia. Se eu conseguir chegar até Rugena, não será em sua companhia. Enfim, nem pretendo fazer isso: quero vingança e não amor.

– Farei o possível para obter as informações que o senhor deseja. Acredite-me: não é covardia, mas o perigo que me ameaça é que me obriga a ser prudente. Isso porque, se alguém do séquito do conde me reconhecer, estou morto! – Respondeu Hilário, contraindo-se de medo.

– Faça como quiser! Quero que, em três dias, me traga as informações de que preciso e que entre em contato com alguém da casa! – Respondeu Brancassis, dispensando seu secretário com um aceno de mão.

Rugena – obviamente sem imaginar o perigo que a ameaçava e aos seus – estava absorta em outros assuntos. Dois acontecimentos inesperados haviam alterado sua tranqüilidade. O primeiro referia-se a Huss. Os senhores tchecos, indignados, haviam ficado sabendo de detalhes horríveis a respeito do tratamento que estava sendo dispensado ao infeliz: ele não somente estava preso numa torre isolada e algemado com correntes nos pés, mas, à noite, algemavam-lhe também as mãos e prendiam-no à parede. Nada parecia justificar tanto rigor com relação ao prisioneiro, cuja bondade e cuja encantadora humildade haviam desarmado de tal modo seus carcereiros em Constança, que estes lhe haviam feito algumas concessões – deixando, inclusive, que amigos o visitassem. Agora, em Gottliben, Huss estava afastado do mundo, privado de qualquer ajuda humana e até religiosa, pois não lhe era permitido comungar. Os terríveis sofrimentos causados ao homem respeitado por todos entristeciam profundamente Rugena e Svetomir. Ana, surpreendentemente, não vertera uma única lágrima. Em compensação, algumas palavras que dissera sobre isso continham tanto ódio ao clero e ao concílio, tanto desprezo pelo imperador e por todos os traidores tchecos, que a condessa, assustada, convencera-a a calar-se para não atrair sobre si alguma desgraça.

O segundo acontecimento que deixara Rugena preocupada dizia respeito a Jerônimo. Por ele, em seu coração escondia-se um sentimento muito particular: era dolorido e profundo, como um ferimento que se fechara externamente, mas que continuava a arder e vazar ao menor contato. Aquilo não lhe parecia amor no sentido comum dessa palavra. Mesmo porque, a magnanimidade demonstrada por Vok quanto à sua confissão conquistara a amizade de Rugena. Ela estava profundamente agradecida ao marido por ele não ter procurado briga com Jerônimo, o que já era um grande feito para o ciumento, impulsivo e mimado conde. Tendo por base esse reconhecimento, nela desabrochara aos poucos um sentimento bom e caloroso por Vok. Jerônimo, entretanto, continuara sendo um ideal. Rugena preocupava-se com ele e rezava quando sentia que algum perigo o ameaçava – e, nesses momentos, a velha ferida se abria.

Por isso ela ficara muito inquieta quando Jan de Khlum chegara, certa vez, emocionado, para falar com o conde Hinek e contara-lhe que encontrara na véspera o mestre Jerônimo, que viera a Constança na esperança de ajudar seu amigo a defender sua causa. Temendo o perigo que ameaçava Jerônimo, o barão Jan levara-o ao senhor Venceslau e eles mal haviam conseguido convencê-lo a sair rapidamente da cidade. Jerônimo realmente saíra da cidade, mas só depois de pregar, naquela mesma manhã, nas portas das igrejas e da câmara municipal, uma declaração, na qual levava ao conhecimento de todos o objetivo de sua chegada e exigia do imperador e do concílio um verdadeiro salvo-conduto, para ter possibilidade de aparecer livremente diante deles. Jan de Khlum e outros senhores tchecos e morávios, que já não esperavam nem a verdade nem favores do concílio, não haviam aprovado aquela medida.

Jerônimo, então, deixara Constança. Rugena pôde, assim, acalmar-se um pouco.

Capítulo IV

Chegara abril. Certo dia, ao entardecer, a condessa ficou sozinha em casa. O conde fora visitar o senhor Ganush Tulikovsky, a quem Svetomir lhe apresentara. Túlia tinha ido visitar uma amiga de Bolonha que conhecia desde criança e que encontrara por acaso agora em Constança, casada com um médico italiano. Ana rezava em seu quarto. Aproveitando a privacidade, Rugena começou a escrever uma carta a Vok, descrevendo detalhadamente todas as suas impressões e tudo o que vira e ouvira naquele formigueiro humano. Foi interrompida por Iaromir, que veio correndo com o pedido de Broda para que ela fosse até o quarto do conde. Ele estava lá com um visitante desconhecido que chegara com um caso extremamente importante e inadiável. Surpresa, a condessa levantou-se imediatamente e seguiu o pajem. Junto à porta do quarto do sogro, Broda recebeu-a e sussurrou:

– O mestre Jerônimo chegou disfarçado para ver o barão Jan e, não o encontrando em casa, veio para cá. Mantenha-o aqui, senhora, até a chegada do conde, e, se possível, convença-o a fugir, senão ele será um homem morto. Vou ficar vigiando para que nenhum estranho entre aqui. – E, sem esperar resposta, saiu.

Rugena abriu apressadamente a porta do quarto do conde. O ousado visitante estava parado diante da janela aberta, olhando, pensativo e sombrio, a nova e fresca folhagem primaveril do jardim. Ele tinha deixado seu chapéu e a capa na cadeira e os raios do sol poente deslizavam carinhosamente pelo belo e corajoso rosto e pela branca e bonita mão que apertava nervosamente o cabo do punhal italiano em seu cinto.

Jerônimo quase não mudara; a mesma alegre autoconfiança brilhava em seus olhos escuros quando, ao ouvir o barulho da porta se abrindo, ele reconheceu Rugena, que parou, embaraçada.

O coração disparou no peito dela. Depois daquele inesquecível encontro, quando eles haviam confessado mutuamente seus sentimentos, era a primeira vez que se encontravam a sós. Ambos ficaram em silêncio, constrangidos pela lembrança daqueles doces, mas difíceis momentos...

Jerônimo refez-se primeiro.

– Perdoe-me por perturbá-la. Eu contava encontrar aqui o conde e o senhor Jan.

– O senhor será sempre uma pessoa bem-vinda, mestre Jerônimo, e sabe muito bem disso. Mesmo assim, devo criticá-lo por sua falta de cuidado. – Disse ela com um carinhoso sorriso, estendendo a mão que ele beijou.

– Eu solicitei um salvo-conduto ao concílio e não obtive resposta. A clandestinidade e a falta de ação foram tão insuportáveis no ninho onde eu estava escondido que decidi vir buscar informações em Constança.

– Mas o senhor está arriscando a vida. – Disse Rugena, assustada.

Um triste sorriso moveu os seus lábios.

– Minha vida? É preciso que um dia ela também tenha um fim... – Respondeu Jerônimo e uma profunda amargura soava em sua voz.

– Sim, um fim estabelecido por Deus e não provocado pela leviandade.

Jerônimo não respondeu às últimas palavras de Rugena; baixando a cabeça, ele ficou pensativo e em sua memória ressuscitou, como num panorama, toda a sua vida nômade, cheia de aventuras, perigos, lutas e sucessos, mas privada de felicidade e paz. A verdadeira felicidade, aquela visão atraente do lar onde descansaria de corpo e alma, estava ali, ao lado dele, mas separada por um obstáculo intransponível.

Como por ironia, o destino caprichoso mostrara-lhe aquele tesouro e até permitira que o tocasse. Depois, novamente tomara-o, dizendo: "Afaste-se! Siga sozinho o caminho para o seu objetivo desconhecido!". Naquele momento, Jerônimo sentiu que estava cansado de viver e foi tomado por uma terrível amargura.

Temendo que o seu longo silêncio pudesse ofender a jovem condessa, ele, com sua natural amabilidade de cavalheiro, já pretendia contornar a situação, quando seus olhos se encontraram com os olhos de Rugena. Os assustados olhos dela brilhavam com amor e solidariedade.

Jerônimo compreendeu na hora que não fora totalmente esquecido e que no fundo daquela alma pura existia – talvez inconscientemente – um recanto onde ele reinava e onde para ele estava guardada alguma afeição. Seu rosto pálido inflamou-se com um leve rubor. Agarrando a mão de Rugena, perguntou, baixinho:

– A senhora não quer que eu morra?

A mão de Rugena tremeu na sua.

– Não, não quero! Quero que o senhor viva para a Boêmia, para a sua causa e para... os amigos que o amam... – Disse ela, abafando a emoção de tal forma que se sentia um delicado carinho em seu rápido sussurrar.

Os olhos de Jerônimo brilharam com uma pacífica e calma alegria.

– Seu desejo para mim é uma ordem. Hoje mesmo irei embora de volta à pátria.

– Oh! Fico-lhe muito grata! – Exclamou ela, alegremente.

E nada mais conseguiu dizer, pois as lágrimas já a sufocavam.

No quarto vizinho ouviram-se passos apressados, a porta se abriu ruidosamente e entrou o conde, acompanhado por Jan de Khlum. Ambos estavam preocupados e, abraçando Jerônimo, não deixaram de criticá-lo pelo seu descuido.

Ele repetiu-lhes o que dissera a Rugena sobre sua impaciência na espera do salvo-conduto.

– O salvo-conduto está "perfeito"! – Observou o barão Jan, com indignação. – Pedro de Mladovitz conseguiu uma cópia dele e trouxe-me esta manhã. Eis o que lá está escrito, além de outras coisas – disse ele, tirando do bolso uma folha de pergaminho e lendo: "Nada virá mais em direção aos nossos anseios, do que a captura das raposas que esvaziam o rebanho de Deus, e nós o convocamos para comparecer e justificar-se", e assim por diante. Acho que você entendeu tudo! Mas o final é ainda melhor. Ouça: "Concedemos-lhe este salvo-conduto por ser isto de nossa competência, por estar de acordo com a justiça e não contrariar a fé. No entanto, informamos que iremos julgá-lo, em sua presença ou à revelia, no prazo indicado". Pode você imaginar o que lhe promete tal salvo-conduto se aquele que Huss recebeu do imperador não o protegeu... Com você eles não terão tanto pudor.

– Pois é, mestre Jerônimo, fuja daqui o mais rapidamente possível. Nós só ficaremos tranqüilos quando soubermos que você está na nossa pátria. – Acrescentou o conde.

– Vocês me convenceram! Vou imediatamente fugir daqui! Assim que atravessar a fronteira da Boêmia, notificarei vocês disso. – Respondeu Jerônimo, lançando um rápido olhar para Rugena.

Anoiteceu. Pela ruela escura que dava acesso à casa onde morava Brancassis, esgueiravam-se dois monges, com as cabeças cobertas com capuzes. Por um pequeno portão escondido no muro, eles penetraram no jardim e depois para dentro de casa. No quarto já descrito acima, um deles acendeu as velas nos castiçais e o outro, colocando na mesa a barba grisalha postiça, começou a tirar a batina. Era Brancassis e o seu secretário.

O rosto gordo e escamoso de Hilário brilhava com maléfica satisfação e, trazendo ao cardeal um traje caseiro de seda, ele observou, maliciosamente:

– Não nos enganamos, reverendíssimo! O desprezível Jerônimo realmente ousou aparecer aqui.

– O que lhe falou a moça que aguardávamos na esquina?

– O que já sabíamos: que Jerônimo chegara. Ela somente acrescentou que a condessa disse a Ana que aquele sacrílego está fugindo direto para Boêmia. Será lamentável se ele escapar do justo castigo.

– Sem dúvida! E só pelo fato de ter ousado jogar você pela janela, ele já merece a fogueira! – Zombou Brancassis, com o característico tom de desprezo que adotava com relação a Hilário. Este ocupara o lugar, mas não substituíra o seu ágil e esperto Bonaventura. – Mas não haverá um jeito de agarrá-lo ou traí-lo? Ou seja, de atrapalhar sua fuga? – Acrescentou ele.

– Só o demônio sabe o caminho que ele vai seguir e, além disso, irá a toda velocidade! Mas, se eu tivesse dinheiro, poderia tentar enviar um mensageiro ao pároco de Guirschauss. Ele certamente deverá passar por lá, pois a paróquia fica na fronteira da Boêmia... – Disse Hilário, com segundas intenções.

– Envie o mensageiro, que eu pago as despesas! Você merece essa satisfação por seus leais serviços... – Sorriu Brancassis, maldosamente, dispensando o secretário.

Ficando sozinho, o cardeal mergulhou em sombrios pensamentos. Por instantes uma raiva diabólica desfigurou seu rosto – e ele tinha muitos motivos para isso. A situação de Baltazar Cossa piorava cada vez mais. Seu protetor, Friedrich da Áustria, assustado com as conseqüências dos seus atos, submetera-se ao imperador, e o Papa fugitivo, abandonado por seus partidários, vagava agora de cidade em cidade.

A queda do tio e benfeitor preocupava Brancassis quase tanto quanto o plano de vingança contra os Valdstein.

Hilário cumpriu com precisão as ordens recebidas e entrou em contato com uma das criadas, que lhe informava sobre tudo o que acontecia na casa. O próprio Brancassis, disfarçado de monge, rondava a casa e já vira Rugena, Ana e Túlia.

A beleza da condessa despertara no cardeal a velha e ardente paixão. Entretanto, em sua sombria alma, agora esse sentimento colorira-se de ódio e ele ansiava não tanto por possuir Rugena quanto por matá-la. Já que ela não lhe pertencia, então deveria pertencer somente ao túmulo, decidira ele. Com esse objetivo, ele conseguiu obter um veneno – cujo segredo ensinara-lhe seu tio – que matava vagarosamente, debilitando aos poucos o organismo; restava somente encontrar uma oportunidade para aplicá-lo na vítima.

Brancassis também fervia de raiva de Túlia, cuja traição acabara com ele a um passo do sucesso. A traidora deveria pagar com sofrimento infernal, e queria capturá-la viva, para se deliciar depois com o seu sofrimento.

Ana parecera-lhe por demais feia e boba em suas vestes negras, com rosto pálido e um olhar estranho e selvagem. Na alma degenerada de Brancassis nunca houvera um instante de piedade para com aquela jovem, cuja vida ele destruíra por nada. Ele somente lamentava o tempo que perdera com ela, e lamentava também não tê-la matado naquela hora. Deliciando-se antecipadamente com o prazer dos sofrimentos e das lágrimas que traria a todos os que haviam ousado ficar em seu caminho, ele esquecera seus insucessos políticos e até a aguda dor nas costas que, a cada movimento brusco, lembrava-lhe que era mortal.

Rugena aguardava com impaciência a notícia sobre o sucesso da chegada de Jerônimo à Boêmia. De repente, correu pela cidade o boato de que Jerônimo fora detido em Guirshauss, no dia 24 de abril. Após ter sido reconhecido pelo sacerdote local, que comunicara o fato às autoridades, ele fora preso por oficiais do príncipe palatino Iohann da Bavária, e confinado em Zultsbakh, aguardando novas ordens do concílio.

Os tchecos e morávios que estavam em Constança ficaram profundamente constrangidos com a notícia. Felizmente, Rugena soube disso por Ana, que lhe transmitiu a triste novidade quando estavam a sós, e a fiel amiga foi a única testemunha de suas lágrimas e de seu desespero. O perigo mortal que ameaçava Jerônimo despertou o amor que ainda cochilava no coração da condessa e que ela sinceramente considerava como amizade. Entretanto, o terrível destino que provavelmente aguardava aquele encantador e genial homem – orgulho de toda a Boêmia – foi motivo suficiente para despertar sua calorosa paixão por ele. Se Vok estivesse ali talvez adivinhasse os verdadeiros sentimentos da esposa, percebendo-lhe a palidez, o estado de nervos e o ostensivo sofrimento, mas o conde Hinek, naquele momento, prestava pouca atenção à nora.

Como a maioria dos seus amigos reunidos em Constança, Valdstein estava completamente absorto, acompanhando a teimosa luta do Papa com o imperador. A impiedosa severidade com que era julgado o Sumo Sacerdote de Roma agitava todo o mundo cristão.

Derrotado e disposto a tudo para conseguir o perdão, Friedrich da Áustria chegou a Constança e, num dos banquetes, prostrou-se publicamente aos pés de Sigismundo pedindo-lhe perdão e oferecendo-lhe suas propriedades em Elzas e Tirol. O imperador devolveu-lhe essas terras em troca de juramento de fidelidade e, a partir daquele momento, Baltazar Cossa perdeu seu último protetor.

Capítulo V

O fim de maio caiu num lindo dia. Chegando à casa dos Valdstein, Svetomir contou ter visitado na véspera uma adivinha, que não somente descrevera em detalhes o seu passado mas também lhe predissera um futuro brilhante. E começou a convencer as damas a ir consultá-la, oferecendo-se como acompanhante.

A tristeza e a apatia de Rugena preocupavam Svetomir e ele inventara aquele passeio para distrair a condessa. Há dias ela não vinha se sentindo bem, queixando-se de tonturas e dor no peito. Na véspera da visita de Svetomir, após beber um copo de leite, ela vomitara e tivera um longo desmaio. A conselho de Túlia, o marido de sua amiga, um jovem médico italiano que fazia parte do séquito do cardeal Ursino, fora chamado.

Depois de cuidadoso exame da paciente, Kosimo Benelli prescrevera-lhe um remédio que provocara mais vômitos, após o que a condessa adormecera.

No dia seguinte, Rugena parecia completamente recuperada e até recebeu amavelmente Svetomir.

A vontade de entreabrir a cortina que oculta o futuro é inata no ser humano. Rugena estava disposta a ir e Túlia, italiana supersticiosa, mais ainda. O ambiente feliz e tranqüilo de sua nova vida havia-lhe devolvido a juvenil alegria de viver e a proposta de Svetomir motivara-a a querer saber o que o destino lhe reservava. Rugena esperava saber o resultado dos processos de Huss e Jerônimo, e, com relação a si, se Deus lhe enviaria o filho que Vok tanto queria.

A visita à adivinha ficou definitivamente acertada e todos começaram a se preparar, com exceção de Ana, que disse não ter futuro e por isso não ter nada para ser adivinhado.

O conde, perguntado sobre isso, aprovou, rindo, a vontade dos jovens, com a condição de que Broda os acompanhasse, pois nas freqüentes desordens daqueles últimos tempos, duas espadas seriam melhores do que uma para defender as damas.

O tempo estava bom e eles resolveram ir a pé, apesar de a adivinha morar em outro lado da cidade. Ninguém notou que, junto à saída da casa, dois monges observavam-nos insistentemente a uma certa distância. Somente Broda, que ia ao lado de Túlia e atrás da condessa e de Svetomir, percebeu-os e ficou vigiando. Eles, entretanto, desapareceram na multidão e ele logo os esqueceu, pois monges das mais diversas ordens corriam por todos os cantos da cidade.

O grupo já se aproximava do objetivo do passeio quando, de repente, do fim da rua à frente deles ouviu-se o ruído de uma multidão se aproximando e que lotou a rua em toda a sua largura. O povo cercava algo que estava difícil de enxergar e somente as lanças e bestas da guarda municipal brilhavam sobre as cabeças.

Para evitar o empurra-empurra, Svetomir começou a procurar em volta um local para se abrigar e aguardar a passagem da multidão. Mas, naquele instante, das casas vizinhas começaram a sair pessoas atraídas pelo barulho e Rugena e ele foram imediatamente cercados pela massa excitada e curiosa. Inicialmente ambos ficaram prensados à parede, depois foram por acaso empurrados para a frente e viram-se na primeira fileira dos espectadores.

Dali dava para ver soldados que cercavam uma carroça levando um homem amarrado e acorrentado. Svetomir empalideceu, reconhecendo Jerônimo no prisioneiro. Este parecia tranqüilo, seu pálido e orgulhoso rosto estava sombrio e concentrado. Rugena também o reconheceu e, no primeiro momento, emudeceu, olhando-o com olhos arregalados; depois soltou um grito lancinante e caiu sem sentidos.

Apesar do barulho, aquele grito cortante alcançou os ouvidos de Jerônimo, que olhou em sua direção e também reconheceu Rugena. Ele estremeceu, endireitou-se e suas correntes tilintaram; tentou pular para o chão, mas todos os seus esforços foram em vão. Sem nada conseguir, ele voltou a sentar-se e uma expressão de indignação, raiva e desespero desfigurou seu rosto.

Com a ajuda de um cidadão prestativo e com grande dificuldade, Svetomir conseguiu atravessar a multidão e levar Rugena até os degraus da casa vizinha. A carroça com o prisioneiro já estava longe, mas a multidão que a acompanhava continuava a mover-se e lotar a estreita rua. De repente, o fluxo da massa parou, começou uma confusão e ouviram-se estridentes gritos de mulher e depois uma alta voz gritou:

– Segurem, segurem-no!

Então, tudo se misturou novamente, pois os que chegavam empurravam os que estavam à sua frente.

Svetomir ficou alerta. Aquele grito poderoso parecia a voz de Broda. Todavia, era impossível distinguir algo na multidão; as pessoas à sua volta estavam muito tensas, gritando e agitando os braços. À pergunta de Svetomir uma cidadã, pálida e emocionada, respondeu de passagem:

– Mataram alguém.

Naquele instante, abriu-se uma clareira na multidão e apareceram alguns homens carregando uma mulher que ele reconheceu com horror ser Túlia.

Ela estava imóvel como morta e foi colocada no chão a alguns passos de Rugena, que ainda não tinha voltado a si.

Svetomir ficou perdido sem saber o que fazer, não ousando deixar a condessa para chamar uma condução para Túlia. De repente, para sua grande felicidade, notou dois soldados poloneses do séquito do senhor Tarnovsky. Chamando-os, ele deixou-os guardando Rugena e, aproximando-se rapidamente do grupo de pessoas que comentavam o ocorrido, perguntou como tudo acontecera.

– Vi tudo e, mesmo assim, não entendi nada! – Respondeu um dos cidadãos. – Ela estava próxima de mim e parecia querer sair do aperto da multidão, o que era difícil pois havia muita gente. Eu estava um pouco mais adiante e não lhe prestava atenção, quando o meu vizinho me cutucou com o cotovelo e disse: "Veja! O monge quer levar consigo a sua amante. Como são insolentes esses homens de batina preta!". Olhei para trás e vi um monge arrastando uma bonita mulher enquanto outro companheiro seu ia abrindo caminho para ele na multidão. Inicialmente, a mulher ficou muda de susto ou de vergonha e não reagiu. Depois, passou a debater-se e gritou chamando pela ajuda de algum amigo, porque um soldado de meia-idade, mas ágil e forte como um touro, começou a tentar chegar até ela. Os monges também o perceberam; um disse algo para o outro em língua estrangeira; alguma coisa brilhou na mão desse outro e ambos desapareceram na multidão. A mulher ficou por instantes parada como se nada tivesse acontecido e, depois, abrindo os braços, caiu no chão. Nós nos aproximamos e vimos um punhal em seu peito. Então a trouxemos para cá, enquanto aquele soldado desapareceu junto com os monges!

Svetomir inclinou-se e examinou Túlia. Ele notou que o ferimento não era mortal mas de qualquer modo perigoso, pois o estilete penetrara até o cabo. O coração ainda batia fracamente e, se ela recuperasse os sentidos, talvez pudesse indicar o assassino.

Avisando aos presentes que a vítima pertencia ao séquito da condessa Valdstein – que estava ao lado, desmaiada, com o susto do empurra-empurra da multidão –, Svetomir pediu ajuda para levar a ambas para casa e prometeu uma boa recompensa. O pedido teve rápida aceitação e um dos cidadãos ofereceu-se para chamar o médico Benelli.

Naquele momento, a multidão praticamente havia-se dispersado e Rugena abriu os olhos. Para não assustá-la, Svetomir disse-lhe que Túlia perdera os sentidos em virtude do aperto da multidão e que ele já chamara o médico. A jovem condessa estava demasiadamente fraca para voltar a pé; para ela e Túlia foram providenciadas liteiras. O triste séquito seguiu seu caminho acompanhado por Svetomir, irritado com o desaparecimento de Broda.

O médico chegou quase junto com eles. Como Rugena estava caindo de fraqueza, Benelli mandou que a colocassem na cama avisando que iria examiná-la assim que fizesse o curativo na ferida.

Túlia estava deitada e não recobrava os sentidos. Ana, pálida e emocionada, aplicava compressas de água em sua testa e em mãos.

– Ela respira, senhor Benelli, mas continua sem sentidos. Temo despi-la, pois o traje grudou no ferimento. – Disse ela, cedendo seu lugar ao médico.

Ele cortou cuidadosamente o corpete e, desnudando o peito da vítima, examinou-o.

– O ferimento é mortal. Ela morrerá se retirarmos a arma. – Disse ele a Svetomir.

– Mas não seria possível fazê-la voltar a si? Talvez ela nos diga algo que possa esclarecer esse estranho atentado. – Observou Svetomir, olhando com compaixão o rosto sem vida de Túlia.

– Vou tentar! Tenha a bondade de levantar um pouco a paciente enquanto eu a faço cheirar um excitante.

Benelli retirou dois frascos da sacola que trouxera; com o conteúdo de um deles, umedeceu as mãos e as têmporas de Túlia e o outro levou até seu nariz. Alguns minutos depois, um tremor passou pelo corpo da paciente, ouviu-se um gemido de dor, seus olhos abriram-se e olharam para os presentes com um olhar apagado e vítreo. Ela, aparentemente, reconheceu-os e seu olhar brilhou.

– Brancassis me matou... – Disse, com voz rouca e sibilante. – Ele e Hilário tentaram me raptar...

Ela perdeu as forças e calou-se. Depois, recuperando-se, continuou, num sussurro:

– Está escurecendo em volta... adeus... obrigado a todos e à senhora Rugena... pelo bem que fizeram à pobre Túlia... Vou rezar por vocês todos e vou... vingar-me... daqueles miseráveis...

As últimas palavras ela proferiu inesperadamente alto e um ódio selvagem brilhou em seu olhar moribundo; mas esse esforço pareceu cortar o último fio de vida. A cabeça de Túlia caiu para trás, o sangue correu pela boca, o corpo agitou-se em convulsões e parou.

– Está tudo acabado... – disse Benelli, com voz trêmula.

Antes disso, ao ouvir Túlia dizer que seu assassino fora Brancassis, o jovem médico estremeceu e ficou pálido. O nome do cardeal caiu como um trovão sobre Ana e Svetomir e ambos estancaram diante da cama completamente pasmados.

Nesse instante, a porta abriu-se e entrou o conde Hinek, agitado. Ele tinha acabado de chegar em casa e soubera do triste acontecimento, vindo perguntar os detalhes a Svetomir. O velho conde ouviu, indignado, o relato sobre o assassinato e as últimas palavras de Túlia.

Incumbindo Svetomir de organizar os funerais, ele já ia sair, quando Benelli se aproximou e pediu-lhe alguns minutos para falar a sós. O conde, surpreso, conduziu o médico ao seu quarto. Quando ficaram sozinhos, Benelli, visivelmente preocupado, disse:

– Senhor conde, considero meu dever preveni-lo de que o estado de saúde de sua nora é extremamente perigoso. A condessa Rugena foi envenenada e...

– O senhor deve estar enganado, doutor Kosimo! Como Rugena pode estar envenenada? Por quem? Isso é impossível, o senhor está enganado! – Interrompeu-o o conde, com irritação.

– Gostaria muito de estar enganado, mas infelizmente tudo o

que digo é a triste verdade! Antes de ontem, quando fui chamado para atender a jovem condessa, alguns sintomas levantaram as minhas suspeitas de envenenamento. Para mim, isso também parecia improvável e decidi não falar nada até estar completamente convencido. O remédio prescrito por mim provocou imediatamente o vômito, parte do qual levei comigo para pesquisar por um método que conheço. Hoje de manhã, obtive a prova positiva de que a condessa ingeriu um veneno tão perigoso que não posso responder por sua vida. Eu já me preparava para vir aqui com essa informação, quando vieram buscar-me.

O conde empalideceu e estancou ouvindo o relato do jovem médico, cujo tom sério não deixava dúvidas sobre a veracidade de suas conclusões.

– O que devemos fazer? – Perguntou o conde, indefeso.

– Lutar com todas as nossas forças e confiar na ajuda divina. Acredito que já consegui estabelecer que tipo de veneno foi dado à condessa. Inúmeros casos de envenenamento em nossos dias fizeram com que eu me dedicasse ao estudo de venenos. Vou tomar as medidas necessárias que, previno desde já, podem não ser suficientes.

Pode-se imaginar como o conde ficou desolado. O nome de Brancassis vinculado ao assassinato de Túlia despertara nele uma sombria suspeita e ele implorava ao médico que salvasse a vida de sua nora.

Benelli foi ver Rugena enquanto o conde mandou chamar Svetomir para lhe contar tudo o que soubera e de suas suspeitas. Este também ficou estarrecido, mas nem por um instante duvidou da triste verdade. Brancassis era perfeitamente capaz de envenenar a mulher que não conseguira ter.

Svetomir já se preparava para ir comprar um lugar para o túmulo de Túlia e encomendar o caixão, quando Broda voltou, nitidamente cansado e irritado. Svetomir perguntou-lhe por que ele desaparecera e Broda contou que, reconhecendo Hilário num dos monges, ele correra atrás dele, mas a multidão atrapalhara e ele não conseguira agarrar o miserável. Mesmo assim, seguira-o até um beco sem saída onde o monge desaparecera sem deixar rastro. Pelas informações que recolhera, soubera que na casa vazia, cujo jardim se estendia ao longo daquele beco, residira antes Brancassis e que o cardeal permanecia como inquilino da casa, pois pagara adiantado o aluguel de muitos meses.

– Isso significa que encontrei o covil dos bandidos. Juro pelos céus que não descansarei enquanto esses dois miseráveis não receberem o merecido castigo.

O conde Hinek quis imediatamente avisar Vok sobre o envenenamento da esposa. Entretanto, ao ver que no dia seguinte Rugena levantou-se bem e começou a participar ativamente da preparação do funeral, ele acalmou-se, esperando que o perigo já tivesse passado graças às medidas tomadas a tempo pelo médico. O conde acabou nada escrevendo ao filho para não perturbá-lo. Naquele ínterim, na cidade desencadearam-se importantes acontecimentos que absorveram toda a atenção dos contemporâneos e atraíram os olhares de toda a cristandade para a pequena cidade alemã, onde se reunira o concílio.

Dois dias depois, no momento em que descia para o túmulo a inocente vítima de Brancassis, o concílio de Constança, em solene reunião, julgava João XXIII à revelia, retirando dele todos os atributos; 37 testemunhas, entre elas 12 bispos, apresentaram contra ele 63 acusações.[1] Da longa lista de crimes atribuídos ao representante de Cristo, o concílio, por respeito ao trono apostólico e ao cargo de cardeal, excluiu 13, deixando-os em segredo. Contudo, é suficiente citar alguns dos outras 50 que permaneceram e que foram promulgados publicamente, para se ter uma certa idéia de que consistiam as acusações que o concílio ocultou. Assim, considerava-se provado

---

[1] Bonnehose, *pp. 142-143 – Nota do autor.*

que Cossa envenenara seu predecessor Alexandre V, comercializara desavergonhadamente imóveis e bens da Igreja, praticara o banditismo, assaltara e matara durante a sua estada em Bolonha, mantivera ligação criminosa com sua nora, desonrara 300 freiras nomeando-as depois madres superioras de mosteiros e muitos outros desmandos. Concluindo, o concílio reconheceu que aquele monstro era inadequado para o cargo e retirou da cristandade o juramento de fidelidade a ele, recomendando quebrar o seu brasão e o selo papal apresentados. Essa decisão, assim como o próprio ato de renúncia, foi levada por cinco cardeais ao castelo de Rudolftsel, para ser assinada por Cossa – que fora preso lá pelo próprio duque da Áustria que agora se tornara seu carcereiro.

O papa João XXIII, transformado simplesmente em Baltazar Cossa, foi encarcerado no mesmo castelo Gottliben onde sofria a sua inocente vítima – Jan Huss.

Enquanto corriam esses acontecimentos importantes, o destino de Jerônimo preocupava e entristecia a todos os tchecos. Depois do primeiro interrogatório, o prisioneiro fora deixado a cargo de Iohann von-Vallenrod, o arcebispo de Riga de triste memória. O sacerdote católico e alemão, com o ódio e a raiva disfarçados, submetera Jerônimo diretamente ao regime de inquisição por sua origem eslava, amor à pátria e predisposição à Igreja ortodoxa. À noite, Jerônimo fora transferido para a torre no cemitério de São Paulo onde o tinham trancafiado numa escura e fedorenta cela, acorrentando-o de tal forma que ambas as mãos acima da cabeça pressionavam o pescoço e impediam-no até de sentar. Somente dois dias depois é que seus amigos ficaram sabendo do que lhe acontecera e tomaram medidas para aliviar o seu destino. Mas, em decorrência da tortura, Jerônimo adoeceu. Durante o tempo em que ele lutava contra a morte, Huss foi transferido para um mosteiro francês.

O conde Valdstein, após uma calma temporária, era vítima de uma nova preocupação: a melhoria na saúde de Rugena alterara-se para uma enorme fraqueza e freqüentes desmaios. O conde, inicialmente, atribuíra aqueles sintomas preocupantes à emoção e às lágrimas pela trágica morte de Túlia – pois até então não haviam contado a Rugena que ela fora envenenada. Benelli, no entanto, confessou ao conde que o veneno continuava destruindo-a aos poucos e que a situação da condessa era extremamente grave. O conde ficou desesperado e não tardou em comunicar a Vok a triste verdade, convocando-o sem demora a Constança.

O ambiente na casa ficou sombrio e intranqüilo. Ana e Svetomir disfarçavam com dificuldade o seu desespero e cercavam a paciente com o maior cuidado e carinho, às vezes recuperando o ânimo e as esperanças quando Rugena melhorava e às vezes caindo em desânimo a cada novo desmaio, que era acompanhado geralmente por uma longa fraqueza.

Em Svetomir e Broda, o temor pela vida da jovem condessa mesclava-se com o desejo de castigar o traiçoeiro assassino. Com esse objetivo, Broda, disfarçado, rondava assiduamente pela cidade e pelas cercanias, procurando o rastro de Brancassis e seu cúmplice, mas sem resultado.

Certa vez, Svetomir, voltando da casa dos Valdstein, estava triste e preocupado quando, de repente, entrou Broda, disfarçado de cocheiro. Sua aparência era severa mas satisfeita e ele, sem perder tempo, informou que conseguira achar Hilário de modo absolutamente inesperado.

– Eu tinha certeza de que a casa onde morou Brancassis e que ainda lhe pertence servia de refúgio para eles, e por isso rondava em volta daquele local. Hoje, depois de muito andar, fiquei exausto e entrei para descansar na taberna em frente à casa onde mora o cardeal Ursino. Fiquei por lá sentado quando vi sair do portão um monge mendicante. Como por aqui existem muitos deles, eu nem teria prestado atenção naquele. Mas, quando ele jogou às costas a sua sacola, a manga larga da batina desnudou o seu braço e percebi em seu cotovelo uma grande cicatriz, que foi para mim uma verdadeira declaração. Era a mesma cicatriz que Hilário ganhou em uma caçada na qual um javali rasgou o seu braço. Reconhecendo-o no disfarce, saí da taberna e comecei a segui-lo. Ele, aparentemente, não me notou e ninguém prestaria atenção a um cocheiro qualquer. O miserável foi direto à casa de Brancassis. Entrando no beco sem saída e retirando uma chave do bolso, ele abriu um portão no muro, mas não deixei que ele o fechasse e empurrei a porta com tal força que ele caiu de costas da pancada. Então, amarrei-o, tapei-lhe a boca e arrastei-o para dentro de casa, certificando-me antes de que estava vazia. Esse covarde, que Deus me perdoe, perdeu os sentidos de susto e, por mais que eu o chacoalhasse, não dava sinais de vida. Agora em dois, nós o faremos falar.

Svetomir vestiu imediatamente a capa e as armas e ambos, quase correndo, foram ver o prisioneiro. Encontraram Hilário do jeito que Broda o deixara, mas o monge tinha voltado a si e estava deitado com os olhos esbugalhados. Destapando sua boca, Svetomir mandou-o dizer onde estava Brancassis e o que ele sabia sobre o envenenamento de Rugena.

Por sua torpeza natural, Hilário acreditou que também daquela vez compraria a sua liberdade com uma confissão completa. Pálido de terror, ele murmurou que o cardeal estava agora a caminho da Itália, para onde ele também deveria ir, assim que entregasse a mensagem secreta ao secretário do cardeal Ursino. Com absoluta sinceridade, revelou como Brancassis, ansiando por vingança, decidira envenenar Rugena e castigar a traidora Túlia, raptando-a e torturando-a até a morte. Na casa dos Valdstein, com a ajuda de um monge amigo, fora subornada uma criada que dera o veneno à condessa. Rugena, porém, tomara somente uma parte daquele veneno, e o atentado não pudera ser repetido pois a senhora von-Laufenstein viajara para visitar a irmã que morava em outra cidade e levara a cúmplice deles consigo. Como Túlia saía raramente e nunca sozinha, não havia como raptá-la; o cardeal estava fora de si e rondava diariamente a casa de suas vítimas. Naquele dia fatal, ambos haviam seguido a condessa e seus acompanhantes; percebendo que Túlia ficara um pouco para trás do grupo e perdera-se na multidão, Brancassis achara que aquela era a hora de agarrá-la. Ele realmente a agarrara e começara a arrastá-la consigo enquanto Hilário abria caminho. Ao reconhecer o cardeal, Túlia assustara-se e não conseguira pronunciar uma palavra; o povo, em volta, rira e fizera piadas sobre eles. Quando ela começara a gritar e a debater-se, alguns homens haviam tentado defendê-la, mas o cardeal gritara-lhes que ela era uma freira fugida e que ele a estava levando para as autoridades, o que fizera com que eles os deixassem em paz. Ele, provavelmente, teria conseguido levá-la embora se Broda não os tivesse notado, o que os obrigara a fugir correndo. Furioso por seus planos não terem dado certo, Brancassis apunhalara Túlia para não deixá-la escapar viva.

– Até agora ele não se conforma de as coisas não terem saído como ele queria... – Concluiu Hilário, cansado, olhando atemorizado para seus ouvintes.

Depois, caiu de joelhos e começou a implorar perdão. Mas Broda, sem prestar atenção aos seus pedidos, tapou-lhe a boca novamente, soltou suas pernas e mandou-o segui-lo, se não quisesse experimentar o gosto do seu punhal.

No dia seguinte, os vizinhos ficaram assustados com um terrível quadro. No gancho de ferro preso sobre a porta de entrada, em vez do lampião, balançava o cadáver de um monge. Quando o corpo foi retirado do laço, reconheceram no enforcado o padre Hilário, secretário do cardeal italiano que tinha morado naquela casa. O culpado pelo assassinato nunca foi descoberto e, na confusão dos acontecimentos extraordinários que se sucediam e agitavam a cidade, esse fato foi esquecido rapidamente.

Capítulo VI

A última informação que Huss recebeu, ainda no castelo de Gottliben, foi a de que seu ferrenho inimigo João XXIII – agora Baltazar Cossa – virara seu colega de desgraça e encontrava-se preso entre as mesmas paredes.

A qualquer outro, tal castigo do destino proporcionaria satisfação, mas em sua alma sem maldade não havia lugar para sentimentos de vingança.

"O deus terreno caiu e geme, acorrentado", escrevia Huss aos amigos. "O concílio o depôs por comercializar com indulgências, bispados e postos lucrativos. Ele foi condenado por aqueles que eram seus clientes e também comercializavam com isso. Mas que raça esperta! Por que não remover a tora do próprio olho? Parece-me que se o Senhor Jesus dissesse ao concílio: quem de vocês não tiver o pecado de comercializar coisas sacras que condene o papa João, não sobraria um único...".

A transferência de Huss para Constança, onde seria instaurado o processo, despertou as esperanças de todos os seus inúmeros amigos; eles não tinham dúvidas de que, se lhe dessem oportunidade para se defender, ele certamente rebateria todas as acusações que pesavam sobre a sua pessoa. Contudo, logo na primeira reunião, eles ficaram desiludidos ao descobrir que os respeitáveis padres do concílio não pretendiam fazer justiça.

Na manhã de 5 de julho, no grande refeitório dos franciscanos, reuniram-se cardeais, bispos, prelados, mestres, doutores e outros membros do concílio; entre estes últimos estavam Pedro de Mladenovits e Ulrich, um jovem sacerdote, seu amigo.

A reunião estava agitada. Antes mesmo de ser trazido o réu, foi feita a leitura do ato de acusação e tiveram início os depoimentos de testemunhas. Um dos presentes até propôs passar direto para o estudo dos artigos de acusação e para a votação cujo resultado seria informado a Huss. Durante a discussão dessa proposta, o supracitado Ulrich, que se encontrava atrás do orador dos depoimentos de testemunhas, deu uma olhada nos atos, soltou um silencioso grito e empalideceu.

Ele apressou-se para chegar até o seu amigo e sussurrou-lhe ao ouvido:

– Acabei de ver, entre os papéis, a sentença pronta de Huss.

Não menos surpreso, Pedro de Mladenovitz foi correndo avisar sobre isso a Jan de Khlum e Venceslau de Dub. Estes dirigiram-se a Sigismundo e conseguiram obter dele a interrupção de tal arbitrariedade; os prelados não ousaram contrariá-lo e Huss teve de ser convocado. Tal começo de julgamento não prometia boa coisa.

Sério, concentrado e cheio de dignidade, Huss apareceu diante dos seus inimigos em cujas primeiras fileiras estavam Paletch e Miguel *de Causis*, ambos fervendo de ódio e zombando dele insolentemente. Teve início a leitura de algumas acusações; em seguida, foi feita a enumeração dos depoimentos de testemunhas que as comprovavam. Quando Huss tentou responder e dar a sua versão, a raiva mal contida dos presentes derramou-se sobre ele numa torrente de palavrões e ofensas que abafaram a voz do acusado.

Os gritos e o barulho eram tantos que Lutero, em uma de suas obras e com ousadas palavras, caracterizava assim essa cena revoltante: “Todos se agitavam como porcos selvagens, eriçando-se, rangendo os dentes e afiando suas garras contra Huss. Só ele permaneceu calmo na tempestade, olhando com tristeza para aquelas pessoas nas quais esperava encontrar juízes imparciais, mas encontrou somente inimigos". Quando a agitação amainou, Huss observou, sem raiva:

– Realmente, eu pensava que neste concílio tudo correria de forma mais limpa, melhor e ordenada do que esta!

Não se sabe se seus juízes, cegos pelo espírito do ódio partidário, sentiram a acusação que havia nas simples palavras do humilde sacerdote que eles queriam eliminar, mas o fato é que o cardeal-chefe (*supremus cardinalis*) de Camberra, Pedro de Alliaco, gritou:

– Como ousa falar assim? No castelo, você falava com mais discernimento!

– No castelo ninguém gritou contra mim. Agora, todos vocês gritam ao mesmo tempo. – Respondeu Huss.

Sua resposta provocou uma nova explosão de ira e ofensas. Percebendo que a excitação dos respeitáveis padres não levaria a resultado algum, o presidente fechou a reunião.

Os barões tchecos, indignados, queixaram-se a Sigismundo e este prometeu estar presente na segunda reunião, marcada para 7 de julho.

Infelizmente, os limites desta obra não nos permitem expor uma seqüência detalhada da revoltante paródia de julgamento que espezinhava todas as leis até da forma mais primitiva da Justiça.

O processo era comandado por inimigos declarados de Huss; somente os depoimentos deles eram levados em consideração; a Huss era negado o direito à palavra e retirada, assim, qualquer possibilidade de defesa. Queriam obrigá-lo a negar aquilo que ele nunca dissera – como, por exemplo, a ridícula acusação de declarar-se a quarta pessoa da Santíssima Trindade, de não acreditar em Deus etc. Julgavam-no por defender e pregar as doutrinas de Wyclif – inclusive aquelas que ele próprio rejeitava. Podia-se supor que o concílio – que se mostrara mais conivente em relação aos ensinamentos de Jan Neti, muito mais perigosos e criminosos que a doutrina do filósofo inglês – castigava Huss nem tanto pela heresia, mas por sua coragem em desmascarar os vícios e desmandos do clero.

Huss apareceu diante do concílio por quatro vezes: três vezes para o interrogatório e suposta defesa e a quarta vez para a condenação e a anulação de sua tonsura.

A segunda reunião aconteceu no dia 7 de julho, e a presença do imperador – que ameaçara expulsar da sala qualquer um que ousasse exceder-se – incutiu uma certa moderação aos presentes. O pior inimigo do réu, Miguel *de Causis*, lia o ato de acusação e o cardeal de Camberra, que presidia a reunião, impôs a Huss um rigoroso interrogatório com o objetivo de estabelecer se ele era cristão ou não. Depois, veio à luz uma das denúncias que provocavam mais ódio contra o sacerdote: a de que ele seria o culpado pela saída dos alemães de Praga. Essa acusação serviu de motivo para outras ainda mais ferozes e foi-lhe permitido se justificar em dois pontos. Essa permissão e as palavras de Huss fizeram renascer a esperança de um final feliz, mas... a ilusão durou pouco tempo.

O terceiro interrogatório começou com a leitura de diversos trechos do livro de Huss *De Ecclesia* e de outras obras que confirmavam as acusações de Paletch de que Huss negava o poder do Papa, no caso de este cometer um crime. Perguntado sobre isso, o sacerdote respondeu calorosamente, declarando que o costume de dar o título de *santíssimo* a um papa indigno e criminoso era algo nefasto e protestando contra muitas das opiniões atribuídas a ele, que na verdade ele nunca expressara, e também contra as interpretações erradas e as críticas parciais de suas idéias. Foi interrompido e a discussão foi abafada por diversas expressões ofensivas e maldosas indiretas de Paletch e *de Causis*.

A reunião ficou agitada e, por fim, Pedro de Alliaco exigiu que Huss se submetesse à decisão do concílio, que declarasse estar errado nas obras que haviam sido apresentadas no julgamento, que as negasse publicamente e que, a partir daquele dia, pregasse e escrevesse o oposto do que dizia até aquela data.

Apesar do perigo que pairava sobre sua cabeça, Huss permaneceu fiel às suas convicções. Negando aos representantes da Igreja presentes no concílio o poder de obrigá-lo a ações que ele considerava vergonhosas, o corajoso lutador pela liberdade de consciência contra o autoritarismo da Igreja romana não percebia, por sua humildade natural, a grandeza de sua histórica missão e não tinha consciência de que, naquele momento, lutava pela liberdade do mundo ocidental do jugo opressor.

Ele simplesmente respondeu que estava pronto a obedecer ao concílio e abdicar das idéias que defendia se lhe provassem pelas Escrituras que elas eram falsas. Também pediu aos seus juízes que não exigissem dele a renúncia de doutrinas que nunca pregara, pois sua consciência não lhe permitiria tais mentiras.

Os arcebispos de Florença e de Camberra tentaram em vão convencê-lo a submeter-se incondicionalmente.

– Ouça, Huss! – Disse o imperador, querendo atenuar o caso. – Por que você não renuncia a todas as idéias erradas sobre as quais você diz que as testemunhas lhe acusaram injustamente? Eu próprio estaria pronto a renunciar a quaisquer enganos e jurar que não iria mais cometê-los. Isso não quer dizer que eu os cometia antes!

– Meu rei! A palavra "renunciar" não tem esse significado.

Vendo que lhe propunham um jogo de palavras para, salvando-o, conservar a autoridade do concílio, ele permaneceu firme. Seu caso estava claramente perdido, mas ele não queria salvar a vida renunciando às próprias convicções.

Até Estéfano Paletch amansou diante da firmeza de *uma única pessoa* contra toda a Igreja cristã. Talvez por pena, talvez por dor de consciência pelo papel traiçoeiro que desempenhava, Paletch afirmou que achava importante declarar que, pessoalmente, nada tinha contra Huss e que somente o interesse pelo cristianismo o obrigava a exigir a sua condenação. E os padres do concílio aparentemente acreditaram nessa declaração de imparcialidade de Estéfano, pois o elogiaram por sua continência e filantropia.Mas se era possível admitir que Paletch – um sábio, conterrâneo e ex-amigo de Huss – envergonhara-se e lamentara o fato de ter de agir assim, a situação ficou risível quando Miguel *de Causis* aderiu à sua opinião. Aquele filho de mineiro alemão, salafrário e mentiroso, inimigo mortal do pregador da capela de Belém, começou, de repente, a falar sobre a voz da consciência, o bem geral e a fé cristã.

Huss só respondeu:

– Deus os julgará.

Sigismundo encerrou a reunião com as seguintes palavras ao réu:

– Eu lhe prometi a minha proteção durante a viagem e na chegada aqui, para que você não sofresse a mínima ofensa e para que pudesse expor livremente suas opiniões e responder sobre suas crenças diante de todo o concílio. Você próprio está vendo com que consciência e condescendência os cardeais e bispos cumpriram a minha promessa, pelo que lhes estou grato.[1]

Depois disso, o bispo Iohann von-Vallenrod, incumbido de guardar o acusado, ordenou que o levassem e colocassem-no de volta na prisão.

No mesmo dia, na parte da tarde, o conde Hinek estava sentado perto de Rugena, que de manhã tivera outra vez um longo desmaio. O conde, preocupado, nem fora ao concílio, mesmo sabendo que naquele dia Huss apareceria.

Depois de tomar o remédio, Rugena sentiu-se melhor e quis respirar um pouco de ar puro. A jovem condessa foi levada ao jar-

[1] *"Se não se tratasse de um assunto muito sério, não diríamos que o imperador zombava dos cardeais e, ao mesmo tempo, insultava a miséria de Jan Huss", escreveu o historiador francês do concílio de Constança – Nota do autor.* Obs.: *– no original russo este texto está em francês.*

dim e colocada na sombra, enquanto Valdstein e Ana tentavam distraí-la conversando. Naquela hora, informaram da chegada do senhor Jan de Khlum, que desejava vê-lo.

– Ele provavelmente veio contar o que aconteceu hoje no concílio. – Disse o conde, levantando-se.

Mas Rugena parou-o.

– Receba-o aqui, pai! Também quero saber como vai o processo do nosso mestre Jan.

– Com prazer, minha filha. – Respondeu o conde e ordenou que conduzissem o visitante ao jardim.

Após alguns instantes, no fundo da alameda, apareceu o barão Jan acompanhado de seu secretário, Pedro de Mladenovitz.

O rosto afobado e o passo apressado do bravo cavaleiro indicavam que ele estava preocupado e aborrecido com algo. Depois de cumprimentá-los, o conde imediatamente perguntou como fora o processo de Huss e essa pergunta provocou uma explosão de indignação no barão Jan.

– Chama aquilo de um processo? Será que aquilo é a justiça que deve ser prestada a qualquer cristão, por pior criminoso que ele seja? – Exclamou Khlum. – Você próprio viu que os inimigos de Huss não permitem que ele abra a boca, impedindo-o que se justifique. Mas o que aconteceu hoje foi muito pior! Por mais que falassem de Sigismundo antes, eu nunca esperava dele tamanha baixeza.

Pediram ao barão que explicasse aquilo melhor e ele contou em detalhes todo o andamento da reunião.

– Os presentes já começavam a sair – acrescentou ele –, mas o imperador continuava sentado, e como eu queria conversar com ele em defesa de Huss, fiquei aguardando-o junto com Mladenovitz. Juntaram-se a nós Jan de Dub e Kryjanov e nós nos afastamos até o parapeito da janela conversando justamente sobre a revoltante insistência do concílio em obrigar o homem, por todos os meios, a renunciar a algo que ele nunca expressara. Naquele instante, Sigismundo, cercado por um grande grupo de cardeais, bispos e prelado, parou por perto. Sem perceber a nossa presença, ele falou alto, sublinhando as palavras: "Vocês ouviram as heresias que Huss confessou e foi apanhado? Se ele não renunciar a elas, que seja queimado, ou então, ajam com ele com todo o rigor da lei. Aliás, mesmo que ele renuncie, não acreditem nele. Assim que voltar a Boêmia e estiver entre seus partidários, ele recomeçará a pregar as mesmas mentiras e sua maldade será ainda pior. Ele precisa ser totalmente proibido de pregar e os seus artigos condenados pelo concílio devem ser encaminhados ao meu irmão em Praga e para a Polônia, por todos os lugares onde Huss tem partidários e amigos. Que todos aqueles que partilharem seus ensinamentos sejam rigorosamente perseguidos pelo bispo". Depois, ele acrescentou: "Eu logo vou deixar Constança. Quero que vocês sejam rápidos neste caso e acabem logo com os alunos desse herege, principalmente com aquele que já está na cadeia... como é mesmo o nome dele?". "Jerônimo", servilmente sugeriram algumas pessoas. "Oh! Com esse nós não teremos nenhum problema", observou um dos bispos. "Assim que resolvermos o caso com o seu mestre, acabaremos com Jerônimo rapidamente".

– Que baixeza! – Exclamou Rugena, indignada. – Não bastava esse inútil entregar pessoalmente a Huss um salvo-conduto que o levou a essa armadilha por acreditar na palavra imperial, agora ele ainda incita os seus carrascos, provavelmente temendo que eles sejam misericordiosos com o réu. Isso é injusto! Deus o castigará!

– Seria bom se assim fosse, senhora Rugena! Em todo caso, vou escrever sobre isso a todos os nossos amigos de Boêmia e Morávia, para que todos saibam antes que tipo de confiança merece o nosso futuro rei, como ele defende os nossos interesses e como protege o homem que todos nós respeitamos! – Concluiu Jan de Khlum, com raiva.

Dessa vez, a vingança realmente esperava o rei traidor: "As palavras pronunciadas num canto do refeitório dos minoritas descalços" – escreveu Palacky – "repercutiram rapidamente por toda a Boêmia e lhe valeram, nem mais nem menos, a coroa tcheca".

O estado de espírito dos amigos de Huss estava desolador; eles aguardavam a condenação a qualquer minuto. O próprio preso supunha que havia chegado sua hora e, em comoventes cartas, que desvendavam a sua alma elevada, despedia-se dos amigos, alunos e ouvintes, sem esquecer de ninguém.

Os membros do concílio, aparentemente, vacilavam e pareciam procurar uma saída, torturando o paciente prisioneiro com propostas de diversas formas de renúncia, ou tentando convencê-lo a renunciar para salvar a própria vida. Tentavam convencê-lo de que a responsabilidade pela renúncia recairia sobre o concílio, que era "sem pecado" e possuía o "inquestionável direito" de ditar suas convicções. Um dos teólogos, num ímpeto de erudição, até lhe jogou a seguinte e surpreendente frase:

– Se o concílio estabelecer que você só tem um olho, e você tem dois, você será obrigado a acreditar nisso.

– Enquanto Deus deixar-me a inteligência, abster-me-ei de afirmar algo semelhante, mesmo que o mundo inteiro queira me obrigar a isso. – Respondeu Huss, inabalável.

Duas semanas depois do último interrogatório de Huss, Rugena estava sentada na poltrona junto à janela, sombria e pensativa; Ana, sentada à sua frente, lia um livro e observava disfarçadamente a amiga.

– Em que está pensando, Rugena? Vejo pela expressão do seu rosto que em sua cabeça rondam tristes pensamentos e isso não é bom! – Observou ela, inclinando-se para a amiga.

Rugena estremeceu e endireitou-se.

– É difícil estar alegre quando se sente que está morrendo na minha idade... – Disse ela, tristemente. E levantando a mão em protesto, continuou: – Não me desminta, Ana! Estou sentindo que uma doença me consome, que um veneno ronda pelas minhas veias e extrai as minhas forças. Hoje estou com uma irresistível vontade de ver o padre Jan. Abrir-lhe a minha alma e pedir emprestado um pouco da coragem dele, pois sinto que estou sendo dominada pelo medo e pelo desespero. – Ela parou e algumas pequenas lágrimas correram por suas faces.

Ana mal continha as lágrimas que a sufocavam.

– Acho que o seu desejo pode ser cumprido. – Respondeu ela, indecisa. – Sei que o barão Jan, Svetomir e outros amigos já o visitaram, graças aos carcereiros que são todos boas pessoas. Mas precisamos conversar sobre isso com o conde.

Dois dias depois, Svetomir veio informar à amiga de infância que seu desejo de encontrar-se com Huss seria realizado naquela mesma noite e que ele e Broda iriam acompanhá-la. Rugena resolveu levar Ana consigo – além de não ter segredos para com a fiel amiga, a jovem condessa sabia perfeitamente que Ana também ansiava ver, talvez pela última vez, o homem que adorava e que considerava um ser superior.

Capítulo VII

Na escura e úmida prisão do mosteiro franciscano, que estava destinado a abandonar somente na hora de ir para a morte, Huss lia o Evangelho, sob a fraca luz da lamparina a óleo – um luxo que o prisioneiro agradecia aos amigos.

Estava muito magro; seu rosto encovado pela doença, pelas privações e pelos sofrimentos físicos e morais parecia de cera. Entretanto, nos grandes, tristes e sonhadores olhos ardia o mesmo orgulhoso e inquebrantável espírito.

Ele não estava acorrentado à sua cama, como em Gottliben, mas tinha correntes nas mãos e nos pés. Finalmente, fechou o livro e, debruçando-se sobre a mesa, ficou pensativo. Naquele dia, ele passara terríveis momentos, e muitos sentimentos que considerava vencidos e extintos haviam despertado novamente e agora atormentavam sua alma. Durante os longos meses daquela agonia moral, todo o seu ser transformara-se completamente – purificara-se e inspirara-se; as fraquezas terrenas deixavam-no aos poucos; todo desejo humano desaparecia na extasiada fé em Deus, a Quem ele entregava sua vida e seu destino.

Alguns dias antes, os bispos haviam-lhe perguntado se desejava confessar-se e ele aceitara com alegria a proposta. Com a humildade e a bondade de verdadeiro cristão que o destacaram mesmo entre as gloriosas multidões de mártires de idéias, ele escolhera Estéfano Paletch para seu confessor.

– É o meu pior inimigo. – Dissera Huss. – Quero confessar-me com ele.

Até Paletch ficara comovido com a grandeza da alma de sua vítima. Inicialmente, ele rejeitara a pesada incumbência de perdoar os pecados do homem a quem ele próprio causava tanto mal. Depois, vencido talvez pela dor de consciência, acabara indo visitar o ex-amigo na prisão com o objetivo de convencê-lo a renunciar.

O encontro fora comovente. Huss pedira ao seu algoz que o perdoasse se diante do concílio escapara-lhe alguma palavra ofensiva; mas, aos argumentos de Paletch, respondera:

– O que faria você se o obrigassem a renunciar a heresias que você nunca pregou?

– Isso realmente seria difícil. – Respondera Paletch e caíra em prantos.

– Como pôde você dizer que não creio em Deus – continuara Huss – e que desde o nascimento de Cristo não houve um herege mais perigoso do que eu?

Paletch tentara negar isso e, numa nova investida, implorara-lhe para que renunciasse a suas convicções.

Huss negara-se terminantemente e acrescentara:

– Por que você me fez tanto mal?

Paletch fora embora, chorando.

O prisioneiro ainda estava impressionado com aquela visita quando, depois do meio-dia, aparecera Miguel *de Causis* para ofendê-lo e, com maldosa alegria, informá-lo do próximo martírio.

A amargura da desilusão com as pessoas, a amizade enganosa, a insatisfação com o imperador que, em vez da prometida proteção, incitara traiçoeiramente os juízes contra ele e a indignação pela injusta crueldade para com a sua pessoa – tudo isso abalara a resistente alma de Huss. Dentro dele tudo doía e tremia. Lamentava profundamente deixar a causa não levada a efeito, o fiel rebanho e a capela de Belém. Seu corpo estremecia diante do horror dos sofrimentos que o aguardavam... Eram momentos de luta do espírito perturbado e da fraqueza humana, que freqüentemente visitam os eleitos de Deus. Huss procurava em vão no Evangelho o apoio, a força e a tranqüilidade que estava acostumado a extrair de lá. Tentou rezar, mas o ímpeto de extasiada renúncia a Terra e seus amargores não vinha.

O barulho do trinco da porta da cela se abrindo interrompeu seus pensamentos.

"Deve ser algum dos amigos vindo visitar-me, e o carcereiro vem me avisar", pensou Huss.

Para sua surpresa, viu entrarem duas mulheres envoltas em capas. Uma delas segurava a outra que, visivelmente, não conseguia se sustentar em pé, e que depois caiu de joelhos diante de Huss e, com a mão trêmula, levantou o véu.

– Rugena! – Escapou-lhe a exclamação de surpresa, na qual se percebiam alegria e tristeza. – Minhas caras crianças! Como lhes agradecer por não se terem esquecido deste pobre prisioneiro e por me alegrarem com este encontro? Nem tenho onde acomodá-las nesta pobre cela!

– Para Rugena, que está doente, tem um lugar ao seu lado, padre Jan; quanto a mim, deixe-me ficar aos seus pés, onde me sentirei melhor do que em qualquer outro lugar... – Disse Ana, levantando a amiga e ajudando-a a sentar-se.

A emoção enfraquecera tanto Rugena, que Huss teve que vir em seu auxílio e segurá-la.

Ela estremeceu ouvindo o tilintar de suas correntes.

– O senhor está acorrentado, padre Jan? Mas que monstros! Como eles podem tratar assim a um santo e ao mais justo dos homens?

Huss balançou a cabeça com desaprovação.

– Não fale assim, minha filha, e não compare um grande pecador como eu com os eleitos de Deus!

– Mas como? Que pecados o senhor tem e quando os cometeu? – Retrucou Rugena.

Huss sorriu tristemente.

– Todos os pecados humanos, minha filha! Na juventude, eu adorava a sociedade, trajes, jogos de xadrez, vanglórias sobre sucessos nas ciências, e tinha tendência para a irritação. Oh! A lista de meus enganos é muito longa e a provação que Deus me enviou é inteiramente merecida!

– Mas o senhor já pagou tudo isso com seus sofrimentos! Ana, Svetomir e eu estamos planejando sua fuga, senão seus inimigos o matarão.

Huss balançou a cabeça negativamente.

– Agradeço a dedicação, meus filhos. Saibam que mesmo que as portas da prisão estivessem abertas – mesmo assim, eu não sairia enquanto não me justificasse diante de todos. Nunca vou trair a verdade para salvar o meu desprezível corpo e não darei aos meus irmãos um mau exemplo fugindo diante do perigo. O que faria depois com a minha vida manchada, desonrada e inútil?

– Mas eles irão entregá-lo a uma horrível morte! Todos o traem e perseguem! – Não agüentou Ana, com lágrimas nos olhos.

– Sei que o imperador me condenou antes mesmo dos meus juízes! Mas, se a minha morte puder servir de exemplo aos irmãos, sacrifico-me de boa vontade.

– Oh! Por que não existe a verdade no mundo? – Gemeu Rugena.

– Será que, alguma vez, a calúnia c a mentira foram perseguidas? Que importância tem a minha morte se Jesus morreu na cruz? E quanto consolo me concede a misericórdia divina! Deus me apóia, envia-me amigos que não se envergonham de nada – como, por exemplo, o senhor Jan de Khlum, que veio aqui apertar a mão do infeliz herege, abandonado e desprezado por todos. Hoje chegaram vocês...

Ele parou, percebendo que Rugena empalidecera e, sem forças, encostara a cabeça no seu ombro.

Desde o primeiro olhar para a condessa Huss ficara impressionado com a terrível mudança que nela ocorrera – sua palidez mortal, o brilho febril dos olhos e aquele ar inexplicável de pessoa envolta pelo sopro da morte. Naquele instante, com os olhos fechados e a boca semi-aberta, Rugena parecia morta – mas estava linda como sempre, de uma beleza etérea e não terrena.

– O malfeitor Brancassis a envenenou e agora nenhum remédio consegue ajudá-la... – Sussurrou apressadamente Ana, molhando a testa e as têmporas de Rugena com água da caneca.

A condessa logo abriu os olhos e, encontrando o olhar de Huss, que refletia claramente preocupação e pena, caiu em prantos.

– Padre Jan! – Exclamou ela, agarrando com ambas as mãos a mão de Huss – O senhor também percebeu que a minha morte está próxima? Sinto que ela já pôs a sua mão gélida sobre mim e tenho medo, tenho muito medo de morrer! Eu quero viver!

O pranto abafou suas palavras. A comiseração tomou conta do coração de Huss.

– Não deve entregar-se a pensamentos negativos e achar que a sua fraqueza passageira é um prenúncio da morte, minha filha! – Disse ele, compadecido, inclinando-se para ela. – A juventude possui uma inesgotável reserva de forças e acredito firmemente que você irá se curar. Além disso, não se deve considerar a morte como um algoz. Ela é um bom gênio que vem do céu para saciar os sofrimentos e levar as nossas almas de volta à sua pátria celestial. A morte é terrível somente aos pecadores cuja alma, comprometida pelos tropeços, aparecerá envergonhada e nua diante do Tribunal Divino. A esses, os portões do paraíso estarão fechados enquanto não pagarem sua culpa com terríveis sofrimentos! Você é jovem, inocente, pura e acredita em Deus; então, não tem que temer o outro mundo onde na porta a estará aguardando seu querido pai. Reze somente com vontade e fé e o Senhor fará tudo para seu bem e sua felicidade.

Nesse instante, a porta entreabriu e ouviu-se a voz do carcereiro:

– O tempo passou, caras senhoras!

– Agora mesmo, bom Roberto, elas já irão sair. – Respondeu Huss, levantando-se.

Virando-se para Ana, ele colocou a mão sobre sua cabeça.

– Adeus, minha filha! Agradeço a sua dedicação, que me serve de doce consolo. Seja firme na vida e permaneça a amada irmã de Rugena.

Ele inclinou-se para ela, abençoou-a e beijou-a na testa. Depois, virou-se para a condessa, que o olhava com lágrimas nos olhos. A amargura da despedida para todo o sempre pesava no coração de Rugena. O pensamento de que estava vendo pela última vez o olhar límpido e bondoso de Huss e de que nunca mais ouviria a voz do amigo tão querido – que desde a infância a apoiara e aconselhara nos momentos difíceis da vida – era insuportável para a jovem condessa. Era como se perdesse novamente um pai. Ela caiu em pranto convulsivo e, abraçando Huss, encostou a cabecinha de cabelos dourados em seu ombro.

O coração de Huss bateu forte. Ele também sofria com a despedida da única mulher que lhe inspirara um sentimento que, mesmo puro e desinteressado, o lembrava de que ele era um ser humano. Naquele instante, a *Natureza*, que controla os mundos e os seres, despertou dentro dele e suas pálidas faces cobriram-se com um leve rubor. O olhar de Huss descansava com amor em Rugena. Depois, num ímpeto, ele abraçou-a e, levantando a sua cabecinha, olhou-a longa e pensativamente, como se quisesse gravar seus traços para sempre na memória.

A vontade férrea já vencera a momentânea fraqueza. Ele encostou os lábios trêmulos na testa de Rugena, recuou um passo para trás e levantou a mão como se a benzesse.

– Agora, vão, minhas filhas! Deus as abençoará, apoiará e aconselhará.

A pálida Ana, também mal se sustentando em pé, pegou Rugena pela mão e levou-a para fora da cela. Svetomir, preocupado com a longa demora de ambas, encontrou-as no corredor – e bem na hora, pois a condessa desmaiou e ele quase não teve tempo de segurá-la.

Quando a liteira tomou o caminho de volta, Ana inclinou-se para Rugena, que estava deitada, inerte.

– Felizarda! – Murmurou ela, com lábios trêmulos. – O Criador a fez para ser amada por todos; até no coração *dele* você ocupou o primeiro lugar.

Ficando só, Huss sentou-se no banco e tapou o rosto com as mãos; a emoção experimentada estava ainda viva dentro dele.

– *Homo sum*. – Murmurou ele, numa mescla de tristeza e de enlevo.

– Seria essa a última provação em vida – perguntava-se ele, involuntariamente – ou uma dádiva de Deus, que lhe enviara aquela mulher moribunda, colhida pela mão criminosa no auge de sua juventude e de sua beleza? – A dedicação que Rugena e Ana haviam demonstrado indo vê-lo na prisão era realmente uma dádiva celestial. A consciência de que tantos corações sofriam por ele servia-lhe de consolo. Deus, sem dúvida, perdoaria seus sentimentos por Rugena, desprovidos de qualquer sombra de egoísmo e envoltos em preocupações pelo bem-estar dela.

Aos poucos, a calma retornava à sua sofrida alma; parecia-lhe que tinha sido cortada a última ligação com a Terra e que ele se livrava da carne e elevava-se nas iluminadas regiões do mundo do *além*.

De repente, lembrou-se da maravilhosa visão que tivera na véspera do casamento de Rugena e cujo sentido tornava-se agora absolutamente claro. A furiosa multidão que fervilhava no abismo, arremessando-lhe pedras e lama, eram os seus inimigos reunidos no concílio; a nuvem flamejante que o elevara era a chama da fogueira que talvez já no dia seguinte consumiria seu corpo. Sim, agora tudo estava claro: ele deveria marcar com o próprio sangue a verdade que pregava. Restava-lhe somente pedir a Deus que o ajudasse nos sofrimentos que viriam.

Então, ajoelhou-se e concentrou-se em fervorosa prece, que imperceptivelmente transformou-se em êxtase. Num impulso beatífico, sua alma elevou-se sobre a crosta terrestre e voou para as longínquas regiões onde reina eternamente a harmonia e onde as almas mergulham na própria fonte da inesgotável misericórdia divina.

Mas o corajoso vôo em direção ao Pai Celestial esgota o espírito humano enquanto sobre ele pesa o rude invólucro carnal e ele acaba caindo de uma altura acima das estrelas, debilitado pela tensão. Ao retornar ao mundo terreno, Huss sentiu ir-se apagando a luminosa claridade do *outro* mundo e à sua volta foram reaparecendo as paredes da prisão, restando somente a paz que o envolvera.

Suspirando profundamente, ele endireitou-se e, tateando – pois a lâmpada já tinha apagado nesse ínterim –, arrastou-se até o seu catre. Repentinamente, sua atenção foi atraída por um leve crepitar e, surpreso, percebeu a alguns passos à sua frente uma nuvem esbranquiçada, crepitando em faíscas, que formava um redemoinho, aumentava e se espalhava, iluminando a cela com uma brilhante e azulada luz, preenchendo o ambiente com um sopro delicado e fresco. Sobre aquele fundo iluminado surgiu gradativamente a figura alta de um homem em trajes clericais bizantinos trazendo nas mãos uma cruz e um Evangelho.

O rosto da aparição era solene e severo, mas seus olhos olhavam com brandura e amor. Toda a imagem era consistente e viva. Esquecendo que o estranho poderia ser somente um visitante do outro mundo, Huss sussurrou:

– Quem é você, respeitável ancião?

Uma voz profunda, como se vinda de longe, ecoou:

– Sou aquele que primeiro trouxe a luz divina do Evangelho à sua pátria e cujos restos descansam em Velegrad. Cada filho desta terra – que é minha filha espiritual – está em meu coração. A você, que está morrendo pela verdade e pela palavra de Deus, vim dizer: seja firme e não tema nem as desgraças terrenas nem os sofrimentos corporais. A passagem para a *nova* vida é dolorosa, mas curta; em compensação, o prêmio é doce. Minha presença e minha prece irão ajudá-lo.

A visão começou a rarear e derreter, desaparecendo finalmente. Huss, entretanto, não viu como se apagou a luz e, em volta, restabeleceu-se a escuridão – ele orava com o rosto no chão, agradecendo a Deus e ao apóstolo de sua nação pela revelação recebida.

Em sua alma não havia mais confusão nem medo; ele sentia-se animado e armado de coragem para a grande e última provação...

Capítulo VIII

No dia 6 de julho, um sábado, o povo se aglomerava desde a manhã em volta do templo de Constança. Ali, ocorreria uma solenidade por certo notável e que por isso reunia grande massa de curiosos – seria proferida a sentença de Huss. A espera justificou-se. Bispos e até simples prelados chegavam em luxuosos trajes; atrás deles, seguiam cardeais vestindo púrpura e montando cavalos ricamente enfeitados, cercados de cavaleiros, pajens e corte clerical. Seguiam-se depois representantes de diversos povos, príncipes, duques e outras personalidades. Por fim, chegou Sigismundo, acompanhado por altos funcionários do Império.

O interior do templo tinha uma aparência solene. Sobre o trono elevado e portando a manta imperial, sentava Sigismundo. À sua volta estavam em pé: o "curfiurista" Ludovico da Baviera – com a *derjava*[1] na mão; o prefeito de Nuremberg, Frederico – com o cetro; o duque Henrique da Baviera – com a coroa; e um magnata húngaro – com a espada.

A multidão de prelados, nobres e cavaleiros em roupagens pomposas e multicoloridas formava uma moldura brilhante e colorida em volta do trono.

---

[1] Derjava*: uma esfera encimada com uma cruz, simbolizando a nação – Nota do tradutor.*

No centro do templo fora construído um palanque de madeira. Em cima dele, num poste, havia uma vestimenta sacerdotal completa.

Durante a missa, os guardas trouxeram Huss, mas o mantiveram perto da entrada, para que a presença do "torpe" herege não contaminasse o sagrado ofício, ao fim do qual o bispo de Lodi subiu ao púlpito. Somente então fizeram o prisioneiro entrar e colocaram-no perto do palanque. Huss caiu de joelhos e rezou em silêncio durante o sermão que versava sobre as palavras do apóstolo Paulo "que se elimine o corpo pecaminoso" e que se destacava pela extraordinária crueldade. O orador convocava o imperador a terminar a sua missão e eliminar, sem piedade, a heresia e os hereges. Depois desse discurso "puramente cristão", o bispo recitou a decisão do concílio convocado e inspirado pelo Espírito Santo – que obrigava a todos os presentes, sob pena de maldição e prisão, a não interromper o silêncio com quaisquer expressões de sentimentos, palavras, aplausos, ou qualquer outro movimento corporal.

Em seguida, levantou-se Henrique Piron, o síndico do concílio, e exigiu, em nome deste, a condenação de Huss e seus ensinamentos.

O infeliz acusado foi então conduzido para cima do palanque e colocado à vista de todos. Começou a leitura do ato de acusação, contendo os artigos criminosos de Wyclif ou outros, extraídos das obras de Huss, assim como os depoimentos de testemunhas, sem esquecer a acusação imbecil de que Huss dizia-se a quarta pessoa da Santíssima Trindade.

Ao ouvir aquela mistura de mentiras, idéias deturpadas e calúnias que transpiravam ódio, o infeliz ficou desesperado, quis protestar, justificar-se. Mas o cardeal Zabarella interrompeu-o e ordenou-lhe severamente que se calasse. Huss, então, ajoelhou-se e começou a orar em voz alta pelos inimigos, entregando o seu destino ao Juiz Celestial, o que provocou nos presentes somente riso e zombaria.

Quando finalmente chegou ao fim a longa lista de acusações, os bispos, designados para realizar a cerimônia de retirar a tonsura de

Huss, propuseram-lhe renunciar aos seus ensinamentos. Ele respondeu humildemente, mas com firmeza, que estaria sempre pronto a renunciar a enganos desde que estes fossem provados pelas Escrituras e que, por se considerar inocente de heresias, comparecera ao concílio acreditando estar protegido pela promessa do imperador de defendê-lo.

Naquele instante, seu olhar dirigiu-se com repreensão a Sigismundo e a tradição conta que o imperador baixou os olhos e corou de vergonha.

Entretanto, alguns historiadores alemães acham que essa tradição é uma invenção e nós concordamos com essa opinião. Sigismundo não era homem de corar diante de traição, ainda mais em relação a um simples e pobre sacerdote que ousara dizer: "Se o rei cometeu um pecado mortal, então diante de Deus ele não é um verdadeiro governante". Do que Sigismundo era capaz mostra a opinião geral de seus contemporâneos sobre ele ter envenenado seu irmão Jan Herlitsky.

Em todo caso, se ele teve dor de consciência, esta não foi suficiente para despertar nele o sentimento de justiça e humanitarismo. Permaneceu sentado em silêncio durante a leitura da sentença injusta e vergonhosa que condenava Huss à perda da tonsura e à fogueira.

A triste cerimônia começou imediatamente. Os bispos vestiram os paramentos clericais em Huss e puseram em suas mãos um cálice como se ele fosse rezar uma missa; em seguida, pela última vez, mandaram-no renunciar. O infeliz, com lágrimas nos olhos, respondeu que a sua consciência não lhe permitia postar-se como mentiroso diante do altar de Deus.

Depois disso, o cálice foi arrancado de suas mãos e retiraram-lhe os paramentos clericais, pronunciando exorcismos. Finalmente, iniciaram a tonsura e discutiram entre si se deviam cortar seus cabelos com navalha ou tesoura. Huss, mais uma vez, dirigiu-se ao imperador:

– Acalme-os, Alteza – disse ele, sorrindo –, pois não conseguem se decidir como concluir a minha vexação!

Por fim, decidiram utilizar a tesoura. Depois disso, colocaram sobre a cabeça de Huss uma carapuça de papel que tinha demônios pintados e na qual estava escrito, em letras garrafais: *Haeresiarcha* (heresiarca).

– O Senhor usou por mim uma coroa de espinhos e, por amor a Ele, ficarei feliz em usar este chapéu vexatório. – Respondeu Huss, humildemente, àquele escárnio.

A cerimônia foi concluída com as palavras do arcebispo de Milão:

– A partir de agora, a Igreja nada tem em comum com você: ela entrega seu corpo ao poder mundano e sua alma – ao diabo!

Conforme o *zertsalo*[2] da Suábia, os hereges deveriam ser entregues às autoridades civis e por isso os bispos dirigiram-se ao imperador.

– O santo concílio de Constança entrega ao poder civil Jan Huss "detonsurado" e expulso da Igreja.

O imperador transmitiu-o a Ludovico, o "curfiursta" da Bavária.

– Caro duque! Pegue este homem e, em meu nome, execute-o conforme deve ser feito com os hereges.

Ludovico, por sua vez, entregou-o aos carrascos:

– Peguem Jan Huss, que – por decisão do nosso todo-misericordioso governante rei de Roma e por minha ordem – deve ser queimado.

Com as mãos amarradas, cercado por quatro guardas, sob uma escolta de 800 homens armados e acompanhado por enorme multidão, Huss dirigiu-se ao local da execução.

Seu rosto magro estava pálido mas tranqüilo e os olhos cheios de

---

[2] Zertsalo: *nome arcaico de coletânea de obras morais, que ditava os costumes a serem seguidos em certas situações – Nota do tradutor.*

fé estavam voltados para o céu. Ele continuou a orar em voz alta e o povo, comovido pela força de seu espírito e por sua beatitude, expressava-lhe abertamente a sua solidariedade:

– Não conhecemos a sua culpa, mas ele reza como um verdadeiro justo.

Quando Huss passava perto do palácio do bispo e viu no quintal uma fogueira acesa que queimava suas obras, somente sorriu: ele sabia que o fogo não iria eliminar as verdades anunciadas por ele.

O local de execução foi escolhido no campo entre o arrabalde e os jardins do castelo de Gottliben. Ao ver a fogueira montada, Huss hesitou. Será que o corpo impotente tremeu antecipando o sofrimento e a destruição? Entretanto, a hesitação durou um único instante: o corajoso espírito do mártir venceu novamente. Ajoelhando-se, ele elevou as mãos amarradas aos céus e disse, com fervor:

– Senhor Jesus, meu Mestre Divino! Por Seu Evangelho, pela verdade que preguei, aceito com alegria e docilmente este sofrimento. Não me deixe nesta grande hora e me ajude até o fim.

Entre os espectadores que presenciavam na igreja a condenação de Huss estavam Ana e Svetomir. Este, sabendo de antemão o que estava sendo preparado para aquele dia, informara tudo a Ana e ambos haviam decidido ir à igreja. Eles nada tinham dito a Rugena. A jovem condessa estava passando muito mal e os amigos resolveram ocultar-lhe inclusive que o destino de seu confessor já estava inexoravelmente decidido.

Svetomir observava com raiva e indignação todos os detalhes da ignóbil paródia de julgamento desempenhada diante deles e que fora coroada por uma condenação injusta. Absorto pelo que acontecia diante de seus olhos, ele momentaneamente se esqueceu de sua acompanhante. Quando, de repente, olhou para Ana, estremeceu diante da ameaçadora e até terrível aparência da moça.

Todo o sangue parecia ter abandonado o rosto de Ana, que estava branco como uma máscara de cera; somente os olhos pareciam vivos e neles refletiam-se alternadamente um indescritível desespero e uma explosão de ódio e desprezo quando seu olhar se dirigia ao clero, que discutia a questão da tonsura do condenado. Naquele instante, Ana estava incrivelmente parecida com seu irmão Jan Zizka: a mesma severidade no olhar e a mesma fria crueldade na expressão da boca. Apesar de sua terrível emoção, ela não despejou uma única lágrima. Quando Huss, entregue aos carrascos, foi levado para fora do templo, ela disse surdamente a Svetomir:

– Vamos atrás dele até o fim.

– Não é melhor voltar para casa, Ana? A visão da execução será demasiadamente terrível para você. – Disse ele, compadecido, inclinando-se para ela.

– Se ele deve suportá-la, então eu também posso pelo menos vê-la e rezar a Deus pelo inocente sofredor. – Respondeu ela, firmemente.

Svetomir não discutiu mais e, pegando-a pela mão, misturou-se na multidão que acompanhava o condenado.

As ondas de massa humana rolavam lentamente e com freqüentes paradas pelas sinuosas ruas da cidade e, ao chegar ao local da execução, espalhavam-se num largo círculo em volta da fogueira.

Svetomir e Ana tentavam energicamente passar para a frente e as fechadas fileiras da multidão abriam-se quase com medo supersticioso diante daquela mulher trajando pesado luto, com um olhar de brilho sombrio. Enquanto eles tentavam alcançar as primeiras fileiras, um monge entrou a cavalo no meio da multidão e começou a abrir caminho sem nenhuma cerimônia. Svetomir aproveitou e seguiu atrás do cavaleiro que abria uma brecha na multidão.

Desse modo eles saíram bem na frente, perto de Huss, que, naquele instante, pensava na última confissão que o povo propunha ao condenado e à qual se opunha um sacerdote de capa verde e brilhante, que gritava:

– Um herege não pode se confessar nem confessar ninguém.

Um outro sacerdote gritava com o mesmo entusiasmo que se

Huss desejava confessar-se então devia antes renunciar à heresia.

A voz tranqüila e clara do condenado soou em resposta:

– Sou inocente de qualquer pecado mortal! E, no momento em que me preparo para aparecer diante do Senhor, não irei pagar meus pecados com um falso juramento.

Não prestando mais atenção aos sacerdotes, Huss pediu permissão para se despedir de seus carcereiros; recebendo a autorização, abraçou-os e beijou-os, agradecendo tanta bondade para com ele. Depois, quis falar algumas palavras ao povo, mas Palatin opôs-se a isso e ordenou que apressassem a execução.

– Senhor Jesus, receba o meu espírito em Suas mãos e perdoe a todos os meus inimigos! – Orava Huss, elevando os olhos para o céu.

A carapuça de papel caiu no chão e um dos soldados vestiu-a nele novamente, exclamando:

– Que ela queime junto com os demônios aos quais você serviu tão bem!

O olhar de Huss, que passava tristemente pelas fileiras da multidão à sua volta, parou de repente em Svetomir e Ana e um sorriso de alegria apareceu em sua face; ele inclinou-lhes a cabeça em sinal de despedida e voltou-se, pois o carrasco e seus ajudantes começaram a arrancar suas roupas.

Prenderam suas mãos nas costas com corda molhada, amarraram-no ao poste e passaram uma corrente untada com fuligem em volta de seu pescoço. Depois, começaram a colocar à sua volta, lenha untada com piche entremeada por tufos de feno. Durante essa preparação lúgubre ele permaneceu calmo; talvez nunca antes o seu espírito heróico esteve tão firme e ao mesmo tempo dócil e cheio de fé.

Evitando olhar para a cruel multidão que exigia que ele fosse colocado de frente para o ocidente – pois, conforme diziam, um herege não pode olhar para o oriente –, Huss olhou para o céu e o seu olhar, de repente, acendeu-se de radiante felicidade.

Por cima da fogueira ele viu a grandiosa imagem do primeiro

mestre da Boêmia; seus profundos e severos olhos olhavam o mártir com amor e, com a cruz que segurava na mão, ele apontava para o céu.

Absorto pela visão, Huss não percebia que havia sido rodeado pela lenha até o pescoço. De repente, a voz de alguém arrancou-o do esquecimento.

Era o grande marechal do Império, conde Pappenheim, que chegara, em nome de Sigismundo, tentando pela última vez convencê-lo a renunciar para salvar a vida.

– Para que o senhor vem constranger a grande paz da minha alma? A nada tenho que renunciar, pois nunca professei nem ensinei as heresias de que me acusaram mentirosamente. Ficarei feliz em marcar com o próprio sangue as verdades evangélicas que ensinei oralmente e por escrito. – Respondeu Huss, com brandura mas firmemente.

Ana acompanhava a execução com os olhos bem abertos e o corpo inteiro tremendo; quando o fogo começou a crepitar, ela balançou e fechou os olhos. Svetomir, imaginando que ela iria desmaiar, abraçou-a para que não caísse. Ana, entretanto, já estava refeita e, com o olhar brilhando febrilmente, olhava para a fogueira quando, naquele instante, ouviu-se das chamas uma voz sonora cantando uma oração. Aquele canto, em meio ao horrível sofrimento, anunciando a vitória do espírito sobre a carne, agiu de forma deprimente sobre a multidão, que estancou, muda de surpresa. Os olhares de todos estavam fixos sobre a coluna de fumaça e fogo de onde não se ouviam nem gemidos, nem lamentos, nem gritos. Somente a melódica invocação ao Pai celestial.[3]

De repente, a voz do mártir calou-se – a fumaça soprou sobre o seu rosto. Durante um certo tempo dava para ver que seus lábios se mexiam, em seguida a cabeça pendeu sem vida.

---

[3] *Alguns historiadores afirmam que ele cantava um canto litúrgico, o* Kyrie Eleison – *Nota da editora.*

Ana caiu de joelhos e tapou o rosto com as mãos.

– Vamos embora, está tudo acabado. – Sussurrou Svetomir, tentando levantá-la.

Ana, imediatamente, levantou-se sozinha em silêncio e, de cabeça baixa, seguiu seu acompanhante; pelo rosto másculo de Svetomir caíam lágrimas.

– Um sopro de vento salvador pôs um fim aos seus sofrimentos. – Disse ele, com voz surda e emocionada quando eles saíram da multidão.

Ana parou e apertou firmemente a sua mão.

– Sim, aquele sopro de vento nesta calmaria foi um verdadeiro milagre... – Sussurrou ela, com lábios trêmulos. – Um enviado celestial veio para resgatar a alma da vítima dessa revoltante mentira. No momento em que Huss cantava, eu vi acima da fogueira um solene ancião com uma cruz na mão e um anjo de luz; e foi esse anjo que, com o agitar de suas poderosas asas, jogou fumaça sobre o rosto do bem-aventurado mártir e depois recebeu a sua alma.

Svetomir estremeceu e persignou-se, não duvidando nem por um instante da veracidade da visão de sua companheira.

Tendo ficado sozinha em casa, pois o conde Hinek estava ausente, Rugena repentinamente foi tomada por uma grande ansiedade e não conseguia se acalmar.

A fiel Iitka tentava sem sucesso distraí-la; dizia que logo chegaria o conde Vok, convidava-a para descer ao jardim ou ir dormir, mas nada funcionava. Nem no jardim, nem na cama, a condessa encontrava paz. Quanto à chegada do marido, ela respondia, com impaciência, que Vok demoraria a chegar e que, em sua última carta, ele queixara-se de não conseguir receber a dispensa.

Por fim, Rugena sentou-se junto à janela aberta e cochilou; sentada a seus pés, Iitka olhava o rosto pálido e emagrecido de sua pupila e engolia as lágrimas.

De repente, Rugena endireitou-se e olhou fixamente para o

nada, como se visse diante de si algo terrível. Seus lábios entreabriram-se e os braços esticaram-se como se implorassem por algo. A velha aia olhou-a com horror.

– Fogo! Fogo! E no meio das chamas arde o padre Jan! – Pronunciou a condessa, com a voz embargada, levando uma mão ao peito.

– Você está delirando, minha querida! Não há nada no jardim! – Disse Iitka, com voz trêmula.

– É ele! Vejo que ele está queimando, amarrado ao poste... – Sussurrou Rugena, caindo sobre o espaldar da poltrona e desmaiando.

Naquele instante, alguns cavaleiros com capas empoeiradas e cavalos fatigados e cobertos de espuma pararam diante da casa. Era Vok que chegava com o seu séquito. Apeando do cavalo, ele começou a bater com impaciência no portão da casa, mas teve de esperar muito para que abrissem, pois quase toda a criadagem da casa tinha ido assistir à execução.

Irritado, o jovem conde continuou a bater incessantemente no portão até que este finalmente foi aberto por uma velha criada que balbuciava desculpas das quais ele somente entendeu que seu pai não se encontrava em casa. Ordenando que o seu séquito fosse alojado e alimentado, ele mandou que o conduzissem aos aposentos da esposa.

Rugena estava desmaiada na poltrona e Iitka massageava suas mãos e seu rosto com ervas aromáticas. Naquele instante a porta se abriu, Vok entrou e parou como uma estátua. Olhou para a esposa com mudo horror, depois correu para ela, caiu de joelhos e apertou junto ao seu peito o frágil e imóvel corpo, cobrindo de beijos seu rosto e suas mãos.

– Ela morreu! Morreu! Cheguei tarde demais! – Murmurava ele, com lágrimas na voz.

– Mas não, meu bom senhor, ela somente perdeu os sentidos! E agora que o senhor chegou, com a graça de Deus, tudo irá melhorar! – Exclamou Iitka, beijando a mão de Vok, com lágrimas de felicidade nos olhos.

Ela contou-lhe que o desmaio fora provocado por uma horrível visão e Vok sentiu como se um enorme peso caísse de seus ombros. Todavia, a terrível mudança na aparência da esposa deixou-o muito preocupado.

Quando Rugena abriu os olhos e reconheceu o marido inclinado sobre ela, sorriu e ficou ruborizada. Percebendo as lágrimas nos olhos e a tristeza no rosto do alegre e pândego Vok, ela abraçou seu pescoço e encostou a cabeça em seu peito.

– Você está chorando a nossa próxima despedida? – Sussurrou ela. – Então você me ama e tem pena de mim?

– Se eu a amo? – Retrucou Vok, abraçando a esposa apaixonadamente. – Não me fale de separação! Você vai sarar, pois eu desejo isso! – E, dominando a própria emoção, começou a falar de outra coisa.

Esse dia, entretanto, ainda guardava muitas notícias ruins para o jovem conde. Seu pai, Svetomir e Ana retornaram e contaram-lhe os detalhes do ignóbil julgamento de Huss e de sua terrível morte.

Vok lamentou profundamente a própria chegada tardia que o privara da possibilidade de ver pela última vez o amigo que tanto respeitava.

À noite, quando Rugena foi dormir, os condes e Svetomir reuniram-se no quarto de Hinek para discutir os acontecimentos do dia. Broda, ao retornar mais tarde, contou-lhes alguns episódios que os indignaram profundamente.

Querendo guardar um pouco das cinzas do santo mártir, ele permanecera no local da execução e fora testemunha de um espetáculo repugnante. Quando a lenha queimara e aparecera o corpo carbonizado do executado, os carrascos haviam derrubado o poste junto com o cadáver e começado a cortá-lo em pedaços. Tinham quebrado o crânio e acendido uma nova fogueira para eliminar mais rapidamente os restos do infeliz. O coração do mártir, que não fora atingido, os bárbaros inicialmente haviam chicoteado com varas, depois furado e assado. Até as roupas de Huss haviam sido queimadas por ordem de Palatino; as cinzas, os carvões e tudo o que restara haviam sido jogados no rio Reno.

Vok, o velho conde, Svetomir e Broda decidiram ir, naquela mesma noite, até o local de execução e pegar de lá pelo menos um punhado da terra consagrada pelo sangue do mártir, para levá-lo a Boêmia.

Eles conseguiram seu intento e puderam guardar aquela recordação tão cara para eles antes que os insaciáveis inimigos de Huss, zombando da sagrada memória do grande defensor da verdade, tivessem enterrado carniça naquele mesmo local.

Capítulo IX

Nos primeiros dias de sua chegada, Vok ficou envolvido em duas circunstâncias: a primeira foi a partida do conde Hinek de Constança, motivada pelas notícias que ele próprio havia trazido e que exigiam a volta do velho Valdstein à pátria; a segunda circunstância foi a inesperada melhora na saúde de Rugena.

A forte vontade do marido pareceu tê-la preenchido com uma torrente de nova vida; ela recuperou as forças, as faces ficaram mais róseas e os olhos voltaram a brilhar. Vok não cabia em si de felicidade; Ana e Svetomir também se animaram. Somente doutor Benelli permanecia sombrio, observando a paciente com preocupação.

Nesses dias alegres e cheios de esperança, estabeleceu-se entre o casal uma afeição mais calorosa e completa. Vok dedicou-se inteiramente à esposa, como se esquecesse a diversão e as tentações que abundavam em Constança. Comovida e feliz com tal mudança, Rugena, vendo nos olhos do marido aquele amor profundo de entrega total pelo qual ansiara por todo o seu tempo de casada, não sabia como lhe expressar seu reconhecimento.

Mas uma nova recaída em seu estado de saúde outra vez levou todos ao desânimo. Certo dia, durante uma alegre conversa, Rugena sofreu um desmaio que durou algumas horas e, a partir daí, sua saúde começou a piorar rapidamente. Ela se desvanecia como cera e não havia mais esperanças – aproximava-se o fim.

Arrancado de seus sonhos de felicidade, Vok perdeu o controle e, por sua natureza impulsiva, ora ficava completamente desesperado e sombriamente apático, ora explodia em fúria enlouquecida. Rugena sofria com tais mudanças que aguçavam ainda mais a amargura de despedir-se da vida. Ela procurava apoio na fé e na prece e tentava carinhosamente dirigir a fogosa alma do marido para a fonte divina da qual a humanidade obtém paciência, humildade e esperança.

Setembro chegou. Certo dia, de manhã, Rugena sentia-se melhor e quis respirar ar puro. Vok levou-a ao jardim, onde logo chegou Svetomir, que passava diariamente algumas horas junto ao leito de sua amiga de infância, distraindo-a com as novidades da cidade.

Dessa vez, durante a conversa, ele observou ter ouvido comentários dando conta de que Jerônimo estava sofrendo muito na prisão e que até adoecera. Vok olhou preocupado para a esposa, em cujo rosto apareceram preocupação e profunda pena.

– Deus queira que o infeliz morra antes que seus inimigos o submetam à mesma terrível execução do padre Jan. – Disse Rugena. – Se algum de vocês tiver a oportunidade de ver Jerônimo, transmita-lhe o meu último *desculpe* e a promessa de que rezarei para que o Senhor dirija-o e ajude-o na difícil provação. – Acrescentou ela, após um momento de silêncio.

Depois dessas palavras, Vok passou o dia inteiro preocupado e pensativo. A emoção de Rugena, ao ser citado o nome de Jerônimo, despertara nele um ciúme passageiro que mudara rapidamente para um sentimento mais nobre e magnânimo. Durante as horas difíceis, quando a torturante dor da próxima separação superava todos os outros sentimentos, Vok criticava-se amargamente pelas loucuras passadas e pelo tempo que perdera com mulheres decaídas. Naquele dia, ele dizia para si mesmo, envergonhado, que se não tivesse sido tão devasso, se não tivesse abandonado Rugena e ofendido seu legítimo orgulho, a atração infantil da esposa por Jerônimo nunca se teria transformado em amor.

À noite, a sós com Rugena no quarto, Vok sentou-se na poltrona à cabeceira da cama e, inclinando-se para ela, perguntou de repente:

– Você gostaria de ver Jerônimo uma última vez, se ele for condenado à morte? Quanto à sua doença, estou absolutamente convencido de que você irá sarar. E acho que você não deveria ter tais pensamentos ruins.

Ela olhou-o com surpresa e um sorriso triste iluminou seu rosto.

– Vamos esperar que eu esteja errada sobre a minha saúde, mas não quero ver Jerônimo, pois isso será muito difícil para você! Agradeço a sua magnânima proposta, mas não desejo obscurecer a nossa felicidade que, receio, será demasiadamente curta.

Vendo os olhos do marido encherem-se de lágrimas e seus lábios tremerem, Rugena atraiu-o carinhosamente para si e beijou-o.

– Não vamos falar do passado do qual me envergonho... – Sussurrou ela.

– Eu é que devo envergonhar-me do passado e não você! Não pense, Rugena, que tive ciúme imbecil do infeliz Jerônimo. Seria perfeitamente natural se você quisesse vê-lo para dizer algumas palavras de solidariedade a esse destacado homem que foi o herói dos seus sonhos de infância e cuja magnânima renúncia a você me inspira somente respeito e agradecimento.

– É verdade que Jerônimo desempenhou na minha vida o papel de uma grande tentação – e bendito seja o mestre Jan que, com mão paternal, afastou-a. Apesar disso, não nego que seu destino me interessa muito e que, se ele estivesse em liberdade, eu iria, sim, querer me despedir dele. Contudo, sua rigorosa prisão impede isso. Assim sendo, imploro-lhe, Vok, se você me ama, desista dessa loucura que pode prejudicar-nos sem nenhuma necessidade.

O conde nada respondeu, mas, em pensamento, decidiu ver Jerônimo e trazê-lo para sua casa por uma ou duas horas, se isso fosse humanamente possível. Ele queria, de qualquer forma, dar à esposa essa demonstração de confiança e amor.

Dois dias depois dessa conversa, Vok, enrolado numa capa preta e com um largo chapéu na cabeça, dirigiu-se à noite ao cemitério de São Paulo, junto ao qual estava a torre da prisão de Jerônimo. O ouro generosamente distribuído abriu o caminho ao conde; o carcereiro já o aguardava e conduziu-o imediatamente para dentro.

Assim que a porta se abriu, um sopro de ar frio, úmido e fedorento bateu-lhe no rosto e pelo corpo de Vok correu um tremor de repugnância. Quando eles entraram na casamata escura e contaminada por miasmas, onde há seis meses penava seu infeliz amigo, uma indescritível pena tomou conta da alma de Vok.

Despertado pela repentina luz da lanterna, Jerônimo levantou-se em seu catre e olhou, surpreso, o visitante que não reconheceu à primeira vista.

Ao sinal do conde o carcereiro saiu. Então Vok tirou a capa e estendeu os braços ao prisioneiro que os agarrou, feliz.

– Vok! Com que milagre você conseguiu chegar até aqui? Sou vigiado atentamente como se fosse um perigosíssimo criminoso. – Disse ele, emocionado.

– A boa vontade e o ouro abrem qualquer cadeado... – Respondeu Vok, puxando um banco e sentando-se. – Como você consegue viver nesta cloaca? Pobre Jerônimo! Estou aqui há menos de dez minutos e já me sinto sufocado!

– Oh! O ser humano é um animal resistente! Um búfalo no meu lugar já teria morrido há muito tempo enquanto eu, como vê, ainda estou vivo mesmo com as pernas cobertas de úlceras que acredito serem incuráveis... Estou apodrecendo vivo... – Notava-se uma profunda amargura na voz de Jerônimo.

Depois, ele contou as terríveis torturas a que fora submetido no início de sua prisão, quando chegara a pensar que iria enlouquecer. Sua saúde, sempre tão resistente, em poucos dias havia sido destruída e ele estivera por um fio, à beira da morte. A conversa passou a versar sobre o cruel e injusto processo que tramitava contra ele e o ódio insaciável de Estéfano Paletch e Miguel *de Causis*, que queriam eliminá-lo da mesma forma como haviam eliminado Huss.

– Bem, chega de falar de mim. – Disse Jerônimo, depois de um pequeno silêncio. – Conte-me as novidades do mundo lá fora. O que fazem seu pai e a condessa?

– Rugena está morrendo... – Disse Vok, ficando sombrio e baixando a cabeça. – Vim lhe contar sobre isso.

Um grito surdo escapou de Jerônimo e ele olhou o conde com horror.

– Vok! Você deve estar brincando! Uma mulher jovem, linda e cheia de vida está morrendo? Mas por quê? – Balbuciou ele.

– É a triste verdade. – Respondeu o conde e, ao descrever o crime de Brancassis, cujas conseqüências nenhum remédio poderia impedir, em sua voz soavam a tristeza e a raiva.

Jerônimo ouviu-o, respirando fundo e tremendo com todo o corpo.

– Meu Deus! Quando terão um fim as maldades desse patife? Quando a mão de Deus irá abatê-lo? – Gemeu ele, indignado.

– Pois é. Esta longa espera por vezes nos obriga a duvidar da justiça divina... – Sorriu Vok, amargamente. – Na verdade, Jerônimo, o principal objetivo da minha visita é combinarmos como tirá-lo daqui numa noite por, pelo menos, uma hora. Sei que Rugena gostaria de vê-lo para se despedir de você e farei de tudo para lhe oferecer esse minuto de felicidade! Agora, vendo em que situação você se encontra, e após conversar com seus carcereiros, percebo que os meus sonhos evaporaram-se.

Jerônimo permaneceu calado. Apertando a cabeça com as mãos, ele mergulhou em pensamentos, aparentemente agitados, pois seu rosto pálido e magro cobriu-se de um febril rubor e, nos cansados e apagados olhos, acendeu-se a outrora firme vontade.

– Vou conseguir, a qualquer preço, essa hora para o encontro que você me propõe e que é valiosíssimo para mim. – Disse ele, decidido. – Já achei o meio: vou renunciar e me submeter ao concílio.

– Seu louco! Você, Jerônimo, amigo e correligionário de Huss, vai renunciar às verdades que ele professou? Você manchará o próprio nome e dará um pernicioso exemplo com essa renúncia! – Exclamou Vok, indignado.

Um sorriso enigmático passou pelo rosto do prisioneiro e seus olhos brilharam. Naquele momento, ele voltou a ser o antigo Jerônimo: corajoso e ousado, não se detendo diante de nada.

– Calma, Vok! Eu conseguirei pagar essa fraqueza mais tarde e pagarei com a vida por essa hora de liberdade, mas preciso ver Rugena! Você entenderá, e espero que me desculpe por ter-lhe confessado que a amei como a nenhuma outra mulher na vida, mas com um sentimento diferente, que somente ela conseguiu me passar...

– Nada tenho a lhe perdoar. Eu, infelizmente, percebi tarde demais o tesouro que Deus me concedeu e ao qual você teve suficiente coragem para renunciar! E não será diante do leito de morte do pobre anjo, ao qual ambos amamos, que ficarei enciumado. – Respondeu Vok, triste e abatido. – Faça o que lhe ditar o coração. Acredito em você, Jerônimo, e sei que saberá defender a sua honra! Broda e Svetomir entrarão em contato com o seu carcereiro e, se você conseguir ficar em liberdade por algumas horas antes da morte de Rugena, que está extremamente fraca, um deles virá buscá-lo.

Acertando mais alguns detalhes, os amigos separaram-se, emocionados e tristes.

Passados alguns dias, correu pela cidade a notícia de que Jerônimo de Praga, cedendo às insistências dos cardeais, renunciara aos seus "enganos professados" e até assinara um ato no qual reconhecera todas as decisões do concílio e a ele submetera-se.

Na verdade, mesmo tendo criticado os artigos de Wyclif pregados por Huss, Jerônimo acabou fazendo algumas omissões que comprovam o que custou ao infeliz a sua decisão. Assim, ele continuou a afirmar que ambos pregavam muitas verdades sagradas e que sempre gostara de Huss; notava-se claramente que, ao criticar "os enganos" do amigo, mantinha um sincero respeito por sua pessoa.

Entretanto, apesar dessas omissões, o concílio parecia estar completamente satisfeito com a vitória e a submissão do famoso sábio. Então, em 23 de setembro, quando Jerônimo repetiu solenemente a sua renúncia em audiência pública, declarando que nunca mais iria professar aquilo a que renunciara, sua situação foi um pouco abrandada: a vigilância sobre ele diminuiu e correu o boato de que iriam pô-lo em liberdade.

Mas Jerônimo passava por um momento difícil. Sua orgulhosa alma torturava-se e sofria sob o jugo da humilhação de ter renunciado publicamente ao motivo de sua vida. Seu coração sofria com os entraves e as infindáveis dificuldades para obter aquelas poucas horas de liberdade que lhe custavam tão caro... O temor e o desespero corroíam-no por dentro ao pensar que seu sacrifício poderia ser em vão e que o olhar – onde certa vez lera tanto amor – e os adorados lábios de Rugena – que o haviam inebriado com suas palavras – poderiam fechar-se para sempre antes que ele conseguisse, pela última vez, ver aqueles olhos cintilantes e ouvir o último "adeus".

Svetomir e Broda visitaram-no e disseram que Rugena estava definhando rapidamente. A tortura espiritual do infeliz atingiu seu apogeu quando, numa noite no final de setembro, Svetomir entrou na sua cela, acompanhado pelo carcereiro que trazia um embrulho. O amigo de infância de Rugena estava pálido e nitidamente emocionado.

– Trouxe-lhe um traje, mestre Jerônimo! Vista-se rapidamente e acompanhe-me! Este bom homem irá deixá-lo sair.

– Sim! Este senhor cavaleiro tentou-me com uma quantia de dinheiro que, para um pobre como eu, representa uma herança. Mas me prometa, mestre Jerônimo, que vai voltar! Mesmo que já falem sobre a sua libertação, não ouso libertá-lo e posso pagar com a vida por esta minha fraqueza. Não acabe comigo, minha pobre mulher e meus seis filhos! – Implorou o carcereiro.

– Dê-me sua espada, Svetomir. – Disse Jerônimo. E continuou, pondo a mão sobre o cabo da espada em forma de cruz: – Pelo sinal de nossa redenção, que é sagrado para mim, juro retornar à prisão antes do amanhecer. E que a ira de Deus recaia sobre mim se eu faltar à minha palavra!

O carcereiro, mais calmo, ajudou-o a vestir o traje de veludo negro e enrolou-o numa larga capa com capuz que cobria o seu rosto. Depois conduziu Jerônimo e Svetomir para fora e disse que iria aguardar no portão a volta do prisioneiro.

Vendo-se em liberdade, Jerônimo encheu o peito com o fresco e aromático ar noturno. Após tantos meses passados na escura e fedorenta prisão, sua cabeça começou a girar e ele balançou.

Superando energicamente a fraqueza e o sofrimento que lhe causavam as pernas doentes, ele caminhou rapidamente ao lado de Svetomir, agradecendo-lhe o favor prestado.

– Era extremamente necessário tirá-lo daquele buraco hoje, senão você não veria Rugena. Vok disse que ela deseja ver todos os amigos pela última vez.

– O que você está dizendo? A condessa está tão mal? – Perguntou Jerônimo, estremecendo.

– Infelizmente, sim! Hoje pela manhã, o médico disse a Vok que ela não passaria desta noite. O pobre conde está agindo como um demente. Apesar disso, lembrou de você e pediu-me para trazê-lo de qualquer maneira. – Respondeu baixinho Svetomir e, cerrando os punhos, amaldiçoou Brancassis, desejando fazer com o assassino traiçoeiro o que fora feito com Hilário.

Jerônimo não sabia da morte de Hilário, e Svetomir, com especial satisfação, começou a contar-lhe todos os detalhes do enforcamento do imprestável monge.

Naquele dia, pela manhã, Benelli achara por bem avisar Vok de que a condessa só tinha algumas horas de vida. Mesmo que esse final infeliz já estivesse previsto, a notícia do inevitável fim caíra sobre Vok como um raio e ele não tivera forças para conter sua explosão de infelicidade. Entretanto, essa fraqueza fora passageira: ele imediatamente convencera-se de que era sua obrigação não perturbar os últimos momentos da moribunda; pelo contrário, ele deveria, isso sim, cercá-la de atenção e paz. Então lembrara-se, por acaso, de Jerônimo e pedira a Svetomir que o trouxesse a qualquer preço.

Depois, ele sentara-se à cabeceira de Rugena decidido a não deixá-la nem por um instante até o fim.

Após um profundo e pesado sono, a jovem condessa acordara terrivelmente fraca; a essa fraqueza juntara-se depois uma sensação estranha e pesada, nunca antes sentida. Um frio percorrera suas veias, fazendo-a tremer. Parecera, a Rugena, que algo se rasgava em todo o seu ser; por instantes sentira libertar-se do corpo e, então, uma negra cortina cobrira momentaneamente sua visão. "A morte se aproxima", pensara ela, tristemente.

Rugena quisera contar a Vok o que sentia, mas, ao ver o temeroso e desesperado olhar do marido, desistira. Ela fechara os olhos e começara a rezar pedindo a Deus que amenizasse sua iminente e difícil passagem para a outra vida, invocando, com toda a sua alma, seu querido pai e o adorado amigo Huss, para que a recebessem à entrada do insondável e terrível outro mundo... A prece devolvera-lhe a calma, e o resto do dia passara sem maiores problemas.

A noite chegou. Rugena, dominada por um temor crescente, começou a agitar-se no leito. Ana e Vok observavam, com desespero, a expressão de sofrimento do rosto quase transparente da paciente e os movimentos bruscos de suas mãos pelo cobertor. Perto das 23h30, esse estado agravou-se.

– Levantem-me... Estou sufocando... – Balbuciou ela, tentando sentar-se.

Ana trouxe imediatamente um largo traje de seda noturno e vestiu-a. Vok tomou Rugena nos braços como a uma criança, colocou-a numa poltrona e cercou-a de almofadas enquanto Iitka cobriu-a com cobertor.

– Sente-se melhor, querida? – Perguntou Vok, ajoelhando-se diante dela e amparando a esposa, cuja cabeça caía sem forças sobre seu ombro.

– Sim... – Respondeu Rugena, fracamente. – Mas onde está Svetomir? Por que ele não veio hoje? Chame-o... Chame também o Broda... Quero me despedir de todos.

– Svetomir já vai chegar e pode ser que traga mais alguém que você vai gostar de ver. Vá, querida Ana, e ordene que Broda venha para cá assim que Svetomir chegar com seu acompanhante.

Os olhos de Rugena brilharam de alegria e, a todo instante, dirigiam-se para a porta de entrada. Não precisou esperar muito: dez minutos depois, soaram passos no quarto vizinho e entrou Ana, seguida por Jerônimo, Svetomir e Broda.

No quarto de Broda, Jerônimo pôs em ordem o seu traje e o seu rosto pálido e magro aparentava ainda mais sofrimento. Ao entrar no quarto, ele estancou, abismado: nunca teria imaginado a terrível mudança que ocorrera com Rugena e as palavras não lhe saíam. Recobrando-se rapidamente, ele aproximou-se da paciente, ajoelhou-se e, em silêncio, levou aos lábios a sua magra e pálida mão.

Rugena também olhava para ele, espantada.

– Meu Deus! Como o senhor deve ter sofrido, mestre Jerônimo... – Sussurrou ela. – Mas... o que se há se fazer? Estou muito feliz em vê-lo pela última vez.

Sentindo suas lágrimas na mão, ela libertou-a delicadamente e carinhosamente passou-a pela cabeça inclinada diante dela.

– Não chore, Jerônimo! A infelicidade de Vok e a sua tornam a minha morte ainda mais pesada e afastam a grande felicidade que Deus me enviou de juntar ao meu redor todos os que me são tão caros...

A fraqueza não deixou que ela terminasse a frase; ela fechou os olhos. Vok e Jerônimo soltaram um grito ao mesmo tempo. Ao ouvi-los, Rugena, com um esforço da vontade, venceu a fraqueza e endireitou-se.

– Isso não foi nada! Uma pequena fraqueza que já passou... – Sussurrou ela, em tom de desculpas. – Aproximem-se... Ana, Svetomir, Broda... Eu quero me despedir de vocês.

Amparada por Vok e Jerônimo, ela abraçou seus amigos de infância e agradeceu a Broda por sua imutável e abnegada fidelidade. Depois, beijou Jerônimo na testa e lançou-lhe um longo olhar de amor e despedida. Vok apertou-a convulsivamente contra o peito e, não conseguindo mais se segurar, cobriu-a de beijos e lágrimas amargas. A coragem abandonou Rugena de vez e ela, com surdo pranto, desfaleceu nos braços do marido.

O conde estremeceu e ficou ouvindo, temeroso, se ela ainda respirava. De repente, Rugena endireitou-se e levantou-se; seus olhos bem abertos dirigidos para o nada brilhavam de felicidade e emoção. Vok voltou-se, involuntariamente, para onde Rugena olhava e estancou, estupefato.

No fundo do quarto, iluminado por um círculo de uma ofuscante e azulada luz estava... Jan Huss. Ele vestia as mesmas roupas do dia de sua execução, mas em vez de negro, seu traje era alvo e cintilava à sua volta e nas dobras. Seu rosto, rejuvenescido e belíssimo, respirava paz, e seus olhos, profundos e brilhantes, olhavam com infinito carinho para Rugena.

A visão, leve como névoa e completamente real, aproximava-se da moribunda, chamando-a ao mesmo tempo com a mão e com o sorriso.

– Padre Jan! Você veio me buscar? Estou pronta! – Sussurrou Rugena e moveu-se em sua direção.

Naquele instante, a visão desapareceu e o corpo de Rugena caiu pesadamente no chão...

Por alguns instantes o quarto ficou num silêncio mortal. Todos viram e reconheceram o amigo que lhes acabara de dar uma brilhante prova de que as amizades terrenas permanecem também no "outro" mundo...

Mas, por mais respeitado e caro que lhes fosse o misterioso visitante, sua aparição deixou-os em pânico e aterrorizados.

Jerônimo foi o primeiro a se recompor: persignando-se, ele olhou em volta sem saber o que fazer. Ana estava de joelhos e parecia não ver nada do que se passava ao seu redor; em seus olhos ardia uma estranha e fantástica excitação. Vok caiu na poltrona e desmaiou. Ele desconhecia o medo quando se tratava de pessoas vivas, mas seus nervos não agüentaram a aparição. Quando Jerônimo resolveu ajudá-lo, Svetomir e Broda, refeitos do susto, já estavam levantando o conde. Então, o discípulo de Huss inclinou-se para Rugena. Vendo que ela estava morta, pegou nos braços seu corpo ainda quente e, apertando-o contra o peito, colocou-o cuidadosamente na cama, fechou-lhe os olhos e cobriu-lhe os pés com um cobertor.

Inclinado sobre o corpo, com os olhos cheios de lágrimas, Jerônimo ficou admirando por muito tempo o maravilhoso rosto da falecida no qual permanecera a expressão de surpresa e felicidade. Depois, ajoelhou-se e começou a orar fervorosamente.

Vok voltou a si rapidamente. No primeiro momento, a vergonha por ter sido acometido por uma fraqueza puramente feminina superou todos os outros sentimentos. Mas a consciência da perda que acabara de suportar tomou conta dele de imediato e sua terrível tensão nervosa explodiu em pranto convulsivo.

Jerônimo parecia calmo externamente. Após conversar um pouco com Svetomir e Broda sobre a estranha visão, ele quis voltar para a cadeia, pois sentia necessidade de ficar só.

– O meu caro carcereiro ficará feliz em me ver de volta e eu preciso ficar sozinho para meditar e orar. – Disse ele, com voz cansada.

Dispensando a companhia de Svetomir e Broda, pois conhecia o caminho de volta, Jerônimo pediu somente que lhe dessem uma espada.

Despediu-se mais uma vez da falecida, abraçou os amigos

agradecendo o inestimável favor que lhe haviam prestado e apertou a mão de Ana, que estava parada em silêncio num canto, pálida e com o olhar errante, como se tivesse despertado de um sonho. Em seguida, Jerônimo enrolou-se na capa e saiu com Broda, que o acompanhou até o portão.

Uma semana mais tarde, um cortejo fúnebre deixava Constança. Sobre a carroça puxada por um par de cavalos ia um pesado caixão de carvalho com o corpo de Rugena, cuidadosamente embalsamado pelo doutor Benelli; atrás iam a cavalo Vok, Ana, Broda e Svetomir, que acompanharia os amigos até a primeira parada e depois voltaria para a cidade. Chegando lá, os amigos despediram-se fraternalmente e o séquito seguiu adiante.

Pela dificuldade do trajeto, era preciso ir devagar e a viagem transcorria muito lentamente. Aquela dura inatividade e a constante visão do caixão inflamavam a ferida no coração de Vok e agiam deprimentemente sobre a natureza nervosa e agitada do conde.

Sombrio e abatido, há dias ele viajava calado. Broda, que o observava, verificou que se tal situação continuasse, Vok sem dúvida adoeceria pelo caminho. Numa das paradas para pernoitar em uma estalagem, Broda começou a conversar com o conde, tentando convencê-lo a se apressar para chegar a Praga, onde certamente tinham lugar, naquele momento, importantes acontecimentos políticos.

– Senhor Vok, sua cabeça e sua espada podem ser necessárias por lá, enquanto por aqui o senhor em nada pode ajudar.

– Isso provavelmente é verdade, Broda, mas como posso deixar os restos mortais tão caros para mim sem acompanhá-los até o túmulo? – Observou o conde, tristemente.

– A senhora Rugena era um anjo – senão o santo mártir não teria vindo do céu para buscá-la –, e os anjos não dão valor aos costumes terrenos. – Disse Broda, num tom convincente. – De qualquer forma, ela vê o seu coração e a sua solidariedade. A honra de acompanhar seu corpo, o senhor pode deixar sob a minha comprovada fidelidade.

Todos os outros argumentos do conde também foram refutados. Então eles combinaram que, no dia seguinte, Vok seguiria adiante com alguns homens e levaria consigo Ana, se ela assim o quisesse; Broda, com o resto do séquito, ficaria para levar o corpo e a bagagem. Ana, entretanto, não quis viajar com o conde, preferindo acompanhar a falecida.

– É melhor eu ficar com Rugena! Não tenho pressa de chegar a Praga, que se esvaziou de tudo o que amei. Se for consigo, conde, eu só iria atrapalhar. – Replicou ela.

Capítulo X

Depois de uma rápida viagem, dando aos homens e cavalos um mínimo de descanso, Vok chegou finalmente a Praga. Aquela louca e cansativa corrida distraíra seus pensamentos da infelicidade que o assolara e de algum modo devolvera-lhe um certo equilíbrio mental. Para calar de vez a dor da sangrenta ferida com o trabalho, o jovem conde mergulhou de cabeça no redemoinho da atividade política que, na época, havia tomado conta de seus compatriotas.

Chegou à pátria bem a tempo. Nunca antes as mentes haviam estado tão exaltadas e já se ouvia o primeiro trovejar da tempestade popular que iria se desencadear quatro anos depois.

Quando Vok chegou, o conde Hinek não estava em Praga. Evitando a casa vazia, onde cada objeto lembrava-lhe Rugena, naquela mesma noite o jovem conde foi à casa de Milota Nakhodsky. Marga e o marido receberam-no, como sempre, de braços abertos e a notícia da tragédia que o acometera provocou em ambos lágrimas de solidariedade. Percebendo como era difícil para Vok falar sobre a esposa falecida, Milota mudou o assunto da conversa para outro tema e começou a perguntar sobre os detalhes do martírio de Huss e o destino de Jerônimo.

– Muito provavelmente ele vai parar na fogueira como o mestre Jan. Os abutres do concílio e os traidores tchecos estão descontando neles o golpe que aplicamos nos alemães em 1409. – Respondeu Vok, tristemente, e começou a descrever em detalhes o revoltante julgamento e a morte heróica de Huss.

– Vejo que estávamos certos ao considerá-lo um santo. Ainda bem que o povo por aqui vingou com justiça a sua execução. – Observou Milota, que ouvia atentamente o conde.

– Ainda não sei o que aconteceu, mas, na minha opinião, qualquer violência contra os padres sem-vergonha, que somente denigrem a classe com sua indignidade, é uma causa justa e santa!

– Nesse caso, você ficaria satisfeito se visse o que aconteceu por aqui quando chegou a notícia da morte de Huss. – Interferiu Marga.

– Mas me contem! Contem o que aconteceu por aqui! Cheguei hoje pela manhã e ainda não sei de nada.

– Deus do céu, aqueles foram dias terríveis! – Começou Marga, estremecendo só de lembrar. – A cidade inteira agitou-se; o povo saía em massa para as ruas e, em altos brados, acusava o clero como o principal culpado da injusta condenação do adorado pregador e da desonra resultante disso que caiu como uma mancha sobre toda a Boêmia. Mas não ficaram somente nas palavras. A turba exaltada caiu sobre as casas dos sacerdotes, inimigos declarados do mestre Jan, e fez por lá muitos estragos...

– Fui testemunha do terrível espetáculo. – Disse Milota, interrompendo a esposa. Depois, sorrindo, continuou: – Marga tinha medo de sair de casa para não cair no empurra-empurra. Muitas pessoas do clero fugiram da cidade, e os que não foram tão previdentes sofreram muito: suas casas foram saqueadas e até incendiadas e eles próprios foram xingados e surrados. Na minha frente, dois monges feridos e surrados quase até a morte foram jogados no rio Vltava...

– Conte a Vok sobre o cerco ao arcebispado! – Interrompeu Marga.

– Mas como? Cercaram Konrad Vekht? – Perguntou, sorrindo,

Vok.

– Pois é! Um verdadeiro cerco. Ele, com grande dificuldade, conseguiu fugir, senão seu rebanho o massacrava.

– Contem-me como receberam por aqui Jan Zhelezny e as medidas leoninas que o concílio incumbiu-o de promover.

– Não podiam ter feito escolha pior! Acredito que em toda a Boêmia não existe homem mais odiado do que o bispo de Litomyshl. Ele é considerado o principal acusador de Huss no concílio por parte do clero tcheco e o maior culpado de sua morte! Só a cara dele despertava tal raiva que ele não ousava aparecer na rua e, quando ia visitar o rei, exigia um salvo-conduto especial. Devo confessar que também na corte ele não era bem recebido. A rainha, que está fora de si pela morte do seu respeitadíssimo confessor, glorifica abertamente o padre Jan como um santo mártir, e com ela estão a viúva de Henrich Rosenberg, Ana Zmirzlikov e Ana de Mokhov.

– Isso não impediu o arcebispo Jan de tomar as medidas que ele considerava necessárias para segurar a Boêmia e, desde ontem, Praga está sob nova interdição. Mas agora o nosso povo não está tão submisso e receio que tudo isso acabará muito mal. – Acrescentou Marga, levantando-se para mandar servir o jantar.

Dois dias depois, Vok foi apresentar-se ao rei que, na época, residia na "Cidade Alta". Ele queria pedir uma prorrogação da licença ou simplesmente livrar-se o quanto possível do serviço de Venceslau. O conde não tinha mais disposição para divertir o rei contando aventuras e anedotas picantes e ansiava por calar a dor do seu coração com uma agitada atividade política.

Venceslau, como constatou, estava ocupado com Sêneca de Vartenberg, e Vok aguardava a sua vez, conversando com outros senhores que haviam chegado para a recepção real. De repente, apareceu um pajem da rainha e transmitiu ao conde que Sua Majestade soubera de sua chegada e desejava vê-lo.

Quando Vok entrou, a rainha Sofia não estava só; com ela havia três damas da alta-nobreza tcheca: Elizabeth, viúva de Henrich Rosenberg; Ana de Mokhov, senhora Usti; e a esposa do prefeito Pedro Zmirzlikov, Ana Zmirzlikov – todas as três dedicadas à causa da Reforma da Igreja e apaixonadas admiradoras de Huss.

– O senhor veio diretamente de Constança e pode nos fornecer informações frescas sobre o que aconteceu por lá. – Disse a rainha, esticando a mão para o beijo do conde. – Como está a condessa Rugena? Seu pai disse que ela estava muito doente.

Vok empalideceu.

– Rugena caiu, vítima de insolente crime de um daqueles sacerdotes emporcalhados em vícios que também mataram o mestre Jan por ele ter ousado desvendar abertamente os seus pecados. — Respondeu ele, surdamente.

– Ela morreu?! – Exclamaram a uma voz Sofia e suas damas. – Mas como?! – E a rainha começou a perguntar-lhe tudo, querendo saber todos os detalhes do triste acontecimento.

Embalado pelo ódio que sentia de Brancassis, Vok descreveu sem rodeios os principais malefícios do cardeal, a começar pelo atentado noturno em Praga e terminando com o envenenamento em Constança.

– Meu Deus! E esse malfeitor ainda usa o título de cardeal! Uma mulher tão jovem, bela e bondosa – morta! Pobre e infeliz Rugena! – Disse a rainha, compadecidamente, persignando-se.

– Pois é! Esse tipo de gente condena santos, mata inocentes e ainda ousa tocar com suas mãos manchadas de sangue os mistérios instituídos por Cristo; e, quando os verdadeiros cristãos protestam, eles os chamam de hereges! – Observou Vok, com amargura.

– O senhor obviamente está se referindo à comunhão com pão e vinho? Devo confessar-lhe, conde, que essa questão atormenta e perturba minha alma. – Intrometeu-se Elizabeth Rosenberg.

– Será possível vacilar entre a palavra de Cristo e as idéias humanas? – Indignou-se Vok.

– Sou a favor da Reforma, mas não consigo tratar com tanta coragem os mandamentos da Igreja que, além do mais, são sustentados e defendidos por pessoas de alta sabedoria e por benfeitores que respeito muito, apesar de nossa divergência de opiniões. – Respondeu Elizabeth. Em seguida, mexendo em sua bolsinha, retirou de lá um pergaminho, abriu-o e prosseguiu: – Tenho em mãos a carta que me mandou o mestre Maurício Rvatchek, que conhece a minha propensão à Reforma e teme que eu recaia no *utraquismo*.[1] Com a permissão de Sua Majestade, vou ler o que ele me escreve.

– Leia, leia! A opinião de Maurício merece ser ouvida. – Autorizou a rainha, que tratava com extremo cuidado aquela que era a mais importante questão da época.

Leu a senhora Rosenberg: – "Antes de tudo rezo fervorosamente pela senhora. Receie, como ao inferno, beber do cálice! A maçã do Paraíso também era boa como maçã, mas como fruto proibido tornou-se um veneno. Respeite as indicações da Igreja e os costumes dos ancestrais e tudo estará bem! Estudei essa questão e acrescento à presente a minha dissertação aprovada pelo Papa e pelo imperador, com os quais devemos concordar! Acredite: a comunhão com o cálice é equivalente à expulsão do Paraíso, como foi expulsa Eva. Esteja certa: essa novidade foi incutida aos homens por satanás. Até o que não é pecado transforma-se em pecado assim que é proibido. Portanto, permaneça obediente e não seja como Eva. Lembre-se do que escrevo: é melhor morrer do que comungar com o cálice."

Depois de ler as palavras taxativas de Maurício Rvatchek, Elizabeth concluiu: – Eis as principais partes da carta. Não lhes parece que isso pode atrapalhar completamente a consciência dos fiéis?

– Tem razão! E como o falecido mestre Jan nunca me disse

---

[1] *Comunhão de ambas as formas (corpo e sangue), cujos seguidores receberam o nome de* podoboy *ou* utraquistas *– Nota do autor.*

para desobedecer à Igreja, irei seguir seus ensinamentos, não participando da nova ordem das coisas. – Disse Sofia, perturbada com aquela conversa.

Naquele instante, dois pajens levantaram as cortinas anunciando a chegada do rei.

Venceslau, ao entrar, cumprimentou animadamente as damas.

– Ah! Finalmente você está aqui! – Disse ele, estendendo amigavelmente a mão ao conde. – Mas como está pálido e magro! O que lhe fizeram lá em Constança para voltar assim, quase morto?

– O conde acabou de nos contar coisas tão terríveis que explicam inteiramente a sua mudança. – Disse a rainha, consternada.

A pedido de Venceslau, Vok repetiu a história da morte de sua esposa. Seu relato provocou uma explosão de indignação no rei, que começou, em seguida, a inquirir o conde sobre os detalhes da morte de Huss e do provável resultado do julgamento de Jerônimo.

A firmeza heróica do mártir e a ostensiva injustiça revelada pelo concílio com relação a ele deixaram Venceslau ainda mais indignado.

– Pobre padre Jan... Estou muito triste com o seu destino. Se, por vezes, ficava irritado com ele por causa de problemas que aconteciam por sua culpa, agora lhe perdôo tudo de bom grado. Ele pagou caro por seu excessivo amor à pátria: os alemães não o perdoaram pelo caso dos votos e do meu decreto forçado pelas artimanhas dos tchecos. Agora, o Sigismundo exagerou! Trair a própria palavra dada e, sem ligar para o próprio salvo-conduto, permitir que mestre Jan fosse queimado na fogueira foi uma vil traição!

– O rei Sigismundo se esquece freqüentemente de que ele é o próximo herdeiro da coroa tcheca. – Observou Vok, venenosamente.

O rei levantou o dedo.

– Contenha sua língua, Vok! Você está se referindo ao meu irmão! Saiba que se eu culpo Sigismundo e o conselho pelo destino de Huss, aprovo-os totalmente quanto a Jerônimo! O clero é visivelmente formado de patifes, mas Jerônimo é um agitador perigoso, que sempre semeou a discórdia e gabou-se abertamente de ser renegado da fé, dizendo que preferia os malditos *cismáticos* aos verdadeiros cristãos. Deixe que o queimem, pois ele fez por merecer isso inteiramente.

Vok enrubesceu.

– Meu rei! Jerônimo não é um renegado da fé somente porque considera os *cismáticos* cristãos como nós. Aliás, nada tenho com teologia, mas nunca deixarei de defender Jerônimo como a um bom tcheco que sempre cumpriu sacramente sua obrigação, levantando-se onde podia contra a insolência dos alemães e contra aquela devassidão com que eles contaminaram a nossa terra.

– Na parte da insolência, caro Vok, os tchecos nada ficam a dever aos alemães! Depois da morte de Huss, eles, como cães raivosos, estão arreganhando os dentes para tudo. E, por vezes, tornam-se um espinho na minha garganta, com suas eternas exigências, insolências e discussões! – Sentenciou o rei.

– Nesses momentos, Sua Majestade provavelmente se esquece de que usa na cabeça a coroa de São Venceslau. De outra forma, os interesses dos tchecos nunca seriam um espinho em sua garganta!

– Como ousa falar assim comigo, seu inútil pândego? Não me diga que pretende me ensinar a governar? – Exclamou o rei, fora de si. – Uns me criticam pela condescendência para com os alemães e outros, pela preferência pelos tchecos! Estou cansado de tudo isso! Quero paz e logo vou mandar todos vocês para o inferno.

Então a rainha e Ana Usti – que, conforme se dizia, tinham grande influência sobre o rei –interferiram e começaram a acalmar Ven- ceslau. Este, por fim, declarou que perdoava o jovem insensato levando em consideração a infelicidade que o atingira e que, provavelmente, afetara sua cabeça.

Vok aproveitou aquele momento de calma da ira real para pedir uma licença:

– Vá! Essa sua cara de enterro, em vez de me divertir, só me provocaria cólicas! – Respondeu o rei, zombeteiro. – Mas, veja lá, não pense em cometer bobagens para satisfazer a sua infelicidade! E quando o convocar, quero vê-lo alegre e com grande reserva de histórias divertidas. Três meses são suficientes para chorar a morte de qualquer mulher. Mas por se tratar de uma pérola como a condessa Rugena, que podia tentar ao mais ascético eremita, dou-lhe o dobro do tempo.

O rosto de Venceslau iluminara-se definitivamente.

Vok fez uma reverência ao casal real e, feliz por conseguir fugir da corte, retornou a Praga.

Assim como o pai, o jovem conde tornou-se membro da União dos Senhores Tchecos e Morávios, formada em setembro para a defesa do ensinamento religioso puro de Huss. O primeiro ato dessa entidade foi o envio a Constança de um corajoso protesto contra a execução de Huss, a prisão de Jerônimo e as injustas calúnias contra a pátria deles. Além disso, a União dos Senhores Tchecos e Morávios – sob a direção de três nobres eleitos: Sêneca de Vartenberg, Latchek de Kravarja e Botchek de Podiebrad – declarava que dava liberdade de pregar a palavra divina em suas terras, concedia à faculdade de teologia de Praga o direito de decidir questões religiosas na base das Escrituras e, basicamente, decidia submeter-se dali em diante somente às ordens de bispos nacionais, considerando nulas todas as excomunhões e proibições pronunciadas pelo clero estrangeiro.

Era uma declaração de guerra à Igreja romana e a pedra fundamental da *Igreja nacional*. Surgiu o movimento patriótico; os adeptos de Huss e do cálice[2] tornaram-se um partido ainda mais forte e perigoso porque, dessa vez, também os camponeses seguiam os senhores contra o rei e o catolicismo, cuja rígida impaciência e cuja crueldade perturbavam as cabeças.

A interdição era aplicada com toda a rigidez. Em Praga, reinava

[2] *Daí provém o nome* calicistas, *para se referir aos que são adeptos da comunhão pelo corpo e o sangue de Cristo, ou seja, pela hóstia e pelo vinho servido no cálice – Nota da editora.*

uma excitação febril. Jan de Iessenits, excomungado pelo Papa havia seis anos, fora expulso de lá e o partido católico preparava-se para uma luta decisiva.

Entretanto, agora os tempos eram outros: a paciência popular esgotara-se e o número de partidários do cálice crescia.

Os praguenses responderam com violência ao fechamento dos cemitérios, à proibição da comunhão e aos sermões ofensivos contra a Boêmia.

Aos gritos de: "Quem não trabalha não é digno de alimentar-se!", o povo atacou os mosteiros e as casas do clero que tinham parado a execução de ritos religiosos, expulsou os sacerdotes que lá moravam e substituiu-os pelos *utraquistas*.

Da capital, a agitação passou para as províncias e culminou com um ataque da multidão armada ao mosteiro de Opatovits, que foi tomado de assalto, teve seus monges expulsos e seu abade torturado até a morte.

Com o ímpeto do seu caráter agitado, Vok tinha participação ativa nesse movimento político, estando à frente em todos os lugares onde se decidiam ações corajosas ou se tomavam medidas severas.

O jovem conde tornara-se agora muito amigo de Jan Zizka de Trotsnov, o irmão de Ana. O ódio de ambos ao clero católico unia-os, apesar de suas radicais diferenças de caráter: Zizka era calado, previdente e fechado, enquanto Vok era sincero, imprudente e sempre pronto para qualquer ato tresloucado – se bem que, nos últimos tempos, o jovem conde mudara muito; a perda de Rugena abalara-o mais profundamente do que se podia supor e as emoções que sofrera haviam-lhe afetado a saúde.

Durante algumas semanas o trabalho agitado manteve-o excitado, mas, depois, a doença incubada derrubou-o de repente...

Antes de morrer, Rugena expressara o desejo de ser enterrada em Rabstein, ao lado de seus antepassados. Após uma longa e penosa viagem, Broda finalmente trouxe o corpo ao velho castelo, mas o mensageiro que enviara para anunciar a sua chegada encontrara Vok com febre e entre a vida e a morte.

Chegou a primavera, a natureza renascia e, dos campos enfeitados com tapetes de flores, soprava uma pura, tonificante e jovem força.

Na capela do castelo Rabstein realizava-se o ato fúnebre.

O grupo reunido era pequeno; Vok não quisera convidar estranhos para aquela triste cerimônia. Ao lado do caixão, inteiramente coberto de flores, estavam com ele somente o pai, Ana, seu irmão Zizka e os fiéis criados: Broda, Matias e Iitka. Lágrimas amargas foram derramadas por aquele ser puro e encantador, que fora levado prematuramente ao túmulo por uma mão criminosa.

Quando o caixão foi levado à cripta e colocado ao lado do ataúde do barão Svetomir, todos reverenciaram-no pela última vez e saíram, exceto Vok, que ficou para orar pela falecida.

O conde permaneceu por muito tempo ajoelhado, com a cabeça encostada no caixão de sua amada, mas não rezava, pensando febrilmente em algo e respirando pesadamente. Quando levantou, seu rosto demonstrava uma sombria decisão.

– Acredito que você me vê e me ouve, querida Rugena. – Disse ele, baixinho mas nitidamente, pondo a mão sobre o caixão. – Então, receba de mim a promessa de vingar você e seu pai. Ambos caíram vítimas do mesmo malfeitor e juro que ele pagará caro por seu crime.

Naquele instante, uma sombra apareceu do fundo da cripta e a mão de alguém pousou sobre o ombro de Vok. Espantado, ele voltou-se, irritado, mas as palavras congelaram em seus lábios, pois reconheceu Jan Zizka. Em seu rosto via-se uma fria e impiedosa severidade e seu único olho ardia com um ódio tão indefensável que paralisou Vok.

– Quero fazer o mesmo juramento! – Disse Zizka, com voz surda. – Esquecido na oração, por acaso, fiquei aqui. Mas, senhor

Vok, é preciso vingar-se não de um "padreco", mas de todos aqueles patifes! Somente com o sangue desses filhos do inferno conseguiremos lavar a honra das moças violadas por eles e a vida dos infelizes que eles liquidaram com suas calúnias, seus venenos e seus punhais! Vamos tirá-los de suas tocas com fogo e com incêndios reverenciaremos a memória do justo que eles desumanamente executaram. Eles nos ensinaram a ser impiedosos e eu juro que, na primeira oportunidade, provarei ser um bom aluno!

Vok apertou sua mão solidariamente. Ele não previa que o momento da sangrenta vingança estava próximo e que diante dele estava o futuro grande comandante e o mais terrível vingador que o mundo conheceu...

Enquanto isso, em Constança, acontecia o último ato da sombria tragédia, posta pelo catolicismo no cenário da história universal sob o nome de "processos de Huss e Jerônimo de Praga".

Os juízes mais previdentes e políticos – cardeais Ursino, de Camberra e de Florença – estavam a favor da libertação de Jerônimo. Na opinião deles, se Jerônimo submetera-se ao concílio, então a justiça e a prudência propunham a cessação da perseguição que somente aumentaria a agitação na Boêmia. Contra essa sábia decisão levantavam-se os vingativos e ruins Paletch e Miguel *de Causis*. Eles haviam convocado monges de Praga, constituído novas falsas testemunhas contra Jerônimo e conseguido atrair para o seu lado o voto do doutor Nazo, uma pessoa tão limitada e fanática que, diante do concílio reunido, não vacilou em acusar os cardeais que estavam a favor da libertação de Jerônimo de estarem sendo subornados pelo rei da Boêmia e seus dignos subordinados – tão hereges quanto ele.

Diante de tal ofensa, os cardeais declararam imediatamente que abandonavam a comissão julgadora e o concílio designou novos juízes entre os quais estavam dois inimigos mortais de Jerônimo e de Huss: João Rocca e o patriarca de Constantinopla.

No dia seguinte após essa reunião que indicou claramente o

destino que esperava o prisioneiro, Svetomir teve um encontro com Jerônimo e, indignado, contou tudo o que acontecera.

Jerônimo ouviu-o calmamente e quase sorrindo.

– Então, o digníssimo Nazo acabou me fazendo um favor. – Disse ele, alegremente. – Ele me deu a oportunidade de voltar atrás na minha renúncia e declarar publicamente todas as minhas irrefutáveis convicções.

Às dúvidas do assustado Svetomir, ele respondeu, firmemente:

– Quero a morte, pois somente com ela poderei resgatar a minha fraqueza e apagar a vergonha que me cobriu por renunciar à verdade e ao meu santo mestre e amigo Jan.

Por força dessa decisão, Jerônimo negou-se a responder aos seus novos juízes e exigiu ser ouvido publicamente. Seu desejo foi satisfeito e, no dia 23 de maio de 1416, quando se completava exatamente um ano da sua detenção, ele apareceu diante do concílio.

As discussões, que ocuparam duas sessões – em 23 e 26 de maio –, foram indubitavelmente a mais gloriosa conquista de Jerônimo.

Às 107 acusações que lhe foram apresentadas, ele respondeu com tal presença de espírito e seqüência de raciocínio que foram quebradas as falsas e traiçoeiras redes de seus inimigos e desnudados os verdadeiros motivos do ódio que o perseguia.

Os presentes ficaram perturbados e não conseguiam entender como, após ter passado um ano inteiro de sofrimentos e privações numa fossa escura, ele ainda podia falar e defender-se com tal liberdade de pensamento e humor como se tivesse dedicado todo aquele tempo ao estudo do próprio caso e, naquele instante, estivesse no púlpito e não no banco dos réus.

Talvez Jerônimo nunca tenha sido um orador tão brilhante como o foi naqueles dias; armado até os dentes com a erudição científica, discursos inflamantes e com a força de sua personalidade genial, ele defendia a própria causa mesmo sabendo perfeitamente que esta estava perdida e que pagaria com a vida.

Os ouvintes, todos seus inimigos, foram arrasados, vencidos e já estavam quase a ponto de inocentá-lo. Jerônimo, entretanto, parecia não desejar a vitória. Depois da autodefesa, passou a elogiar Huss, dizendo que este, como o profeta Elias, subira aos céus numa carruagem de fogo para convocar seus indignos juízes e os que o odiavam, ao terrível julgamento de Cristo.

Suas palavras provocaram alvoroço na reunião. Enquanto uns gritavam e jogavam-lhe ofensas, outros, que queriam salvar aquele homem notável, tentavam calá-lo.

Ele não se alterou.

– Vocês imaginam que tenho medo da morte? – Perguntou, com desprezo. – Mesmo daquela terrível morte preparada para mim pelos meus inimigos e falsas testemunhas, que hão de responder a Deus por suas mentiras? Vocês próprios não estão me tratando com uma barbárie imperdoável a cristãos, deixando-me apodrecer vivo um ano inteiro na cadeia? Nunca me queixei, pois considero as queixas abaixo da minha dignidade. Não quero comprar a minha vida com mentiras e reconheço aqui que, de todos os pecados que algum dia cometi, o maior e o mais imperdoável foi a minha traiçoeira renúncia, a minha vergonhosa fraqueza de renegar os ensinamentos de um justo que foi meu mestre e amigo. Vocês condenaram Huss e Wyclif não porque eles, supostamente, alteraram os ensinamentos das Escrituras, mas porque eles desnudaram o orgulho, a corrupção e todos os vícios do clero. Essas acusações não foram rebatidas e eu os denuncio como eles o fizeram!

É impossível descrever a cena agitada que se seguiu. A testemunha desse acontecimento, o famoso italiano Poggio, escreve em suas memórias: "No meio daquela tempestade, Jerônimo permaneceu calmo, pálido, mas estóico e orgulhoso. Ele claramente desprezava a morte e até a chamava para si. Interrompido pelas calúnias que partiam sobre ele de todos os lados, ele respondia a cada um, obrigando alguns a enrubescer e outros a calarem-se!".

Acompanhado pelos gritos de: "Ele próprio se condenou!", Jerônimo foi levado para a cadeia e posto a ferros.

Cinco dias depois, em 30 de maio, após novas tentativas para convencê-lo a renunciar novamente, foi condenado à fogueira.

Ele permaneceu fiel ao seu corajoso e firme caráter até o fim. Quando leram sua condenação, jogou seu chapéu aos presentes e colocou sobre a própria cabeça a carapuça enfeitada com demônios, destinada aos hereges; no local da execução, despiu-se sozinho e, quando o carrasco, por compaixão, quis acender o fogo às suas costas, ele lhe gritou:

– Tenha coragem! Acenda na minha frente! Se eu tivesse medo da fogueira, não estaria aqui!

Depois, voltando-se para o povo, ele começou a recitar alto o Credo e acrescentou:

– O que acabei de recitar é a confissão da minha fé, conforme os ensinamentos da Igreja Católica. Estou morrendo somente porque não quis reconhecer como justa a condenação de Huss.

Quando o fogo passou a envolvê-lo, ele – como seu mestre – entoou uma prece e somente a fumaça calou sua voz.

Acreditamos que a melhor forma de transmitir a impressão que causou sobre os contemporâneos a morte heróica dos dois mártires tchecos é transcrevendo as palavras de um dos membros do concílio. Um fervoroso católico, Enéas Silvio Picollomini, o futuro papa Pio II, escreveu: "Huss e Jerônimo suportaram corajosamente a morte; eles foram para a execução como se fossem convidados a uma festa e nem com uma única palavra demonstraram a menor fraqueza. Quando começaram a arder, entoaram hinos que foram cobertos pelas chamas e pela força do fogo. Nenhum filósofo enfrentou a morte com a coragem com que eles enfrentaram a fogueira".

O concílio, com grande presteza, tomou as medidas necessárias para eliminar as mínimas lembranças de suas vítimas; tudo que lhes pertencia foi queimado e as cinzas foram jogadas no rio Reno.

Mas, os digníssimos e bondosos padres logo se convenceriam de que não é suficiente, baseando-se na lei, matar duas pessoas para exterminar as idéias que pregam, e que as cinzas de mártires são sementes perigosas que nem a água nem o fogo apagam. Indestrutíveis, como o pensamento que lhes deu vida, essas cinzas pairam no ar por anos ou séculos para germinar e amadurecer a seu tempo. Os injustos juízes veriam ainda em vida, e com os seus próprios olhos, a primeira colheita de sangue...

Capítulo XI

Três anos haviam-se passado desde a morte de Jerônimo. Chegara o dia 22 de julho de 1419 – dia de Maria Madalena – e os primeiros raios do sol iluminavam o monte nas cercanias de Usti, onde outrora pregara Huss, durante sua expulsão de Praga.

O local mudara consideravelmente de aparência e até recebera um novo nome, chamando-se agora monte bíblico de Tabor,[1] em vez de morro Luzhitsky.

Nas barracas montadas à sua volta haviam-se instalado sacerdotes *utraquistas*, expulsos pela recente revolução católica da própria cidade de Usti e de outras localidades.

Em tempos normais havia muitos visitantes – os camponeses vizinhos reuniam-se em multidões para ouvir os sermões e comungar com o corpo e o sangue de Cristo. Naquele dia, entretanto, no monte havia uma agitação nunca antes vista e os habitantes de Tabor andavam para todos os lados com ares de importância e preocupação. Os olhares que dirigiam para as estradas que se espalhavam para todos os lados indicavam que aguardavam alguém.

Finalmente, ouviram-se cantos e, ao longe, apareceu uma grande procissão de homens, mulheres e crianças. Era encabeçada por

[1] *Tabor, em tcheco, significa barraca. Mais tarde, a esse nome foi associada a imagem do monte bíblico Thabor – Nota do autor.*

um sacerdote que trazia nas mãos um cálice e inúmeros estandartes agitavam-se ao puro vento matinal.

Os visitantes foram recebidos com gritos de alegria e colocados em volta de uma clareira no centro da qual elevava-se um altar. Logo se ouviram mais cantos e, de todos os lados, começaram a chegar mais e mais multidões de fiéis.

A cada minuto crescia o número de visitantes. Parecia estar acontecendo uma migração do povo e, naquela massa superior a 40 mil pessoas, reinava absoluta ordem.

Na multidão prevaleciam os trajes camponeses e as vestimentas simples de cidadãos. As mãos que produziam o alimento – vermelhas e rudes –, os rostos magros e sisudos e aquela particular curvatura das costas provocada pelo longo trabalho acima das próprias forças indicavam que uma força estranha arrancara aquelas pessoas da luta diária pelo pão de cada dia e as atraíra irresistivelmente para lá. A idéia de uma outra vida melhor iluminara-as e concedera-lhes um sentimento de superioridade, fé em si próprias e na própria força que transparecia na expressão de seus rostos, andar e movimentos.

O povo reuniu-se em volta do sacerdote: uns ouviam com devoção o sermão, outros confessavam-se e terceiros comungavam entusiasticamente com o corpo e o sangue de Cristo.

Ao término da missa, os peregrinos sentaram-se na relva para ingerir as provisões que haviam trazido de casa; existia uma sensível unanimidade entre eles, lembrando as refeições irmanais dos primeiros cristãos. Estavam unidas todas as classes sociais: o cavaleiro e o camponês partilhavam amigavelmente do vinho e da caça; certa nobre senhora – em trajes de seda – e uma cidadã – num vestido barato, com um simples lenço de linho amarrado na cabeça – conversavam sobre crianças e afazeres de casa. No monte Tabor, todos era realmente irmãos e irmãs. A relação calorosa e amigável e o elevado sentimento religioso selavam-nos com algo indescritivelmente grandioso: um ímpeto de amor e fé reunia os corações e elevava espíritos.

Ao terminar a refeição, todos separaram-se em grupos; uns passeavam pela clareira, outros sentavam-se em um canto e discutiam entre si as diferentes questões políticas e religiosas que os interessavam.

A partir da morte de Huss, as divergências internas na Boêmia nunca mais haviam cessado; a excitação crescia constantemente, principalmente durante os últimos meses, quando a repentina mudança de opinião do rei – própria de Venceslau – não fora em favor dos hussitas.

Os conselheiros de "Cidade Nova", todos hussitas, haviam sido substituídos por fanáticos religiosos; as igrejas ocupadas por *utraquistas* tinham sido devolvidas aos católicos e as casas dos religiosos, ao clero anteriormente expulso. Com sua habitual intolerância, o clero católico, imaginando estar com o poder totalmente em suas mãos, agira insolentemente e, com diversas opressões e ofensas, provocara o povo contra as medidas tomadas que, mesmo sem isso, já não agradavam à população. O trovejar da ira popular, anunciando a tempestade que se aproximava, ouvia-se cada vez mais nitidamente.

Num grande grupo, composto em sua maioria por mulheres, estavam Marga Nakhodsky e Ana de Trotsnov; a primeira estava sentada com seus três filhos, enquanto a outra discursava entusiasticamente sobre uma pedra no centro do grupo que formara uma roda ao seu redor.

Sua antiga graça havia desaparecido: as formas arredondadas femininas haviam-se alterado para uma magreza ascética, seu rosto magro estava pálido e, nos grandes e escuros olhos, luzia uma excitação fanática. Trajava um vestido negro rigorosamente simples, um lenço de linho prendia seus cabelos e, numa correntinha de aço, trazia pendurada uma medalha de prata com a imagem de Huss.

Ana descrevia detalhadamente a morte do mestre.

– Foi assim, irmãs! O Senhor me concedeu a graça de testemunhar os últimos minutos do mártir e ver o enviado dos céus que, por ordem divina, veio resgatar a alma do bem-aventurado Jan e levá-la à residência dos eleitos. Esses crimes, entretanto, não ficarão impunes e o assassinato do justo provocará aqui na Terra uma terrível vingança. Vamos, então, orar e defender a verdade! Vamos permanecer fiéis até a morte ao "cálice" e ao Evangelho, para que o anjo destruidor, enviado para espalhar a ira divina, não nos atinja.

O rosto de Ana ficou vermelho, sua voz tornou-se profunda e sonora e o olhar extasiado dirigiu-se para o céu.

– Tempos difíceis se aproximam e os céus os anunciam com sinais visíveis e incompreensíveis a todos. Lembrem-se do eclipse solar que aconteceu no dia em que Jan Huss compareceu diante do concílio – a escuridão foi tanta que a missa teve que ser realizada com lamparinas! Tal evento anunciava, como as trombetas do Juízo Final, que Cristo – o sol da verdade – eclipsou-se ao ver tanta mentira e selvageria nos corações dos ímpios juízes. E a chuva de sangue que caiu no terceiro ano e cobriu a neve? E, finalmente, o último e recente sinal, o mais terrível de todos: a cruz sangrenta que brilhou entre as nuvens e se transformou, à noite, em espada. Somente surdos que não querem ouvir e cegos que não querem ver podem ficar indiferentes a isso! Será que não está claro que a espada será desembainhada em defesa da cruz – símbolo de Cristo –, que a terra se cobrirá de sangue e que se aproximam terríveis desastres? Então, na luta que se aproxima, vamos tentar estar do lado do Senhor e lutar pela santa verdade deixada para nós por Seu Filho Divino. Para que o juízo celestial não nos lance no abismo de fogo onde, por todos os séculos, irão arder os impuros "padrecos" cobertos de sangue, maculados pela simonia, pelas crueldades e pela depravação! Aqueles "padrecos" que, com sua mão sacrílega, assinam a sentença de morte de santos e nos proíbem daquilo que estabeleceu o próprio Salvador.

O corpo de Ana estremecia espasmodicamente e parecia que

ela agarrava e asfixiava, com suas próprias mãos, os sacerdotes que odiava e sobre os quais falava naquele instante.

Seus sentimentos transmitiam-se aos ouvintes. Em todos os rostos lia-se um terror supersticioso; algumas mulheres caíam em pranto, outras oravam em voz alta, persignando-se e batendo com a mão no próprio peito. Outras ainda, mais aguerridas, juravam que não hesitariam diante de nada para defender o Evangelho e glorificar o mártir Jan Huss.

Próximos a esse grupo, junto a um toco de árvore que lhes servia de mesa, sentavam-se alguns homens em roda; restos de pão, carne e algumas bilhas vazias haviam sido colocados em cestos e postos de lado. A conversa estava animada. Lá havia alguns sacerdotes hussitas e, entre eles, Jan de Geliv – um monge premonstratense[2] que abandonara a sua abadia e fora morar em Praga. Seus explosivos sermões e sua fidelidade ao hussismo haviam conquistado rapidamente a simpatia do povo por ele.

À sua esquerda sentavam-se Milota Nakhodsky e mais um cavaleiro; à esquerda, Nikolai de Pistn,[3] administrador do castelo real de Hussinec, local de nascimento de Jan Huss. Homem ilustrado, inteligente e com alto dom político, ele ocupara um alto posto junto a Venceslau, mas agora caíra em desgraça e fora expulso de Praga.

Perto dele, com os braços cruzados no peito e encostado a um carvalho, estava Jan "Zizka" de Trotsnov. Sombrio, pensativo, ele pouco participava da conversa.

Falava Nikolai Huss. Seu rosto corajoso e expressivo e seus olhos, que brilhavam com inteligência, demonstravam firmeza.

– É impossível que tudo continue como está, senão, a causa das verdades evangélicas estará perdida e, com ela, os direitos recentemente conquistados do nosso povo. O rei está inteiramente sob a

---

[2] *Ordem monástica – Nota do tradutor.*

[3] *Mais conhecido pelo nome de Nikolai Huss – Nota do autor.*

influência dos católicos e de Sigismundo; cada decreto seu é uma sangrenta ofensa a nós; os alemães já levantaram as cabeças e, se não nos opusermos agora a essa opressão, a grande Reforma deixada por Huss e marcada com seu sangue será esmagada. Nós nos tornaremos alvo de impiedosa vingança por parte do clero católico. O que podemos esperar deles está claro pelo que eles se permitem agora. Gostaria de conversar com vocês, meus amigos, sobre as medidas que devem ser tomadas de nossa parte.

Jan de Geliv – que até aquele momento ouvira-o atentamente sentado no chão – levantou-se de repente e deu um murro na árvore.

– Que medidas? Vou lhe dizer que medidas: a violência deve ser respondida com violência e a guerra, com guerra! Já temos mártires suficientes e suficiente sangue tcheco derramado! Parece-me que já ficamos calados tempo demais e agora é preciso agir! Basta que façamos as contas do quanto já sofremos e ainda suportamos. Isso é suficiente para fazer com que pegue em armas todo tcheco, todo verdadeiro cristão que não pode ignorar que está ameaçado de perder as preciosas graças – o Evangelho e o mistério divino na forma que o próprio Cristo estabeleceu. Não estamos sendo obrigados agora a nos reunir em campos, florestas e depósitos porque nos tomaram as nossas igrejas? E, não satisfeitos com a nossa expulsão, os sacerdotes maometanos[4] ainda nos provocam e ofendem de todos os modos. Eis um exemplo – o pároco da igreja de São Estéfano! Esse filho de Anticristo teve a idéia de benzer novamente a igreja e o altar, como se estes tivessem sido profanados pelos que lá realizaram os sagrados mistérios. Eles jogaram fora os cálices e outros objetos sagrados dizendo-os contaminados e os substituíram por novos. Fervo por dentro só de pensar sobre as calúnias e humilhações que os verdadeiros fiéis estão suportando e sobre a discórdia que esse ímpio clero semeia nas famílias! Penso que, exatamente agora, chegou o

---

[4] *Apelido dado ao clero católico – Nota do autor.*

momento de dar um verdadeiro basta a essa imundície!

– É verdade! Nada conseguiremos com submissão e pedidos! Se a tentativa do senhor Nikolai levou à sua desgraça, com o que mais podemos contar? – Observou Milota.

– Do que você está falando? Acabei de chegar da Morávia e não estou sabendo de nada. – Perguntou o sacerdote hussita.

– Então, ouça. Foi um caso surpreendente! O senhor Nikolai achava que se ele, tendo a alta confiança do rei, reunisse o povo tcheco e fizesse um pedido direto a Venceslau, este cancelaria as medidas injustas e restabeleceria a liberdade de comunhão nas duas formas. Para isso, foi escolhido um dia quando o rei e a rainha, acompanhados por toda a corte, dirigiam-se à igreja de São Apolinário para a missa. De repente, uma grande multidão de homens e mulheres cercou o séquito real. Então, o próprio senhor Nikolai expôs o desejo do povo e, com lágrimas nos olhos, começou a implorar ao rei. A bondosa rainha ficou comovida até o mais profundo da alma. O próprio rei pareceu assustar-se, depois se ofendeu, ficou irado e respondeu ao nosso respeitoso pedido com a prisão do senhor Nikolai. Deus sabe se o nosso amigo não pagaria com a cabeça se os conselheiros da "Cidade Nova", temendo a agitação que tomou conta da população, não saíssem em sua defesa. Venceslau, então, limitou-se a expulsá-lo da cidade.

– Isso foi para o bem da nossa santa causa. Agora, o senhor Nikolai trabalha com as pessoas dos arredores, convencendo-as a não se desviarem do caminho da salvação. – Observou Jan de Geliv, com uma grande risada.

– Estou certo de que triunfaremos se não ficarmos esperando feito bobos que eles nos dizimem.

– O irmão Jan falava agora mesmo sobre as discórdias que os "maometanos" semeiam nas famílias e sobre as calúnias que espalham. Então é verdade que eles nos atribuem diversas maldades? – Perguntou o sacerdote morávio Vinok.

– Se é verdade? – Exclamou Jan de Geliv. – Todo o país foi inundado com escritos onde eles expõem abertamente que nós levamos conosco a comunhão em bilhas, que batizamos nossos filhos em poças d'água ou fossos e que nos dedicamos a repugnantes orgias. Os apelidos do tipo: "cobras venenosas", "cães sarnentos" e "lobos raivosos" são os mais doces que eles nos dão. Quanto à discórdia que semeiam, é um deus-nos-acuda! Em qualquer casa, onde qualquer um desses impuros enfia sua cara de raposa, começa a discórdia.

– Infelizmente, isso é verdade! Você está certíssimo, Jan, e na minha família tenho dois tristes exemplos do mal que os católicos semeiam. – Observou, suspirando, o cavaleiro sentado ao lado de Milota. – Um de meus irmãos é um fervoroso cristão e dedica-se de corpo e alma aos ensinamentos de Huss. Mas sua esposa está sob a influência de seu confessor – o pároco da igreja de São Pedro. Ele mexeu tanto com a cabeça daquela imbecil e de seus dois filhos, que todos os três fugiram do meu irmão como se fugissem da peste. O infeliz ficou abatido, mas a desgraça não acabou por aí... Não sei se o senhor sabe, irmão Vinok, mas, em Praga, em cada uma das igrejas – de quase todas elas – abriram-se agora duas escolas paroquiais...

– Ouvi falar sobre isso, mas não sei a causa nem os detalhes.

– A causa é simples! Todas as paróquias estão sob o patronato real e Venceslau pode usá-las à vontade; as escolas são mantidas com o dinheiro de cidadãos, mas estes se negam a entregá-lo aos católicos. Então, os sacerdotes abriram escolas *utraquistas* nos campanários e adendos das igrejas. Essas duas escolas existem na igreja de São Pedro. Os confrontos e conflitos entre os alunos são constantes; há alguns dias, houve uma verdadeira batalha. Os alunos da escola *utraquista* – esqueci de lhe falar que fomos apelidados de *hussitas* e *utraquistas* – saíam após as aulas, quando foram atacados pelos alunos católicos obviamente atiçados pelo seu mestre espiritual. No começo, a molecada somente trocava insultos. Depois, passaram a socos; alguém teve a idéia de tocar o sinal de alarme e a população começou a participar da briga. Os atacantes, assustados, bateram em retirada; entre eles estava Danek, filho de meu irmão, que também começou a fugir. Enquanto isso, a multidão aumentava. O colega de Danek, correndo à sua frente, perdeu a cabeça de susto e, pensando que estava sendo perseguido, olhou para trás e, tomando o amigo por um perseguidor, deu-lhe uma punhalada na garganta, matando-o. O povo enfureceu-se e, percebendo quem fora o mentor do acontecimento, atirou-se sobre a casa paroquial. A mãe de Danek, ao ver o cadáver do filho, ficou possessa e foi a primeira a jogar uma pedra em seu "querido" confessor. O digníssimo pároco conseguiu fugir, senão certamente o teriam esmagado.

– Esses confrontos sangrentos profanam a Igreja. – Acrescentou Milota. – Na igreja de São Miguel, o sacerdote católico matou um hussita. Os nossos, naturalmente, não ficam atrás e cometem excessos.

– Não são excessos, mas uma justa vingança! – Gritou Jan de Geliv. – Já temos muitos mártires. Mas, por enquanto, nenhum guerreiro que defenda corajosamente o cálice e o Evangelho de insultos e os seus adeptos da calúnia e da violência. O que pensa de tudo isso, senhor Jan? – Dirigiu-se ele a Zizka, que praticamente não abrira a boca durante a conversa.

Este, levantando a cabeça, deu um sorriso enigmático.

– Ouvi tudo e compartilho inteiramente de sua opinião! Existem momentos em que um bom golpe de machado, ou simplesmente de um chicote, é melhor do que qualquer sermão erudito. Deus mandou liquidar os filisteus e outros inimigos do povo eleito por Ele. A nossa luta com o Anticristo e seus seguidores é ainda mais justa! Mas para aniquilar o monstro é necessário escolher o momento certo e a ação correta. E, observando daqui o monte Tabor e os bravos rapazes que aqui se reuniram, imaginei o seguinte: este local não lhes parece uma fortaleza criada pelo próprio Senhor? – Ele apontou com a mão ao seu redor. – As profundas fendas por onde correm as águas de Luzhnits defendem-na pelos três lados melhor do que quaisquer fossos, e esta estreita faixa de terra, que conduz para baixo, é uma ponte natural facílima de defender! E o povo que aqui se reuniu?! – Zizka apontou para a multidão de camponeses e cidadãos que se encontrava por perto. – Vejam aqueles rostos corajosos, punhos de ferro e olhos brilhando de entusiasmo! Dêem-lhes armas, indiquem o alvo e a motivação, e teremos um exército imbatível.

– Muito bem pensado e muito bem dito, meu amigo! – Elogiou-o o senhor Nikolai. – Estou convencido de que, no momento certo, Deus irá inspirá-lo como O fez quando Venceslau ordenou desarmar os habitantes de Praga!

Zizka soltou uma forte gargalhada.

– Pois é. Aquela brincadeira foi ótima! Os cidadãos ficaram perdidos e não sabiam, naquele tempo, o que fazer. Assim, minha sugestão de armarem-se e seguirem-me até o rei foi muito bem-recebida. Nunca esquecerei a cara do velho quando cheguei com o meu exército e declarei que os fiéis cidadãos de Praga estavam à sua disposição e prontos a sacrificar sua vida e suas posses, bastando para isso que ele ordenasse e indicasse a quem deveríamos atacar.

– Ah! Ah! Ah! Se isso acontecesse comigo, eu indicaria os cartesianos em Smikhov! É lá que se esconde o ninho de cobras alemão... – Resmungou Jan de Geliv, com ódio e cerrando os dentes.

– O velho Venceslau limitou-se a agradecer, elogiou o esforço e ordenou que retornássemos o mais rapidamente possível à cidade. A prova de que ele teve medo de nós foi a sua precipitada viagem a Kunratitska. Bem, está na hora de terminar a nossa conversa; lá vêm as mulheres com a coleta. – Concluiu Zizka.

– Senhor Jan, dia 30 de julho pretendo organizar uma procissão e gostaria de conversar com o senhor em particular... – Sussurrou-lhe Jan de Geliv, rapidamente.

Aquele só teve tempo de aquiescer com a cabeça, pois se aproximou um grupo de mulheres, encabeçado por Ana e Marga, portando bandejas onde os presentes depositaram seus donativos.

Capítulo XII

A noite de 28 para 29 de julho descera sobre Praga. A cidade estava silenciosa e tudo parecia dormir. As ruas estavam vazias e não havia uma única luz nas janelas.

Entretanto, a cidade adormecida não dava a impressão de paz e descanso. Destacamentos da guarda municipal faziam rondas com maior freqüência do que o habitual. Mas, depois que eles passavam, das escuras esquinas surgiam sombras que, deslizando pelas paredes, desapareciam dentro de casas onde já eram esperadas, pois, ao sinal combinado, a porta se abria e, imediatamente, fechava-se atrás deles.

Esse movimento também acontecia na vizinhança da casa dos Valdstein. O enorme edifício parecia dormir, mas, pela escura e estreita viela de um dos lados do prédio, passavam sorrateiramente pessoas envoltas em capas escuras e, depois de bater por três vezes na pequena porta oculta na parede, desapareciam dentro da casa.

Aquela era a mesma porta por onde Túlia entrara para avisar sobre o atentado do cardeal. Agora, o mesmo Broda deixava entrar e acompanhava os visitantes. Mas, em vez de subir as escadas para os aposentos dos donos, os visitantes noturnos passavam por um estreito corredor no fim do qual havia uma escada de pedra que conduzia ao porão.

Numa baixa e abobadada sala, com barricas e tonéis instalados pelas paredes, reuniam-se algumas pessoas. Em volta da longa mesa de carvalho, que servia ao adegueiro para encher garrafas e jarras de vinho – sobre a qual havia alguns candelabros com velas –, os convidados sentavam-se nos bancos de madeira. Após trazer o último dos visitantes, Broda também se sentou à mesa, fechando previamente a resistente porta do andar superior.

No centro da mesa, encontrava-se o conde Hinek; ao lado direito do velho Valdstein, Nikolai Huss, Jan Zizka, Milota Nakhodsky e mais três senhores; à sua esquerda, o sacerdote Jan de Geliv e um cidadão de rosto moreno e inteligente. Vok encontrava-se sentado em frente ao pai e falava calorosamente.

O jovem conde emagrecera demais nesse ínterim; os grandes olhos negros haviam perdido a alegria e a expressão zombeteira; a boca perdera o sorriso de desprezo. Sua aparência era corajosa como antes, mas sombria e até severa.

– As notícias que trouxe não prometem nada de bom e, parece-me, exigem uma imediata decisão. O rei está tão indisposto conosco que só podemos esperar medidas radicais. – Percebia-se um tom zombeteiro em sua voz. – Os senhores sabem que estamos cercados de espiões que se imiscuem em nossas reuniões, observam nossas ações e informam tudo em detalhes ao rei e nem sempre dizem a verdade. Nos últimos tempos, Venceslau estava tão preocupado, assustado e suspeitando de tudo, que ficar perto dele era um verdadeiro castigo! Eu soube, por acaso, que sua ira foi provocada pela informação que recebeu de que há uma confabulação para lhe tirar o trono e substituí-lo pelo senhor Nikolai ou por você, Zizka, que supostamente também quer enfeitar a cabeça com a coroa da Boêmia.

Um sorriso malicioso surgiu no rosto inteligente e expressivo de Nikolai Huss.

– O que faz os medrosos é a consciência suja e o medo... – Disse ele.

– Você está absolutamente certo: o medo exagera o tamanho

das coisas. – Confirmou Zizka, rindo alto. – Mas eu, de qualquer modo, abdico voluntariamente da coroa real em favor do senhor Nikolai que, sem dúvida, irá usá-la com maior dignidade que Venceslau, pois é um fiel filho da nossa terra e tcheco natural!

Exaltando-se cada vez mais, ele continuou:

– Ai do país cujo rei é um estrangeiro! No fundo de sua alma sempre estarão ocultos o apego pela tribo de onde saiu e uma disfarçada mas inata antipatia para o povo, cuja coroa ele usa! Venceslau, um alemão de Luxemburgo, é a prova direta disso! Ele não é realmente um homem mau e foi, às vezes, até justo. Mas, mesmo assim, ele é estranho ao povo tcheco, a suas glórias e a seus interesses. Está sempre entrelaçado com Sigismundo e o seu sangue teutônico o atrai aos alemães que caíram sobre a nossa pátria como revoada de gafanhotos, enrolaram-nos como serpentes por todos os lados e nos oprimem retirando de nós o pão de cada dia, a terra sob os nossos pés, a nossa língua, a nossa fé e a nossa liberdade! Ele está sendo ingrato com o país que lhe dá poder, riqueza e honrarias. Em troca, ele oferece suas vantagens aos estrangeiros e permite a morte de seus mais famosos filhos, como Huss e Jerônimo! Se em seu peito pulsasse um coração tcheco, ele estaria do nosso lado e nos apoiaria em vez de nos oprimir. Ele sabe muito bem que a verdade evangélica está do nosso lado e que lutamos pela liberdade da terra pátria; ele sabe que os "padrecos" católicos são serventes do Anticristo romano e que são o mais seguro apoio dos assaltantes alemães que eles mesmos trouxeram consigo e que queriam atrelar-nos como bois e escravos à sua biga triunfal! E o que acontece? Venceslau continua a apadrinhar os imprestáveis "padrecos" e priva de suas graças pessoas como Nikolai!

O único olho de Zizka brilhou maldosamente e ele cerrou os punhos.

Jan de Geliv enrubesceu.

– Vamos acabar com o jugo alemão e o traidor Venceslau, que

sente a própria culpa para conosco e por isso nos teme! Para nos aniquilar, ele provavelmente chamará Sigismundo com seu bando de bárbaros! – Gritou ele, com voz surda de indignação.

– Acalmem-se! Tudo o que estão dizendo é a pura verdade. Venceslau não tem e não pode ter um sentimento paternal para conosco! Ele está contra nós da mesma forma que esteve contra os poloneses e lituanos a favor da Ordem Teutônica! Ele sempre sacrificará cem tchecos por um alemão! Mesmo assim, não devemos agir contra ele, pois Sigismundo é mil vezes pior. Até o povo está acostumado ao velho rei, pelas migalhas de justiça e aparente disposição que ele às vezes lhe joga. – Observou Nikolai Huss, calmamente. – Assim, não devemos privá-lo do trono. Somente vamos obrigá-lo a mudar sua política e retirar católicos do seu conselho, substituindo-os por pessoas fiéis à nossa santa causa. Podemos fazer muito para isso: todos os camponeses do reino estão conosco! Entretanto, para atrapalhar os planos de Venceslau é necessário conhecê-los. Portanto, meu conde, prossiga e conte-nos tudo o que conseguiu saber.

– Em Kunratitska estão com receio de mim e, por sua atual disposição, o rei não confia em ninguém, nem mesmo na nossa bondosa rainha. Por isso não está nada fácil ficar sabendo de tudo. – Começou Vok. – Mesmo assim, soube de fonte fidedigna que Venceslau recebeu uma carta do irmão, após a qual conversou longamente com seu *podkomornik*[1] Jan Lazan e decidiu mudar os conselhos municipais da "Velha" e da "Pequena Cidade", da mesma forma como foi feito na "Nova Cidade", isto é, substituindo os nossos por "maometanos".

– Para essa informação do conde, posso dar algumas explicações. – Interrompeu o cidadão que permanecia calado até então. – Um de meus amigos trabalha como escrevente de Lazan e me contou que a mudança dos conselhos municipais está realmente sendo

[1] *Nobres com cargo de juízes, nas cortes eslavas da época – Nota do tradutor.*

preparada e vão ser tomadas rigorosíssimas medidas contra nós. Ontem, as escolas hussitas, depois de terem seus alunos expulsos, foram entregues aos católicos; agora, seremos proibidos de realizar procissões púbicas e quaisquer reuniões religiosas, enquanto os alemães...

– Como? Vão nos proibir as procissões? Se o tentarem, vão arrepender-se amargamente! Convoquei uma procissão para domingo e ela irá se realizar, eu juro! – Não agüentou Jan de Geliv, enfurecido.

– Calma, calma, padre Jan! Esteja certo de que sua procissão irá se realizar e deixe Peter Kuss terminar de contar o que sabe sobre os alemães. – Interrompeu-o, impacientemente, o conde Hinek.

– Sei que os Leinhardt estão incitando os seus para provocar um confronto no domingo. – Prosseguiu Kuss, um rico mercador de carne e fiel hussita. – Os cidadãos alemães já fizeram as suas reuniões; os açougueiros e cervejeiros já concordaram em provocar a desordem. Aquele velho cão, Kunts, mantém relações com o juiz Niklashko, que – como um verdadeiro católico – não quer saber de nada além de Roma e propicia as denúncias dos traidores tchecos que estão sentados entre nós nos conselhos municipais. O que vim lhes prevenir é de que o dia de domingo será muito agitado.

– Obrigado pelas preciosas informações. – Disse Zizka. – Tomaremos as medidas necessárias e os conspiradores não nos pegarão de surpresa! Meus irmãos, proponho que todos os nossos estejam armados e prontos a se defender. Para mostrar que não temos medo do inimigo, iremos ao prefeito e exigiremos do conselho municipal a libertação daqueles infelizes que eles prenderam alguns dias atrás sob a alegação de que provocavam desordens.

– Certo, certo! Uma grande idéia, Zizka! – Apoiou Vok. – Entre aqueles presos está o meu pobre Matias e quero libertar o fiel servo de minha falecida esposa que foi preso somente por defender um dos nossos de um grupo de servos da catedral.

– Nós o libertaremos! E agora, amigos, vamos discutir as medidas necessárias; existe muito a fazer e só temos o dia de amanhã. – Animou-se Zizka, que estava transformado e inspirado pela sede de ação.

Todos se juntaram em volta dele e continuaram a confabular à meia-voz.

Uma hora depois, quando os chefes do movimento hussita se separaram, já tinham elaborado um detalhado plano de ação.

O domingo de 30 de julho era um dia claro e calorento. Muito antes do início da missa, fileiras de fiéis seguiam em direção à igreja da Virgem Maria Imaculada, designada aos *utraquistas* por decreto real. Um observador atento talvez se surpreendesse com o pequeno número de mulheres naquela multidão e com o ar sombrio e preocupado de cidadãos e artesãos, todos, sem exceção, armados: uns com espadas e punhais; outros com dardos e lanças; outros ainda com simples porretes de madeira.

O interior da igreja logo foi completamente tomado. Mas a multidão continuava a chegar, lotando o pátio, a rua e até a travessa vizinha.

Ao término da missa, Jan de Geliv subiu ao púlpito e começou o seu costumeiro e exaltado sermão.

Dessa vez ele estava particularmente excitado. Sua voz trovejante era ouvida até na rua através das portas escancaradas; cada palavra sua calava fundo no coração dos ouvintes. Ele falava das desgraças dos tempos que estavam passando e das perseguições que suportavam os verdadeiros servos de Cristo.

– Sim, meus irmãos, os nossos sofrimentos são grandes! Mas não vamos nos desesperar nem desanimar, pois tudo o que acontece já está escrito nas Escrituras e o apóstolo João viu tudo isso como num espelho. Nem poderíamos duvidar, mesmo por um instante, da visão profética do aluno de Cristo, descrita no Apocalipse: "E olhei, e eis um cavalo pálido, e o que estava assentado sobre ele tinha por nome Morte; e o inferno o seguia; e foi-lhe dado o poder para matar a quarta parte da terra com espada e com fome, e com peste, e com as feras da terra!".

Em seguida, veio a explicação que via no cavaleiro apocalíptico o Papa trazendo atrás de si o inferno na pessoa do viciado, maldoso e sequioso clero – verdadeiro exército satânico. O pregador descrevia todas as desgraças que o Anticristo romano e seus partidários despejavam sobre a Boêmia: guerras, ataques de assaltantes estrangeiros, rios de sangue derramado e o martírio de inocentes por uma causa sagrada, entre os quais, os principais eram o santo Jan Huss e Jerônimo de Praga!

– Todas essas vítimas, cujo sangue clama aos céus por vingança, o profeta viu e suas palavras abrem diante de nós o segredo do mundo de além-túmulo, quando diz: "E quando ele retirou o quinto selo, eu vi debaixo do altar as almas dos que foram mortos por amor da palavra de Deus e por amor do testemunho que deram. E estes clamavam com grande voz, dizendo: 'Até quando, ó verdadeiro e santo Senhor, não julgas e vingas o nosso sangue dos que habitam sobre a terra?'".

As explicações que acompanharam esse trecho convenceram os ouvintes de que São João referia-se aos mártires tchecos, mortos injustamente pelo concílio, e mostrava o caminho que deveriam seguir para ser o instrumento da ira divina.

– Ouçam só as palavras do apóstolo e vocês não mais duvidarão da missão que o Senhor está lhes incumbindo: "E iraram-se os pagãos, e veio a Tua ira e o tempo de julgar os mortos e vingar aos Seus servos, profetas e santos e tementes de Seu nome, pequenos e grandes e destruir os destruidores da terra". Pois, preparem-se todos para serem executores da vontade divina!

É difícil descrever o efeito que surtiu esse sermão sobre a excitada e fanática multidão que lotava o templo. As palavras explosivas do ex-monge premonstratense conseguiram preparar a massa para a luta.

Externamente, tudo parecia calmo. Mesmo que os rostos estivessem vermelhos e as mãos apertassem corajosamente as armas, os lábios cantavam hinos e a procissão seguiu atrás de Jan que, paramentado, ia à frente segurando o cálice.

Um rio de seres humanos corria lentamente pelas ruas da "Cidade Nova", mas estancou de repente, ao atingir o templo de São Estéfano. As portas da igreja estavam fechadas por ordem do sacerdote que, com isso, queria expressar sua desaprovação aos hussitas.

A escolha do momento para tal desafio fora bastante inoportuna. Inicialmente, ouviu-se entre o povo um baixo murmúrio que rapidamente se transformou em rugido; a turba arremeteu para a frente e, num instante, as pesadas portas estavam quebradas.

Se o próprio pároco caísse nas mãos da massa enfurecida já estaria morto; mas, para sua própria felicidade, ele escondeu-se e a multidão, satisfeita com sua primeira vitória, seguiu adiante.

A casa de Milota Nakhodsky situava-se numa grande praça da Nova Cidade, em frente à prefeitura.

No dia 30 de julho, de manhã, no quarto cujas janelas saíam para a praça, estavam Marga e Ana. Depois da morte de Rugena, a irmã de Zizka mudara-se para a casa da amiga, ajudando-a nos afazeres domésticos e, ao mesmo tempo, participando ativamente no grande movimento nacional-religioso que incendiara toda a Boêmia.

Pálidas e emocionadas, ambas olhavam pela janela, observando, temerosas, o que se passava na praça. Os conselheiros municipais reuniram-se na prefeitura; um destacamento da guarda policial perfilou-se contra uma das ruas, com o visível objetivo de impedir a passagem da procissão quando esta chegasse ao mercado.

Marga estava particularmente temerosa; o marido proibira a ela e a Ana de irem naquele dia à igreja, e a ordem de preparar muitos curativos e pomadas convencera-na de que Milota e Zizka previam um confronto sangrento. Por isso, ainda na véspera, ela mandara as crianças para os Zmerzlik e, agora, aguardava ansiosamente os acontecimentos. Ana, externamente, parecia calma e observava a rua com olhar severo e perspicaz.

– Veja! – Disse ela, cutucando a amiga. – Os Leinhardt, com um grupo de alemães, dirigem-se à prefeitura; isso não promete nada de bom.

– Mas, claro! Esses dois patifes dirigem toda a confusão de Praga. Em seu ódio aos tchecos, eles procuram qualquer motivo para provocar derramamento de sangue. – Respondeu Marga e, benzendo-se, murmurou: – Meu Senhor! Guarde Milota e faça-o retornar para mim inteiro e incólume.

Naquele instante, ouviu-se de longe um surdo ruído. Em seguida, cada vez mais claramente ouviu-se um canto – misturado aos gritos e palavrões dos guardas, em sua inútil tentativa de conter a multidão que, esmagando-os, instantaneamente se espalhou pela praça. Jan de Geliv, que seguia na frente, parou diante do prédio da prefeitura.

Ana abriu a janela, impacientemente, e pôs a cabeça para fora. Do andar superior ela via tudo muito bem. A voz sonora do padre Jan distinguia-se perfeitamente do ruído da multidão e chegava até ela.

Ele exigia dos conselheiros municipais – que naquele instante apareceram nas janelas – a imediata libertação das pessoas presas injustamente alguns dias antes.

– Veja lá, na janela à esquerda, atrás do juiz Niklashek está Guints Leinhardt! – Observou Ana.

– Nem quero olhar para ele! – Respondeu Marga, afastando-se da janela. – Sinto-me mal só de passar perto dele.

Mas Ana já não a ouvia; toda a sua atenção estava tomada pela conversação que se realizava diante da prefeitura.

A resposta do prefeito ao pedido de Jan de Geliv foi abafada pelo surdo rumor que correu pelas compactas fileiras da multidão, mas pelo gesto de sua mão dava para perceber que ele ousara dar uma resposta negativa aos hussitas.

De repente Ana soltou um grito e empalideceu mortalmente.

– Meu Deus, o que houve? – Balbuciou Marga, assustada, correndo para ela.

– Guints jogou uma pedra no cálice e parece que o atingiu! Eu vi o padre Jan balançar! – Disse Ana, com voz entrecortada.

Marga pôs as mãos na cabeça.

– O cálice foi atingido? O sangue de Cristo foi jogado por terra? Oh! Que sacrilégio! E o fogo dos céus não o matou! – Sussurrou ela, fora de si, e também colocou a cabeça para fora da janela.

A pedra atirada pela insolente mão atingira o cálice e, realmente, quase o arrancara das mãos do sacerdote. Ao ver tão inusitada insolência, a turba emudeceu. Depois, um urro selvagem escapou de milhares de peitos. Parecia que um vento tempestuoso agitara aquele mar de cabeças, e a massa popular atirou-se à frente, atacando a prefeitura.

Todas as portas e entradas do prédio estavam previamente bloqueadas e a guarda municipal defendia-se corajosamente, mas nada podia fazer contra a avalanche que arremetia cegamente para a frente, derrubando todos os obstáculos.

Broda combatia nas primeiras fileiras. Ele trabalhava ardorosamente com o machado como um jovem e, sob seus poderosos golpes, a porta de carvalho partiu-se em pedaços. Foi o primeiro a entrar no prédio, deixando atrás de si uma trilha de sangue de enlouquecidos defensores; atrás dele, atendendo ao poderoso chamado de Zizka, ondas de atacantes avançaram aos gritos.

Toda a resistência foi quebrada; pisoteando e derrubando tudo pelo caminho, o povo, finalmente, irrompeu na sala onde se encontravam os conselheiros. Alguns fugiram, ou se esconderam, mas sete deles foram agarrados e jogados pela janela.[2]

Entre os que não conseguiram fugir estavam os dois Leinhardt.

---

[2] *Esse episódio ficou conhecido como "Primeira defenestração de Praga" – Nota da editora.*

Guints, de costas para a janela, defendia-se desesperadamente. O pai fora derrubado pelos que fugiam e, por sua excessiva obesidade, não conseguia levantar-se.

Broda, ao irromper na sala, tropeçou nele e soltou um palavrão. Depois, passando por cima, gritou aos que o seguiam:

– Vamos lá, irmãos! Furem esta barrica alemã e libertem o sangue e o suor tcheco que o fizeram engordar.

Um cidadão, um enorme *botchar*, gargalhando, enfiou a lança na barriga de Leinhardt e este uivou de dor, debatendo-se em agonia.

Nesse ínterim, Broda atacou Guints e, entre eles, começou uma desesperada luta. Ágil e conhecedor das artes marciais, Broda decepou o braço do oponente junto com a espada e, em seguida, agarrou o enfraquecido Guints pelo cangote e jogou-o pela janela.

– Peguem-no! – Gritou ele aos que estavam embaixo. – Foi ele que atirou a pedra no cálice!

A praça transformou-se num terrível espetáculo. As pessoas jogadas de cima eram recebidas por uma floresta de lanças e dardos.

Não satisfeito com isso, o povo jogava no chão os corpos deformados e ensangüentados e matava impiedosamente os que ainda respiravam.

A turba tratou Guints de modo especial e seu cadáver deformado logo se transformou num pedaço de carne sangrenta.

Ana e Marga observavam com ansiedade a revolta que se desenrolava à sua frente.

Ao verem os conselheiros sendo jogados pelas janelas, Marga caiu de joelhos, chorando e rezando. Ana não se moveu; ela não tirava seu brilhante olhar do cenário e somente o tique nervoso das finas narinas indicava sua emoção. O desfecho sangrento parecia não assustá-la – pelo contrário, provocava nela uma selvagem exaltação.

Das casas e ruas corriam pessoas armadas; todas as igrejas da cidade começaram a tocar o alarme e os sinos dobravam em triste acompanhamento ao rugido do mar humano, cuja disposição era tão ameaçadora que Jan Jasan, que chegara com 300 cavaleiros para dispersar o levante, achou por bem bater em retirada.

Fortes pancadas na porta de entrada chamaram a atenção de Ana: ela debruçou-se na janela e viu um pequeno grupo de pessoas, entre as quais teve tempo de distinguir Vok e Broda, que seguravam um homem ensangüentado.

– Trouxeram um ferido! – Gritou ela, correndo para baixo pela escada.

Mas Marga chegou antes; a idéia de que o ferido podia ser Milota dera-lhe asas.

O ferido era Matias, que foi deitado sobre um banco num quarto do andar térreo.

– Ana, traga água! – Ordenou Zizka, que ajudou, com Kuss, Vok e Broda, a transportar o velho.

Este tinha dois ferimentos profundos, um no lado do corpo e outro na cabeça.

Examinando o ferimento, Zizka balançou a cabeça.

– O velho está acabado. Aquele cão alemão feriu-o mortalmente. Nós deveríamos ter esperado para salvá-lo depois, quando tudo tivesse se acalmado.

Acordado com água fria, Matias logo abriu os olhos e seu olhar turvo brilhou de alegria quando reconheceu os que o cercavam.

– Estou morrendo... – sussurrou ele fracamente – mas morro feliz! Meu bom senhor e você, Broda, não esqueceram do velho... libertaram-no e não o abandonaram em seus últimos momentos... Logo encontrarei a querida senhora condessa e seu pai... e lhes direi que a Boêmia está se levantando para... vingá-los dos malditos "padrecos"...

Naquele instante, Matias percebeu Zizka, semicerrou os olhos e começou a olhá-lo fixamente. Algo estranho acontecia com ele. Levantou-se de repente, com inesperada força; seus olhos, agora bem abertos, estavam dirigidos para algo invisível aos presentes.

– Tome da espada, Jan "Zizka" de Trotsnov... Deus o inspirará, dar-lhe-á sorte e fará de você um guerreiro invencível pela santa verdade, pela qual morreram Huss e Jerônimo. Coloque o cálice na sua bandeira e você nunca será derrotado! Como um flagelo de Deus, você cairá sobre os nossos inimigos... Glória e sucesso à nossa causa!

Sua voz repentinamente se apagou. Esse esforço pareceu cortar sua última ligação com a vida. Matias desabou, seu corpo esticou-se e o braço levantado caiu inerte.

Profundamente impressionados com o acontecido, os presentes ficaram um tempo em silêncio.

Zizka foi o primeiro a se recuperar.

– Que se cumpram as palavras de Matias! Não por mim, pois não sou ambicioso nem anseio fama pessoal, mas pela nossa querida pátria, a quem desejo felicidade e liberdade. – Disse ele, com comoção, persignando-se. – Entretanto, para que os acontecimentos de hoje não passem em vão, não podemos ficar de braços cruzados! Deixemos as mulheres cuidando do bom velho e voltemos à prefeitura. É necessário dar um prosseguimento correto ao movimento popular e tomar medidas defensivas que nos permitam possuir a cidade. Assim que nos cercarmos, o rei perceberá o que lhe resta fazer.

– Vou levar-lhe a notícia do que aconteceu aqui. – Disse Vok.

Após rezarem em silêncio em volta do corpo, todos eles saíram.

O castelo Ventselstein – a nova residência real – fora recentemente construído por Venceslau, perto do povoado de Kunratitska.

Desde o momento em que Zizka colocara diante do rei um exército de praguenses armados, este deixara de se sentir seguro na capital. Agora – verão de 1419 –, Venceslau residia no novo castelo.

Sentado junto à janela e cercado por alguns favoritos, o rei ouvia a leitura de um livro sobre caçadas, sem prestar atenção. Seus olhos passeavam em volta distraidamente e com ar de insatisfação –

ele, às vezes, abria-os por completo e ficava olhando estupidamente diante de si; outras vezes, semicerrava-os e mexia estranhamente com as sobrancelhas descabeladas. Sua mão apalpava nervosamente o cabo dourado do estilete que trazia à cintura.

Venceslau chegara aos 60 anos.

A vida turbulenta e o abuso do vinho haviam deixado marcas em sua face outrora bonita e atraente. Seu rosto definhara e sua cor tornara-se rubro-cinzenta; o lábio inferior caíra e os olhos – inchados e opacos de ancião, com a parte branca agora amarelada – enchiam-se de sangue à menor emoção; uma maldosa zombaria pronunciava-se em todos os seus traços.

O caráter do rei mudara tanto quanto sua aparência. Sua benevolência – por vezes, maliciosa –, o sentimento da verdade, a alegria, a franqueza no falar e o gosto por histórias picantes haviam-se alterado para uma sombria desconfiança que freqüentemente se transformava em fúria.

Sua desconfiança, aliás, não poupava ninguém, nem mesmo sua submissa e religiosa esposa, a quem ele grosseiramente acusava de heresia e de agir em conjunto com seus inimigos. A rainha Sofia suportava sem rancor as atitudes do marido, sofrendo em silêncio. Somente a prece lhe dava forças para suportar até o fim o amargo destino.

De manhã, acontecera uma triste cena, que magoara muito a rainha – ainda mais por ter sido presenciada por alguns cortesãos. Profundamente ofendida, Sofia retirara-se para seus aposentos e, engolindo as lágrimas, tentava distrair-se bordando uma toalha para o altar da capela do castelo.

Com ela estava uma jovem dama da corte, sobrinha do senhor Vartenberg. Percebendo o estado de espírito da rainha, ela não se decidia a quebrar o silêncio e observava o que acontecia no pátio do castelo.

– Majestade! – Exclamou ela, de repente. – O conde Valdstein acabou de chegar. Aparentemente, veio com muita pressa, pois está todo empoeirado e seu cavalo está coberto de espuma.

A rainha levantou a cabeça, olhou fixamente para a jovem e um triste sorriso passou por seus lábios.

– Percebo, querida Maria, que a chegada do conde deixou-a muito emocionada. Talvez o motivo da pressa dele seja alguém que ele quer logo ver, alguém que lhe agrada e atrai em Ventselstein.

A jovem corou e balançou negativamente a cabeça.

– Não, não! Nada aqui atrai o conde Vok. Ele ainda não esqueceu sua falecida esposa. E, no momento, está com um ar sombrio e preocupado. Provavelmente esteja trazendo uma importante novidade.

A rainha empalideceu.

– Oh, meu Deus! Será que aconteceu algo em Praga? – Balbuciou ela, à meia-voz. – Isso irá novamente perturbar o rei, que está doente. O médico proibiu-lhe qualquer emoção!

Depois de pensar por um momento, Sofia levantou-se e, segurando a ponta do seu longo vestido de veludo, dirigiu-se às pressas aos aposentos do marido. Maria seguiu-a como uma sombra.

Sem entrar no quarto onde se encontrava o rei, a rainha parou atrás da cortina abaixada. Um pajem interrompeu a leitura, informando que o conde Valdstein solicitava permissão para ver o rei imediatamente.

– Que entre! – Ordenou Venceslau. – Ele já não é mais o Vok de antigamente, mas mesmo assim poderá nos divertir com algo e desanuviar este tédio mortal.

Depois de alguns instantes, entrou o jovem Valdstein. Ao ver seu traje empoeirado e seu ar sombrio, o rei franziu o cenho.

– Meu amigo, você está com uma triste aparência. Parece-me que, em vez de me divertir, irá somente me zangar! Mas o que quer que seja, diga logo as más notícias. Pelos seus trajes, concluo que se apressou muito para trazê-las.

– O senhor está absolutamente certo. O que devo informar a

Vossa Majestade é muito triste...

– Ah! Ah! Ah! – Riu, de repente, Venceslau. – Será que os praguenses elegeram Nikolai Huss para ser rei da Boêmia em meu lugar?

Seus olhos em órbitas profundas acenderam-se de raiva.

– Sua Majestade deve estar brincando! A idéia de tal eleição somente poderia originar-se da cabeça de algum delator excessivamente prestativo. De qualquer modo, não seria eu a lhe trazer semelhante notícia. – Respondeu Vok, ficando levemente emburrado.

– Que maravilha! Estou encantado com as provas de fidelidade de todos os que me cercam. E, como ainda sou rei, ordeno-lhe que me diga com o que me alegraram desta vez os meus *fiéis* praguenses... – Resmungou Venceslau, raivosamente.

Com todo o respeito, mas não omitindo nem abrandando nada, Vok descreveu o terrível acontecimento de 30 de julho. À medida que ia contando, o rosto do rei ia ficando rubro-lilás, para surpresa e horror dos cortesãos presentes, também perplexos com a narrativa de Vok.

Quando o conde contou sobre os conselheiros municipais que haviam sido jogados pelas janelas e mortos, a ira do rei explodiu. Ele estremeceu como em febre e seus olhos injetaram-se de sangue.

– Ah! Esses patifes subversivos! – Rugiu, selvagemente, cerrando os punhos. – Eles ousaram me desobedecer e matar os conselheiros que eu próprio designei! Mas, desta vez, esses malditos revoltosos pagarão caro a sua insolência! Vou mostrar quem sou e arrancar-lhes para sempre a vontade de ignorar as minhas ordens! Conheço os traiçoeiros mentores de todos esses assassinatos e confusões: Iakubek, Jan de Iessenits, Nikolai Huss, Jan de Geliv e outros cães sarnentos! A minha paciência finalmente esgotou! Vou acabar com esse ninho de hereges! Vou enforcar todos... Vou esquartejar... Empalar...

Ele sufocava e não conseguia mais falar.

As últimas palavras do rei fizeram Vok melindrar-se e a ira de Venceslau de repente desabou inteira sobre ele.

– Você também pertence a esse bando, junto com seu pai! Ambos estavam de corpo e alma ao lado do imprestável e blasfemo Huss, que provocou tantas desgraças na Boêmia! Por ele e pelo tagarela Jerônimo vocês sempre sacrificaram meus interesses e minha paz!

Vok endireitou-se e olhou sombriamente para o rei.

– Meu rei! Sou tcheco e estou pronto a defender com sangue a sagrada memória dos mais notáveis filhos de minha pátria! A vergonha e a desgraça da Boêmia não foram provocadas nem pelos puros e elevados ensinamentos de Huss, nem pelo apego de seus seguidores às verdades evangélicas! Os estrangeiros e o clero devasso – que se sente impedido de cair no vício e que agora se vinga introduzindo a discórdia no país e incitando irmão contra irmão –, esses, sim, são os verdadeiros culpados! Aliás, tudo o que aconteceu poderia ter sido previsto antes. Sua Majestade acendeu com as próprias mãos a tocha do levante ao impor, ao povo, dirigentes inimigos de sua fé, que inevitavelmente provocaram a explosão de indignação geral...

Ele não conseguiu terminar a frase, pois Venceslau, que inicialmente o ouvia parado como uma estátua, caiu sobre ele aos gritos:

– Traidor! Rebelde! Você ainda ousa ofender-me! – Sibilou o rei, sufocando de raiva.

Vok, que não esperava o ataque, foi agarrado pelo pescoço e derrubado no chão pelo rei.

Os presentes ficaram atônitos e a pálida rainha saiu do seu esconderijo gritando, assustada:

– Separem-nos!

Os cortesãos correram para segurar Venceslau que, naquele instante, havia sacado do estilete e se preparava para matar Vok, semi-asfixiado e desmaiado no chão.

O rei debatia-se para se livrar das mãos que o seguravam e rugia selvagemente. Então, de repente, seu rosto ficou ainda mais vermelho, deformou-se numa convulsão e, abatido por um choque apoplético, ele desabou como morto.

Venceslau foi cuidadosamente levantado e levado embora. Enquanto os médicos – chamados imediatamente – atendiam-no, a rainha entrou no quarto para onde fora levado o jovem conde.

Parado junto à janela, Vok estava mortalmente pálido e pronto para ir embora; já tinha vestido a capa, o chapéu e calçava as luvas, afastando de si uma taça de vinho que lhe fora oferecida por um dos favoritos do rei.

Ao ver a rainha, ele tirou o chapéu e fez-lhe uma respeitosa reverência.

– Deixe-nos a sós. – Ordenou Sofia ao cortesão.

Assim que aquele saiu pela porta, ela aproximou-se do conde e estendeu-lhe a mão, dizendo:

– O senhor está indo embora, conde? Já se recuperou o suficiente para andar a cavalo?

Vok dobrou um joelho diante dela e beijou-lhe a mão:

– Agradeço Vossa Majestade pela bondosa atenção para com minha pessoa, mas me sinto bem e gostaria, com a sua permissão, de voltar para Praga.

– Mesmo lamentando a sua saída, não vou retê-lo. Somente gostaria de lhe dizer que lamento profundamente o acontecido, mas o rei está fora de si. Ultimamente ele está sempre doente e muito irritadiço; a emoção de hoje pode ter-lhe custado a vida... – Ela parou para enxugar uma lágrima.

Sofia da Bavária era amada pelos tchecos. Por intervir sempre em defesa deles e por sua predisposição a Huss c à causa nacional, ela era muito popular. Ao vê-la chorar, Vok perdeu a metade da raiva.

– Queira Deus que os seus pressentimentos não se realizem. – Apressou-se ele em acalmá-la. – Espero que o rei se recupere. Nunca me esqueço de que foi ele que assinou o famoso decreto de 18 de janeiro de 1409. Por isso, não quero guardar nenhuma raiva contra a sua pessoa pela ofensa de que fui vítima hoje. Como fiel súdito de Vossa Majestade, considero meu dever avisá-la de que os episódios de Praga exigem do rei grande cuidado – isso se ele não quiser que esses acontecimentos se transformem em terrível tempestade!

– Infelizmente, tenho muito medo de medidas impensadas da parte de Venceslau e eu própria agora nada posso fazer, pois com a sua desconfiança doentia ele não confia nem em mim.

– Converse com os conselheiros de Sua Majestade; talvez o rei os ouça.

– Tentarei agir nessa direção. Mas, diga-me, conde: como acabou a confusão na cidade? A explosão insana de Venceslau não lhe permitiu terminar o relato.

– Aquilo não foi uma simples confusão, Majestade, foi quase uma insurreição! O poder entregue aos católicos e as suas atitudes provocativas que chegaram até a profanação do sangue de Cristo indignaram o povo. De agora em diante, a população decidiu defender firmemente sua fé e sua liberdade com as armas. Quando eu saía da cidade, a prefeitura estava ocupada pela guarda da população. Foram eleitos quatro comandantes, que formaram um governo temporário, e todos os habitantes, sob pena de morte ou expulsão, foram convocados para pegar em armas. A senhora entende que os chefes do movimento não se arriscariam a tomar tais atitudes se não tivessem apoio de outras cidades, como também dos camponeses de todo o reino?

A rainha empalideceu.

– Estou percebendo o perigo da situação e aproveitarei o seu conselho! Adeus, conde, e não se esqueça: não importa o que acontecer, o senhor terá sempre o meu apoio amigável.

A rainha, confusa e cabisbaixa, foi aos aposentos do marido, enquanto Vok, montando o cavalo, seguiu o caminho de Praga.

Vok não levantou a cabeça e por isso não viu, à janela do quarto de Sofia, o rostinho pálido e preocupado da jovem dama da corte que o acompanhava com olhar triste, enevoado de lágrimas.

Graças à assistência que recebeu a tempo, Venceslau recobrou os sentidos e, além de uma leve paralisia do lado esquerdo do corpo, aparentemente, recuperou-se. Mas seu estado espiritual estava terrível. Não confiava mais em ninguém que o cercava e via em cada pessoa um traidor ou rebelde. Os acessos de sombria tristeza e desespero alteravam-se com explosões de fúria e medo febril. Acreditando, assim, que só tinha o irmão com quem contar, o rei enviou um mensageiro para lhe pedir ajuda, esquecendo-se de que não tinha inimigo pior que Sigismundo.

Naquele meio tempo o conselho real, por sugestão da rainha, mantinha conversações com os praguenses. Estes haviam concordado em submeter-se e pedir perdão, com a condição de que os conselheiros municipais fossem escolhidos pelo povo. O pedido foi aceito, Venceslau confirmou novas eleições e Peter Kuss foi eleito como burgomestre, o que foi uma ofensa ao rei, que o detestava.

Na manhã de 17 de agosto, uma quinta-feira, Ana de Trotsnov estava sentada sozinha no seu quarto, costurando um vestidinho infantil e murmurando um salmo de arrependimento.

Um forte barulho de porta se abrindo interrompeu seu trabalho e ela voltou-se, irritada. Ao ver a amiga que chegava apressada, pálida e emocionada, Ana perguntou, preocupada:

– Aconteceu algo?

– Sim, e muito importante: o rei morreu. – Respondeu Marga, caindo na poltrona.

Ana persignou-se, devotadamente.

– Deus misericordioso acalmará a sua alma e lhe perdoará muitos pecados. Quando ele morreu e quem lhe contou isso?

– Vok. Ele está lá embaixo contando isso a Milota, com todos os detalhes. Há alguns dias a rainha convocou Vok para comparecer em Kunratitska, pois o rei, de repente, tornara-o novamente um dos favoritos e exigia a presença dele. No castelo, o conde soube que o rei, após ter sido obrigado a confirmar Peter Kuss no cargo, ficara possesso. Passara a sofrer de freqüentes ânsias de vômito e dor no braço esquerdo. Apesar disso, na manhã do dia 15, ele sentia-se melhor e a rainha aproveitou para fazê-lo comungar. Vok chegou bem no momento que antecedia a cerimônia. O rei, doente, ainda lhe disse algumas palavras amáveis. Depois, confessou devotadamente, mas não conseguiu comungar, pois a repentina ânsia de vômito aumentou. Ontem à noite, ele teve outro ataque. O conde esteve presente até o seu final e está chocado de horror com os últimos momentos do rei. Venceslau gritava selvagemente e seus berros eram ouvidos por todo o castelo. Foi assim, rugindo, que ele soltou o último suspiro. Vok correu imediatamente para avisar seu pai e agora veio trazer-nos a notícia. Mas parece que a triste nova já se espa- lhou pela cidade e está provocando uma terrível agitação, pois o conde, ao vir para cá, encontrou muita gente nas ruas. Parece que na praça já está reunida uma multidão. Vamos lá ver?

Quando Ana e Marga entraram no quarto – de onde duas semanas antes haviam estado observando os membros do conselho municipal serem jogados pelas janelas da prefeitura –, encontraram Vok e Milota à janela.

– Hoje não passará sem conflitos. – Dizia o conde naquele instante.

E, realmente, a visão da grande praça não sugeria nada de bom. Cidadãos armados corriam em todas as direções, enquanto o resto do povo, inclusive muitas mulheres e crianças, reunia-se em grupos, gritando desesperadamente e agitando os braços. A multidão movia-se, agitando ameaçadoramente os punhos no ar, e o som de milhares de vozes transformava-se em terrível e surdo rugido.

Diversos vagabundos, que em tempos normais nunca eram vistos, emergiam da massa popular como prenunciadores de tempestade e proferiam discursos. O nome de Venceslau e impiedosas ameaças ao clero católico chegaram aos ouvidos dos espectadores da casa de Milota.

– Precisamos ir ver o que está acontecendo e conversar com Jan e o burgomestre. – Disse Valdstein, pegando o chapéu. – Vem comigo, Milota?

– É claro! Vou só pegar a espada e a capa. Veja, conde, a multidão está correndo para todos os lados!

– Se vocês vão até o Zizka, então me levem junto! Preciso ver minha tia que está doente.

– Mas que idéia, Ana! Para que ficar correndo pela cidade nesta hora tão agitada? A velha não vai morrer se você for visitá-la outro dia.

– Mas quem vai me garantir que amanhã tudo estará mais calmo? Não posso deixar a tia sozinha, pois ela tem horror às desordens na cidade. E nada tenho a temer, principalmente sob a vossa guarda! Vocês estão vendo as ruas cheias de mulheres e entre os *nossos* sou bastante conhecida. Não vão mexer comigo! Quanto aos católicos – e em sua voz percebia-se o desprezo –, eles provavelmente estarão ocupados demais hoje para prestar atenção em mim!

Sem ligar para os pedidos e apelos de Marga, Ana foi buscar sua capa e seguiu atrás de Vok e Milota. Este somente sorriu e deu de ombros ao seu pedido; ele sabia que Ana era tão teimosa quanto seu irmão Jan Zizka.

Enquanto isso, uma multidão reunia-se novamente diante da prefeitura.

Passando por entre o povo, Ana e seus companheiros ouviam relatos nada lisonjeiros sobre a morte do rei e discursos cheios de ódio aos papistas.

Numa das ruas próximas, bem diante da igreja pertencente ao clero católico, um ajuntamento popular impediu a sua passagem. Fora e dentro do templo ocorria um ensurdecedor barulho: ouviam-se gritos estridentes, palavrões e gargalhadas, golpes de machado e estalos de portas sendo derrubadas.

– O que está acontecendo aqui? – Perguntou Vok a um dos cidadãos.

– Isso é uma vingança aos "maometanos" pela ofensa. Eles jogaram fora os objetos religiosos do templo que foram usados pelos *nossos* como se estes fossem contaminados. Agora, nós destruímos e quebramos tudo o que é deles. Felizmente, o rei – o maior protetor dos malditos "padrecos" e dos alemães – entregou a alma ao diabo e não precisamos temer mais ninguém. – Respondeu este, taciturno.

Naquele instante, no púlpito estavam quebrando a estátua de um santo e pela janela quebrada voavam pedaços de um órgão.

Vok e seus companheiros, cabisbaixos, seguiram o seu caminho. Mas em todos os lugares por onde passavam que houvesse uma igreja ou mosteiro, idênticos quadros os esperavam.

A massa popular, em sua fúria, atacava as odiadas construções católicas, destruindo altares e objetos de culto com uma barbárie nunca antes vista nos cidadãos de Praga.

A terrível ira popular e a sede de vingança haviam explodido finalmente e, como um furacão, arrasavam tudo em seu caminho.

Num dos lugares, o ajuntamento era tanto que Ana foi separada dos companheiros, o que não a assustou nem um pouco. Desde os tempos das reuniões no monte Tabor, a irmã de Zizka era por demais conhecida e amada pelos hussitas. E, apesar da confusão, o povo sempre abria caminho diante daquela alta figura em trajes de luto. Já os católicos estavam escondidos e assustados naquele dia e não ousavam atacar ninguém abertamente.

Tentando atravessar a multidão até a casa do irmão, Ana viu-se perto da igreja de São Estéfano, cujo pároco era particularmente detestado pelos praguenses por sua revoltante intolerância.

A devastação da igreja já parecia ter terminado, pois o povo saía de dentro do templo dando gritos de alegria, assobios e vaias e aplaudindo os que carregavam paramentos sacerdotais e rasgavam em pedaços o valioso brocado bordado.

Um dos cidadãos reconheceu Ana, que parara perto do pátio.

– Veja o que nós fazemos com os "maometanos" por caluniar as verdades evangélicas e pelo santo mártir de Constança! – Gritou ele. – Você acha que ele, lá no céu, está vendo tudo e aprovando as nossas ações?

Ana balançou negativamente a cabeça.

– Penso que a alma angelical de Huss é incapaz de vinganças. Ele próprio nunca pregou nada além de amor e perdão e, obviamente, não elogiaria desmandos em lugar sacro. Se vocês pretendem restabelecer a justiça e o reinado de bondade, temos por aí muitos ninhos de perdição que somente envergonham a cidade e que devem ser destruídos.

A multidão que a cercava calou-se por um instante. Depois, o mesmo cidadão gritou:

– Que nada! Essa história de que Jan Huss nos critica é pura bobagem e mexerico de mulher que nada entende de causas nobres. A Bíblia diz: "olho por olho, dente por dente", e nós seguimos a Escritura. Agora, quanto ao que você disse sobre "locais de perdição", onde os imprestáveis "padrecos" bebem e se depravam para a vergonha dos verdadeiros cristãos, é uma causa ótima e trataremos dela agora mesmo. Vamos lá, irmãos! Vamos arrasar os covis de satã! Vamos lá, depenar as avezinhas do paraíso!

A multidão rugiu concordando e moveu-se para o novo objetivo.

Ana encostou-se no portão da casa vizinha para não ser esmagada. Depois, aproveitando o momento em que a rua esvaziou, dirigiu-se sem obstáculos para a casa do irmão.

Pelas ruas reinava a desordem. Depois do saque às igrejas, teve início a depredação das casas *alegres* que o povo atacou com furor, depredando todas elas até a base, tanto na "Cidade Velha" quanto na "Nova".

Quando desceu a noite, a confusão maior aquietou-se, mas as paixões desencadeadas não conseguiam acalmar-se de vez.

Alguém apontou para o mosteiro cartesiano de Smikhov, como um ninho de alemães que era necessário destruir – e essas palavras caíram bem ao gosto da multidão. Eram cerca de dez da noite quando a incontável massa cercou a abadia. Os portões foram instantaneamente quebrados e os atacantes jorraram para dentro.

A irmandade escondeu-se no refeitório, onde o povo ficou zombando de sua covardia, assustando-os ao brandir armas sobre suas cabeças, vaiando-os e cobrindo-os de escárnio.

Entretanto, apesar da excitação da turba, não houve mortos nem feridos. Os hussitas limitaram-se à destruição de livros, gêneros alimentícios, utensílios domésticos, objetos monásticos e da adega, quebrando barricas e tonéis e derramando por terra o precioso líquido.[3] O mérito dessa condescendência pode ser atribuído a Broda, que – mesmo tendo tomado parte nos acontecimentos daquele dia e até dirigido o ataque aos cartesianos – não deixava matar os indefesos. Todo o ódio e a raiva do velho guerreiro haviam sido jogados contra o próprio mosteiro. Os prédios foram incendiados somente quando os monges foram retirados do refeitório e conduzidos, sob guarda de confiança, para a cidade.

A construção maciça e encantadora ardeu de vez por todos os lados como uma enorme fogueira, jogando fagulhas ao vento e cobrindo o céu com uma auréola sangrenta.

Enquanto esse prólogo das guerras hussitas terminava com fogo e destruição – uma terrível vingança dos tchecos pela opressão secular –, o corpo de Venceslau era embalsamado às pressas e transportado em segredo de Ventselstein para a "Cidade Alta". Com a desordem que agitava a cidade, não fora possível realizar um pomposo funeral real. Então, no mosteiro de Zbraslavsk, foi discretamente sepultado aquele mesmo rei, cujo berço tinha sido cercado de tantas

[3] Palacky, *"Urkundliche Beitrige zur Geschichie des Hussitenkrieges, I (Carta ao abade do mosteiro cartesiano em Nuremberg) – Antiga análise das guerras hussitas – Nota do autor.*

esperanças, fama e grandeza e que, após 56 anos de reinado, morrera infeliz e abandonado.

A indignada Boêmia preparava-se para a revolta, sob o comando do seu genial e invencível líder Zizka. Pela primeira vez, a Boêmia iria surpreender o mundo com a visão grandiosa de um povo que se uniu e pegou em armas para lutar pela fé e pela liberdade...

Essa guerra, uma das mais terríveis que algum dia cobriu de sangue a Terra, receberia o nome de um pacífico e humilde mártir de Constança. De uma ponta a outra de sua pátria, as igrejas e os mosteiros arderam para vingar a sua fogueira...

A Primeira Defenestração de Praga

Jan Huss

Sob a bandeira do Cálice, símbolo
da igualdade entre o clero e os crentes,
Zizka conduz os taboritas à vitória
(Códice hussita da época)

Jan Huss é levado à fogueira. Na cabeça puseram-lhe um chapéu com demônios, símbolo de heresia.

A Expansão Hussita na Europa

Sigismundo

Zizka

Jan Huss

Lutero

Epílogo

Descera uma linda noite de julho, quente e perfumada. No véu negro do céu, luziam brilhantes estrelas e a lua cobria a terra com sua luz amena e sonolenta.

O rio, coberto por reflexos prateados, serpenteava como uma larga faixa. Em suas duas margens, estendia-se uma grande cidade, com esguias construções de igrejas, campanários e torres, que encantavam pela beleza de sua arquitetura. Por entre belos prédios contemporâneos, apareciam antigas edificações, com paredes enegrecidas pelo tempo – grandiosos monumentos, cobertos de mistério e tradições, testemunhas de um passado glorioso ou sangrento, enfim, envoltos naquele encanto místico que somente séculos são capazes de proporcionar às frágeis obras humanas.

Essa cidade é Praga tcheca, a *beldade*, a *Praga Dourada*. Ela cresceu e desenvolveu-se nas centenas de anos que se passaram desde que nela residiram e lutaram pela pátria e pela fé Huss e Jerônimo. Mas a alma da cidade não se alterou. Da mesma forma como nos tempos passados, aqui ainda bate o coração, trabalha a mente e ferve o gênio da velha terra tcheca. Mas nessa encantadora noite de verão, acontecia algo inusitado.

Nas alturas circundantes, estão acesos fogos; apesar da hora tardia, a cidade ferve de vida. E, até no ar, puro e translúcido, invisível ao olho humano, acontece algo misterioso.

Sobre a terra voa vagarosamente um ser estranho, de contornos indistintos e nebulosos. Somente a cabeça parece viva, com grandes, sérios, profundos e indiferentes olhos; é uma cabeça de ancião – a julgar pelas rugas e pela amarga decepção que expressa sua boca de finos e apertados lábios; é uma cabeça de jovem – a julgar pela energia que emana dela, uma poderosa vivacidade e uma profunda consciência de sua força. Os cabelos branco-prateados da cabeça e da barba perdem-se nas dobras do traje que o cobre como uma névoa, alongando-se para trás como um enorme lençol que cinge o horizonte e perde-se no infinito.

Passando vagarosamente pelo ar, a visão atingiu a margem do rio e parou. Diante dela, descortinava-se uma parte de parede desmoronada, um resto mal perceptível de uma edificação outrora existente.

Sobre os escombros estava sentada uma maravilhosa e imponente mulher, de cabelos escuros e grandes olhos nos quais brilhavam a inteligência e a poderosa vontade.

Ela vestia um alvíssimo traje; sobre sua cabeça, uma tiara dourada sustentava o véu transparente que a envolvia.

– Saudações, senhor Tempo! – Disse ela, levantando os olhos ao ancião. – Há muito não via o seu rosto; somente sentia a sua passagem.

– Eis que a encontro novamente em seu posto, minha pobre Liubuche![1] – Respondeu ele. – Quando, afinal, você irá descansar?

– Como descansar, se o meu querido povo ainda sofre e luta? O cruel inimigo mortal[2] está cada vez mais insolente e ganancioso,

---

[1] *Liubuche – conforme a tradição, princesa que fundou a primeira dinastia de Przemysl, os primeiros reis da Boêmia – Nota do tradutor.*

[2] *Graves conflitos entre os tchecos e os alemães – "o cruel inimigo mortal" – voltaram a ocorrer no século XX. Este livro foi finalizado em 1912; dois anos depois – 1914 – estourou a Primeira Guerra. Mas foi principalmente sob a Alemanha expansionista de Hitler que os conflitos recrudesceram. Em 1938, os alemães ocuparam os Sudetos, região tcheca de população alemã, marcharam sobre Praga em março de 1939 e menos de seis meses depois iniciaram a Segunda Guerra Mundial. Praga só foi libertada em 1945 – Nota da editora.*

querendo exterminá-lo, e estraçalha seu corpo com suas garras.

– E você continua a chorar e a desesperar-se?

A cabeça de Liubuche endireitou-se, orgulhosamente.

– Pelo contrário! Rezo e espero, porque o meu povo é sábio e forte, paciente e insistente e não esquece o seu glorioso passado.

Ela levantou o braço transparente e apontou para os fogos que ardiam nos morros.

– Vê aquelas fogueiras? Elas foram acesas por tchecos fiéis à memória de Jan Huss e Jerônimo, em homenagem ao dia de sua horrível morte. Hoje é dia 6 de julho, aniversário da vergonhosa condenação dos grandes mártires de Constança. O amor e a veneração de milhões de corações trazem para cá as almas de Huss e de seu amigo. Veja! Está vendo aqueles feixes de fagulhas que o vento leva para todos os lados? São as cinzas revividas dos dois mártires heróis! As fagulhas, impregnadas com seu pensamento, voam e caem como um vivo orvalho no coração do povo, acendendo nele um inextinguível amor à pátria e uma coragem que o faz invencível.

Ao longe, ouviu-se um barulho surdo, que aumentou gradativamente e transformou-se no ruído confuso de uma multidão que se aproximava; em seguida, apareceram rápidas e inúmeras sombras.

Sem dúvida, estava vindo um exército. Com passos pesados e medidos, ele se aproximava cada vez mais; agora, ouviam-se nitidamente o tilintar das armas e correntes, o rangido das rodas e o relinchar dos cavalos. Na frente ia um velho alto portando uma bandeira na qual brilhava um cálice de ouro.

Atrás dele seguiam guerreiros armados de lanças, foices, correntes e maças, machados, espadas e bestas; a maioria vestia roupas de camponês, mas os rostos severos transpareciam tal confiança no poderio de sua força indestrutível, tal desprezo pela morte e tão calorosa fé em sua santa causa, que qualquer obstáculo deveria cair diante deles.

Como uma incontrolável força da natureza, devagar mas

inexoravelmente seguia a avalanche humana. Atrás deles vinham as pesadas carroças, cobertas com ferro e equipadas com correntes – as ameaçadoras e móveis defesas dos exércitos hussitas.

– Quem são esses guerreiros que saem das dobras do meu manto, onde descansa o passado de todos os povos? – Perguntou o Tempo.

– São os intrépidos soldados de Zizka, que ele conduziu de vitória em vitória e que fizeram tremer os seus inimigos mortais. – Respondeu Liubuche, com orgulho. – Nesta noite sagrada, a velha terra tcheca revive, impregnada de sangue e semeada de ossos desses fortes que deram sua vida pela pátria e pelo cálice. Está ouvindo? Eles estão cantando a sua canção de guerra:

Não esqueçam o regulamento:
Obedeçam ao seu chefe,
Ajudem um ao outro,
E mantenha-se no seu grupo!

– Para onde estão indo?

– Para o monte Blanik, perto de Tabor. Lá dorme Zizka, com seus comandantes. Ele aguarda a voz do povo, convocando-o para a batalha decisiva pelo destino de sua pátria. Eles estão indo acordá-lo: "Chegou a hora! Levante, Zizka! O hussismo ainda não disse a última palavra!"...

Liubuche calou-se, acompanhando com os olhos as sombras dos guerreiros, e apurou os ouvidos.

De longe se ouviam as palavras:

Peguem em armas,
Gritem: "Deus é nosso rei!",
Abatam o inimigo sem piedade,
Arrasem tudo![3]

---

[3] *Canção de Zizka "Kdot jste Bozi Bojovnici" – Nota do autor.*

Em seguida, sua imagem começou a empalidecer e, finalmente, dissipou-se no ar, como uma leve névoa soprada ao vento...

São Petersburgo, 1912.

Fim

Dramas da Paixão
Precisamos aprender que não temos outra opção a não ser o amor, pois quando não escolhemos amar só nos resta como alternativa existências de dor, solidão, desalento e angústia.
Romance
Dramas da Paixão
Ana Cristina Vargas,
pelo espírito José Antônio
352 páginas - 14x21 cm
Romance
boa nova
(17) 521 2400

John Wilmot
Rochester
psicografado por
Wera Krijanowskaia
A Ira Divina
A Flor do Pântano
As Duas Esfinges
Narrativas Ocultas
Feitiço Infernal
Os Magos
Na Fronteira
A Morte do Planeta
boa nova

J. W. Rochester

psicografado por Wera Krijanowskaia

Romance/Ficção

Rochester aguça a nossa curiosidade e torna verdadeiros mitos e lendas da humanidade. O tema principal é um elixir que dá àquele que o beber a juventude eterna e a prova de suportar a perseguição de espíritos maus e a necessidade de aprender a dominar os fenômenos naturais através da magia.

boa nova

www.boanovaonline.com.br

(17) 521-2400